GENGJIA YUYUCONGCONG

NANYUE LVSE GONGLU JIANSHE JISHI

更加郁郁葱葱

——南粤绿色公路建设纪实——

（上册）

广东省南粤交通投资建设有限公司　主编

人民交通出版社股份有限公司
China Communications Press Co.,Ltd.

内 容 提 要

本套丛书共分为上、中、下三册,对南粤公司各建设项目在设计、施工及建设管理全过程绿色公路建设理念的实践情况进行了系统地归纳总结,并以典型案例形式进行了说明。本书为上册,主要对南粤公司项目建设概况、绿色公路理念的总体实践情况进行归纳,还包括绿色公路建设理念对路线总体决策的影响,供广大公路建设者参考借鉴。

图书在版编目(CIP)数据

更加郁郁葱葱 ：南粤绿色公路建设纪实. 上册 / 广东省南粤交通投资建设有限公司主编. — 北京 ：人民交通出版社股份有限公司, 2019.6

ISBN 978-7-114-15255-9

Ⅰ. ①更… Ⅱ. ①广… Ⅲ. ①道路工程—道路建设—研究—广东 Ⅳ. ①U41

中国版本图书馆 CIP 数据核字(2018)第 293933 号

书　　名：更加郁郁葱葱　南粤绿色公路建设纪实(上册)
著 作 者：广东省南粤交通投资建设有限公司
责任编辑：韩亚楠　陈　鹏
责任校对：尹　静
责任印制：张　凯
出版发行：人民交通出版社股份有限公司
地　　址：(100011)北京市朝阳区安定门外外馆斜街 3 号
网　　址：http://www.ccpress.com.cn
销售电话：(010)59757973
总 经 销：人民交通出版社股份有限公司发行部
经　　销：各地新华书店
印　　刷：北京市密东印刷有限公司
开　　本：787 × 1092　1/16
印　　张：20.75
字　　数：483 千
版　　次：2019 年 6 月　第 1 版
印　　次：2019 年 6 月　第 1 次印刷
书　　号：ISBN 978-7-114-15255-9
定　　价：72.00 元
(有印刷、装订质量问题的图书由本公司负责调换)

更加郁郁葱葱

——南粤绿色公路建设纪实——

（上册）

编审委员会

更加郁郁葱葱

—— 南粤绿色公路建设纪实 ——

（上册）

编写委员会

主　　编： 乔　翔

副 主 编： 夏振军　陈　红　冯心宜　王文州　孙家伟
陈新富

编写人员： 肖富昌　贺　虹　刘小飞　李　斌　张亚妮
周先平　甄东晓　傅光奇　陈清松　李根存
李立新　周振宇　王　波　黎景光　陈明晓
粟学名　罗林阁　刘事莲　李　伟　罗新才
胡正涛　吴桂胜　梁　勇　罗　霆　王　勋
张　文　彭李立　谢卓雄　赵文文　梁振宇
范　冲　徐俊德　岳志豪　陈竞飞

序

“坚持绿色发展、建设美丽中国”是习近平新时代中国特色社会主义思想的重要组成部分，是新时代我国交通运输行业发展的行动指南。

党的十八大以来，交通运输行业深入贯彻习近平总书记系列重要讲话精神和治国理政新理念新思想新战略，认真落实党中央、国务院决策部署，统筹推进“五位一体”总体布局和协调推进“四个全面”战略布局，牢固树立和贯彻落实新发展理念，坚持交通运输服务人民，推行绿色安全发展模式。目前，我国交通运输行业快速发展，综合交通运输体系不断完善，高速公路通车里程位居世界第一。在新的发展起点上，更要将生态保护的红线意识贯穿到交通发展各环节，建立绿色发展长效机制，提升绿色、低碳、集约发展水平。

绿色公路是生态文明和绿色交通发展理念在公路建设领域的集中体现。在新的发展理念指引下，交通运输部为践行绿色交通发展要求，印发了《关于实施绿色公路建设的指导意见》，明确提出了要建设以质量优良为前提，以资源节约、生态环保、节能高效、服务提升为主要特征的绿色公路，实现公路建设健康可持续发展。

广东省作为我国高速公路建设的排头兵，积极贯彻落实交通运输部要求，大力推进绿色公路建设。广东省交通集团所属广东省南粤交通投资建设有限公司，作为近年来全国最大的交通投资建设主体之一，积极推进所属建设项目开展绿色公路创建，以品质工程、绿色公路为引领，不断创新理念、方法和手段，努力践行绿色发展新理念。

《更加郁郁葱葱　南粤绿色公路建设纪实》，是广东省交通运输厅、广东省交通集团、广东省南粤交通投资建设有限公司对绿色公路建设实践的阶段性总结,书中提供的典型案例有特色,有思想,很具体。希望这本书的出版,能给广大公路建设者提供有益借鉴,共同推动我国绿色交通建设管理理念和水平不断提升。

广东省交通集团有限公司　总经理

2018 年 12 月

前言

党的十八大以来，为加快粤东西北地区振兴发展，广东省委省政府提出了"要建设面向未来的现代化基础设施，加快建设覆盖全省、通达全国、连通世界的现代化综合交通运输体系"。2012年12月，广东省政府批准成立广东省南粤交通投资建设公司（以下简称"南粤公司"），负责广东省交通建设投融资和政府还贷高速公路建设、经营、管理。南粤公司成立6年来，在省委、省政府、省交通运输厅、省交通集团的密切关心与大力支持下，实现了跨越式发展。截至2018年底，南粤公司在短时间内新承担了超过1676km高速公路的建设任务，并顺利完成了1100km高速公路建设，其规模成为广东省乃至全国同时期排列前几名的高速公路投资建设主体之一。

南粤公司各建设项目多处地质条件复杂、建设条件艰苦的粤东西北山区，如何在建设过程中贯彻绿色发展理念，建设以质量优良为前提，以资源节约、生态环保、节能高效、服务提升为主要特征的绿色公路，实现公路建设健康可持续发展，对项目建设者来说是一个巨大考验。通过坚持不懈的努力，南粤的建设管理者不仅顺利完成了生产任务，并总结出了许多先进的生产管理经验。

本书根据交通运输部《关于实施绿色公路建设的指导意见》，以及广东省交通运输厅《广东省推进绿色公路建设实施方案》和《广东省绿色公路建设技术指南（试行）》等相关文件要求，对南粤公司各个建设项目在设计、施工及建设管理过程中的绿色理念实践进行了归纳总结，相关内容都以典型案例进行说明。

全书共分为9章，其中第1章、第2章由夏振军、陈红、冯心宜负责编写，从总体角度对南粤公司项目建设概况，绿色公路理念的总体实践情况进行归纳；第3章由刘小飞、梁振宇、陈竞飞负责编写，主要介绍绿色公路理念对总体及路线决策的影响；第4章、第5章由陈红、陈记、梁勇、张文负责编写，主要介绍路基路面设计及施工过程中的绿色公路实践;第6章由贺虹、李斌、彭李立负责编写,主要介绍桥涵绿色设计及施工,以及南粤公司典型桥梁工程;第7章由孙家伟、谢卓雄负责编写,主要介绍隧道工程的绿色建设经验;第8章由王文州、范冲负责编写,主要介绍互通立交绿色建设实践;第9章由余长春、肖富昌、赵文文、徐俊德、岳志豪负责编写,主要介绍交通安全设施、机电设施及房建工程的绿色建设经验。全书由陈红、陈新富、冯心宜、张文统稿,乔翔主编。

本书为南粤交通绿色公路建设纪实,书中所列举的典型案例,均为实践过程中取得的宝贵经验,其中部分内容仍在工程实施过程中不断优化完善,也有不少内容需要在今后的工作中继续总结提升。希望我们提供的南粤绿色公路建设纪实,能为广大公路建设者提供有益借鉴!

编者

2018年12月

总目录

上　　册

中　　册

下　　册

本册目录

第1章

绿色公路建设新理念

1.1 绿色公路是时代的呼声

“坚持绿色发展、建设美丽中国”是习近平新时代中国特色社会主义思想的重要组成部分,是新时代我国交通运输行业发展的行动指南。党的十九大报告指出,新时代中国特色社会主义思想和基本方略要坚持新发展理念,发展必须是科学发展,必须坚定不移贯彻“创新、协调、绿色、开放、共享”的发展理念;要坚持人与自然和谐共生,树立和践行“绿水青山就是金山银山”的理念,坚持节约资源和保护环境的基本国策,像对待生命一样对待生态环境,形成绿色发展方式和生活方式,坚定走生产发展、生活富裕、生态良好的文明发展道路,建设美丽中国,为人民创造良好生产生活环境,为全球生态安全做出贡献。

《“十三五”现代综合交通运输体系发展规划》将交通运输行业定位为国民经济中的基础性、先导性、战略性、服务性产业。党的十八大以来,我国交通运输行业快速发展,综合交通运输体系不断完善,高速铁路营业里程、高速公路通车里程、城市轨道交通运营里程、沿海港口万吨级及以上泊位数量均位居世界第一,但是与经济社会发展要求相比,综合交通运输发展水平仍然存在一定差距,交通运输发展正处于支撑全面建成小康社会的攻坚期、优化网络布局的关键期、提质增效升级的转型期。在新的发展起点上,要将生态保护红线意识贯穿到交通发展各环节,建立绿色发展长效机制,提升绿色、低碳、集约的发展水平,建设美丽交通走廊。

推进绿色公路建设是时代的呼唤,是生态文明和绿色交通发展理念在公路建设领域的集中体现。在公路工程建设过程中,追求效率、追求品质、追求工程耐久性的同时,环境保护的问题已经上升到一个很重要的层面。交通运输部为践行绿色交通发展要求,印发了《关于实施绿色公路建设的指导意见》,明确提出了要建设以质量优良为前提,以资源节约、生态环保、节能高效、服务提升为主要特征的绿色公路,实现公路建设健康可持续发展。交通运输部政策研究室印发了《关于全面深入推进绿色交通发展的意见》,要求坚持尊重自然、顺应自然、保护自然,把绿色发展摆在更加突出的位置,落实最严格的生态环境保护制度,全方位、全地域、全过程推进交通运输生态文明建设,全面提升交通基础设施、运输装备和运输组织的绿色水平;要求全面推进实施绿色交通发展重大工程:对于交通运输资源集约利用工程,要集约利用通道岸线资源,提高交通基础设施用地效率,促进资源综合循环利用,推广应用节能环保先进技术;对于交通基础设施生态保护工程,要推进绿色基础设施创建,实施交通廊道绿化行动,开展交通基础设施生态修复。

广东省在公路建设过程中,大力推进绿色公路建设,结合交通建设管理实际,编制了《广东省推进绿色公路建设实施方案》和《广东省绿色公路建设技术指南(试行)》,要求以五大发展理念为指导,以坚持“两个统筹”、把握“四大要素”为统领,以理念提升、创新引领、示范带动、制度完善为途径,强化科技成果的转化与应用,全面推行绿色公路建设新理念、新技术及新制度,到2020年,广东将实现全省重点公路工程建设项目全覆盖,形成独具特色的广东绿色公路技术体系、标准体系和品牌,制定广东省绿色公路建设技术指南和广东省绿色公路评价标准,形成以广东绿色公路建设专项评估、验收为核心的实施成效评价体系;建成2~3个交通运输部绿色公路示范工程和一批广东省绿色公路建设试点示范工程，全省公路建设与运营阶段能源和资源利用效率明显提高，环境友好程度明显提升，绿色公路建设将取得明显成效。

广东省交通集团有限公司作为广东最大规模的高速公路建设单位，积极响应交通运输部及省交通运输厅的号召，推进所属建设项目开展绿色公路创建。其下属的广东省南粤交通投资建设有限公司作为广东最大规模的政府还贷高速公路建设主体，承担起了粤东西北山区高速公路发展的艰巨任务，为加快粤东西北振兴发展、解决全省区域发展不平衡、促进珠三角转型升级和优化发展起到了积极促进作用。在广东省交通运输厅及广东省交通集团的领导下，南粤公司对项目的规划设计、建设管理、运营服务各阶段，努力践行着绿色公路的建设理念及建设要求，形成了一套有特色、可复制、可推广的建设成果，在广东绿色公路建设史上刻下了属于自己的印记。

1.2 绿色公路定义及要求

1.2.1 绿色公路定义

那究竟什么是绿色公路呢？简单说，就是要建成资源节约、生态环保、节能高效的公路，尽量减少人工雕饰的痕迹，减少后续运营对环境的影响。高速公路属于高等级公路，受制于速度、效率、功能服务的更高要求，建设过程中往往会增大对自然的破坏。即便如此，我们更应该坚持“创新、协调、绿色、开放、共享”的发展理念，最大限度地降低能源消耗、控制资源占用、减少污染排放、保护生态环境，注重建设品质提升与运行效率，为人们提供安全、舒适、便捷、美观的行车环境，与自然和谐共生的公路。

1.2.2 绿色公路发展历程

在新时期实施绿色公路建设之前，我国公路建设绿色理念的实践与探索大致可分为以下几个阶段：

1980～2000 年，颁布《交通建设项目环境保护管理办法》，在公路建设项目逐步开展环境影响评价。

2000～2008 年，提出“不破坏就是最好的保护”，以四川川九公路、云南思小高速公路、广东广梧高速公路等勘察设计典型示范工程为代表，以“六个坚持、六个树立”建设理念为支撑，提出尊重自然、保护环境、节约资源等要求及建设探索。

2008～2012 年，开展“资源节约型、环境友好型”的“两型”公路建设实践。

2012～2016 年，围绕绿色低碳理念，交通运输部积极推进绿色循环低碳交通运输体系建设的理论创新和实践探索，并联合财政部设立了 3 批共 20 条绿色循环低碳公路主题性项目，重点是通过各类公路绿色建设技术、措施的应用来实现节能降耗与低碳排放。广东省南粤交通投资建设有限公司下属的广中江高速公路项目在 2013 年 1 月被交通运输部列为首批绿色循环低碳公路主题性试点项目。

总结以往的实践历程,绿色公路建设理念的提出,经历了从设计到建设,从局部到系统,从环保节约、绿色低碳到构建生态文明体系、实现人与自然和谐共生的演进,是内涵不断充实、不断发展的过程。实施绿色公路建设,是加快生态文明体制改革,建设美丽中国的重要组成部分,是推进交通行业转型发展的重要举措,是“资源节约型、环境友好型”发展理念、“六个坚持、六个树立”建设理念在新时期的拓展提升,是实现公路建设科学与可持续发展的新跨越。

1.2.3 绿色公路主要特征及建设原则

绿色公路建设理念的核心是以满足人的多元需求为出发点和落脚点,促进人与自然和谐共生。具体包括以下 5 个方面的特征:

(1)全寿命周期

绿色公路发展要涵盖决策、规划、设计、施工、运营、养护、运输、管理等各环节,强调全寿命周期统筹考虑。如南粤公司在各项目路线总体方案比选过程中,均综合考虑建、管、养一体化,将项目的营运成本、养护便利性、社会通行成本、对耕地的占用等作为决策的重要依据。

(2)全领域

绿色公路发展要涵盖资源节约、节能减排、污染控制、生态友好、顺畅高效、舒适美观等各方面。公司在项目的技术方案决策过程中,充分考虑全领域的绿色公路建设需求,对方案的资源占用、废弃材料的重复利用、施工过程的节能及污染控制、施工完成后的边坡及便道复绿等,均明确了相关要求。

(3)全要素

绿色公路发展要包含道路本身与其所在的社会及自然环境内各相关要素,包括土地、能源、材料、大气、水环境、声环境等。南粤公司的建设项目遍布广东粤东西北及珠三角地区,所经区域社会经济环境各不相同,地形地质条件也千变万化,如粤东地区花岗岩风化土层植被茂盛,粤北地区石灰岩层生态则较为脆弱,粤西地形平坦但高温多雨、常有台风莅临,珠三角地区软土深厚鱼塘密布,对绿色公路的建设提出了截然不同的需求。

(4)全方位

不仅公路自身的建设运营维护要做到绿色,还要能为绿色运输与安全运营创造必要条件;不仅要提供品质优良、低碳节能的公路实体,也要充分考虑使用者的相关需求,实现全方位发展。南粤公司将项目的运营安全贯穿决策的全过程,不仅在勘察设计阶段开展设计安全性评价,还要求项目在通车前进行交工验收阶段的安全性评价,部分项目结合运营现状开展运营安全性评价,以安全促绿色,以绿色保安全。

(5)全视域

绿色公路的发展不仅要保证内在的绿色,还要保证呈现的建设效果、视域范围内的全绿色,提高公众的直观认可度。为此,公司以“科学规划、精心设计、同步实施,全面营造”的实施原则,推动项目的微地形景观打造,重点对路堑上边坡、路堤下边坡、路侧、主线中分带、隧道、桥梁、互通立交区、服务区及停车区、管理中心、房建工程等十大工点的微地形景观进行差异化营造。

绿色公路的建设应坚持以下基本原则:

(1)可持续发展原则

高度重视公路、环境、社会各方面、各要素的关系,提高资源和能源利用率,发挥公路先导性和基础性作用,实现在发展中保护、在保护中发展。

(2)统筹协调原则

统筹公路规划、设计、建设、运营、管理、服务全过程,强调均衡协调,突出建、管、养、运并重,降低全寿命周期成本。

(3)创新驱动原则

大力推动理念创新、技术创新、管理创新和制度创新,强化创新的驱动与支撑作用,为公路建设注入强大动力。

(4)因地制宜原则

准确把握区域环境和工程特点,明确项目定位,确定突破方向,开展有特色、有亮点、有品位的工程设计,因地制宜建设绿色公路。

1.3 南粤交通建设管理概况

1.3.1 项目建设背景

党的十八大以来,为加快粤东西北地区振兴发展,广东省委省政府提出了"要建设面向未来的现代化基础设施,加快建设覆盖全省、通达全国、连通世界的现代化综合交通运输体系"。2012 年 12 月,广东省政府批准成立广东省南粤交通投资建设公司(以下简称"南粤交通或南粤公司"),负责广东省交通建设投融资和政府还贷高速公路建设、经营、管理。

南粤公司成立 6 年来,在省委、省政府、省交通运输厅、省交通集团的高度关心与大力支持下,实现了跨越式发展。截至 2018 年底,南粤公司在短时间内新承担了 1676km 高速公路的建设,成为广东省最大的高速公路投资建设主体,且项目多处地质条件复杂、建设条件艰苦的粤东西北山区,在广东省乃至全国尚无先例,对项目建设者来说是一巨大考验,参见表 1.3-1。

南粤公司建设项目一览表　　表 1.3-1

序　号	项目名称	简称	设计速度(km/h)	车道数	路线长(km)	进展
1	武(汉)深(圳)高速公路	仁化至新丰段 ——仁新高速公路	80/100	4/6	163.9	建成
2	武(汉)深(圳)高速公路	新丰至博罗段 ——新博高速公路	100/120	6	107.8	建成
3	汕(头)昆(明)高速公路	龙川至连平段 ——龙连高速公路	100	4	127.5	建成
4	汕(头)昆(明)高速公路	连平至英德段 ——连英高速公路	100	4	148.6	建成

续上表

序　号	项目名称	简称	设计速度(km/h)	车道数	路线长(km)	进展
5		英德至怀集段——英怀高速公路	100	4	88.9	建成
6	宁(波)(东)莞高速公路粤闽界至潮州古巷段	潮漳高速公路	100	4	64.5	建成
7	港珠澳大桥珠海连接线	珠海连接线	80	6	13.4	建成
8	广中江高速公路	广中江高速公路	100	4/6	66.0	部分建成
9	揭阳至惠来高速公路	揭惠高速公路	100	4	63.3	建成
10	汕(头)湛(江)高速公路清远至云浮段	清云高速公路	80/100	4/6	157.4	在建
11	汕(头)湛(江)高速公路云浮至湛江段及支线工程	新兴至阳春段——新阳高速公路	100/120	4	85.8	建成
12		阳春至化州段——阳化高速公路	100/120	4	133.9	建成
13		化州至湛江段——化湛高速公路	120	4/6	98.2	建成
14		吴川支线工程——吴川支线	120	4	26.7	在建
15	河(源)惠(州)(东)莞高速公路龙川至紫金段	河惠莞高速公路	100	4	151.7	在建
16	湛江东海岛至雷州高速公路	东雷高速公路	100	4/6	35.9	在建
17	怀集至阳江港高速公路怀集至郁南段	怀阳高速公路	100/120	4	102.2	在建
18	大(埔)丰(顺)(五)华高速公路丰顺至五华段	大丰华高速公路	100	4	40.2	在建

注:(1)表中项目均为南粤公司成立后实施建设的项目,公司成立时所接管的江肇高速公路、韶赣高速公路均已建成通车,本表中未列;同时部分未开工项目也暂未计列;

(2)本文中所述项目名称均采用简称;

(3)表中统计的项目进展截至2018年底,其中清云高速公路、河惠莞高速公路计划2019年底建成。

1.3.2 绿色公路建设管理措施及创新

对于绿色公路建设而言,技术管理是龙头,现场管理是核心,科技创新是助力。为全面推进绿色公路建设,确保技术措施、管理措施真正落地,南粤公司采取了一系列的建设管理手段。

1.3.2.1 技术管理

南粤公司高度重视建设项目技术管理工作,通过建章立制、理念先行,强化总体、多措并举,勘察为本、标准推进,主动求变、寻求助力等措施,开创性地建立了一系列具有南粤特色的管理制度和方法,提出了一系列卓有成效的管理措施,将绿色公路的建设理念贯穿于各建设项目管理的全过程。

1)建章立制,统一项目技术管理

为加强公司各建设项目的技术管理,公司先后印发了《建设项目勘察设计管理工作指南》《"南粤品质工程"创建活动方案》《转发广东省交通运输厅关于印发广东省推进绿色公路建设实施方案的通知》等一系列制度文件,为各建设项目的技术管理工作理清了思路、统一了绿色公路建设要求。

2)理念先行,明确项目特点定位

公司在各项目筹建起步阶段,要求建设单位结合项目特点、实际编制项目工作大纲,提出的目标、理念要能统领全局,具体工作安排及工作思路要切实可行。以项目工作大纲为主线,将"尊重自然、保护自然、恢复自然、协调自然"等绿色发展理念,贯彻到项目建设管理理念中。

3)强化总体,紧抓项目总体设计

总体设计是各项目的建设总纲,公司要求建设项目高度重视总体设计工作,提早介入,主动介入,规范管理;紧密结合现场建设条件,熟悉项目的设计情况;对于重大项目的技术方案比选,特别是涉及绿色决策的方案,应形成建设单位的主导意见;从源头,从项目总体方案的全局,落实绿色公路建设要求。

4)多措并举,创新工作方式、方法

为加强项目技术管理,公司创立了方案内审制度,通过多阶段的技术方案内审,避免了重大技术方案的遗漏,确保绿色公路建设理念在路线总体、路基路面、桥涵隧道、互通立交等各专业的设计过程中采纳吸收,已经成为南粤公司内部技术管理的重要抓手,被省内各建设单位广泛效法。

5)勘察为本,加强勘察过程管理

勘察是项目技术方案合理性的重要依据和支撑,绿色公路的建设,必须建立在全面、实用、可信的勘察资料基础上。针对建设项目地形地质条件复杂等特点,南粤公司在广东省内高速公路技术管理中,首次全面提出地质调绘专项验收的工作要求,多次取得参会专家代表的好评。

6)标准推进,灵活应用标准化

广东省高速公路建设标准化管理,包含了设计标准化和施工标准化,设计标准化是施工标准化的基础。公司根据省厅部署,依托河惠莞高速公路龙川至紫金段项目,开展了广东省设计标准化的路基设计标准化、桩基设计标准化两个模块研究。在施工阶段,根据"两大、一优、三集中"的广东省公路标准化施工要求,实行钢筋集中加工、混凝土集中拌和、梁板及小型构件集中预制,全力推进工地标准化、工艺标准化、管理标准化,通过标准化的工厂生产及装配化的现场施工,不仅集约节约了资源消耗,减少了施工环境污染,同时也有利于新技术、新材料、新工艺、新设备的推广应用,实现工程内外品质的全面提升。

7)主动求变,引入双专家组审查模式

公司根据项目总体建设条件,创新性地开展了"双专家组审查"的技术方案审查新模式,由咨询审查单位提供各专业专家组成咨询专家组,邀请省内各建设单位资深专家组建特邀专家组,双专家组共同对项目的各专业技术问题进行审查讨论。

8)寻求助力,落实全过程技术咨询

为确保技术管理工作质量,公司在各建设项目管理的全过程开展技术咨询。在前期勘测勘察阶段,推行勘察监理制度,引入专业咨询监理单位;在设计阶段,落实咨询审查制度,要求设计咨询单位全过程介入设计;在清单及预算编制阶段,引入造价咨询单位对造价文件进行审查,提出修改完善意见;在路基施工阶段,引入边坡专项咨询单位,对高路堤、深路堑边坡施工过程中的技术问题及时提出专业意见,动态调整技术方案;在路面施工阶段,引入路面专项咨询单位,及时调整技术参数,提高路面施工质量;全过程技术支撑绿色公路建设。

1.3.2.2 现场管理

1)强化引领,统筹各方协同推进

南粤公司所有在建项目组织开展绿色公路建设专项提升,构建公司—项目—施工单位—第三方监管单位协同推进体制。由公司统筹顶层设计和实施路线,项目制订具体实施方案和保障措施,施工单位按要求实施落地,同时,全面落实环保水保相关法律法规及政策要求,所有项目施工期环境保护监理纳入主体工程监理一并考虑,引入第三方监测强化过程监管,营造绿色公路创建良好氛围。

2)多措并举,推进资源综合利用

南粤公司在建设管理过程中,十分注重资源综合利用,在土地资源极其紧张的珠三角地区,广中江项目实施了高压线走廊共用和公铁共建,节约了土地资源。在建设阶段,推行隧道路面捆绑招标以充分利用隧道洞渣,结合各方需求实施施工便道临永结合和电力迁改永临结合,利用路基作为预制梁场减少临时占地,落实表土和红线内名贵古苗木综合利用等措施,实现了资源高效利用。

3)尊重自然,加强生态保护措施

注重生态选线和技术保障,大丰华项目以特长隧道穿越了森林公园及生态严控区和水源保护区;东雷项目调整路线及工程方案绕避了湛江红树林保护区;河惠莞项目为保证野生动物出行,设隧道作为野生动物通道;仁博项目新博段为保障当地矿泉水生产基地水质,在影响段采用了路面雨污水综合收集排放,实现影响区雨污水零排放。强化水土保持,在环境敏感区施工制订生态环保施工专项方案,严格落实环保措施。路堑边坡施工坚持"开挖一级防护一级",路堤填筑注重临时排水系统顺接连通,绿化紧跟防护和路基填筑,最大程度减小水土流失;重视施工期间水的使用处理,对桩基、隧道、拌和站和预制场作重点管控,集中收集分级沉淀处理后统一规范处理;优化隧道进洞施工方案,推广"零开挖"进洞,最大程度保护原有地形地貌。

4)技术创新,推广先进工艺工法

南粤公司坚持全寿命周期理念,结合"南粤品质工程"创建,倡导"以设备保工艺、以工艺保质量、以质量提品质"理念,大力推广信息化、标准化建设,一以贯之严要求高标准抓现场管理。

一是推广信息化施工技术。在清云西江桥、汕昆项目连英段英红特大桥、怀阳项目西江特大桥等积极推广 BIM 技术应用;港珠澳大桥珠海连接线等项目落实了混凝土拌和监测预警制度;怀阳项目打造了基于物联网技术的智慧施工平台互联网 + 智能管理平台;阳化等项目采用了路面智能压实监控系统和大跨径架梁架桥机监测系统;大部分项目工地试验室采用了力学试验自动监控实时传输系统;沥青组分快速检测技术、二维码技术、无人机技术、VR 技术等亦在工程现场质量安全管理方面实现大面积推广。

二是以节能环保、淘汰落后工艺为目的,积极推广标准化和"微创新"。拌和站集中拌和、梁板和小型预制构件集中预制、钢筋集中加工的"三集中"集约化、隧道湿喷工艺、桥面整体化层全断面施工工艺、多功能冲剪机、等离子切割机、网焊机、钢筋制作胎架等得到全面推广应用;多臂凿岩台车、路基边沟滑模台车、隧道电缆沟台车、防撞护栏施工台车、隧道二衬养护台车等的应用提升了质量安全水平。

5)自然融合,推进路域景观提升

路域景观提升是南粤公司打造"绿色公路"的一项重点内容,围绕生态恢复和景观打造路域景观提升。通过合理的利用和地形改造,规范的路侧景观设计手法应用,注重行车视角的场景分析,实现了对原有生态景观的恢复,并依势打造绿色长廊、景观长廊、生态长廊,推动公路景观模式向更高层次发展,为公众提供更加舒心的出行环境,展现现代公路新面貌。

1.3.2.3 科技创新

公司自成立以来,以切实解决工程建设、营运管理等方面的技术难题为主导,助力绿色公路创建,在桥梁、隧道、路面、信息化等方向开展了一系列科研工作。目前司属项目承担的科技项目共计 42 项(包含交通运输部科技项目 1 项,省交通运输厅市场主导性科技项目 23 项、政府引导性科技项目 4 项、重大工程科技项目 4 项,公司立项科技项目 10 项)。重点科研项目有:

1)道路工程

结合省交通运输厅对路基设计标准化方面的需求,依托新博高速公路开展"广东省高速公路路基路面综合防排水设计与施工技术指南研究",编制了《广东省公路工程绿色生态排水系统设计指南》。

2)桥梁工程

①依托广中江项目开展厅重大工程科技项目"广中江高速公路关键技术及应用研究"研究,主要研究内容有"公路桥梁预应力管桩基础关键技术研究""辐射型索塔混凝土斜拉桥锚固构造研究及配套技术""大跨径混凝土斜拉桥健康监测及评估技术研究""钢管混凝土复合

桩工作性状及工程技术研究”等。

②依托港珠澳大桥珠海连接线项目前山河特大桥开展“大跨、宽幅波形钢腹板预应力混凝土连续梁桥设计与施工关键技术研究”。

③针对空心薄壁墩施工中由于横隔板设置影响施工速度的问题,依托仁新项目开展“空心薄壁高墩横隔板设置方法及应用研究”。

④依托龙连高速公路开展“基于长期性能的高墩大跨连续刚构桥建造关键技术研究”。

3)隧道工程

港珠澳大桥珠海连接线开展厅重大科技项目“珠海连接线隧道工程关键技术研究”、部科技项目“港珠澳大桥珠海连接线拱北隧道建设关键技术与应用研究”。

4)施工安全

依托揭惠项目开展“公路工程施工安全防护标准化研究”,研发的安全防护设施用于指导广东省内公路工程施工安全标准化建设工作。

5)节能环保

①仁新项目为响应公路交通运输行业实现发展方式转变和节能减排的战略需求结合项目服务区特点,开展“高速公路管理与服务设施‘两型’建设技术研究与示范”研究。

②潮漳项目开展“低能耗绿色分离式隧道湿喷系统研制及其配套技术研究”课题研究。

6)软课题

为研究广东省高速公路建设与综合交通运输发展、与区域经济发展、与资源环境发展之间的关系,依托龙怀项目开展“广东省高速公路建设对地区经济社会发展的影响研究”。

目前公司已完成“港珠澳大桥珠海连接线隧道工程关键技术研究”“多塔长联大悬臂宽幅脊梁矮塔斜拉桥建设成套技术研究”等5项科技项目成果评价工作,其中国际领先水平2项、国际先进水平2项、国内领先水平1项。“多塔长联大悬臂宽幅脊梁矮塔斜拉桥建设成套技术研究”“跨越铁路及饮用水源保护区高等级护栏防护体系专项研究”等课题均获得首届(2018年)广东省公路学会科学技术奖二等奖;“拱北隧道成套关键技术与应用创新研究”“基于长期性能的高墩大跨连续刚构桥建造关键技术研究”分别荣获2018年度“中国公路学会科学技术奖”一、二等奖。

1.3.3 绿色公路建设进展

根据交通运输部及广东省交通运输厅相关文件精神,在所属各建设项目全面开展绿色公路建设实践,将绿色公路建设理念及相关措施纳入项目建设管理全过程。2017年度公司负责建设的高速公路通车里程达560km,占全省通车里程的88.88%;2018年度公司负责建设的高速公路通车里程达530km,占全省通车里程的79.70%。绿色公路的技术管理理念已在各通车项目中得到广泛体现。

其中,公司所属广中江高速公路成功申报了交通运输部绿色低碳公路主题性试点项目和省交通运输厅交通运输行业节能减排示范项目,目前已初步完成项目验收工作;公司也已组织武深高速公路仁化至博罗段(含仁化至新丰段及新丰至博罗段)、河惠莞高速公路龙川至紫金段、怀集至阳江港高速公路怀集至郁南段等项目申报广东省绿色公路建设试点示范项目(第一批)。

第2章

南粤交通绿色公路建设实践

广东省南粤交通投资建设有限公司自2012年底成立以来,实现了跨越式发展,截至年底,共承担了广东省约1676km高速公路的建设任务。作为全省乃至全国同一时期规模排列前几名的高速公路投资建设主体之一,公司自成立伊始即高度重视项目的建设管理工作,通过建章立制,理念先行,将"坚持以人民为中心、坚持新发展理念、坚持人与自然和谐共生"融入于项目工作大纲,并贯穿于项目的全寿命周期。2016年公司率先开展了"南粤品质工程"创建活动,以品质工程、绿色公路为引领,不断创新理念、方法和手段,努力践行绿色发展新理念。根据交通运输部办公厅《关于实施绿色公路建设的指导意见》的主要任务要求,以及广东省交通运输厅《关于印发广东省推进绿色公路建设实施方案的通知》精神,扎实推进项目的绿色公路创建工作,取得了一系列的建设成果。

2.1 统筹资源利用,实现集约节约

2.1.1 集约利用通道资源

①广中江高速公路地处珠三角核心地区,沿线城镇高度密集,人口密度大,土地开发程度高,大部分土地已经开发为建设用地,农用地大量划为基本农田保护区。项目实施阶段,走廊带内的顺德区均安镇、中山市小榄镇、东凤镇、南头镇正同步建设500kV狮洋至五邑线路和500kV顺广乙线单改双工程项目,两条输电线路间距30余m,沿线总长超过17km。由于电力工程范围内的土地可开发利用率低,项目通过开展"高速公路与高压线路共用走廊段安全技术研究",在全国首次创新性地实施了与500kV高压线共用走廊节地工程,并形成了高速公路与高压线路共用走廊施工与安全保障成套技术。通过高架桥与500kV高压线共用走廊方案的实施,广中江高速项目共集约节约用地1260亩,为广东地区乃至全国高速公路与高压线路共用走廊建设工程树立了典范,见图2.1-1。

图2.1-1 广中江高速公路与高压线路共用走廊

②珠海连接线是港珠澳大桥从珠海拱北湾海域登陆内地的唯一通道。根据主桥及口岸人工岛总体规划，项目在珠海侧登陆的通道唯一，须穿越拱北口岸。拱北口岸为国内第一大出入境口岸，其地理位置独特，政治地位敏感；口岸内地表建筑属口岸职能性建筑，安全风险等级高，需要重点保护；口岸地下障碍物多，地层均为具有高压缩性、高触变、高灵敏度、高含水率、大孔隙比、低强度等特征的软土地层，工程地质条件极其复杂，地层变形控制要求极高。为减少施工期、运营期对口岸的影响，项目通过充分比选论证，科技创新支撑，采用"先分离并行，再上下重叠，最后又分离并行"的浅埋隧道穿越口岸，其中口岸暗挖段创新性的采用 255m 曲线管幕 + 冻结法施工，是世界首座采用该工法施作的双层公路隧道，其管幕长度和冻结规模均创造了新的纪录。拱北隧道不仅在口岸正常运行不受干扰的情况下顺利建成，而且形成了整套关键技术，填补了行业空白，见图 2.1-2。

图 2.1-2 已建成的港珠澳大桥珠海连接线拱北隧道

③仁新高速其丹霞枢纽互通路段受两侧山脉、已建成的赣韶铁路公路、运营中的韶赣高速公路、国道 G323、浈江、地方有色金属循环经济产业基地等因素影响，通道资源狭窄。为避免影响地方规划及占用地方建设用地，减少山体开挖，充分利用浈江岸线通道资源，项目通过充分论证比选，采用了管幕 + 箱涵顶推下穿铁路路基的方案。顶推方案采用 1-10m + 1-15 m + 1-15 m + 1-10m 的 4 个单孔框构桥，通过地基加固，铁路两侧预制，顶进施工方法，最大限度减少了对铁路运营的影响，见图 2.1-3。

图 2.1-3 已建成的仁新高速公路顶推下穿韶赣铁路框构桥

2.1.2　严格保护土地资源

①河惠莞高速公路在前期路线方案设计中尽量避让农田及耕地,将占用农田作为方案确定的控制指标之一,有效减少土地分割,保护土地资源。项目实施阶段公路用地比用地预审阶段少占耕地约31.43公顷,减少比例达13.3%,少占基本农田约21.34公顷,减少比例达10.2%。同时项目根据地处山区、人多地少的特点,弃土造地,将项目管理中心顺势而建,利用山间弃土场作为荷载小、对沉降不敏感的运动场区,将山间较为平整区域作为办公区,对宿舍楼则傍山而建,高低错落,不仅保证了设施功能不受影响,且最大限度减少了弃方,完全未占用耕地及可开发用地,见图2.1-4。

图2.1-4　河惠莞高速公路管理中心平面布置示意图

②龙连高速公路全线桥隧比例高,设置有24处桥梁预制场。为减少占地,避免后期预制场硬化层拆除造成浪费,项目通过专题研究,将全线预制梁场设置在主线路基上,并通过特殊设计,加强施工质量控制并明确验收标准。在预制梁场使用完毕后,将梁场垫层及水泥混凝土硬化层直接转化为路面结构的垫层及底基层,不仅满足了预制场使用要求,大幅减少了临时工程设施额外占用土地,且避免了场区拆除、弃渣场用地、复绿等问题,加快了工程进度,节约了相应路面结构层费用。通过此项技术创新,项目全线节约工期约30天,节省工程造价约3600万元,减少弃渣场地约50亩,见图2.1-5。

③英怀高速公路路线经过怀集县怀城镇北部的富杨村龙门经济社,由于村中间有中洲河通过,但历来没有路桥相连,村民出行只能通过竹排或小艇摆渡。为方便群众出行,在实施阶段项目将高速公路主线上的中洲河大桥左幅变更设计为双层桥梁,上层为高速公路,下层为村道过河桥梁,不仅避免了重复建设,同时践行了以人民为中心的发展思想,解决了当地百姓的生产、出行需求,见图2.1-6。

④仁新高速公路地处粤北山岭重丘区,沿线交通基础设施落后,居民出行不便。为减少占用农田和林地资源,项目将施工便道与地方道路进行永临结合考虑,全线47条主要施工便道,其中有21条便道(长度约40km)与地方道路结合,并对地方道路进行提质改造(图2.1-7)。项目建成通车后,全部便道将作为乡村道路供地方使用,同时也可作为高速公路的养护巡查道路,解决了山区桥梁养护难题,体现了建养一体的理念。

图2.1-5　龙连高速公路预制梁场硬化层施工

图2.1-6　英怀高速公路中洲河大桥

图2.1-7　仁新高速公路施工便道与地方道路结合

⑤新博高速公路全线共有施工、监理、检测等 14 个参建单位，为充分利用沿线资源，避免项目驻地建设占用耕地及造成资源浪费，项目全线除一个合同段受条件限制外，其余 13 个参建单位驻地均租用地方现有建筑，节约资源的同时也节省了工程造价，见图 2.1-8。

a)

b)

图 2.1-8　新博高速公路参建单位项目驻地

⑥吴川支线地处粤西平原区，沿线广泛分布基本农田。项目坚持集约节约用地，通过优化互通立交设计方案，最大限度减少耕地占用。对于无法用于路基填筑的高液限土弃方，项目将其用于互通区微地形改造，利用高液限土弃方对三角区及环形匝道内边坡进行整平和顺坡修整；互通立交共消耗高液限土 4.5 万 m^3，基本实现了项目“零弃方”，见图 2.1-9。

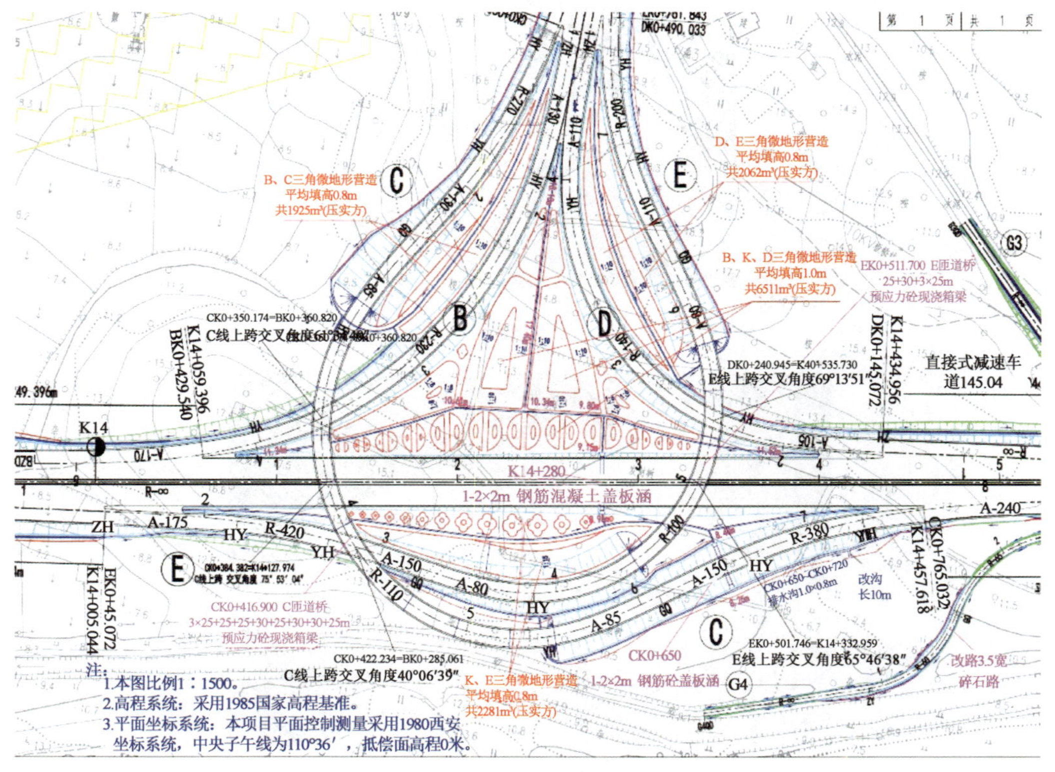

图 2.1-9　吴川支线机场南互通设计图

2.1.3　积极应用节能技术和清洁能源

①广中江高速公路沿线均为城乡建成区,施工阶段环保要求高。为减少沥青路面施工期的有害气体排放,项目采用温拌沥青技术,是广东省首条采用温拌沥青路面施工的高速公路。温拌沥青混合料是一种绿色、节能、环保的路面新材料,与传统的热拌沥青混合料相比,其力学性能和路用性能大致相当,但生产施工温度可以降低30~50℃,拌和时CO排放减少约2/3,SO_2减少40%,NO_x减少近60%;其次,可以降低能源消耗,有资料表明,当沥青混合料拌和温度降低15~30℃时,燃料消耗可减少30%左右;同时,温拌沥青混合料抗老化能力强,施工简便。项目在长度约9.2km的主线路面中下面层及桥面铺装下面层采用温拌沥青混合料,共计节能量折算约121.03t标准煤,减少CO_2排放量约317.1t,参见图2.1-10。

同时广中江高速公路作为穿越城区的高速公路,与常规高速公路相比有较多的照明需求,项目在全线大力推广节能照明工程,采用LED灯替代高压钠灯。项目建成通车后全线照明工程年均节电量预计将达230.6万kW·h,减少CO_2排放量约1993.58t。项目还积极利用太阳能,对部分外场设备采用太阳能供电,预计年节电量将达3000kW·h。

②龙连高速公路为提高特长隧道路面行车舒适度及安全性能,对项目长度超过4km的粗石山特长隧道采用沥青混凝土路面,开创了广东省内特长隧道路面施工的先河。通过采用温拌沥青混合料施工工艺,项目解决了因隧道内断面较小,通风条件有限,施工过程中沥青混合料和机械设备产生的热量、尾气排放和有毒气体难以排除,严重影响施工人员的身体健康等问题,不仅有效控制了沥青混合料的烟气排放量,保证了节能环保及施工安全,且施工后各项技术指标满足设计要求,具备了良好的路用性能,见图2.1-11。

图2.1-10　广中江高速公路温拌沥青路面施工

图2.1-11　龙连高速公路省内首创采用温拌沥青混合料施工工艺在特长隧道内铺筑沥青路面

③仁新高速针对传统的沥青混合料采用重油加热拌和时燃烧不充分残炭多,易造成严重空气污染的问题,对全线沥青拌和站采用压缩天然气(CNG)、液化天然气(LNG)等清洁能源作为燃料,不仅有效减少CO、CO_2和氮氢化合物等有害气体的排放,而且安全性高、管理方便、成本低,参见图2.1-12。

a)

b)

图 2.1-12　仁新高速公路油改气沥青拌和站

目前沥青拌和站的油改气技术已经在南粤公司所属各建设项目得到全面的推广和应用。

④高速公路隧道照明是项目营运期的主要能耗源,揭惠高速公路设置有 4 座中长隧道,及 1 座 3000m 以上的特长隧道,隧道规模大,所需电功率多,能耗较高。项目以满足高速公路隧道安全行车的功能需求为出发点,结合项目隧道特点,开展了隧道口自然光的照射、环境条件和亮度变化情况课题研究,结合课题成果利用 LDE 灯的灯源特性解决隧道照明系统耗能问题,见图 2.1-13。

图 2.1-13　揭惠高速公路隧道 LED 智能照明调光控制系统

通过隧道洞内外设置车辆检测器、亮度检测器、能见度检测器、风速风向检测器等终端设备采集现场参数,识别交通量及洞内外亮度等环境变化,并通过控制程序运行综合设定值分析比较,确定最终方案为信号下行至控制执行单元,从而实现人性化自动控制,利用 LDE 灯的灯源特性进行合理配光和调光,以智能化手段有效管控隧道内的照明负荷,以安全可行的方式最大限度降低隧道能耗。

2.1.4 大力推行废旧材料再生循环利用

①公路建设中隧道的开挖将产生大量的废弃洞渣，其随意丢弃将造成区域内生态破坏和水土流失。司属各建设项目大力推广隧道弃渣的循环利用，通过将隧道洞渣进行再加工，广泛应用于路基工程及路面工程，不仅减少了弃渣用地污染环境，且节省了石料外购降低了建设成本，实现了资源节约、环境友好合理化配置，见图2.1-14。

其中仁新高速公路通过将笔架山隧道、坪田隧道、李洞隧道、青云山特长隧道约304万m^3洞渣利用至路面工程，节约建设成本约35497万元；广中江高速公路通过合理的施工组织，将全线隧道弃渣共12.8万m^3中的10.55万m^3用于路基填筑，弃渣利用率达82.4%。

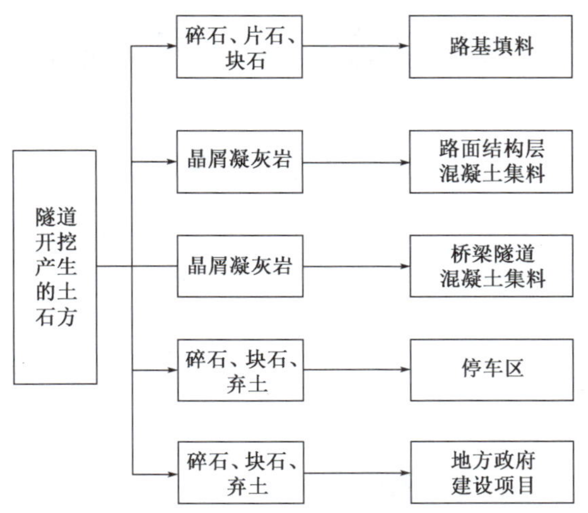

图2.1-14 隧道弃渣综合循环利用图

图2.1-15是连英高速公路隧道洞渣和挖余石方再次利用填筑路基。

图2.1-15 连英高速公路隧道洞渣和挖余石方再次利用填筑路基

②新博高速公路沿线广泛分布有煤系地层。为力争"零弃方、少借方"的建设目标，避免弃方占地污染环境，项目通过专题研究，采用了煤系土层回填循环利用新技术。针对煤系土岩

性软,易干裂、吸水性强、遇水膨胀软化、其结构易破坏而丧失强度等特点,通过试验研究,明确土质筛选、填筑部位、填筑方式、防排水、包边、分层填筑等技术要求,在全线约2.1km的路段采用煤系土进行路堤填筑,取得了良好的实用效果,见图2.1-16。

a)

b)

图2.1-16 新博高速公路煤系土利用

同时项目经过山岭重丘区,挖方及隧道弃渣中的石方较多,可利用石方填筑路基,边坡采用石方码砌,但按常规人字形骨架防护绿化效果一般。项目通过利用废旧轮胎回填耕植土绿化,变废为宝、成本较低,经过现场工艺试验对比,废旧轮胎回填耕植土绿化效果较好,每平方米成本较人字形骨架防护形式低约86.6元。项目通过在长度约600m的填石路基利用废旧轮胎防护绿化,该段约20000m^2坡面累计节约造价约173.2万元,见图2.1-17。

a)

b)

图2.1-17 新博高速公路K387+150~K387+750填石路基利用废旧轮胎防护绿化

③河惠莞高速公路结合项目沿线废弃石方多的特点,因地制宜在部分挖方边坡坡脚设置1.2m高的石笼景观挡土墙。石笼挡土墙不仅对低矮的土质边坡起到固脚作用,也提供了景观绿化平台;石笼墙采用施工过程中的废弃石块、碎石等,实现了资源的循环利用,生态环保,其形式也更贴近自然;后期结合藤本攀爬植物的种植,弱化了工程痕迹,与周边环境更好地融合,体现了自然野趣,见图2.1-18。

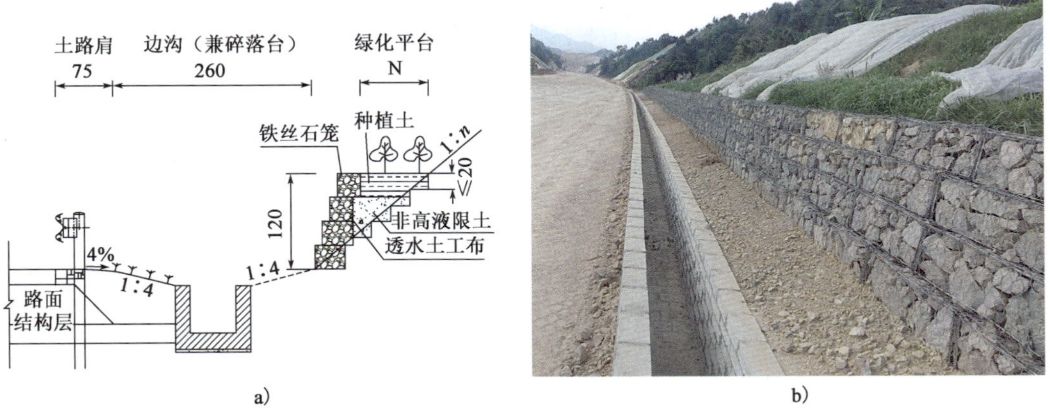

图 2.1-18　河惠莞高速公路石笼景观挡土墙(尺寸单位:cm)

④广中江高速公路积极探索粉煤灰在混凝土工程中的应用。将粉煤灰掺入结构混凝土,不仅可以改善混凝土的和易性,减少混凝土的用水量及水泥用量,同时对于大体积混凝土还可以减少水泥的水化热,防止混凝土开裂,对于改善混凝土的各项性能,延长混凝土结构的使用寿命,减少能耗等都有较为明显的效果。该项目共利用粉煤灰用量约 11.92 万 t,共节约水泥 11.92 万 t。

同时项目还实施了预制场混凝土养生用水循环利用工程,项目全线 18 个预制场,共建设了 31 套养生用水循环利用系统(图 2.1-19)。按每片梁养生周期不低于 7d,养生水管直径为 32mm,水流速度为 0.5m/s,一次洒水时间为 30min,平均每天洒养生水 10 次的工况考虑,采用常规的洒水养生,地表水不循环利用,每片梁养生用水量约为 50.6 m^3;而采用养生用水循环利用工程,每片梁养生用水量仅约为 6.1 m^3,减少用水量 44.5m^3。项目全线 20542 片预制梁,共可节约91.41万 t 水,加上自然降水的汇集利用,节约用水效果更加明显。

图 2.1-19　广中江高速公路预制场养生水循环池

2.2 加强生态保护，注重自然和谐

2.2.1 推行生态环保设计

南粤公司各建设项目多处环境优美，环保景观要求高，但基础设施建设较为落后的粤东西北地区。公司各项目坚持环保选线的原则，在总体路线设计阶段，加强土地、资源、环境等因素的调查，结合环评、水保专项结论，尽量绕避自然保护区、生态严控区、水源保护区、森林公园等重要环境敏感点及高标准基本农田，严格贯彻落实《广东省环境保护条例》，按照省政府《关于进一步加强我省饮用水源保护区和生态严控区保护工作的会议纪要》和《广东省环境保护厅关于规范生态严格控制区管理工作的通知》的要求，加强路线方案比选。对于确需穿越饮用水源一级保护区和自然保护区，应编制路线唯一性论证报告并及早申请功能区划调整；对于确需穿越饮用水源二级保护区和生态严控区，也应编制方案唯一性论证报告并适时组织环评、水保报告修编。

①大丰华高速公路项目区分布有梅州市生态严控区，鸿图嶂、八乡山等四个市级自然保护区，丰顺县县级森林公园，五华县蕉州河一级水源保护区，三渡水水库及琴江准水源保护区等诸多环境敏感点。勘察设计阶段结合相关意见深入研究，完全绕避了自然保护区及一级水源保护区，并设置了长度超过 6km 的鸿图嶂特长隧道(目前广东省在建第二长公路隧道)穿越了森林公园及生态严控区，同时在项目前期分别开展了特长隧道穿越生态严控区、毗邻自然保护区以及路线穿越准水源保护区的唯一性论证分析，并在相关区域采用了多项环保措施，见图 2.2-1。

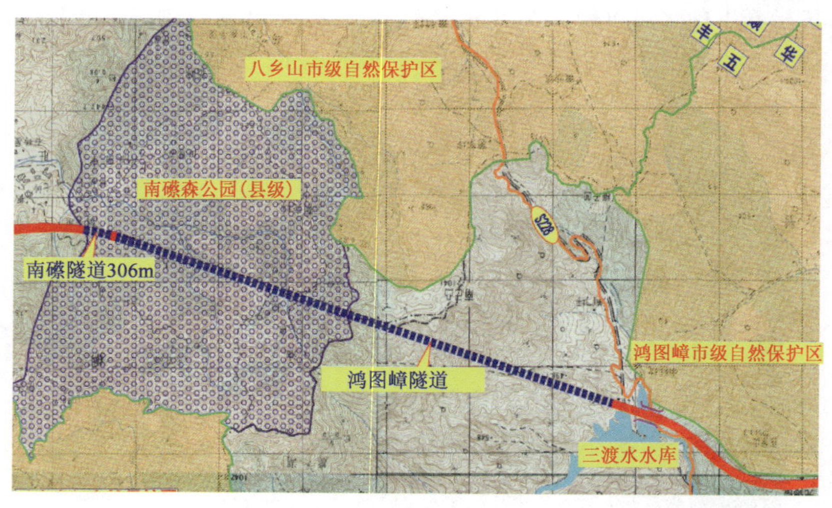

图 2.2-1　大丰华高速公路鸿图嶂隧道段路线比选

②东雷高速公路途经湛江红树林国家级自然保护区，该片红树林保护区，呈长条带状分布，树龄上百年，土壤肥沃、海洋生物众多，每年秋冬都吸引了众多候鸟来栖息繁衍。为最大程

度保护海岸线上218公顷红树林原生态，项目坚持生态选线，在勘察设计阶段组织专家通过路线多方案比选论证，最终选择在通明海中划了一道“S”形曲线，绕避了红树林保护区，项目线路总长度相比原工可增加约2km，增加投资逾2亿元，其中通明海特大桥由工可阶段的直线桥改为了S形曲线桥梁且桥梁长度增加1km，极大增加了海上桥梁施工的难度，但却贯彻了保护优先的绿色发展理念，见图2.2-2。

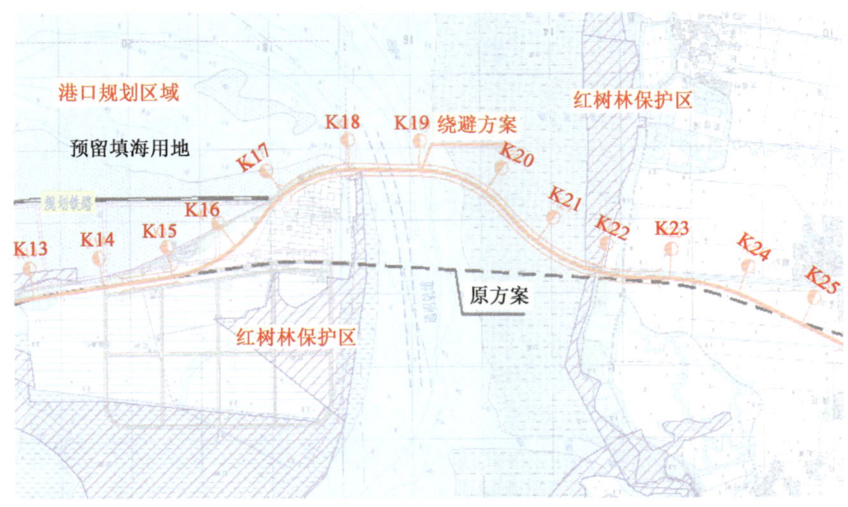

图2.2-2　东雷高速公路跨通明海路段比选平面图

同时项目在引桥的东、西引桥的桥头处设置油水分离池，用于及时处理桥面初期收集的雨水，确保桥上油污不造成桥下海水污染，保护海洋生态环境。

③连英高速公路路线沿线经过多处自然保护区、饮用水源保护区、地方规划工业园区。在滑水山自然保护区路段，项目在勘察设计阶段充分进行多方案比选，先后拟定了6个路线方案，其中金门特长隧道段路线方案研究里程达132km。经方案研究，选择了绕避保护区核心区，经缓冲区边缘通过的路线方案，并采用全隧道方式通过，设置了长度为6487m的金门特长隧道，为广东省在建长度第一的高速公路隧道，最大限度减少了对滑水山自然保护区的影响，节约工程造价约24671万元，见图2.2-3和图2.2-4。

图2.2-3　连英高速公路金门特长隧道路段路线方案

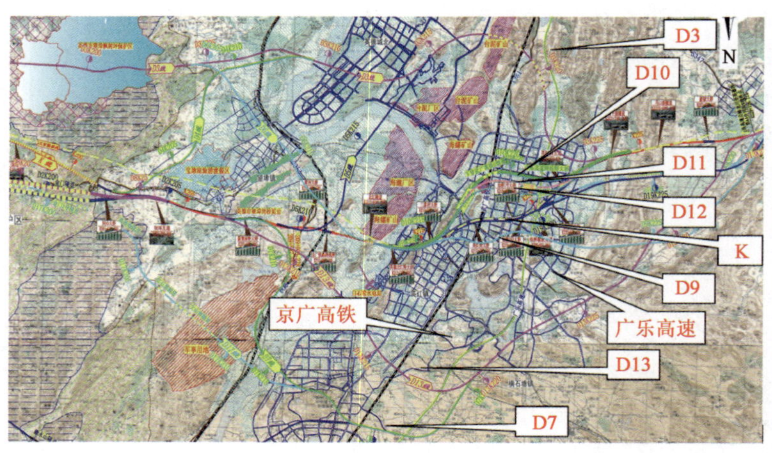

图 2.2-4　连英高速公路上跨京广高铁路段路线方案

项目在英德市境内与营运中的京广高铁交叉,工程方案受区域自然保护区及饮用水源保护区、城市及沿线工业园区规划、北江倒灌区洪水位、京广高铁桥梁设置及其运营安全等因素的影响。勘察设计阶段针对下穿、上跨京广高铁共研究了 8 个路线方案,同时进行全寿命周期成本分析,京广高铁沿线研究范围达 20km,最终选择采用转体施工桥梁上跨京广高铁路基的方案,为国内首例高速公路上跨设计速度 380km/h 的运营高铁,节约造价约 5.93 亿元,减少占地 120 亩,见图 2.2-5。

图 2.2-5　连英高速人员上跨京广高铁英红特大桥

④英怀高速公路在桔子滩路段走廊带位于一狭窄深沟内,路线沿长滩岭河北侧布线,地形陡峭,地质情况复杂;设计阶段该路段先后进行了 5 个路线方案的同深度比选,最终确定的推荐方案路线全长 5.715km,设桥梁 3031.5m/6 座,隧道 558m/1 座,桥隧比例 62.8%。在施工阶段现场进场清表后发现,该路段生态基础脆弱,土质覆盖层薄,大部分路段基岩外露且岩石破碎,多处桥梁的桥墩位于岩质陡坡上,施工条件困难;根据现场制订的施工组织方案,须在沿线大规模修筑施工便道、爆破开挖施工平台,对生态环境影响大;同时对主体结构和施工人员存在安全隐患,见图 2.2-6。

a) 陡峭地形

b) 脆弱生态

图 2.2-6 英怀高速公路桔子滩路段陡峭地形及脆弱生态

为此，项目及时调整路线平纵面方案、主动变更，通过进一步的路线方案比选，推荐以隧代桥的路线方案（图 2.2-7 中蓝色方案二）取代原施工图设计方案；调整后路线长 5.865km，设隧道 4082.5m/3 座，桥梁 586m/2 座，桥隧比例 79.6%，大幅降低了施工风险及对沿线生态的影响。

⑤仁新高速公路位于广东境内粤北至粤中地带，工程路线两侧 300m 以及永久、临时用地区周边 300m 评价范围内涉及的生态敏感区有 5 个，其中自然保护区 4 个。在路线经过广东粤北华南虎自然保护区路段，项目采用了以隧道为主的穿越模式，设置了一座隧道及多座桥梁，隧道覆盖率达 72%，为华南虎的迁徙和活动提供资源和环境条件。在路线穿越锦江鱼类生物多样性自然保护区实验区路段，项目设置了主跨 150m 的锦江特大桥，避免在锦江水中设桥墩，见图 2.2-8。

在路线途经的翁源青云山自然保护区及连平雷公寨自然保护区路段，为最大限度减少对自然保护区及水源保护区的影响，项目在勘察设计阶段先后进行了 9 个路线方案的比选研究，最终选定了在保护区边缘设置特长隧道及长隧道群穿越的方案，设置了长度 6065m 的青云山特长隧道，为广东省目前在建最长的双向六车道高速公路隧道。隧道群方案不仅最大限度减少了对保护区附近山体的开挖破坏，同时提高了路线技术指标，避免了路线绕行，与绕行方案相比，按 15 年计算，可减少燃油消耗约 3000 万 L，节省社会成本超过 2.0 亿元，见图 2.2-9。

⑥清云高速公路路线在肇庆市德庆县与云浮市西江新城间跨越西江，两岸地形陡峭，山多地少。根据省政府批复的云浮新区发展总体规划，要求减少山体开挖，建设广东最美新城；同时桥位附件江中还分布有金鱼沙生态自然景观。为此，项目在勘察设计阶段先后对路线及桥位进行了 10 个方案的比选，最终推荐采用悬索桥 + 长隧道方案，虽增加工程造价约 1 亿元，但最大限度减少了对生态环境的影响。

项目所设置的西江特大桥为主跨 202m + 738m 的双塔双跨吊钢箱梁悬索桥，为南粤公司所属项目最大跨径桥梁。受桥隧相接及地形所限，云浮侧悬索桥锚碇位于缓和曲线上，若按常规思路将锚碇置于桥面以下，不仅主缆存在偏角对主塔受力不利，同时还须大规模开挖锚碇基础，对生态环境破坏大，与新城总体规划不相符。为克服上述问题，项目打破传统锚碇设计理念，创新性的采用了“通道锚”方案，通过将锚碇上移至桥面以上，行车道从锚碇基础中穿过，不仅减少山体开挖，而且改善了索鞍和索塔受力，具有良好的景观效果，见图 2.2-10。

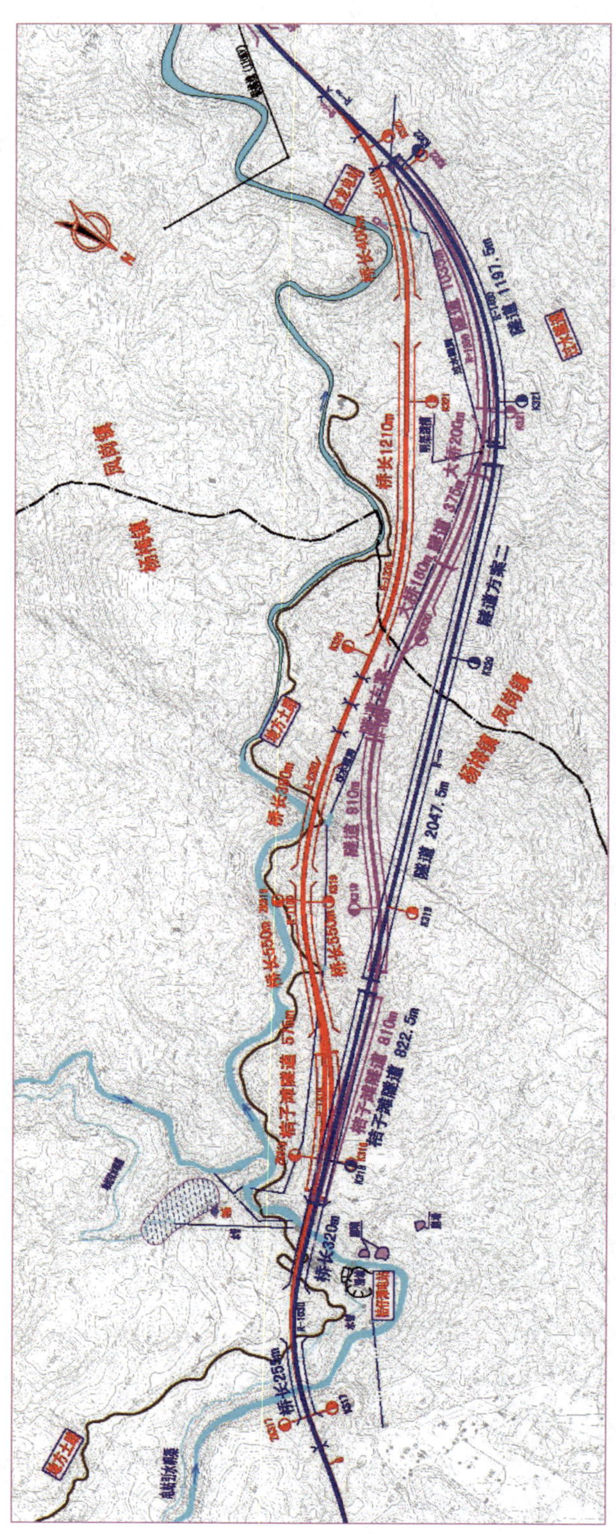

图2.2-7　英怀高速公路桔子滩路段变更路线方案研究

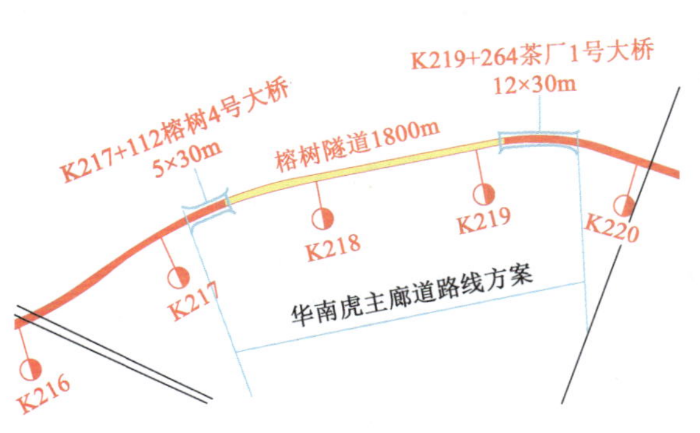

a）华南虎主廊道路线方案

b）锦江特大桥

图2.2-8 仁新高速公路华南虎主廊道路线方案示意及建成的锦江特大桥

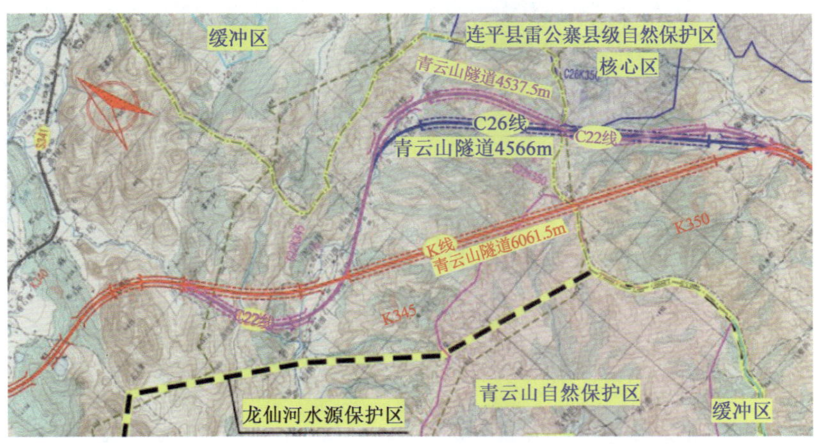

图2.2-9 仁新高速公路青云山特长隧道路段路线方案

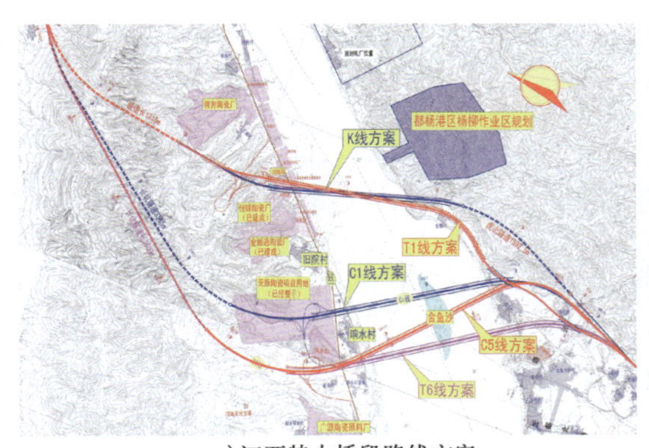

a）江西特大桥段路线方案

b）通道锚示意图

图2.2-10 清云高速公路西江特大桥段路线方案及通道锚示意图

⑦阳化高速公路位于粤西平原区,沿线环境优美,原生态树木资源丰富。为践行“建优质节约工程、造文化生态长廊”工程建设理念,大力推进绿色公路建设,项目在全线范围内开展了原生苗木移植工作。原生苗木移植保护工作是指在高速公路清表过程中,将高速公路红线范围内的有价值的树木移植到培育基地进行培育,待高速公路进行景观绿化施工时再将树木移栽到高速公路路侧、互通、管理中心等地的一系列移植养护工作。其前期工作主要包括:实地调查→标记编号→拍照建档→统计品种、规格、数量;移植过程包括:修枝→开挖→断根、土球打包→吊装→运输→苗场种植→养护培育→移栽。项目共选取具有移植价值的大树3125棵,经过1年多时间的精心养护,实际成活2978棵,成活率达95.3%。通过建设红线范围内有价值苗木移植,既避免了红线范围内有价值的古老、珍稀、奇特树木的毁坏,又部分还原了原生态景观,降低了绿化成本,是高速公路绿化的新思路与新办法,见图2.2-11。

a)

b)

图2.2-11 阳化高速公路“原生大树移植”工程

⑧化湛高速公路项目地处粤西,地方植被特色明显。项目通过内部造景、外部借景手法,采用棕榈科植物、开花小乔木在中分带、互通、房建区等重要节点造景,打造滨海热带景观;通过针对性的一坡一图景观设计,最大程度营造与当地地形地貌、植物融为一体,见图2.2-12。

同时项目所在地属热带海洋环境,气候湿热,自然湿地密布,而湿地则被誉为“地球之肾”。项目结合项目属地特色,在樟檬互通、洋官塘互通、横山互通和笪桥互通等原地形地势低洼互通打造湿地,给互通营造一个天蓝、水清、岸绿的清湖画面,且为多种湿地生物提供一个优美的栖息地,见图2.2-13。

⑨河惠莞高速公路项目穿越广东省第二大水库龙川枫树坝水库,水库地处枫树坝省级自然保护区,两岸风景优美,环保要求高,但仅为内河八级航道,通航要求低。项目工可研究阶段推荐采用深水区设墩的常规混凝土梁桥方案穿越水库。由于深水区设主墩对库区生态环境影响较大,且存在一定的施工风险。目实施阶段,通过生态选线及结构多方案比选论证,最终选择在合理桥位设置大跨径双塔单索面预应力混凝土斜拉桥方案,将主桥跨径由工可阶段的130m调整为320m,一跨跨越水库。该方案桥型结构比例协调,景观效果好,设计施工技术成熟,结构施工质量及耐久性有保障,对库区生态环境影响小,工程造价合理,见图2.2-14。

图 2.2-12　化湛高速公路整体绿化效果

a)

b)

图 2.2-13　化湛高速公路互通区湿地

图 2.2-14　河惠莞高速公路龙川枫树坝大桥

2.2.2　严格施工环境保护

①河惠莞高速公路为避免以往高速公路项目现场驻地搭设板房，须大规模征用并硬化土地，同时使用完毕后板材须拆除废弃污染环境，难以重复利用的问题，在项目试点采用集装箱

活动房。集装箱活动房与普通活动板房相比,具有可快速拆卸拼接、循环利用、不产生建筑垃圾,模块化可灵活组合,运输吊装方便,放置地点不需要做地基处理,内部为全装修且预留有电气接口,可实现 15min 安装 1h 入住等优点,同时集装箱活动房隔热隔音效果好,能防水防火防腐,坚固耐用,寿命至少在 15 年以上,综合成本低。按每间活动房尺寸 6m × 3m × 2.5m,每个项目工期按 2.5 年计,每间活动房在 15 年的全寿命周期内,与传统板房相比,可节省板材使用及排放约 405m^2,可节省造价约 1 万元,节省比例约为 30%,见图 2.2-15。

a) 活动房办公室

b) 宿舍

图 2.2-15　河惠莞高速公路集装箱活动房办公室及宿舍

②仁新高速公路在清表过程中,将适合耕种的表层土壤剥离出来,进行集中堆放和管理,用于原地或异地土地复垦、土壤改良及景观绿化种植等,避免了表土资源的浪费和水土流失。该项目通过建立“生态保护区”和“生态保护带”的形式,在互通区域、房建场区划定“生态保护区”共 5 处,对保护区原生植被进行围闭保护,避免破坏及重复绿化;并划定堑顶开挖线至用地红线范围为“生态保护带”,严禁原生植被破坏。同时项目通过实施“全面覆绿”,在沿线弃土场、陡坡墩台桩基等位置采用绿色生态防护,增强弃土场及陡坡墩台边坡稳定性;桥下地表和施工便道实施全面覆绿,践行“绿色公路”建设理念,见图 2.2-16 和图 2.2-17。

a) 表土堆放利用

b) 原生植被保护

图 2-2-16　仁新高速公路表土集中堆放利用及原生植被保护

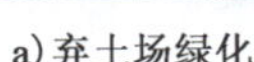

a)弃土场绿化

b)桥下便道绿化

图 2.2-17　仁新高速公路弃土场绿化及桥下便道绿化

对于桥梁桩基施工产生的泥浆,项目通过采用泥浆钻渣分离箱,将泥浆与钻渣分离,实现泥浆循环再利用,减少了废弃泥浆的数量,筛除后的钻渣进行集中清运,避免污染周围土体及河道。同时钻孔桩施工时采用污泥脱水机处理泥浆,可使泥浆分离成泥块和满足排放要求的洁净水,有利于环境保护,见图 2.2-18。

a)泥浆循环分离箱

b)泥浆处理机

图 2.2-18　仁新高速公路泥浆循环分离箱及泥浆处理机

③新博高速公路在穿越九连山脉路段设置了长度为 5480m 的九连山特长隧道。为改善特长隧道洞内施工环境,保障作业人员的健康与安全,项目在隧道掘进采用了水压爆破技术。通过在炮眼中先放特制"水袋"后用"炮泥"回填堵塞的爆破技术,利用在水中传播的爆破应力波对水的不可压缩性和"水楔"效应,使爆炸能量经过水传递到炮眼围岩中,不仅节省了用药量、提高了岩石破碎效果,同时炮眼中有水可以起到雾化降尘作用,大大降低粉尘对施工环境的污染。以Ⅱ级围岩条件下施工为例,水压爆破技术与传统钻爆开挖施工相比,可实现单洞月进尺 240m,功效提高约 20%;同时每循环减少炸药用量约 57kg,以 4m 每循环计算,每月可节省造价 3.4 万元,九连山隧道采用该技术累计节约成本约 107 万元,见图 2.2-19。

a)

b)

图 2.2-19　新博高速公路九连山特长隧道水压爆破改善洞内施工环境

对于长大隧道洞内施工的除尘工作,由于通风距离长,常规的机械通风效率低,除尘效果不明显,洞内扬尘、车辆尾气、初喷混凝土外加剂产生的气味、炸药爆炸产生的气体严重威胁着作业人员的身体健康。为此,该项目对隧道初支混凝土采用机械手湿喷工艺,用于全断面开挖的Ⅱ、Ⅲ级围岩施工,该工艺施工效率高,每循环(4m 初支喷射混凝土)较传统小型设备施工时间缩短 2h,降低造价约 2400 元,九连山隧道使用该工艺累计节约造价 512 万元;机械手湿喷不仅大大降低了洞内粉尘含量,减少了人工作业,有效预防了职业危害,而且大幅节省了工程费用。同时项目引入雾化喷淋系统,在进行洞内混凝土养生的同时可以对洞内的扬尘、烟雾进行清理,使洞内作业环境进一步改善,见图 2.2-20。

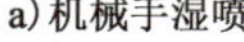
a)机械手湿喷

b)雾化喷淋降尘

图 2.2-20　新博高速公路九连山特长隧道机械手湿喷及雾化喷淋降尘

④广中江高速公路多位于城市建成区,桥梁比例高,为避免常规桥梁钻孔灌注桩基础施工产生的钻渣、泥浆污染,以及桩基混凝土灌注过程产生的污染,减少施工能耗,项目通过专题研究,在全线 13 座桥梁采用了预应力管桩基础,取代传统的钻孔灌注桩。预应力混凝土管桩是由专业厂家采用先张法预应力工艺和离心成型,经高压高温蒸汽养护而成的空心等截面预制混凝土构件,具有单桩承载力高、适用地质条件范围广、施工速度快、穿透能力强、成桩质量可靠的特点;采用预应力管桩可以节约混凝土用量,减少现场混凝土浇筑带来的环境污染,在高层建筑基础、港口、码头基础、软基处理和桥梁桩基础等工程项目中得到了广泛应用。该项目

共使用预应力管桩134250.5m/4982根，不仅大幅降低了施工过程的环境影响，同时可节省施工能耗折合约1980t标准煤。为减少施工材料运输造成的扬尘污染，降低运输能耗，项目充分结合沿线水网密布的地形特点，对水泥、沙、石料等筑路材料最大限度地采用了水路运输的方式运送，全线共采用水路运输水泥、沙料共约606.16万t，水路平均运距约231.17km，共节省运输能耗折合约53731.6t标煤，见图2.2-21。

a）桥梁基础施工

b）水运材料

图2.2-21 广中江高速公路预应力管桩桥梁基础施工及材料水运

⑤阳化高速公路为减少路面施工污染，引入了全球第一台玛连尼MAT440（5500型）沥青拌和站进行沥青混合料生产。该拌和站每小时产能为400～440t，振动筛分面积达到72.8m³。相比其他型号的设备，玛连尼MAT440（5500型）沥青拌和站的特点有：

A.高质量拌和，保证产能。拌锅的有效容积为6t，即使使用高再生率和特殊沥青也能保证高质量的沥青混合料，保证大的产能。

B.高效筛分，保证效率。大面积振动筛分面积，6层筛分，效率高。

C.完美热效，降低能耗。全新设计的干燥滚筒，直径为3m，长度为11.5m，与燃烧器完美匹配，确保高效率、大产能、低能耗加热。

D.高效除尘、节能环保，大面积布袋除尘器，保证底粉尘排放。同时布袋除尘器位于干燥滚筒的上方，节省占地面积达35%。回收粉可回收利用或通过水螺旋处理。

E.拌和楼采用燃烧天然气代替油料，高效环保，更符合绿色公路理念，参见图2.2-22。

图2.2-22 阳化高速公路全球第一台玛连尼MAT440（5500型）沥青拌和站

⑥新阳高速公路积极开展施工期环境监测和水土保持监测,全面掌握工程建设期间的大气污染、水源保护、噪声控制、植被破坏、水土流失等环境质量状况,便于及时了解工程建设过程中出现的环境问题,采取相应的环境保护措施,将环境问题解决在工程施工过程中。根据项目进展情况,督促施工单位按照开挖一级防护一级的原则及时做好上、下边坡防护工程和绿化施工,加快两侧排水工程施工进度,减少水土流失和环境污染。项目完工后,督促施工单位做好项目沿线的施工便道、取、弃土场等的防护排水施工,及时进行复绿(图 2.2-23)。同时为减少噪声、废水、油污对周边环境的污染,项目组织专项设计单位对沿线声屏障、油水分离池的设置进行核查,完善相关环境保护敏感区域的设计。

图 2.2-23　新阳高速公路施工期边坡及时复绿

2.2.3　加强运营期环境管理

①化湛高速公路多次跨越铁路、跨越饮用水源保护区,在运营阶段一旦发生车辆穿越护栏坠落桥下,不仅会造成严重安全事故,同时还将造成饮用水源保护区污染的恶性二次事故,损失巨大。为此,该项目通过专项科研,成功研发出一套高防护等级桥梁护栏。通过研究分析,跨水资源桥梁护栏横向布置采用双道防护设计。第一道防护设置跨水资源桥梁护栏,着眼于防护车辆,避免车辆坠落桥下事故的发生;第二道防护在护栏背部一定距离处设置防抛设施,着眼于拦截抛洒物,减少抛洒物污染水源的情况。护栏上部采用矩形管双横梁组合式钢结构,下部采用混凝土结构基座,横梁与立柱通过连接螺栓进行连接;上部钢结构与混凝土墙体采用预埋螺栓方式进行连接;护栏基础采用预埋钢筋与混凝土墙体钢筋焊接或绑扎的方式连接。目前该环保型护栏已在广东省多个高速公路跨水源保护区路段得到推广应用,见图 2.2-24。

同时,项目在经过水源保护区、水生生物保护区和水产养殖保护区时,在路基路面和桥面的污水通过纵向集中排水,排水口设置在保护区以外,并在排水口设置沉淀池、处理池、事故池等以减缓对环境的影响,减少高速公路排水对当地沟渠的污染。

②阳化高速针对项目所在区域石化工业发达、危险品运输车辆多,且长途客运过境流量大的特点,通过与交通运输部"两客一危"数据对接,实时监控路面行驶的"两客一危"车辆,智能识别危险驾驶、超速、异常停车、疲劳驾驶等异常情况并智能促发调用摄像枪、情报板等设备对驾驶员进行跟踪及警告,最大程度避免交通事故。一旦"两客一危"车辆发生事故,系统智

能响应，显示事故车辆的地点，联动应急预案，快速调度人员、车辆、设备等应急资源，并可进行远程指挥处置，高效快速处理危险品车辆事故，最大限度减少危险品泄漏对沿线环境及敏感水体的影响。同时通过预警信息发布，提示该路段过往车辆注意安全，最大程度减少伤亡，避免二次事故的发生，参见图 2.2-25。

图 2.2-24　化湛高速公路跨水源段环保防撞栏

图 2.2-25　阳化高速公路“两客一危”运营管理系统

同时，项目在服务区应用了 A/O－MBR 污水处理及中水回用技术，解决了那霍服务区无市政供水时的用水问题，特别是节假日高峰期的如厕冲水问题，满足了减少污水排放及达标排放的要求。该技术充分适应服务区污水水量波动大的特点，当水量长时间远低于设计流量时，A/O－MBR 反应器采用间歇运行的模式，A/O－MBR 反应器中接种的工程菌通过与活性基团的键合作用固定于级配填料表面生长，细菌活性高、不易流失。工程应用结果表明，A/O－MBR 能够适应间歇性进水的运行模式，出水水质稳定达标，参见图 2.2-26。

③仁新高速公路在设计阶段充分考虑在水资源敏感路段桥面上雨水径流冲刷桥面上的机动车尾气排放物、汽车泄漏的油类以及散落在路面上的其他有害物质，危化品运输车辆翻车、危险品滴漏等事故发生后形成的危险品径流或消防水，对于水资源敏感区域可能造成的污染。

为此，项目在大麻溪、城口河、锦江、浈江、沈所河、清化河、滃江、贵东河和陂头河等水资源敏感路段桥面水收集系统的终端设置沉淀过滤池、应急池等进行收集处理，避免直排污染。同时，项目组织科研单位研发了一套基于陶土填料的生物速分球污水处理新材料新工艺,有效减少对于服务区周边环境的污染,解决了服务区污水处理技术难题,确保“环境友好”理念的贯彻实施,见图2.2-27。

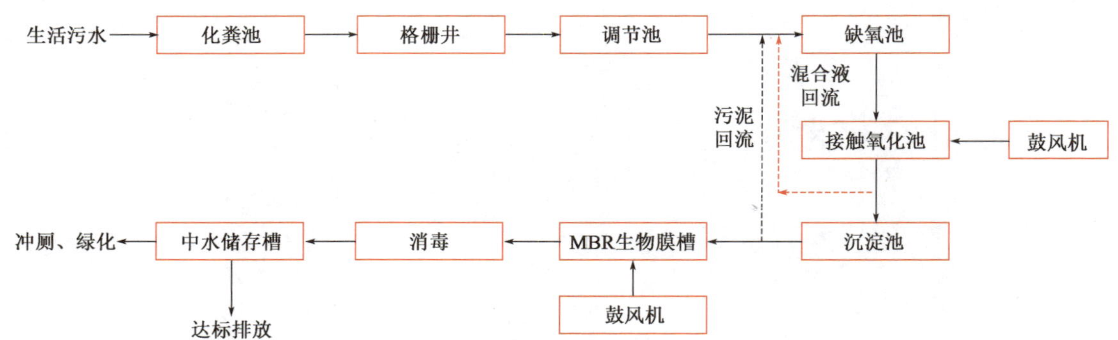

图2.2-26 阳化高速公路污水处理及中水回用技术

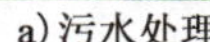
a)污水处理

b)生物速分球污水处理材料设备

图2.2-27 仁新高速公路桥下污水处理及服务区生物速分球污水处理材料设备

④清云高速公路为实现运营阶段沿线设施的废弃物就地资源化处理利用,达到“低排放”“零污染”的低碳、环保运营目的,创建循环经济运营管理新模式,在项目江谷管理中心建立“有机固废处理一体化”系统,对场区产生的垃圾资源化利用。该系统可对项目江谷管理中心的生活污泥、餐厨垃圾、绿化废弃物等进行资源化处理和循环利用,处理规模为每天处理1t垃圾。

2.3 着眼周期成本,强化建养并重

2.3.1 突出全寿命周期成本理念

①仁新高速公路与龙连高速公路同属南粤公司建设项目,两个项目均于2013年初开展前期工作。根据工程可行性研究拟定的路线走廊,两个项目在韶关市翁源县县城附近交叉;受沿线青云山脉影响,交叉路段地形起伏较大且桥隧比例较高,枢纽互通布设较为困难,局部路段

两个项目线位接近,总体工程规模及施工难度较大、后期运营养护成本较高。为此,从总体路网布局及全寿命周期成本考虑,南粤公司组织相关设计单位开展了两个项目交叉路段的共线方案研究,即将武深高速双向六车道与汕昆高速双向四车道合并为一段双向八车道高速公路,共同沿狭窄的走廊带布线,见图 2.3-1。

图 2.3-1 武深高速公路与汕昆高速共线方案示意图

通过先后共 8 个路线方案不同组合的交叉与共线方案比选,综合考虑路线长度、路基、桥梁、隧道、互通立交等控制因素,并充分征询地方意见,交叉方案虽总建设里程长(较共线方案二长 6.773km,较共线方案三长 5.417km),造价较高(较共线方案二高 4.41 亿元,较共线方案三高 2.87 亿元),全寿命周期成本较高(20 年评价期内较共线方案二高 5.37 亿元,较共线方案三高 3.82 亿元),但避免了作为主流交通的武深高速交通量绕行,减少了燃油消耗及排放(在 20 年评价期内共线方案二所增加的总费用为 16.13 亿元,二氧化碳排放量合计为 49.1 万 t;共线方案三所增加的总费用为 13.47 亿元,二氧化碳排放量合计为 41.0 万 t),降低了社会成本及环境影响,因此最终推荐采用交叉方案。

②潮漳高速公路设计阶段,结合工可报告推荐的路线走廊带,对凤凰山脉路段的路线方案进行了大范围的比选研究及全寿命周期成本分析。由于凤凰山脉海拔较高,地形最大落差超过 700m,因此设计阶段考虑了直接穿越方案(M 线)、局部穿越方案(工可走廊,N + M 线),以及绕行方案(K 线)进行比选(图 2.3-2)。

M 线方案由于直接穿越凤凰山脉,其路线里程较绕行的 K 线减短约 6.186km,但须设置长度超过 7km 的特长隧道,总隧道里程比 K 线多出约 7.4km,工程实施难度大。通过全寿命周期成本比选分析,M 线工程造价较 K 线高 1.47 亿元,20 年经济评价期内隧道通风、照明等运营成本较 K 线高 8.38 亿元,同时由于路线里程短,减少了过境车辆绕行成本约 13.43 亿元。但该方案远离规划中的潮州新区,新区车辆上下高速绕行距离超过 5km,与地方路网及城镇规划衔接较差,不利于带动地方经济发展,所产生的不利影响无法估量,地方政府强烈反对。

N + M 线为局部绕行方案,该方案相对 K 线减短路线里程 4.12km,但隧道长度增加 7.48km,工程造价较 K 线高 2.24 亿元,运营成本较 K 线高 7.92 亿元,减少过境车辆绕行成本约 9.36 亿元,直接社会综合成本仍不如 K 线,同时也与地方规划不相符,地方政府反对。因

此该项目最终推荐采用全寿命周期成本最低,社会经济效益最优的 K 线方案作为设计推荐方案,见图 2.3-3。

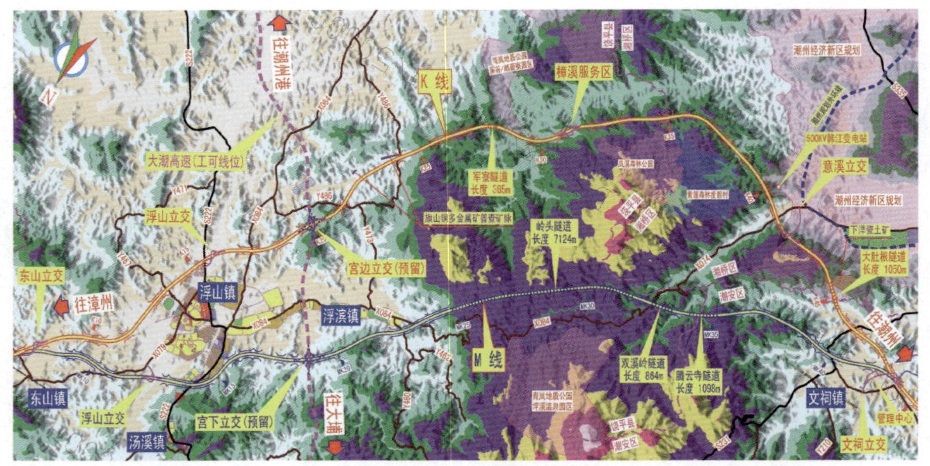

图 2.3-2　潮漳高速公路凤凰山脉路段 K 线与 M 线方案示意图

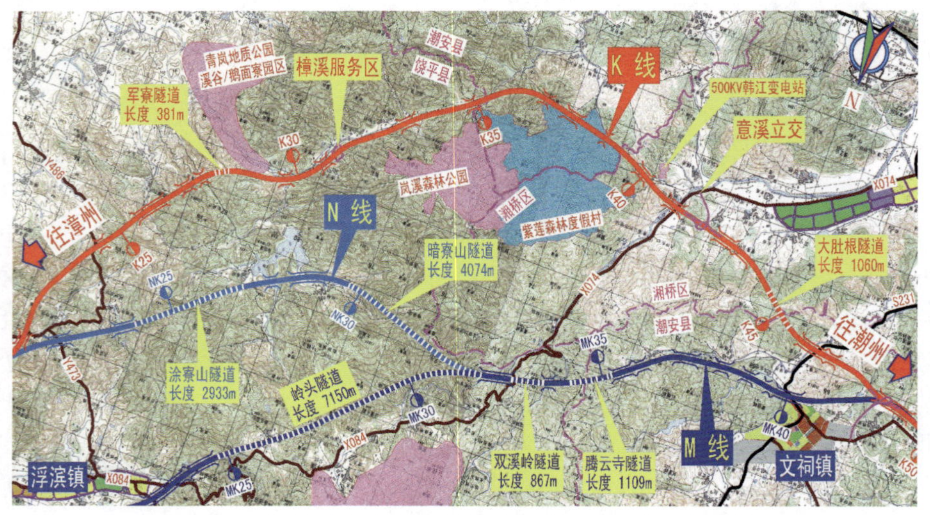

图 2.3-3　潮漳高速公路凤凰山脉路段 K 线与 N + M 线方案示意图

③清云高速公路西江特大桥为主跨 202m + 738m 的双塔双跨吊钢箱梁悬索桥。通过开展正交异性板 U 肋机器人自动化内焊技术研究,将该技术引入到本项目的钢箱梁顶板 U 肋中应用,有效解决了钢箱梁 U 肋无法内焊的通病,大幅提高钢箱梁顶板的疲劳性能,解决了通车后钢箱梁 U 肋容易开裂的问题,提高了钢箱梁结构耐久性。该项目西江特大桥主桥为国内第一座顶板全面应用该技术的桥梁,见图 2.3-4。

④连英高速公路通过对现场详尽勘察,并充分了解当地环境条件,水文、地形、地貌、地质、交通特点等情况,从项目设计阶段提出全寿命周期设计理念。对鱼塘、软基及河沟段及高填路基,采用冲击碾压、强夯、液压夯实处治措施,以减少工后沉降,保证路基使用寿命。路面结构设计贯彻全寿命的设计理念,实施过程中,采用提高沥青等材料性能指标等做法,考虑到广东省高温气候条件及特重交通的影响,上、中面层选用改性 SBS 类(I-D)型改性沥青要求达到 SHRP PG 分级 PG76 – 22 要求,以提高路面使用寿命,见图 2.3-5。

a）

b）

图 2.3-4 清云高速公路钢箱梁 U 肋双面焊接

图 2.3-5 连英高速公路路面中面层施工

特殊结构桥梁全面贯彻全寿命设计理念，对该项目控制性工程英红特大桥主桥采用 2 × 90m 分幅 T 构同步转体方案上跨京广高铁，梁体采用三向预应力，提高梁体混凝土性能；优化纵向预应力布束方案，加强预应力储备；竖向预应力采用预应力钢绞线，梁高 4m 以上设置竖向预应力，并优化布置间距，减小竖向预应力长度较短引起的预应力损失问题；同时提高桥墩基础混凝土等级，增大保护层厚度延迟钢筋锈蚀时间，提高桥墩基础寿命。

⑤仁新高速公路全面贯彻全寿命周期成本的理念。首先是提高桥涵结构物耐久性设计，一是全面运用广东省高速公路设计标准化成果，确定耐久性指标；二是从混凝土自身材料性能着手，采用高耐久性混凝土，增强混凝土密实度，提高混凝土自身抗破损能力；三是从构造措施着手，适当加大混凝土保护层厚度、加强构造钢筋设计，有效控制混凝土裂缝发展，降低有害物质的侵入；四是加强桥面排水和防水层设计，改善桥梁的环境使用条件。同时项目因地制宜，有序推进钢结构桥梁建设应用。经方案比选论证，该项目有 3 座桥梁采用钢混叠合梁桥梁结构设计，钢混叠合梁的全寿命周期成本理念主要是从设计使用寿命、耐久性使用寿命、经济使用寿命三个层面进行考虑：一是设计使用寿命定为 100 年；二是采用高耐久性混凝土，对钢梁涂装防腐油漆，剪力钉连接采用材质为 ML15AL 的电弧螺柱焊用圆柱头焊钉，加强局部细节构造设计，避免应力集中引起的疲劳损伤等，增强桥梁耐久性；三是根据桥面板设置承托降低截面形心，根据受力确定钢板厚度，提高经济性。

⑥新博高速公路结合景观绿化设计、进出洞口的地形、地貌、地质等特点，对项目竹山隧道采用反削竹明式棚洞设计(图2.3-6)，该设计既有利于隧道洞口明暗过渡、减少洞口仰坡开挖高度，同时在采用明式棚洞后，有效降低了隧道入口段、过渡段等照明标准要求，采用120WLED和60WLED灯具，灯具投资成本约133万元，节约成本约74万元，而土建部分需增加投资约75万元，与灯具投资减少相当，但是隧道运营后的用电费用将减少约1/3。

图2.3-6　新博高速公路竹山隧道反削竹明式棚洞效果

2.3.2　全面实施标准化施工

①化湛高速公路大力推动工地建设标准化及施工作业标准化。其中驻地建设以“花园建在项目经理部”为原则，要求驻地场地内绿化面积不小于30%；钢筋加工场最大程度推行数控加工及胎具加工，全线标配弯弧机以及二氧化碳保护焊设备；全线拌和站使用LED混凝土配合比显示牌、红外线自动洗车池、拌和用水冷却装置、外加剂搅拌机安装延时搅拌控制开关；专门针对预制梁编制了《预制梁施工标准化专册》，要求模板采用全新不锈钢模，同时采用数控智能张拉及压浆设备、延时自动控制喷淋养生、多道工序平行流水作业加快台座周转等先进设备和工艺；为了确保工地试验室标养室的温湿效果，全线标配室内风机和加湿器一体机和室外全自动温湿控制仪；全线标配了较为先进的瑞士进口PM6系列的钢筋保护层测定仪；对所有试验室安装高清摄像头，通过网络实时传送至电脑及手机APP，随时掌握试验检测的开展情况，可参见图2.3-7。

对于路基施工，项目通过严格控制土方质量来源，坚持以压实度为主控指标，对于软弱路床及时换填合格材料，涵背、台背严格控制填筑厚度，依据预标刻度化施工碾压，路堤边坡采用“拍坡机”进行拍实施工等手段，推行路基施工标准化(图2.3-8)。项目全面提升桥涵施工标准化管理水平，盖梁骨架采取胎架法进行加工，盖梁保护层合格率达90%以上；钢筋绑扎采用绑扎枪，大大提高效率，且质量良好(图2.3-9)；焊接采用二氧化碳气保焊，使得焊缝更加饱满。立柱施工采取先试验再首件的做法，克服了“抗震双肢箍设计”的施工难点，并通过修订钢保测试仪参数使得测试立柱等圆形构件更加精确。

a）项目驻地

b）预制梁场

图 2.3-7　化湛高速公路标准化项目驻地及预制梁场

图 2.3-8　化湛高速公路路基施工拍坡机补强

a）桩基环切法破桩头

b）钢筋绑扎枪

图 2.3-9　化湛高速公路桩基环切法破桩头、钢筋绑扎枪

②阳化高速公路通过施工工艺、管理手段的微创新，推动施工管理的标准化，实现工程内外品质的全面提升。项目针对中央分隔带新泽西护栏体积、质量大，传统工艺利用叉车安装效率低，进度缓慢，且施工质量不易保证等问题，为提高施工效率，保证施工质量，推动施工机械

化,通过微创新采用便捷“小龙门”吊装和叉车改装的护栏吊装车安装,提高施工质量和效率;同时针对传统中分带填土施工效率低、成本较高,易污染路面等问题,为切实落实路面工程“零污染”施工,项目推广采用牵引式侧向自动送土机进行中分带填土施工,此设备体积轻巧、操作简便、施工效率高,填土土方量易控制,又能减少路面污染,见图 2.3-10。

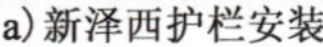
a)新泽西护栏安装

b)侧向自动送土机

图 2.3-10　阳化高速公路新泽西护栏安装及牵引式侧向自动送土机

对于机电工程建设管理,该项目以服务营运需求为基础,编制了设计标准化文件及施工标准化手册。在工程施工过程中,及时完善各分部分项工程施工工艺标准化手册,如在收费岛手孔及收费设备机房综合布线,参照德国布线工艺,按功能对缆线进行分色,并严格要求布线线性水平垂直走向;外场基础外加混凝土保护等。项目共形成通信系统、收费系统、监控系统三个施工标准化手册成果,见图 2.3-11。

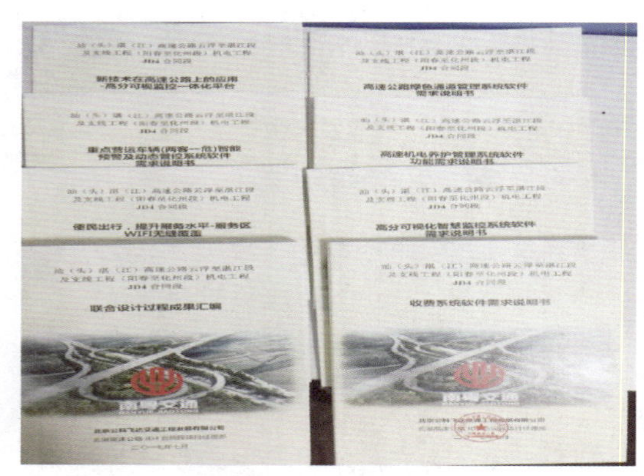
a)施工工艺标准化手册

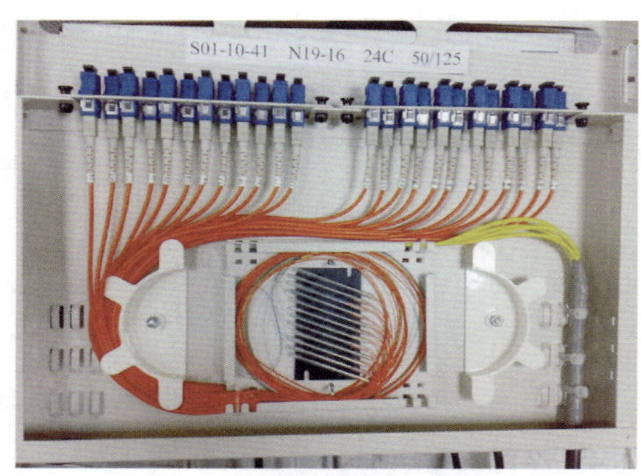

b)机房综合布线

图 2.3-11　阳化高速公路机电工程标准化施工

同时,为克服机电安装工期紧的问题,项目创新性的搭建“机电实验室”,在室内提前搭建模拟车道及外设场景,对车道外设设备及外场监控设备在实验室提前进行系统的集成化运行。实验室共对车道设备如费显、雨棚信号灯、栏杆机等 9 项主要车道设备及高清卡口、外场球机、硬盘录像机、解码器等主要设备全覆盖检测实验并形成实验报告。通过实验调试发现系统联调时存在的软硬件兼容问题,及时组织设备厂家及软件系统开发公司技术人员解决问题,提高了完工后联调的成功率。同时在实验室提前对机电设备进行调试,并配置好设备参数,确保安装到现场的机电设备质量,压缩了调试时间。通过在实验室对核心设备的测试及参数配置,给机电工程施工提供了相应的指导意见,减少了机电施工过程中容易出现的失误或错误,减少了安装设备后再调试的各设备厂家间的沟通工作,给工程施工节省了宝贵的时间,确保了质量,见图2.3-12。

a)模拟真实车道环境

b)设备集成调试

图2.3-12　阳化高速公路机电实验室模拟真实车道环境及设备集成调试

③清云高速公路采用整体式模板台车进行涵洞墙身施工,整体式涵洞墙身施工台车系统,采用桁架结构,分内架、外架、外框拉杆、顶撑系统、行走系统几个部分组成,模板结构形式和面板厚度与传统工艺一致。与传统工艺相比,整体式模板台车一次拼装成型,减少了模板拆除次数和吊车台班、节约人工,降低了施工成本,降低安全风险。台车支架刚度较大,混凝土墙身纵向线型控制较为容易,对墙身结构整体性较好。同时减少了拉杆孔的封锚、防水处理,减少了墙身混凝土的结构缺陷。施工进度快,涵身混凝土施工质量有明显提高。同时项目对小型构件采用全能型小型构件成型机集中预制,可根据相应模具预制不同部位、形状的小型构件,并采用自动喷淋系统洒水养生,生产的小型构件具有振捣密实、表面光滑平整、外形规范等优点,见图2.3-13和图2.3-14。

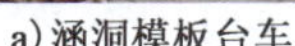

a)涵洞模板台车

b)小型构件成型机

图2.3-13　清云高速公路整体式涵洞模板台车及小型构件成型机

a)自动喷淋系统

b)小型构件预制效果

图 2.3-14　清云高速公路小型构件自动喷淋系统及小型构件预制效果

④连英高速公路全面推行施工标准化,执行首件工程认可制,组织总监办及时对各项目部正在施工的涵洞、桥梁桩基、桥梁墩柱、路基填筑、沥青路面等单项工程进行首件制的验收与推广。从一处填方、一段边坡、一根桩、一片梁、一段绿化、一段面层等抓起,以点带面,以面带线,从工艺入手,加大质量控制力度,创示范、树样板,营造良好的建设氛围,见图 2.3-15。

a)路基边坡同步绿化

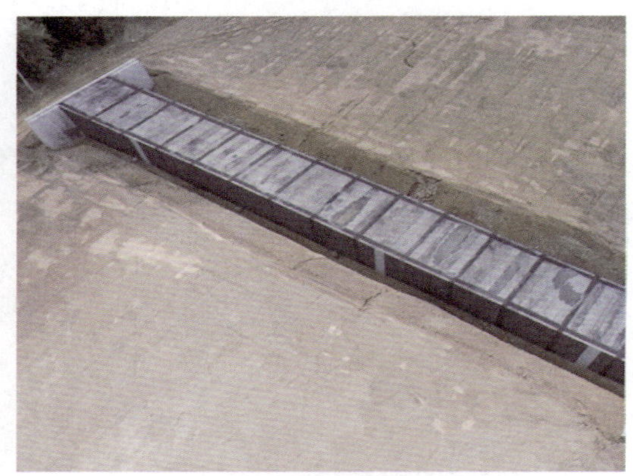
b)涵洞反开挖施工

图 2.3-15　连英高速公路路基边坡同步绿化、涵洞反开挖施工

在路基、桥梁、隧道、路面等关键生产设备的选型,大力推广机械化、智能化施工,坚持“以设备保工艺、以工艺保质量、以质量提品质”,见图 2.3-16。

该项目以标准化管理为手段,强化标杆管理意识,全面推动落实“双标管理”,建立“实施有标准、操作有程序、过程有控制、结果有考核”的标准化管理体系,精益建造,提升工程整体质量。

⑤河惠莞高速公路根据施工标准化要求,加强隧道施工自动化施工程度,确保隧道工程实体质量,对隧道超前小导管、钢筋网片采用了新型自动化设备进行加工。其中超前小导管采用数控打孔机、箭头成型机:圆管数控打孔机采用液压驱动,送料、转角均为伺服控制的数控立体冲孔机型,具有冲孔速度快、效率高,可实现单孔、双孔及多孔冲孔,所有程序编写及输入均直

接在触摸屏界面上进行，操作方便、快捷、准确等优点，见图2.3-17。导管箭头成型机用于加工超前小导管锥形尖头的自动化加工，具有噪声小、易操作、产量高、性能稳定等特点。工件成形时间短，效率高，加工表面光滑，工件无伤痕。设有闭路循环润滑系统，确保机器长时间正常运行，机器模具更换简单，在相应模具配合下可加工不同形状金属管，满足不同需求。钢筋网片采用智能钢筋焊网机加工，运作方式为机电一体化结构，采用气缸、伺服电机和机械相组合的传动系统，焊接方式为电阻焊接，具有自动化程度高、灵活性好、故障率低、焊接后焊面平整、焊接强度高、焊点不脱落、焊网变形小等优点，见图2.3-18。

a）机械手筋加工

b）隧道锚杆机、湿喷机械手、除尘炮雾机

图2.3-16 连英高速公路机械手筋加工、隧道新设备——隧道锚杆机、湿喷机械手、除尘炮雾机

超前小导管数控打孔机、箭头成型机，智能钢筋焊网机在施工中的使用，使隧道施工自动化程度得到了很大提高，施工质量得到了保障。同时还减少了技工人员的投入，项目半嶂隧道小导管用量约30000m，钢筋网用量120t，采用自动化设备后累计节约人工约350工日，节省人工成本约10.5万元，节省工期超过一个月。

a）圆管数控打孔机

b）加工成品

图2.3-17 河惠莞高速公路圆管数控打孔机及所加工成品

a)智能钢筋焊网机

b)加工成品

图 2.3-18　河惠莞高速公路智能钢筋焊网机及所加工的成品

⑥潮漳高速公路针对传统桥面整体化层施工采用的三滚轴 + 人工拉毛工艺存在标高及平整度控制困难、摊铺效果受人工操作影响大等缺点,采用轻质振动梁摊铺机和自动拉毛机施工工艺进行全机械化施工。该套设备及工艺具有以下优点:

A. 设备采用桁架式结构,整体坚固不变形,同时整机质量的增加提高了摊铺的压实度,使摊铺的效果更好。

B. 采用特种 ϕ168 无缝钢管,自带混凝土摊铺功能,最前辊整体偏心,击打式振动实现自动修偏,产生高激振力,比普通三轴振捣深度和提浆效果更好。

C. 轻质振动梁摊铺机前滚轴摊铺,后滚轴整平,功能明确。

D. 前后滚轴在两侧均设置有滑轮组可以上下调节,易于控制混凝土表面的纵横、坡度,且轨道焊接点高,不接触钢筋网,减少行走和施工时轨道振动对钢筋网的扰动,便于提高钢筋安装质量,施工精度高。

E. 整机全自动化性能高,一个人就能操作摊铺和拉毛,大大地节省了人工,降低了施工成本,提高了工作效率。

F. 拉毛纹理深度清晰、整齐,外观质量高,拉毛效果好,参见图 2.3-19。

a)拉毛机施工

b)施工效果

图 2.3-19　潮漳高速公路轻质振动梁摊铺机和自动拉毛机施工及效果

⑦揭惠高速公路大力推行施工标准化，在施工过程开展设备及工艺工法微创新。针对传统桥梁现浇混凝土护栏受人工操作影响大、线形及外观质量不易控制等缺点，在现场创新使用桥梁防撞护栏施工作业台车。台车主要由支架、挂钩、内模、外模和对拉螺栓5部分组成。支架通过挂钩与外模连接，内模与支架背撑满焊固结。采用可调节对拉螺杆对模板进行固定，形成整体式模板。台车整体性强，安装拆除方便，可通过调节对拉螺栓，实现模板一次性安装就位，通过调节挂钩高度，实现整体脱模，施工整体性强，操作方便，见图2.3-20。

a）整体式钢模板台车

实用新型专利证书

b）专利证书

图2.3-20　揭惠高速公路桥梁防撞护栏整体式钢模板台车及专利证书

项目在隧道施工中创新性采用组合结构逃生管。组合结构包括多段相连的逃生管、刚性管及三通管。组合结构逃生管质量轻、仅为钢管质量的1/3左右，拆装和搬运方便；管道韧性好、抗冲击强度高，受到强外力冲击时瞬间变形，吸收大量冲击能量，然后迅速恢复原来形状，为公路隧道施工逃生应急救援提供了极为安全可靠的保障；管道环刚度高、耐压性好、不易变形，在公路隧道施工中发生坍塌时，承压能力和抗环境破坏能力远远超过一般管道，见图2.3-21。

a）组合结构逃生管

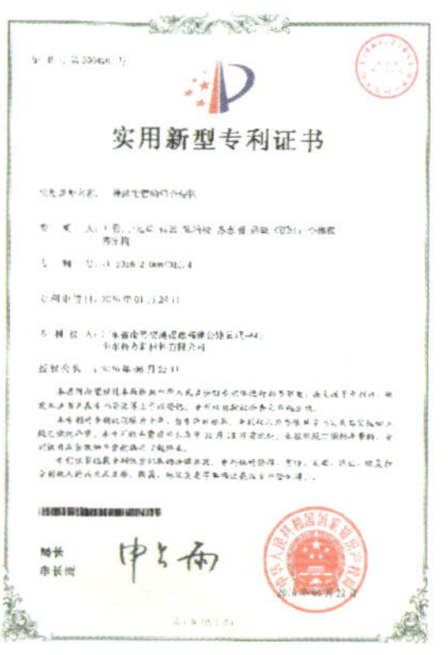

实用新型专利证书

b）专利证书

图2.3-21　揭惠高速公路组合结构逃生管及专利证书

⑧怀阳高速公路严抓标准化施工，以“首件制”作为工艺标准化管理的重要抓手，及时制订并严格落实首件工程验收管理办法的要求。对于可在实体外做“首件试验工程”的必须先做试验工程，其中墩柱、防撞墙等均通过“首件试验工程”符合要求后方可进行实体施工；对于软基工程，要求先进行试桩试验；对于不能做实体外做试验工程的分项工程，如盖梁、现浇梁、

悬浇梁等,要求把首件作为实体内试验工程,在施工时由专业监理工程师现场监督检查,施工完成后必须及时进行施工总结,分析原因,制订应对措施,并在后续施工中,严格执行“首件”工艺及质量标准,切实保证实体工程质量,见图2.3-22。

a)路基台阶开挖

b)主桥承台钢套箱整体下放

图2.3-22　怀阳高速公路标准化路基台阶开挖及西江特大桥主桥承台钢套箱整体下放

2.3.3　提高养护便利化水平

①珠海连接线项目技术条件复杂,其拱北隧道及前山河大桥的建设在国内均未有先例,为保障通车运营后的服务、管理及养护需求,项目针对性地开展建管养一体化设计。

A.项目拱北隧道因其结构特殊,左右洞之间未设计车行横洞连接,为解决消防及救援逃生问题,项目根据拱北隧道双层的结构特点,通过双层异形隧道通风及救援关键技术研究,在国内首次构建了包含逃生空腔、逃生楼梯、消防电梯在内的立体疏散体系,解决了双层异形隧道人员疏散困难的技术难题。当火灾发生时,为方便救援人员奔赴火灾现场开展灭火救援,设置了进入隧道的救援通道,在东、西两个工作井分别设置一处消防电梯。通过研究,建立了包含隧道逃生空腔、逃生楼梯、消防电梯在内的逃生区域紧急通风计算标准和模型,设置了紧急通风系统,可实现对火灾工况下疏散区域的正压送风。为解决隧道紧急排水问题,项目在建设期利用负四层空间增设排水泵房,泵房设计时又考虑长期运营可能面临的各种不利情况,选用“装一预三”的方案,具备较强的排水扩展能力,见图2.3-23。

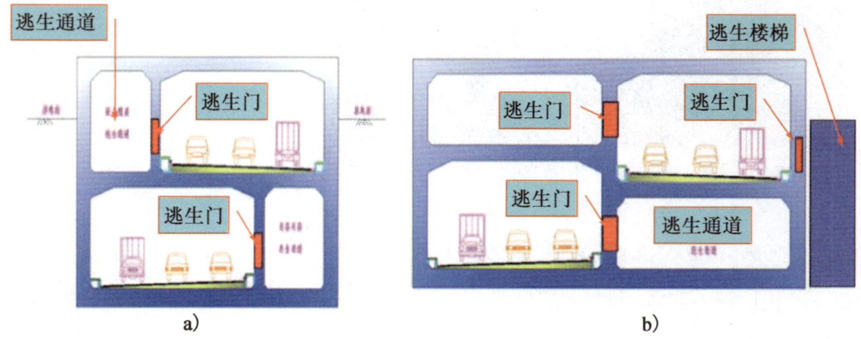

a)　　　　b)

图2.3-23　港珠澳大桥珠海连接线拱北隧道逃生空腔示意图

B.项目针对前山河特大桥波形钢腹板的特殊结构特点，在工程建设阶段即引入健康监测单位，建立监测系统，结合结构特点编制养护手册，做到建养监测数据连续不间断，有效解决建管分开造成的脱节问题。同时该桥采用体内与体外相结合的预应力体系，其中体外预应力索具备更换条件；为方便日后养护，项目在桥梁箱室内增加照明设施供相关人员使用。

②连英高速为方便后期养护工作及减少高速公路运营成本，以科学养护为统领，注重公路设计与建设的前瞻性。项目严格执行广东省设计标准化理念，考虑使用要求、项目地区的自然条件、材料来源、便于施工和养护等因素，对高速公路主线过水通道一律取消圆管涵，最小涵洞通道尺寸为2×2m；对桥梁上下部结构，应用设计标准化成果，便于后续检修维护；在桥下设置纵向排水沟，避免桥下雨水漫流污染环境；对于每个高边坡，结合工程措施和边坡高度，在适当位置设置检查踏步，以利于边坡的检查、维护；结合地形地貌，相应自然山坡凹槽处的坡面设置急流槽并设跌水井，参见图2.3-24。

a）桥下排水沟

b）边坡急流槽检查踏步

图2.3-24　连英高速公路桥下排水沟及边坡急流槽检查踏步

2.4　实施创新驱动，实现科学高效

2.4.1　加强绿色公路技术研究

①珠海连接线项目拱北隧道采用暗挖法下穿拱北口岸，拱北口岸为我国第一大陆路口岸，日均旅客30多万人次，日均车辆10000多辆次，口岸内建筑物密集且安全级别高；隧道大部分位于水位线以下，水力场复杂，隧址区上部覆盖层特别是海相、海陆交互相沉积层发育，一般厚度达到28~35m，土质极软弱；隧道管幕群外缘最近处距离澳门联检大楼桩基仅为1.50m，距离拱北口岸出入境长廊基桩最近距离为0.5m，且地下电力、电信网络众多，给排水管网密布。

为此，项目通过交通运输部建设科技项目《港珠澳大桥珠海连接线拱北隧道建设关键技术与应用研究》课题，开展了临海软弱地层长距离组合曲线顶管施工及管幕形成控制技术、临海环境下高水压下超长水平冻结止水帷幕施工关键技术、复杂环境下浅埋超大断面隧道施工变形控制技术、临海环境下隧道结构防水技术及其应用等方面的研究，取得了以下主要创新成果：

A. 攻克了临海软弱地层长距离空间曲线顶管管幕技术，提出了曲线管幕施工精度控制方法，研发了高水压钢套管接收装置和临海软弱地层顶管施工泥浆，优化了接头鹰嘴密封橡胶圈结构。

B. 揭示了顶管施工相互影响及管幕群管顶进土体扰动规律，提出了优化的管幕顶进顺序，有效控制了管幕施工引起的地层变形。

C. 创立了由常规冻结管、异形加强管和限位冻结管构成的“管幕冻结法”冻结体系，提出了临海环境下“冻起来、抗弱化、防冻胀”的管幕组合冻结技术。

D. 首次完成了管幕冻结法缩尺物理模型试验和现场原型试验，揭示了管幕—冻土复合结构的力学性能和破坏特征，提出了管幕冻结施工全过程的冻土帷幕动态控制方法和冻胀融沉控制方法。

E. 首次采用离心机非停机分块排液开挖方式模拟管幕冻结条件下大断面暗挖施工工序，揭示了不同开挖步骤、不同循环进尺条件下地层和建筑物变形规律，并结合数值模拟、理论分析等手段确定了拱北隧道五台阶 14 部的暗挖方案。

F. 揭示了临海大断面隧道多重支护结构体系水压力分布规律，提出了临海大断面隧道防排水体系和变形缝的设置方法，研发了变形缝新型可排导止水带。

目前项目已顺利建成通车，课题已通过交通运输部组织的验收，形成的“曲线管幕 + 冻结止水”等关键技术成果在复杂条件下的地下工程建设等方面具有较好的应用前景，见图2. 4-1。

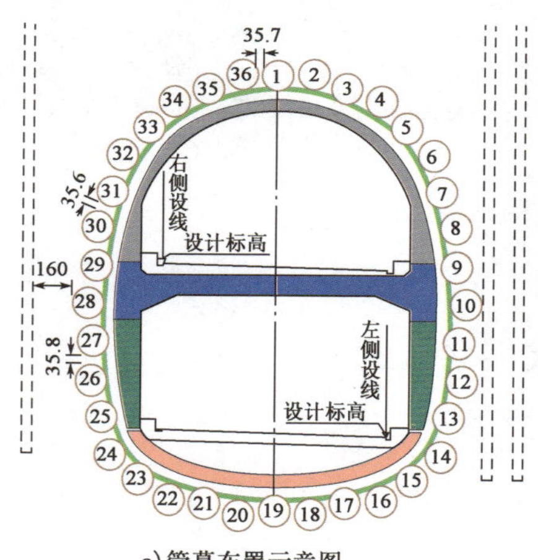

a）管幕布置示意图

b）施工现场

图 2. 4-1　拱北隧道管幕布置示意及施工现场

同时项目以前山河特大桥为依托，立足世界桥梁技术前沿，围绕大跨度波形钢腹板 PC 组合箱梁桥设计理论和大跨度波形钢腹板 PC 组合箱梁桥施工关键技术开展研究。波形钢腹板 PC 组合箱梁很好地利用了钢与混凝土的优点，提高了结构的稳定性及材料的使用效率，解决了传统的预应力混凝土箱梁腹板易出现裂缝的问题。项目通过理论分析和试验研究较好地解决了特大跨度波形钢腹板屈曲稳定问题，完善了钢混组合腹板设计理论，提出了带加劲肋的新型波形钢腹板构造方案，首次提出了 2400 型波形钢腹板设计参数，优化了波形钢腹板箱梁桥横隔板间距；同时项目成功研发了波形钢腹板箱梁扭转试验设备并进行了波形钢腹板箱梁极限抗扭承载能力试验;编制了前山河特大桥上部结构施工技术指南、质量控制及质量评定标准文件,见图 2.4-2。

图 2.4-2 建成后的波形钢腹板前山河特大桥

②化湛高速公路茂湛铁路跨线桥,是广东省高速公路建设史上的第一座转体桥,在高速公路规模居全国第一的广东省,具有代表意义的工程"基因库"因它而更加完整。跨茂湛铁路转体桥主桥采用双幅(75 +75)m T 形刚构桥,单幅桥转体重量约 10500t,双幅同步转体施工,其中左幅桥在铁路南侧预制,右幅桥在铁路北侧预制,转体长度均为(67 +67)m。采用转体施工,可以大大降低跨铁施工带来的安全隐患。此次转体施工技术要求高,铁路运营安全要求高,项目早规划、早准备、早实施,通过开展《高速公路跨高速铁路双幅同步转体施工技术研究》,拟定了总体施工方案,其中基础部分为:桩基施工→基坑围护结构施工→下承台施工→球铰安装→上承台施工→主墩施工;连续梁施工部分为:0 号块地基处理→搭设支架→预压→0 号块现浇→1 号-17 号块挂篮施工→防撞栏杆、防护屏→转体准备→试转→正式转体→逆时针平转到位→封铰→两端支架现浇边跨并合龙→拆除支架→桥面附属施工;同时项目对超大吨位转体施工控制技术、悬臂浇筑连续梁施工挂篮主构架地面对拉预压技术、T 形刚构桥称配重实验研究、快速安全施工技术等 4 个施工关键技术开展了深入研究。通过科研支撑,茂湛铁路跨线桥在 2017 年 7 月 17 日顺利完成转体施工,两幅桥同步逆时针转体 83.6°,见图 2.4-3 和图 2.4-4。

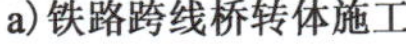

a)铁路跨线桥转体施工

b)建成实景

图 2.4-3 化湛高速公路茂湛铁路跨线桥转体施工过程及建成实景

a) 转盘

b) 刻度

图 2.4-4　化湛高速公路茂湛铁路跨线桥转盘及刻度

③仁新高速公路针对目前桥梁高墩设计过程中,横隔板对局部稳定的作用机理、设置的必要性及设置原则等不清晰,导致实际工程中高墩横隔板的设置比较随意,导致施工工序复杂,质量难以控制、进度受制约等问题,开展了《空心薄壁高墩横隔板设置方法及应用》课题研究。通过对依托工程的分析,重点对高墩稳定性计算原理、边界条件和地震响应的影响分析、实桥高墩非线性稳定有限元分析、空心薄壁高墩横隔板设置研究缩尺模型实验、横隔板设置条件的修正公式、空心薄板高墩屈曲的理论分析等内容的研究,明确了空心薄壁高墩横隔板设计及计算要点,提出了不设置横隔板的判别条件以及无横隔板空心薄壁高墩稳定性验算公式,在一定的工程条件下,空心薄壁墩不设置横隔板是可行的。并根据研究成果,拟定了《公路钢筋混凝土桥梁无横隔板空心薄壁高墩设计准则》,该成果已在武深高速公路、汕昆高速公路、云湛高速公路等多个省内项目中得到了广泛的应用,见图 2.4-5。

a) 施工

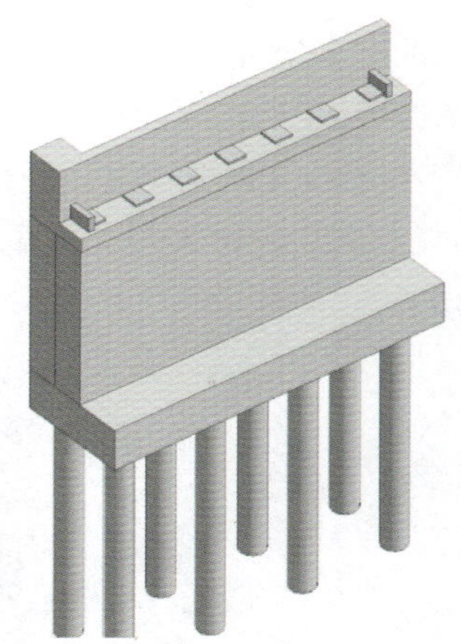

b) 环保型桥台

图 2.4-5　仁新高速公路空心薄壁墩施工及环保型桥台示意

同时,项目针对目前山区公路桥梁经常采用的桥台形式(如 U 台、肋板台等),需要设置较大的锥坡,挖填土方量大,对地形的改造较大,对环境及植被产生较大破坏等问题,开展了《山区公路环保型桥台的应用》专题研究。环保型桥台是指无须很大土方填挖量、对原有地貌改动较小的桥台形式。项目通过对桥台结构山区适用性评估分析、环保型桥台力学性能研究分析、环保型桥台结构尺寸参数研究分析，形成了环保型桥台设计通用图，并在项目6座桥梁应用了轻型U台这种环保型桥台结构方案，不仅提高了地形适应性，缩减了桥跨孔数，节省了工程造价、提高了施工安全性；同时有效减少了桥台及锥坡部位的填挖方量，大幅降低对山区地表环境的破坏，环保效益显著。项目形成的研究成果也在公司后续项目得到了推广应用。

④潮漳高速公路针对隧道喷射混凝土施工质量和施工安全要求高，同时混凝土速凝剂用量高影响施工人员身体健康的问题，开展了《低能耗绿色分离式隧道湿喷系统研制及其配套技术研究》。通过对现有的喷射混凝土的配合比进行改进，研制出一种新型的喷射混凝土用的液态速凝剂，使其能高效地解决湿喷法存在过快凝结、机械复杂、施工费力等问题，达到混凝土凝结时间可调、可控并环保的安全目的（图2.4-6）；对现有喷射混凝土工艺流程进行革新改良，针对不同工况下的隧道工程，设计了不同的高压液力喷浆工艺，确保施工安全经济、快速有效；研发了新型低能耗绿色分离式喷射混凝土配套机具设备（高压定量液态速凝剂添加机、新型喷射机械等），保证施工安全与施工效率。通过成果在项目新屋隧道的应用，每公里双车道隧道可节约速凝剂成本约25万元，节约混凝土约184万元，同时人工及机械消耗、用电成本等也大幅降低；更重要的是由于低能耗绿色分离式隧道湿喷技术大大降低了施工粉尘浓度，减少粉尘及速凝剂对人体的危害，保障了施工作业人员身心健康；同时也大幅提高了喷射混凝土的强度及施工质量，保障了施工安全。

a）喷射工艺

b）传统工艺

图2.4-6　潮漳高速公路改进后喷射工艺与传统工艺的施工对比

⑤清云高速公路项目途经清远、肇庆、云浮三市，沿线穿越生态严格控制区、自然保护区、森林公园及饮用水源二级保护区等多个敏感区域。根据《广东省环境保护规划纲要（2006—2020年）》所经区域为广东省"陆域一级结构性生态控制区"是"生态公益林的主要建设区域"，要"控制林木开发，优先选用乡土物种，维持自然生境，维护控制区内生态系统的自然演替，保存良好的自然生态系统，在空间上形成广东省陆域生态屏障。"项目依托《生态敏感路段表土资源收集与利用技术研究》课题，通过开展生态敏感路段表土资源特征与收贮技术研究、表土土壤种子库特征及发生机理研究、表土资源综合利用技术研究，将项目沿线表土划分为Ⅰ类农田表土、Ⅱ类园地表土、Ⅲ类沟谷林地表土、Ⅳ类山皮表土、Ⅴ类混合渣土，并有针对性地进行上边坡客土喷播工艺的利用技术、下边坡喷播植草工艺的利用技术、表土资源直接利用技

术等研究,不仅保护了公路沿线表土资源,提高了水土保持与植被修复成效,同时对保障区域生态安全,建设绿色、环保的生态高速公路具有重要的意义,见图2.4-7。

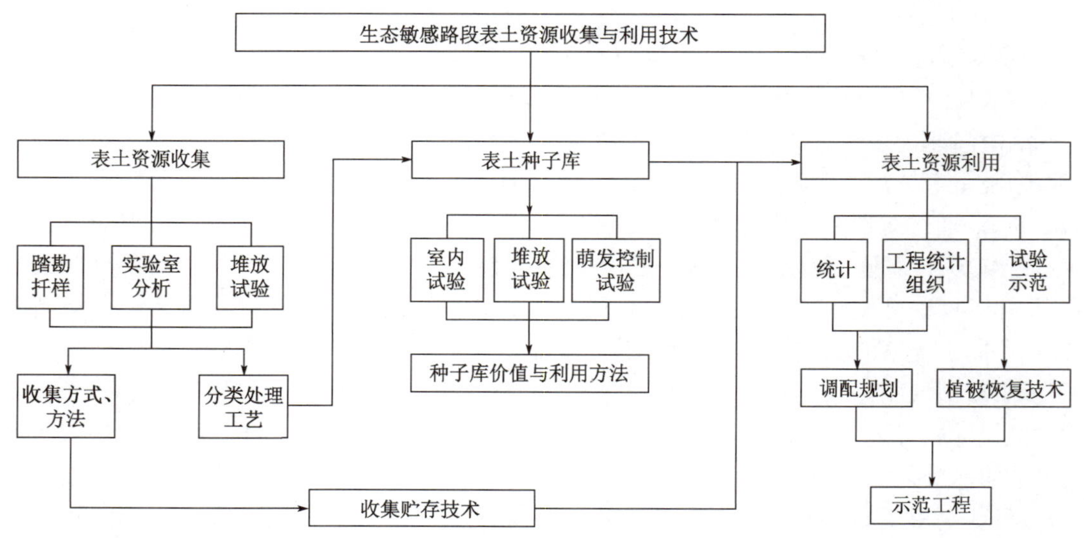

图2.4-7　清云高速公路生态敏感路段表土资源收集与利用技术研究技术路线图

2.4.2　大力推进建设管理信息化

①连英高速公路以"互联网+"为基础,推行建设管理信息化,建设了质量安全隐患排查系统、质量安全分析系统、二维码标识牌、重要工点视频监控系统、隐患工程数据采集、隧道施工作业人员定位系统、人员考勤系统等。

A.试点路基路面智能压实监控系统,并在路面合同段上面层施工全面推广。通过系统的使用确保了路基施工过程的标准化和精细化,全面提升了路基施工过程的质量控制水平。

B.引入路面施工数据监控信息化管理系统,运用互联网+、云服务等物联网信息化技术,对水稳拌和站及其工控电脑所产生并按要求保存的数据,进行实时采集、无线传输、计算分析,并实时反馈,针对水稳料生产过程中影响施工质量而又不易被发现的因素和环节实行实时监控,从混合料的源头上最大限度地减少了基层、底基层的不规则开裂问题,为确保沥青路面质量打下良好基础,见图2.4-8。

C.推广质量安全隐患排查APP,利用APP及时记录现场发现问题,在隐患处理审批的过程及每个层级的参与人,均可通过软件在对应的隐患详情中查看到该隐患处理的过程及步骤,及时了解处理情况,利用移动互联网的优势,实现隐患排查的扁平化管理,见图2.4-9。

D.推广隐蔽工程数据采集,明确各承包人责任,要求承包人采取拍照、摄像等方式记录隐蔽工程及关键工序的施工过程,形成可追溯性资料。

E.推广远程视频监控,全方位无死角监控现场情况,将数据图像传回中央控制屏,并可在移动客户端实时查看,以信息化管理保障现场安全施工。

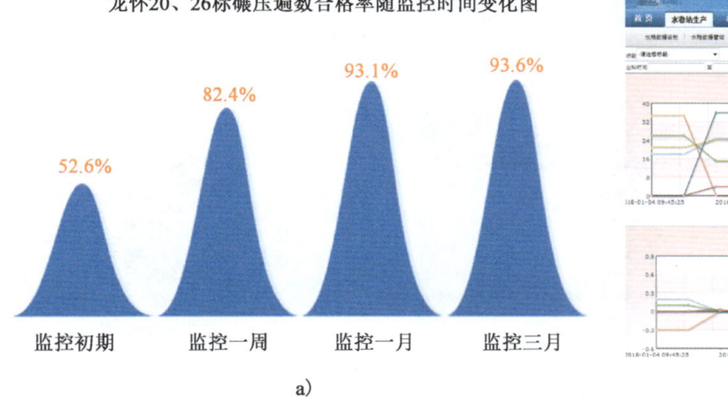

a)

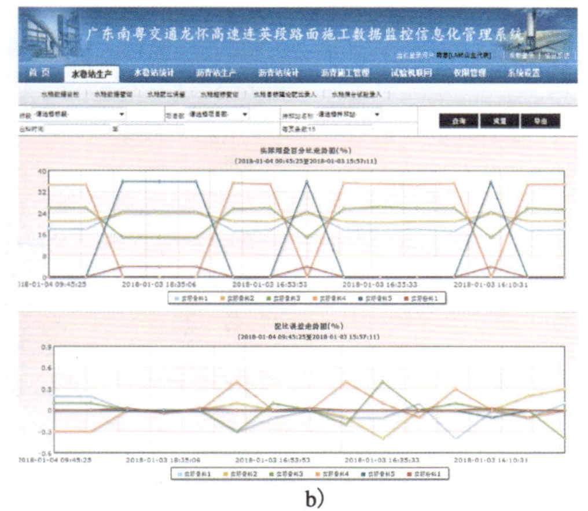

b)

图 2.4-8 连英高速公路引入信息化管理系统后路基路面施工质量的变化

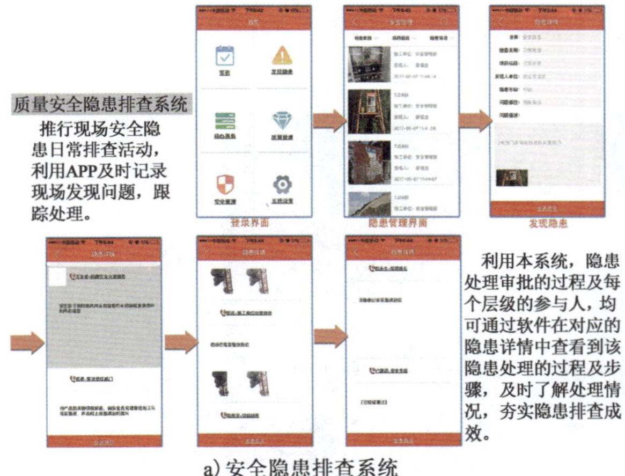

a) 安全隐患排查系统

b) 数据采集

图 2.4-9 连英高速公路质量安全隐患排查系统及隐蔽工程数据采集

F. 推行“智慧工地”建设，全线推广二维码标识活动，将结构物主要信息内置于二维码中，可在现场随时扫描阅读，随时掌握结构物生产日期、强度等信息。同时在拌和站、钢筋加工厂、预制梁场等施工区域设置二维码宣传栏标志牌，内置技术交底、安全交底、作业指导书、施工方案、尺寸图、钢筋大样图、布置图、特种设备检验报告等，便于相关人员随时查阅，见图 2.4-10。

②阳化高速公路高度重视项目信息化建设，在公司项目中首次引入了高分可视化智慧综合管理平台、人本化智慧收费亭、路面智能压实监控系统等信息化手段开展项目管理。

A. 高分可视化智慧综合管理平台。该系统由高分可视加智能数据处理结合事件分析进行部署，设计了日常监控、应急处置、收费监控、节假日等几大营运应用场景。系统应用 GIS 地图信息处理技术和多维显示技术把车流量情况、路况信息在地图上进行实时监控；通过数据融合，整合了高速公路收费系统、两客一危、机电运维、智能机箱路侧感知及外部路网信息等系统，实现了跨平台协同作业，提升了高速公路日常管理监测能力及应急响应能力，管理更加高效，见图 2.4-11。

a)远程监控

b)二维码

图 2.4-10　连英高速公路远程监控系统及二维码管理

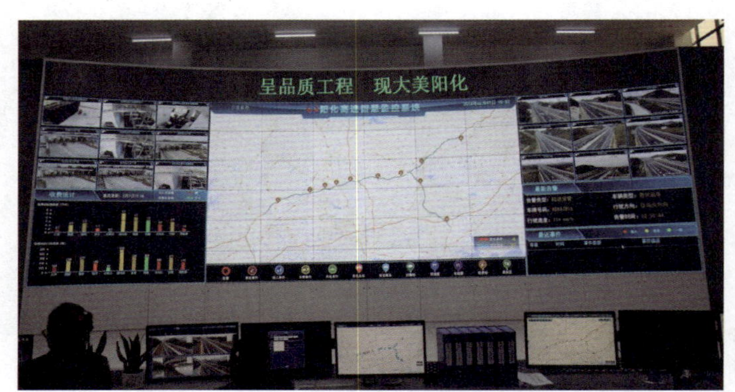

图 2.4-11　阳化高速公路高分可视化智慧综合管理平台

B. 人本化智慧收费亭。智慧型收费亭集成了 MTC 一体化收费平台、全自动化发卡、智能环境控制及监测以及灵活的多媒体系统,具有集成度高、扩展性大、舒适性强、设计精巧、节能环保等优势。智慧收费亭通过智能中央控制系统,可以查询车道外设状态、收费状态、环境动态等各项数据,根据需要可进行人工发卡与自动发卡的自由切换;同时亭内集中了多种先进设备,并且实现了对其智能控制;智慧亭以人为本,为收费员创造了舒适的工作环境,见图 2.4-12。

C. 路面智能压实监控系统。系统综合利用现代传感器、三星精确定位、物联网、移动通信等技术,构建了压实作业全过程中"人、机、场景"之间的无障碍连接,实现路面压实作业工序严格把关、压实过程智能管控、压实数据信息化应用三大功能,解决沥青路面压实作业全过程、全面监控的难题,变革和升级路面质量管控模式,节省管理成本,提高路面施工质量,延长路面使用寿命,降低路面后期维护成本。各参建单位人员可通过手机 APP 实时查看沥青面层碾压结果,进行实时过程管控,确保路面碾压质量,见图 2.4-13。

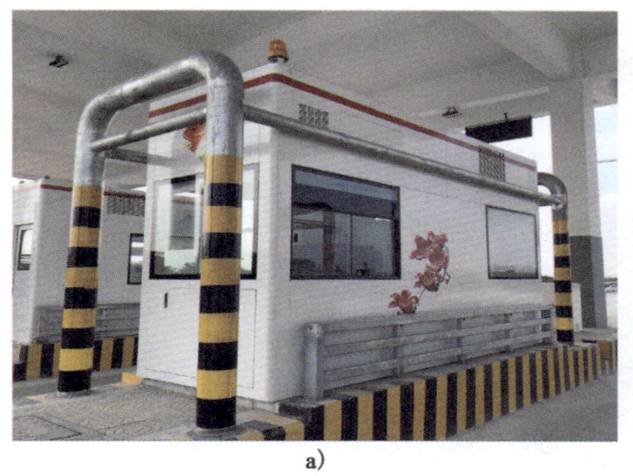

a)　　b)

图 2.4-12　阳化高速公路智慧收费亭

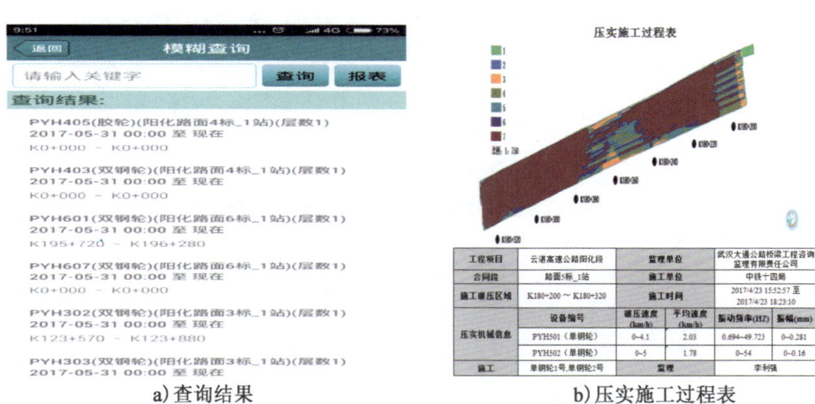

工程项目	云湛高速公路阳化段	监理单位		武汉大通公路桥梁工程咨询监理有限责任公司	
合同段	路面5标_1站	施工单位		中铁十四局	
施工碾压区域	K180+200 ~ K180+320	施工时间		2017/4/23 15:52:57 至 2017/4/23 18:23:10	
压实机械信息	设备编号	碾压速度(km/h)	平均速度(km/h)	振动频率(HZ)	振幅(mm)
	PYH501（单钢轮）	0~4.1	2.03	0.694~49.723	0~0.281
	PYH502（单钢轮）	0~5	1.78	0~54	0~0.16
施工	单钢轮1号,单钢轮2号	监理		李利强	

a)查询结果　　b)压实施工过程表

图 2.4-13　阳化高速路面智能压实监控系统手机 APP 实时查询碾压结果

③潮漳高速公路针对粤闽饶平主线收费站车流量大、缴款金额多、零钞兑换频繁的特点，配置了现金快速传输通道，建造现金传输 CPTS 系统。该系统由主控单元、中央计算器、终端操作平台、传输管道、保险金库等设备构成。传送原理是在真空的状态下施加压力将传输筒从收费亭经传送管道送达票管室保险金库。收费员及票管员利用系统双向真空传输功能，不需要携带现金来往于收费亭和票管室，达到现金快速收支存的过程。同时，中央计算机能够实时监控传输桶移动、身份识别、工作性能等数据，全面提高车流高峰期现金缴纳和兑换的安全性和高效性，见图 2.4-14。

图 2.4-14　潮漳高速公路现金传输 CPTS 系统

2.4.3 总结推广建设管理新经验

①连英高速公路认真贯彻落实交通运输部深化 BIM 技术在公路、水运领域应用,响应"智慧交通"发展需求,积极探索"互联网 + 智慧管理"发展新思路,打造特殊工点建管养一体化大平台,选定金门隧道(6482m,广东在建最长公路隧道)及英红特大桥(跨京广高铁转体桥)作为应用 BIM 技术典型示范,并在房建工程中全面推广 BIM 技术辅助现场管理,助力"智慧工地"建设。

A. 金门隧道利用可视化虚拟仿真技术,创建面向工程结构化对象的施工建筑信息模型(BIM),可视化展示工程结构的体量以及施工方案难点,避免出现建设过程中由于技术复杂、不可预见性风险因素多等因素易引发施工质量、安全事故,或因施工效率低下而延误工期;在施工建设期间,通过 BIM 技术应用(结合超前地质勘察),及时调整不良地质段施工工法,实现动态设计,节约工程造价约 2100 万元;在运营阶段项目拟借助 BIM 三维成像负责机电工程故障排查,参见图 2.4-15。

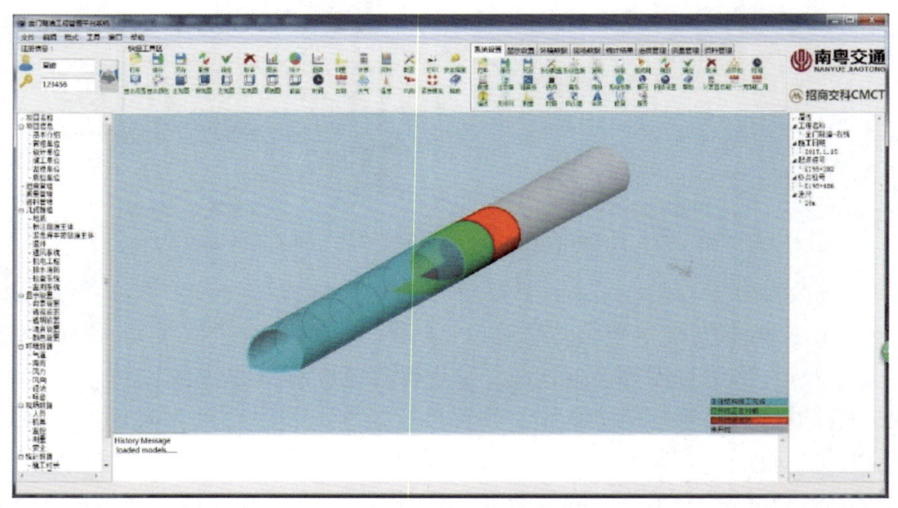

图 2.4-15　连英高速公路金门隧道 BIM 系统

B. 项目针对特殊工点的跨京广高铁转体桥——英红特大桥,依托 BIM 平台,实现建设阶段工程量自动统计、现场进度的三维模拟、各项资料的归档汇总等,可实现施工现场质量安全进度的有效把控,直观了解工程进展情况,通过与传感技术的结合,还能实时对如大体积混凝土施工的温度控制,加强施工进行监控,减少人为错误,从整体上提高对高速公路施工建设过程的质量安全管理水平,见图 2.4-16。

②清云高速公路西江特大桥主桥为边跨 202m + 主跨 738m 的双塔双跨吊悬索桥,为南粤公司在建最大跨径桥梁,也是项目的控制性工程。项目在施工阶段对 BIM 技术的应用主要有 6 个方面:a. 项目周边环境及场地建模;b. 建立主桥及引桥 BIM 模型;c. 项目设计及施工方案的可视化展示;d. 针对施工预埋设施的碰撞检查;e. 利用 BIM 技术建立进度管理平台,进行项目建设进度的可视化管理(图 2.4-17);f. 制作多种景观方案进行对比,便于科学决策。

图 2.4-16　连英高速公路英红特大桥 BIM 系统

应用 BIM 技术，进行钢箱梁厂内制造的进度管理，可以对梁段下的结构进行细化，根据项目梁段实际生产工序进行定义，设置不同工序的颜色及配套图片，通过手机及网页可以填报实际进度；可以对项目目前进度情况进行统计，利用饼状图进行当前轮次各个梁段的生产顺序以及进度状态。

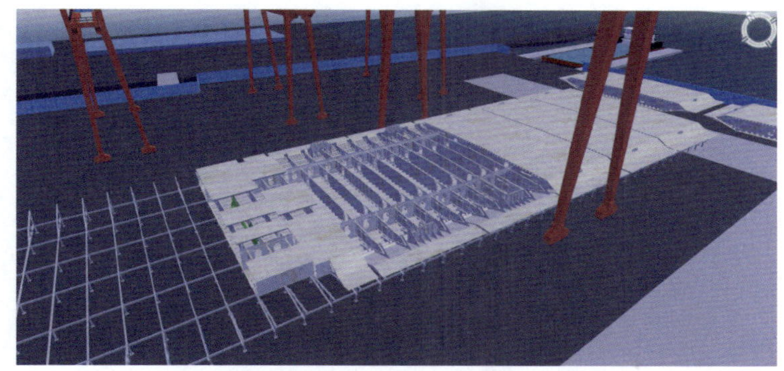

图 2.4-17　清云高速公路 BIM 系统梁场生产进度 3D 可视化

同时 BIM 技术可以三维可视化方式动态演示整体和局部的施工过程，将实际进度与计划进度进行对比，分析项目进度异常原因，为下一步进度计划的制订提供科学依据，见图 2.4-18。

图 2.4-18　清云高速公路 BIM 系统项目进度对比分析

2.4.4 探索设置多元化服务设施

绿色服务区的建设,既要提供优质完善的交通运输配套服务,以满足发展的需求,同时更要强调资源和能源的有效利用,对环境的影响降低到最小。主要内容有:资源节约,以提高资源利用效率(如土地、材料及水等);能源节约,积极利用清洁能源(如电、煤、太阳能、地热能等);污染治理,控制排放保护生态(如污染、烟气、垃圾等);舒适便捷,满足多样化出行需求(如标志标识、信息服务、休闲设施、景观提升等)。

①连英高速公路根据项目服务区所处的自然环境、人文、地理环境结合当地农业打造绿色示范服务区。

A. 三华服务区:打造农产品服务区。三华服务区位于翁源县龙仙镇与周陂镇交界,是“中国三华李之乡”、中国兰花之乡。服务区主要功能以服务旅客为主,在设计过程中强调“以人为本”设计理念,以“安全、环保、系统、和谐、可持续发展”为设计原则,努力打造地方特色农产品服务区。该项目已于2016年与当地政府签订合作框架协议,面向旅游投资开发公司等社会群体进行招商引资,除高速公路征地范围之外,全力打造一个地方特色农产品集散地综合服务区,见图2.4-19。

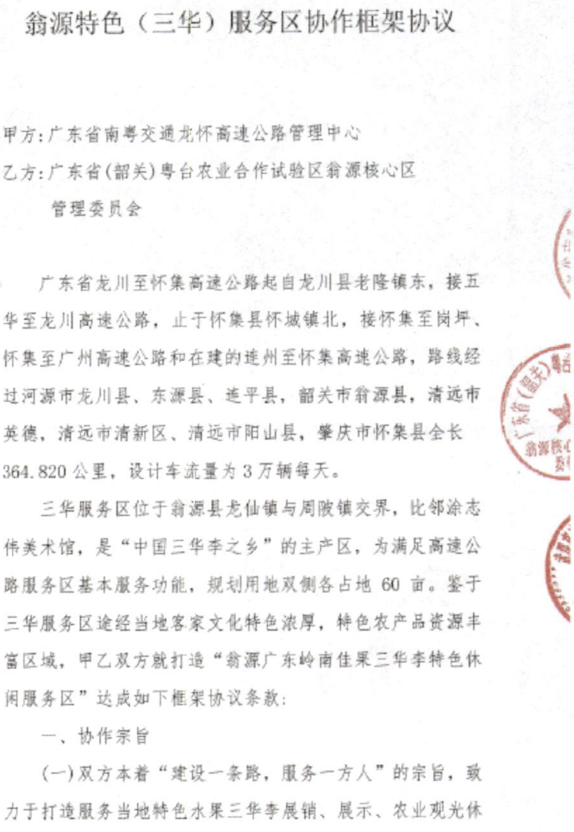

翁源特色(三华)服务区协作框架协议

甲方:广东省南粤交通龙怀高速公路管理中心

乙方:广东省(韶关)粤台农业合作试验区翁源核心区管理委员会

广东省龙川至怀集高速公路起自龙川县老隆镇东,接五华至龙川高速公路,止于怀集县怀城镇北,接怀集至岗坪、怀集至广州高速公路和在建的连州至怀集高速公路,路线经过河源市龙川县、东源县、连平县,韶关市翁源县,清远市英德,清远市清新区、清远市阳山县,肇庆市怀集县全长364.820公里,设计车流量为3万辆每天。

三华服务区位于翁源县龙仙镇与周陂镇交界,比邻涂志伟美术馆,是“中国三华李之乡”的主产区,为满足高速公路服务区基本服务功能,规划用地双侧各占地60亩。鉴于三华服务区途经当地客家文化特色浓厚,特色农产品资源丰富区域,甲乙双方就打造“翁源广东岭南佳果三华李特色休闲服务区”达成如下框架协议条款:

一、协作宗旨

(一)双方本着“建设一条路,服务一方人”的宗旨,致力于打造服务当地特色水果三华李展销、展示、农业观光休

图2.4-19 连英高速公路与地方签订的服务区合作协议

B. 九龙服务区:打造“醉美”服务区。九龙服务区处于英德西部有小桂林之称的英西峰林风景区内,原自然景观优美,旅游资源丰富,这里密集分布着上千座石灰岩山峰,溪涧、岩洞,是广东省最长、最密集的峰林景区。

九龙服务区拟以“广东小桂林”为中心点,协同当地政府签订合作框架协议,面向旅游投资开发公司等社会群体进行招商引资,在最美乡村打造醉美服务区。

a. 拟建英德茶石文化馆,以英德最为闻名的茶石文化为主载体,加以“品红茶、赏英石”等参与性的活动,从而突显出英德市独有的人文荟萃及服务区的特色文化亮点,将服务区以文化站形式进行包装。该馆面积为 200 ~ 300m^2,用于展示各类红茶及英石,并设有红茶英石文化的发展历史演示,3D 影视红茶文化视频播放,红茶品尝室,英石鉴赏室等功能,见图 2.4-20。

a)展览厅

b)人文馆

图 2.4-20 连英高速公路拟建茶文化展览厅及人文馆效果图

b. 拟建英西峰林旅游咨询服务中心,用英德得天独厚的自然风光为展示风格,配以英德丰富的旅游资源为引导。该中心面积 300 ~ 400m^2,内设英德市内各大旅游景区的文化展示区,旅游行程路线搭配介绍区,预订服务中心(可以在此预订各大酒店客房,各大景区门票),游客小休区,手机充电服务区等等,突显该服务区的个性化服务,人性化服务。

c. 拟建英州美食特产城,该特产城面积 800 ~ 1000m^2,区别于传统服务区的饮食服务,主要以英德区域独有的小食、美食作为主体,再汇入其他地方小食与美食,坐拥 600 餐位的餐厅,英德各类特产展示介绍区,土特产售卖区,彰显服务区的特色饮食服务。

d. 拟建英州人文馆,该馆用地面积约 200m^2,主要用于展示人文荟萃:历史名人的游记,本土文化人物书法画册展示,各类摄影用品展示及英德的城市进化史,英德城市宣传视频播放区。

②河惠莞高速公路麻布岗服务区为全国示范服务区培育点,对服务区的设计工作有了更高的要求,设计过程中对服务区总体布局及建筑方案不断进行优化调整,进一步提升了服务区的服务水平和社会形象。

项目服务设施总体规划原则如下:

A. 服务设施要打造出特色,形成示范,首先要有足够的用地面积。项目统筹全线服务设施设置,将服务区用地规模按照150亩控制,服务区用地面积在广东省双向四车道高速公路中排在前列。

B. 该项目作为出省通道,省际货运交通及节假日的客运交通对服务设施的要求高。

C. 要保证服务质量,服务设施须有一定的效益。

D. 服务设施的布局要与相邻路段统筹考虑。

服务区的总体布置特点如下:

a. 台地式总体布局。充分利用场址区地形特点,结合土石方开挖平衡,因地制宜地对场地进行竖向设计,将场区划分为上下两个台地,下台地靠近高速公路主线,主要为货车停车区及加油站;上台地主要设置服务楼及客车停车区,设置后减少土方开挖十一万方有余;同时在结构上自然实现了客货分离。

b. 中置式布局。服务楼中置,将大客车停车位设在服务楼后方,实现大小客车分离,同时配合"庭院式"布局,可避免以往服务区节假日大客车在服务楼前上下客,造成的服务楼前拥挤混乱,同时实现大客车乘客与小客车的"人车分流"。

图2.4-21 给出了河惠莞高速公路麻布岗服务区台地式及中置式布局图。

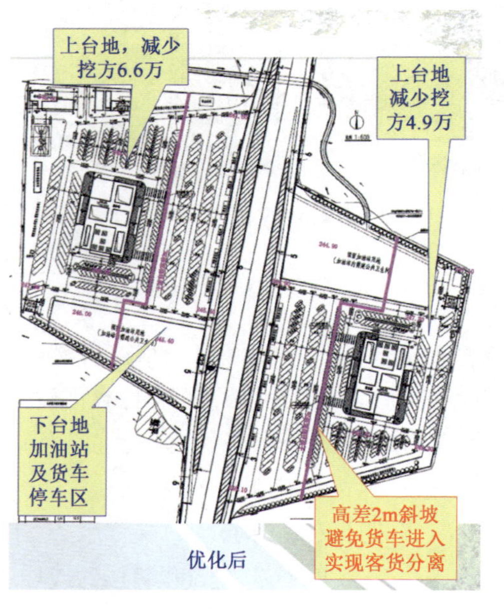

a) 台地式

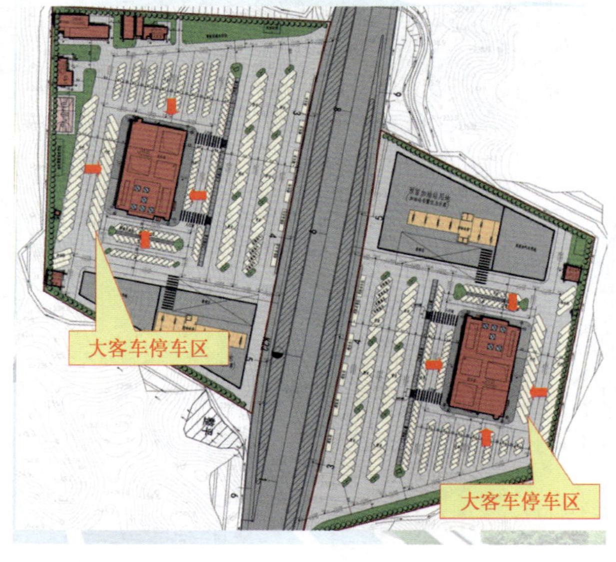

b) 中置式

图2.4-21 河惠莞高速公路麻布岗服务区台地式及中置式布局

c. 庭院式布局。目前广东省采用庭院式服务楼布置的项目较多,但多数庭院面积有限,不能满足节假日客流高峰的需求。本项目统筹批复的服务设施建筑面积,将庭院进行了重新优化布局。将卫生间分离设置,隐于庭院景观之中;服务楼开敞布局,通过连廊贯穿,有利于引导人流疏散,参见图2.4-22。

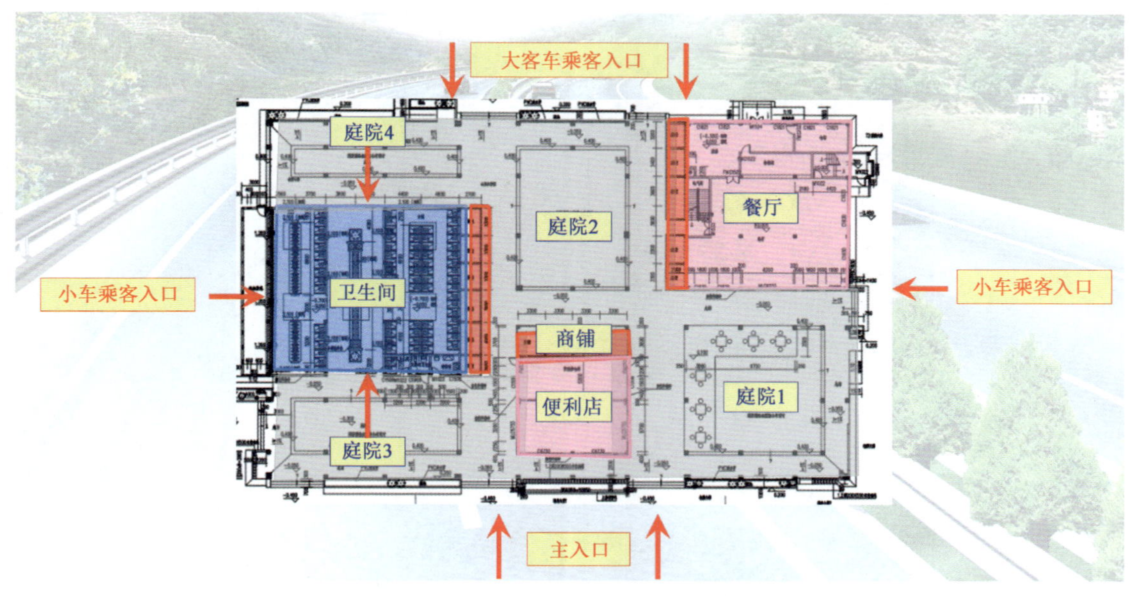

图 2.4-22　河惠莞高速公路麻布岗服务区庭院式布局

d. 其他细节设计。卫生间及吸烟区与服务楼分隔，并为卫生间设置前后通透的独立出入口，屋顶设置玻璃采光天棚，达到通风、采光最大效果。服务楼入口设置便民服务台，提供广播、咨询、充值、充电、无线联网、信息等服务。考虑女性夜间停车安全，在服务楼前设置女性夜间停车位。预留充电桩，并在加油站区域设置应急洗手间。规划预留临时客房设施。

③化湛高速公路为给 300 多名员工的工作与生活提供了一个四季常绿、色彩丰富、花团锦簇和步移景异的优美环境，项目努力打造怡人宜居管理中心。管理中心按照“浑然天成，怡人宜居”理念，以“匠心精神”精心打造“绿色生态”工程。设计阶段多方调查、精细选址，最终将管理中心落址在三面环水的化州横江水库之畔，为工程建造创造先天地理优势。施工阶段，尽量保持原地形、地貌，并保持原生态树木，最大限度降低了对原生态的破坏。管理中心以库区广阔水景为大背景，以现代简约建筑风格手法，营造出南国滨海风情特色景观。办公大楼前广场结合滨海风情与建筑简约风格，以高大棕榈科植物为主，开阔绿地为辅与亲水平台完美融合，更显水边景色。广场利用路基开挖孤石作为景观石安放于山坡，搭配开阔绿地，与前广场遥相呼应。中心环岛路与园路、广场有机结合，增设亲水平台、景观凉亭和座椅；宿舍生活区以种植白玉兰为主，园路台阶穿插其中。中心植物种类多达 70 多种，乔灌结合。管理中心在项目交工验收阶段，被多位专家代表誉为“广东省最美高速公路管理中心”，参见图 2.4-23 和图 2.4-24。

图 2.4-23　化湛高速公路管理中心石刻

图 2.4-24　化湛高速公路管理中心实景

第3章

总体决策与路线设计

3.1 总体决策在绿色公路建设中的地位与影响

3.1.1 绿色公路建设目标

绿色公路是指按照系统论和周期成本思想,以工程质量、安全、耐久、服务为根本,坚持统筹公路资源利用、能源耗消耗用、污染排放、生态影响、运行效率、功能服务之间的关系,寻求公路、环境、社会等方面的系统平衡与协调;坚持统筹公路规划、设计、建设、运营、管理、服务全过程,以最少的资源占用、能源耗用、污染排放、环境影响,实现外部刚性约束与公路内在供给之间均衡和协调。

3.1.2 绿色公路建设关键

公路工程建设中,设计工期一般约占公路项目"规划—设计—施工—运营"全寿命周期的2%左右。但是在这2%时间里编制的工程设计,决定了公路项目全寿命周期的成本与效益,乃至项目对社会与自然环境的影响。可见,设计是公路工程建设的扼要关键。

总体方案决策,是公路设计的灵魂所在,是遵循设计理念,执行设计原则的工作过程。

为实现绿色公路的建设目标,设计作为公路建设的关键,必须遵循绿色公路设计思想,执行绿色公路设计原则。因此,总体决策在绿色公路建设中无疑占据了重中之重的地位。

在绿色公路建设过程中,坚持以质量优良、安全耐久为前提根本的同时,重点在"资源节约、生态环保、节能高效、服务提升"四方面实现突破,以控制资源占用、减少能源消耗、降低污染排放、保护生态环境、拓展公路功能、提升服务水平为主要特征和具体抓手,全面提升公路工程建设水平。

总体决策工作,影响到工程方案对技术指标、控制因素、实施难度、工程造价等方面的平衡与取舍,影响到路线的走向,路桥隧工程方式的选择,影响到落实绿色公路设计理念的成效。

3.2 绿色公路规划设计总体要求

(1)规划阶段,应深入调查、分析、研究社会经济发展、区域产业布局、交通运输需求的分布和发展、区域人民生产和生活的出行需求及占用土地情况,科学、合理地进行路网布局。

(2)立项研究阶段,应根据区域社会经济的发展需要、现有路网状况和交通发展需求,综合考虑环境、土地、资金等条件,科学论证建设必要性和建设规模,提高决策的科学性。

(3)公路建设项目工程可行性研究阶段,应在深入调查的基础上,科学论证比选走廊带和主要控制点，合理确定技术标准和建设规模尽量采用避绕国家法律、法规、行政规章及规划确定的或经县级以上人民政府批准的需要特殊保护的地区、生态敏感与脆弱区及社会关注区的建设方案；因工程条件和自然因素限制，确需穿越自然保护区实验区、风景名胜区核心景区以外范围、饮用水水源二级保护区或准保护区的，应当事先征得有关主管部门同意。

(4)公路建设项目的用地指标应符合《公路工程项目建设用地指标》的规定。

(5)公路设计应依靠科技进步，创新理念，积极推广应用资源节约集约利用、生态保护、环境污染控制、节能降碳、安全智慧及提升服务等方面的新技术、新工艺、新材料、新装备。

(6)公路建设项目应构建动态设计与多方联动机制。

①坚持动态设计制度。以施工为重点，根据施工进展及发现的新问题，实施持续设计，确保工程建设质量。

②建立参建单位多方联动机制。畅通建设、设计、施工、监理单位之间的沟通联系渠道，以联席会议为纽带，发挥各方在工程质量管理中的作用。

3.3 绿色公路总体设计理念

3.3.1 综合最优化设计理念

建立综合最优化设计评价系统，坚持设计创作、精益求精的原则，加强总体设计，全局性、统领性地进行路线、路基路面、桥涵、隧道、互通、交通工程及沿线设施、环保景观等专业设计。通过最优化设计，达到路线平纵横断面的最优布置、路基防护及排水的集约与环保、桥梁及隧道结构的安全与耐久、互通立交的最优布局、交通工程及沿线设施布局的以人为本、景观绿化的自然协调。通过综合最优化设计，达到公路与沿线自然、人文、社会的和谐，并通过精细化设计提高设计质量、降低工程实施难度、节省工程造价。

3.3.2 全寿命周期成本设计理念

树立全寿命周期成本的理念，既要注重项目初期的建设成本，也要注重后期的维修和养护成本。遵循建管养一体化设计理念，注重建设质量和工程耐久性，并将严格控制工程投资贯穿到项目设计、建设的各个环节，精心设计、优化设计，有效地控制建设成本；汲取以往项目养护和运营管理中所取得的经验，尽可能减少后期维护费用，延长使用寿命；采用新技术、新材料、新工艺等提高工程技术含量，以达到最佳的技术经济效益。

3.3.3 灵活性设计理念

在充分掌握现有技术标准、规范的基础上，确保安全与功能的同时，通过合理选用标准，灵活运用技术指标,最大限度维护公路与沿线自然、人文环境的协调。可通过布置不同路基断面形式、选用适宜的防护形式、结合地形选择合理的桥梁墩台及隧道洞门形式、山区场地条件下的变异互通形式等灵活性设计措施,降低施工难度、节约工程造价,并有利于后期的管理养护。

3.3.4 宽容性设计理念

树立"以人为本、预防、容错、纠错"宽容性设计理念,系统提高公路行车安全性。采用运行速度设计降低相邻路段容许速度差,达到线形的连续均衡,并按照运行速度设置合理的曲线要素、超高等,全面提高线形安全性;通过设置合理的路侧净空,如采用低路堤、宽平台、缓边坡等提高道路安全性;设置宽容性的路侧结构物,如路边振动带、护栏、缓冲垫、可解体消能的标志杆柱等,为侵入路侧车辆提供安全保护。

3.3.5 标准化设计理念

以推进模块化建设为方向,深入推广标准化设计,鼓励构件设计标准化和通用化,促进设计标准化和施工标准化的有机结合;大力推进预制拼装结构,尽量减少混凝土现浇结构,缩短建设工期,降低工程建设对环境的影响。

3.4 绿色公路路线设计指导原则

(1)按照"统筹规划、合理布局、集约高效"原则,统筹利用运输通道资源,主要包括:

①鼓励公路与铁路、高速公路与普通公路共用线位。

②改扩建公路要充分发挥原通道资源作用,安全利用原有设施。

(2)结合沿线地形、地貌、水文、地质等自然条件以及沿线主要城镇发展规划、路网布局等进行布线,充分应用安全选线、环保选线、地形选线、地质选线、人文选线等技术,综合考虑占地、拆迁、施工、运营安全及养护费用等因素,不遗漏任何有价值的方案,推荐综合最优方案。

(3)在保证线形安全的前提下,通过灵活运用技术指标,考虑土石方平衡、填挖高度、桥隧设置、互通设置及工程造价的控制等,从而确定最优线形。

(4)合理选用平、纵、横技术指标,尽量降低路线纵坡,减少路线长度。

(5)路线设计宜尽量保持区域自然水系的原有水文情势,适当提高桥隧比例和桥涵构造物的过洪能力。

(6)路线设计应充分考虑相关专业的设计要求,特别是路基断面方案确定、路基高边坡控制、桥隧位置布设、互通位置选择以及结合线形对安全设施的设置等,同时路线布设还应考虑尽量降低结构物施工难度,保证施工安全性。

3.5　绿色公路总体决策方案实例

3.5.1　统筹利用运输通道资源

3.5.1.1　广中江高速公路与高压输电线共用走廊

1)项目概况

广中江高速公路被交通运输部列为首批绿色循环低碳公路主题性试点项目。广中江项目经过珠三角腹地的广州、中山、顺德、江门四地,与多条高速公路和干线公路连通,是一条区域性高速公路通道,是珠三角高速公路网的重要补充。

项目在建设之初就确定"建设绿色低碳高速,争创国家优质工程"的目标。建设过程中,项目管理处主动作为,通过采用广东少见83.3%高桥隧比的设计方案,尽可能地保护水源、保障通航;采用国内首例的沿线17km与高压线走廊共线的方式,节约了大量土地资源。

2)与高压输电线共用走廊

珠三角地区经济发达,土地开发强度高,征地费用高、难度大,基础设施用地资源宝贵。2012年,项目开展勘察设计工作。同期,广东电网公司正在建设500kV狮洋至五邑线路和500kV顺广乙线单改双工程项目,在该项目中,两条输电线路间距30余m,与六车道高速公路路基宽度相当,沿线总长超过17km。而高压输电线工程范围内土地开发利用率较低,成对输电线路间存在一定间距,具备与高速公路统筹利用运输通道资源的可能性,见图3.5-1。

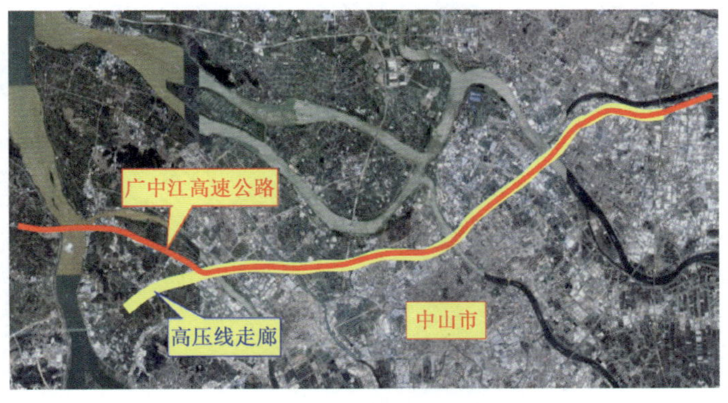

图3.5-1　广中江高速公路与500kV高压线路共用走廊平面示意图

通过设计方案论证比选,项目建设单位提出古镇水道至广珠西线路段17km采用高架桥与500kV高压线共用走廊的方案。项目业主与广东电网公司牵头编制了与高压走廊共线段总体设计方案及深化研究文件。为保证高压线共用走廊段施工、运营安全,该项目在设计开始前,项目建设单位即委托专业设计研究院开展了高压线路共用走廊段安全技术研究工作,形成了《桥梁基础与高压电塔基础间影响分析和最小安全间距研究》《桥梁基础与500kV高压线塔的相互影响关系及工程防护措施研究》《共用走廊段桥梁结构形式及施工安全保障技术研究》等成果。

3)小结

广中江高速公路开展与500kV高压线路共用走廊科研项目研究,建设与500kV高压线共用走廊节地工程,将安全、合理、有效的高速公路和高压线路共用走廊段的安全保障技术成果应用于高速公路和高压线路的设计、施工和运营中,确保施工期和运营期的结构、人员、设备、车辆的安全。高压线走廊带内的土地得到了充分利用,又不用重新征地拆迁,节约占用高附加值用地1020亩。对经济发达的珠三角地区极大限度节约和保护土地环境资源、打造生态环保的绿色循环低碳高速公路具有重要意义,见图3.5-2。

图3.5-2 广中江高速公路与500kV高压线路共用走廊现场照片

3.5.1.2 港珠澳大桥珠海连接线工程与珠海南琴路共线

1)项目概况

港珠澳大桥珠海连接线工程是港珠澳大桥的重要组成部分,是解决香港与广东及澳门三地之间的陆路客货运输要求,是建立连接珠江东西两岸大珠江三角洲地区、辐射泛珠江三角洲地区新的陆路运输通道;是连接港珠澳大桥海中桥隧主体工程,完善国家高速公路网"珠江三角洲地区环线"和广东省高速公路网"珠江三角洲外环高速公路"的关键工程。

港珠澳大桥珠海连接线沿线自然风光旖旎、人文景观秀美。项目建设将促进粤、港、澳三地旅游业的快速发展,横琴岛将依托环境创新,营造休闲度假、主题公园与泛珠论坛区,建设山水生态、现代人文共生共荣的海岛新区,环保、景观要求高。项目位于水、声环境敏感区,勘察设计、施工及运营期均采取相关措施,避免污染环境。

2)与珠海南琴路共线

该项目起终点唯一,前山河西岸为将军山,广泛分布对澳门供水管网系统及其配套的水库,还需设置横琴北互通连接横琴大桥,并且南琴路两侧受珠海保税区、工业区及军事用地的限制,走廊带十分狭窄。

连屏至洪湾路段的主要控制因素包括多次跨越南琴路,要保证足够的交角,以满足桥梁布孔的要求;尽量减少南琴路两侧建筑物的拆迁;桥墩布置尽量减少对南琴路管廊的干扰;路线要为南琴路保证足够的净空,并为南琴路预留6车道实施条件,见图3.5-3。

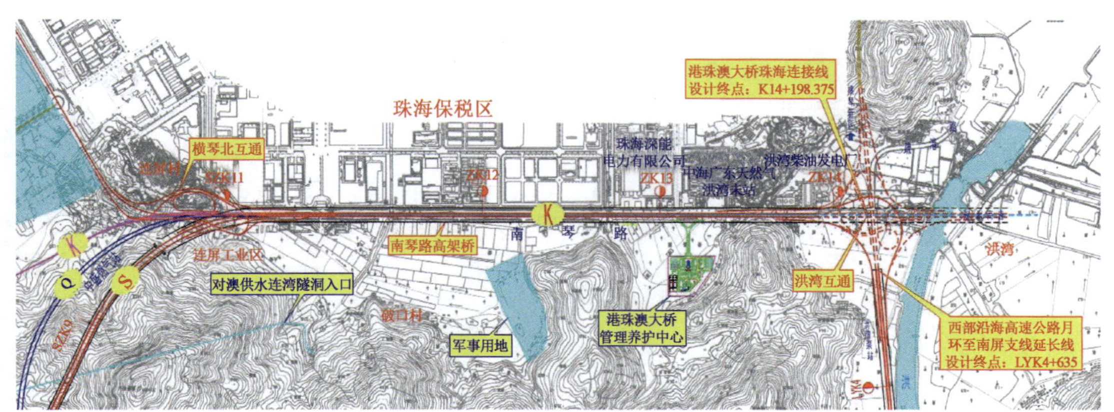

图 3.5-3　连屏至洪湾路段平面方案示意图

珠海连接线与南琴路走向基本保持一致，沿南琴路（洪屏段）设置高架桥至洪湾接西部沿海高速公路月环至南屏支线延长线，设洪湾枢纽互通。因此在连屏至洪湾路段采取高架桥方式与南琴路共线，高速公路与市政道路共用走廊带，满足城市用地限制要求。

确定与南琴路共线后，拟定多种桥梁布置形式，分 K、B、V 线进行横断面方案比选，以进一步减少用地拆迁规模与预留地方道路扩宽空间。

（1）K 线方案

K 线方案采用左右分幅的形式通过南琴路，桥墩布置在南琴路两侧绿化带内，并为南琴路预留了 6 车道实施条件。该方案主要优点是：左右两幅布置可以有效减少南琴路两侧的拆迁数量；有效降低了与南琴路管廊的干扰；不需要改移南琴路。

（2）V 线方案

V 线方案利用现有南琴路走廊，沿现有南琴路中央分隔带布设桥墩的整体式桥梁，由于该项目为双向六车道高速公路，南琴路原有 2m 宽的中央分隔带无法满足设置桥墩的需求，需要加宽中央分隔带，因此南琴路需要全线改移，对地面交通影响非常大，且改移费用很高。

（3）B 线方案

由于珠海市在南琴路有东西向的轻轨规划，建议该项目为轻轨预留走廊带，从南琴路一侧通过。由于南琴路南侧均为保税区用地，现有道路与保税区之间的空间过于狭窄，没有设置整体式桥梁断面的可能，提出从南琴路北侧通过的 B 线方案进行比选。B 线方案采用整体式桥梁断面，断面宽度为 32m。在连屏工业区路段，由于部分厂房、宿舍楼距离南琴路较近，采用 B 线方案的拆迁量很大，且与南琴路北侧的管廊干扰严重，需完全改移。

图 3.5-4 分别列出了 K、B、V 线方案横断面示意。

根据项目建设方案对居民的影响、征地拆迁规模、工程造价及珠海市政府的意见的角度综合考虑，该路段采用了 K 线方案。

3）小结

该项目途经珠海市城区，用地受珠海保税区、工业区及军事用地等因素的限制，采取了立体化使用道路走廊资源的方式，通过高架桥与南琴路共线通过，提升了城市空间使用率。

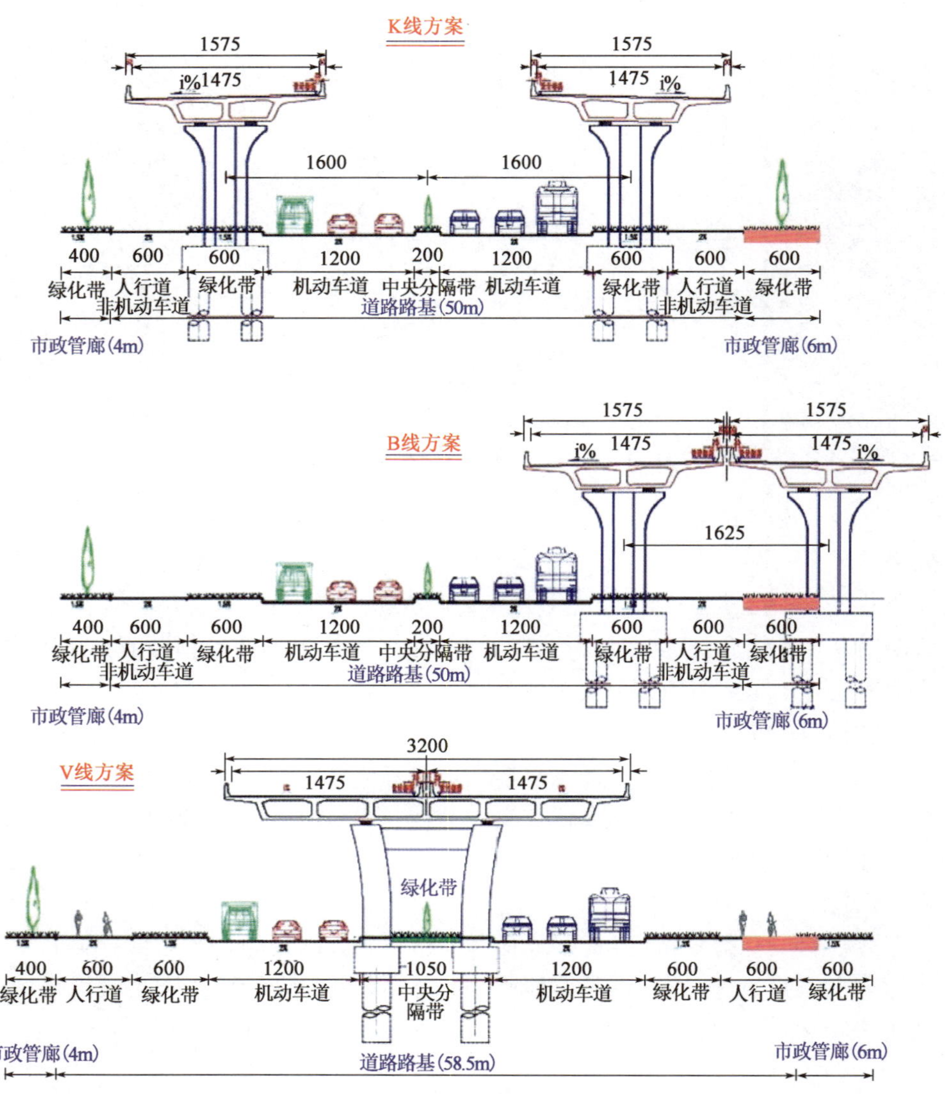

图 3.5-4　K、B、V 线方案横断面示意图

高架桥横断面方案比选过程中综合考虑了路线分离式交叉桥梁布孔，城市密集建筑区拆迁，对现有市政管廊的干扰，共线道路预留扩建条件等方面问题的协调处理。通过在南琴路两侧分带设置分幅式高架桥，大大降低工程建设过程对城市的破坏与干扰，同时预留了共线道路的扩展空间，取得较好的工程效益。

3.5.1.3　仁新高速公路充分利用岸线通道资源

1）项目概况

武深高速公路仁化至新丰段，其丹霞枢纽互通路段受两侧山脉、已建成的赣韶铁路、运营中的韶赣高速公路、国道 G323、浈江、地方有色金属循环经济产业基地等因素影响，通道资源狭窄。

2)充分利用岸线通道资源—仁化至周田路段比选

该路段影响路线方案布设的主要因素:路线总体走向、青山山脉、赣韶铁路、韶赣高速公路、丹霞枢纽互通设置条件及规模、桥隧规模、仁化有色金属循环经济产业基地总体规划、浈江、国道G323、地方政府意见、沿线地质情况和建设条件等。

该项目结合沿线地形、地物条件,布设了A8、B9及A8-1三个路线方案,其中B9、A8-1线在与韶赣高速公路交叉后均顺接K线,见图3.5-5。

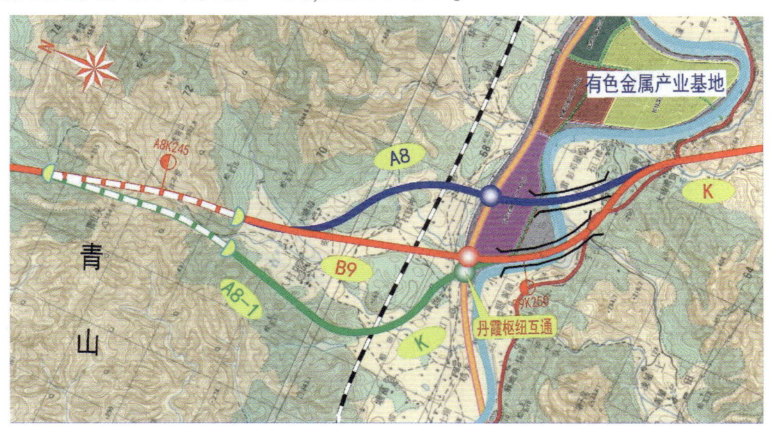

图3.5-5　A8线、A8+B9+K线与A8-1+K线路线方案布置图

对采用下穿既有铁路桥的A8-1线方案,上跨铁路的A8线、顶推方式下穿铁路路基的B9线三种与铁路交叉方式不同的路线方案进行同深度比选,见图3.5-6。

a)韶赣高速公路

b)赣韶铁路

图3.5-6　韶赣高速公路及赣韶铁路现场图

(1)A8线(采用桥梁方式上跨铁路)

优点是路线走向最顺直,里程最短;路线平纵指标均衡,线形连续。

缺点是由于赣韶铁路距韶赣高速较近,且高差较大,主线和匝道跨越赣韶铁路需设置三座跨铁路桥梁,互通规模最大,造价高;施工期间对铁路运营干扰大,对铁路远期规划影响严重;丹霞枢纽从仁化县规划有色金属循环经济产业基地中心区穿过,对产业基地干扰大。

(2)A8-1+K线(利用铁路桥下穿)

优点是利用铁路桥下穿,施工条件好,可实施性好,对铁路正常运行影响小;沿仁化县规划有色金属循环经济产业基地边缘经过,对产业基地影响小。

缺点是路线走向存在绕行,里程最长;主线平、纵面指标较低,最小平曲线半径1100m,最大纵坡3.35%;路线与韶赣高速公路交角较小,距浈江较近,互通设置条件相对稍差;路线在八村路段土方工程量大,防护工程量大。

(3)B9 + K线(采用顶推下穿铁路路基方式)

优点是主线桥梁规模最省,较A8线减短575m,较A8 - 1 + K线减短560.9m;主线与韶赣高速公路几乎正交,互通设置条件最好、规模最小;路线沿浈江岸线布设,对仁化县规划有色金属循环经济产业基地影响小。

缺点是B9线采用顶推下穿铁路路基方式,由于主线及匝道均需采用管幕 + 箱涵顶推方案,施工难度大,造价高。

考虑B9 + K线沿浈江岸线布设,对仁化县规划有色金属循环经济产业基地影响较小,立交布设条件较好工程造价低,该路段采用B9 + K线方案。

表3.5-1列出了A8线、A8 - 1 + K线及B91K线主要工程技术经济比较情况。

A8线、A8 - 1 + K线与B9 + K线主要工程技术经济比较表 表3.5-1

序号	主要工程项目	单位	A8线	A8 - 1 + K线	B9 + K线
1	路线长度	km	较短	较长	较短
2	下穿铁路通道	m/座	无	无	80/3
3	丹霞枢纽布设条件		较好	较差	较好
4	拆迁建筑物	m^2	较少	较多	较少
5	占用土地	亩	较少	较多	中等
6	对有色金属循环经济产业基地规划影响		从规划区中心穿过,影响大	从规划区边缘穿过,影响相对较小	从规划区边缘穿过,影响相对较小
7	建安费	万元	125587	124853	117752
8	总造价	万元	168597	170711	158921
9	采用方案				采用

3)小结

该路段比选主要控制因素为穿越铁路方式及产业基地规划,通过采用省内高速公路行业较少使用的顶推下穿铁路路基方式,虽然施工难度有一定提高,但实现了缩短路线长度、沿浈江岸线布设路线避免分割产业基地规划、优化立交布设条件、该路段总造价较低的多方面良好效果,见图3.5-7。

图3.5-7 已建成的仁新高速公路顶推下穿韶赣铁路框构桥

3.5.1.4 连英高速公路与省道 S348 共用走廊带

1)项目概况

连英高速公路所经过的市县(镇)沿线主要公路为省道 S341、省道 S244、国道 G106、省道 S347、省 S348 等,大部分线路沿省道 S347、S348 走廊带布设。

连英高速公路路线于英德市石灰铺镇新联村设石灰铺互通立交连接 S347,西行跨越 X407 和竹田河,于西牛镇高陂水库北设西牛东互通立交连接 S348,并继续西行跨越 S348。此段主要控制性因素为地形、西牛镇、西牛东互通、小北江、S348、沿线村庄等。

2)与省道 S348 共用走廊带

针对工程规模、互通立交的布设、路线便捷性等,公路用地规模等因素,于 E3K245 +789 - E3K251 +013 高陂水库至小北江路段(E3 线与 E18 线)提出路线比选。

E3 线小北江前路段存在高填深挖路段,路基工程量较大,结合考虑地形、地质、地物条件,提出沿建材厂南侧布线、路线相对绕行的比较线 E18 方案。

E3 线起于高陂水库,随即跨越 S348,经过加气站,翻越山顶后,路线沿着两座建材厂北侧山坡布线,于水文站上游 100m 跨越小北江,至比较段终点。

E18 线起于高陂水库,路线沿着 S348 南侧布线 1.5km,于罗屋跨越 S348,路线沿着两座建材厂南侧平地布线,于水文站上方跨越小北江,至比较段终点,见图 3.5-8。

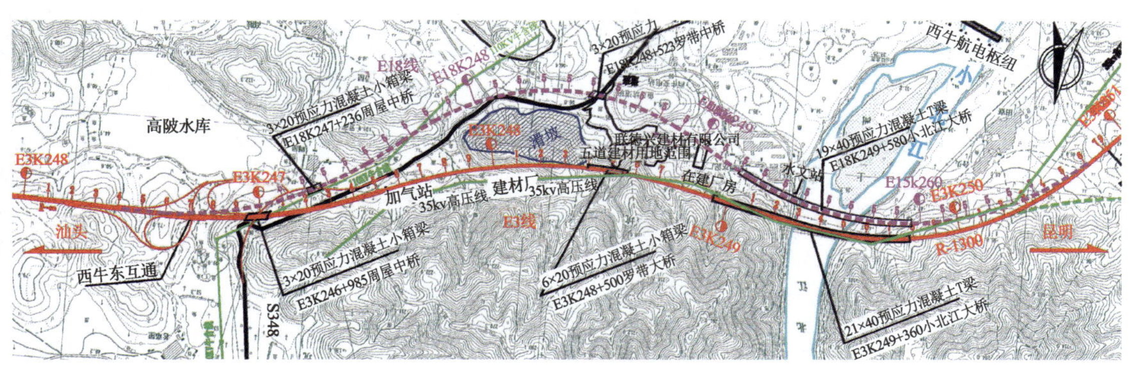

图 3.5-8 E3 线、E18 线方案比较图

表 3.5-2 是 E18 线和 E3 线方案比选表。

E18 线和 E3 线方案比选表 表 3.5-2

序号	比较项目	比较内容	比较结果
1	路线长度	E18 线比 E3 线长 146.721m	E3 线优
2	平纵指标	(1)最小圆曲线半径 E18 线 $R = 1020$m, E3 线 $R = 1300$m,平面指标 E3 线优; (2)最大纵坡 E18 线 1.5%, E3 线 2.8%,纵面指标 E18 线优	相当
3	建设条件	(1)E18 线主要从坡脚经过,地形起伏较小,建设难度小,而 E3 线主要经过陡坡路段,地形起伏较大,建设难度大,地形条件 E18 线占优; (2)地层岩性、地质构造、工程地质条件、水文地质条件相近	E18 线优

续上表

序号	比较项目	比较内容	比较结果
4	用地、征占耕地及拆迁	E18 线比 E3 线: (1)总用地少 1.241 hm^2; (2)拆迁建筑物少 2407m^2; (3)拆迁电力、通信设施多 18560m	E18 线优
5	工程规模(含互通)	E18 线比 E3 线: (1)桥梁短 141.4m; (2)计价土石方少 57.4 万 m^3,借方多 13.6 万 m^3; (3)高边坡少 140m	E18 线优
6	环境影响	E18 线山体开挖较少,对环境影响小;E3 线高填深挖较多,对环境影响较大	E18 线优
7	社会影响、经济效益	(1)液化气加气站:E18 线对其不影响,E3 线需拆迁加气站; (2)联德兴建材厂:E18 线需拆迁部分厂房,E3 线不影响	相当
8	地方意见	对两个方案均表示同意	相当

E18 线地形起伏较小,山体开挖较少,对环境影响小,工程规模较小,桥梁较短,无需改移省道 S348,总造价较低。E3 线虽比 E18 线路线略短,但与省道 S348 斜交角度小,跨线桥规模较大,需改移省道,离开省道 S348 走廊后,进入丘陵区高填深挖较多,对环境影响较大。通过方案比选,该路段采用 E18 线方案。

3)小结

连英高速公路该路段灵活运用与省道 S348 共用走廊带的建设条件,避免进入丘陵区展线产生高填深挖,充分利用了既有公路走廊带,节约生态资源,有利于公路用地、路域景观的综合利用,见图 3.5-9。

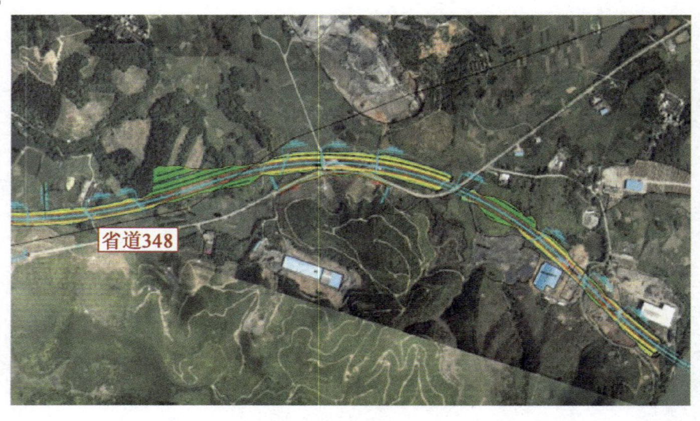

图 3.5-9　西牛段与省道 S348 共用走廊带

3.5.2 耕地及基本农田对路线方案选择的影响

3.5.2.1 怀阳高速公路莲都镇—河儿口镇—渔涝镇过境段路线方案比选

1)项目概况

怀郁高速公路项目起于肇庆市怀集县岗坪镇,接二广高速公路,路线向西南,经冷坑镇北侧,六祖岩风景区南侧,上跨X425和下穿在建贵港高铁之后在岗坪镇与二广高速公路怀集支线(汕昆高速公路)相交。路线往南进入封开县境内,沿S266走廊布线,经封开县的长安镇、南丰镇、莲都镇、河儿口镇、渔涝镇、杏花镇、罗董镇,在谷圩东侧与在建广佛肇高速公路相交后,跨越X427,在营头跨越G321和西江进入云浮郁南县境内的井埇,在盛村北侧与广梧高速封开连接线交叉后,在三岭与广梧高速相接。

2)莲都镇—河儿口镇—渔涝镇过境段路线方案比选

该段路线长约25km,路线沿省道S266西侧平行布设,路线布设主要受地形、地质、沿线村镇布局、基本农田、互通选址、工程规模、水库鱼塘等因素控制,见图3.5-10。

经分析认为,该段存在两个大范围的东西线方案比选,即靠近沿线村镇的工可线绕行方案与距离村镇略远、线路顺直的K线方案。

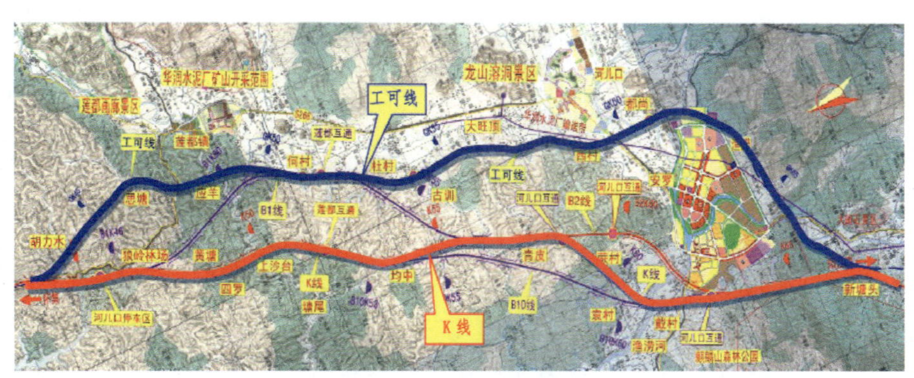

图3.5-10 莲都镇—河儿口镇—渔捞镇过境段路线方案图

东线工可线位起于山口茶厂,路线往东南经由胡力水、恩塘转向南经由应羊、沙尾后沿莲都镇西南侧山脚村庄平行S266布线,设置了莲都互通连接S266,之后跨越华润水泥运输线及S266从河儿口镇与渔涝镇中间穿越基本农田通过,设置了河儿口互通连接S266后路线转向西南沿渔涝镇南侧山脚布线,再次跨越华润水泥运输线与S266后经由林桐,路线止于新塘头。经初步踏勘以及与地方政府沟通后分析认为,工可线主要不足为:口茶厂至沙尾段与渔涝镇过境段路线较为迂回,路线里程长,桥隧工程规模较大,设置了3座隧道;路线对沿线村庄存在大规模的拆迁,拆迁量约为52730m^2;路线从河儿口镇与渔涝镇中间通过,对两镇产生了分割,并占用了大量的基本农田,地方政府不支持;河儿口镇过境段路线经过区域为灰岩区域,地质情况较差;两次跨越S266与华润水泥运输线,对其有一定的干扰。

针对工可线存在的不足,结合实地踏勘成果并结合地方政府初步意见,项目组研究布设了线路较为顺直的西线 K 线方案。K 线方案路线起于山口茶厂,跨越 S266 后路线往南经由狼岭林场、四罗、上沙台、塘尾、均中、青皮后与蕨村西侧跨越渔涝河,之后沿麒麟山森林公园东侧山脚布线,路线止于新塘头。

相对于工可线而言,K 线较为顺直,路线里程较工可线短 2.2km;取消了 3 座隧道,总长 1185m,不设置隧道,无后期维养费用;路线沿山区布线,基本无拆迁,对沿线村庄干扰较小;占用基本农田少;有效避开了岩溶地区,地质条件相对较好。但莲都互通连接线里程较工可线长 1.8km;桥梁长度增加了 168m。K 线与工可线主要技术指标及工程规模比较表如表 3.5-3 所示。

主要技术指标、工程规模比较表 表 3.5-3

项　　目	单　　位	工可线	K 线	K 线 - 工可线(比较)
路线长度	km	25.2	23.0	-2.2
最小平曲线半径	m	1000	1800	K 线高
大中小桥	m	6852	7020	+168
隧道	m	1185	0	-1185
建筑物拆迁	m^2	52730	0	-52730
占用基本农田		较多	基本无	K 线优
莲都互通连接线	km	1.3	3.1	1.8
与华润水泥运输线交叉	次	两次	无交叉	K 线优
地方意见		反对	支持	K 线优
比选结论	K 线占优			

3)小结

从大范围的路线方案比选看,工可线从河儿口镇与渔涝镇中间穿越基本农田通过,需占用较多基本农田。K 线初设沿山区布线,基本绕避了基本农田广泛分布区域。因此,该项目该路段走廊带采用了 K 线方案,有效保护了耕地。

3.5.2.2 云湛高速公路那霍镇至黄岭镇段路线方案比选

1)项目概况

云湛高速公路在茂名市电白区那霍镇至黄岭镇路段,路线布设主要受石坦河、地形、村庄及耕地等条件限制,该路段经过现场踏勘并结合航飞地形图,发现沿线的村庄发展较为密集,原工可线位沿线的村庄已经连成片,路线已经难以穿越。

2)那霍镇至黄岭镇段路线方案比选

结合村庄分布情况,该路段布设了拆迁相对较小,对村庄干扰较小的 K 线和 C6 线两个方案进行比较,见图 3.5-11。

K 线方案:起于那霍镇水丰农场附近,向西南经过由子坳、杉木坳和中山岭等,于梅子瑯以桥梁跨越石坦河,终点止于黄岭镇南侧。路线全长 11.148km。

C6 线方案:起于那霍镇水丰农场附近,向西经长久塘、水头坡、石牌垌、垭尾、终点于黄岭镇南侧接 K 线,路线全长 10.418km。

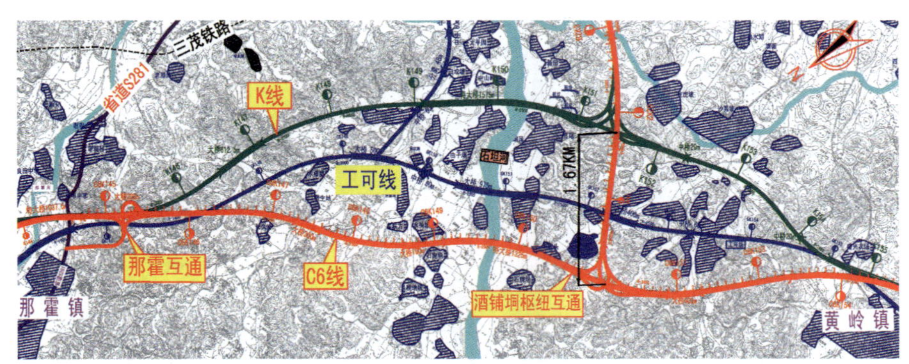

图 3.5-11 那霍镇至黄岭镇段路线方案图

C6 线与 K 线相比:

①C6 线路线主线顺捷,与主交通流相匹配(设计末年主线交通量 52541 辆/日,博贺疏港支线交通量 25118 辆/日),路线里程较 K 线短 730m。

②占用耕地少 62.1 亩;距离集中的村庄相对较远,对村庄干扰较小;桥梁规模相对较小,总长短。C6 线的缺点是博贺疏港支线建设里程增加 1.67km。具体路线技术指标对比见表 3.5-4。

那霍镇至黄岭镇段 K 线与 C6 线方案比较表 表 3.5-4

项目		单位	K 线方案	C6 线方案	C6-K 差值	备注
路线长度		km	11.148	10.418	-0.73	
平曲线最小半径		m	1450	2100	较高	
博贺疏港支线长度		km			1.67	
土石方	挖方	$10000m^3$	195.02	198.93	+3.91	C6 含支线
	填方	$10000m^3$	195.67	181.71	-13.96	C6 含支线
最大纵坡		%	-2.5	+2.6	相当	
路面		$1000m^2$	91.048	117.681	26.633	C6 含支线
桥梁		m/座	2668/7	2292.5/7	-375.5	C6 含支线
隧道		m/座				
互通立交		处	1	1	相同	
房屋拆迁		m^2	2903	4619	+1716	C6 含支线
占用耕地		亩	329.7	267.6	-62.1	C6 含支线
建安费		亿元	5.911	5.537	-0.37	C6 含支线
比选结果				采用		

3)小结

项目采用的 C6 线与 K 线相比,虽然主线与支线的建设总里程略增加约 1km,但耕地占用减少 62.1 亩,减少比例约 20%。同时 C6 线方案主线更为顺直,对沿线村庄干扰较小。采用

C6 线方案达到了保护农田和提高主交通流通行条件的效果。

3.5.2.3 连英高速公路调整路线与立交布置减少占用农田

1)项目概况

连英高速公路青塘互通路段周边村庄密布,原路线及青塘互通布设位置占用耕地较多,项目组调整路线及立交布置,减少占用农田。

2)调整路线与立交布置减少占用农田

项目组将线位向北靠山偏移,路线在村庄北侧通过避免了分割村庄,减少了对周边村民的干扰。青塘互通位置调整至北侧山地避免占用耕地,且为避免占用宏宇陶瓷公司用地,将立交形式由双喇叭调整至单喇叭互通 + G106 直行跨线桥方案。优化后,桥梁减短 906m,占用耕地减少了 227 亩,调整路线方案可见图 3.5-12 和表 3.5-5。

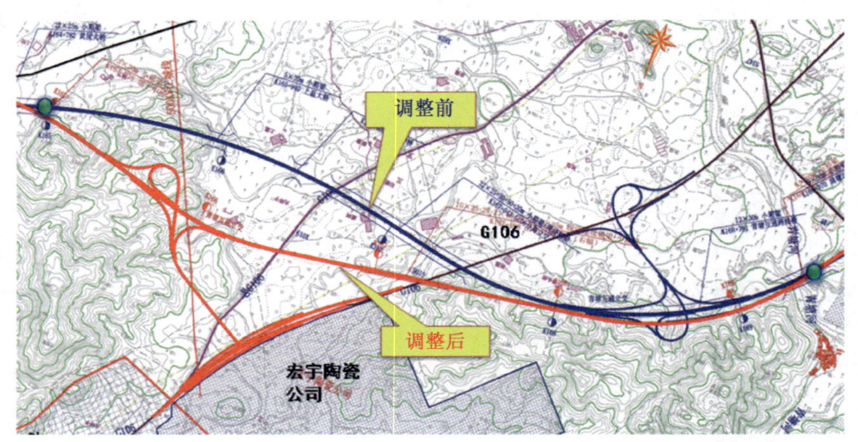

图 3.5-12 青塘互通路段路线方案图

调整方案比较表 表 3.5-5

序号	项目		单位	调整后线位(K164 + 985 ~ K169 + 630)	调整前线位(K165 + 000 ~ K169 + 600)	调整变化
1	路线长度		km	4.645	4.6	+45m
2	线形指标	平曲线最小半径	m/个	1400/1	2000/1	
		最大纵坡及坡长	%/m	3.67/705	3.46/560	
3	路基路面	填方	$1000m^3$	730.540	508.664	+221.876
		挖方	$1000m^3$	1143.203	811.824	+331.379
		深挖高边坡 最大坡高/长/面积	$m/m/m^2$	34/206/9564	36/266/12350	-2/-60/-2785
		路面	$1000m^2$	87.12	65.722	+21.397
4	桥梁		m/座	773/3	1679/5	-906/-2
5	征用耕地		亩	66	293.5	-227.5
	拆迁建筑物		m^2	1326	511	+815

3)小结

原方案虽路线指标稍优,但立交位置占用农田较多,过于靠近城镇中心,对居民日常生活影响较大。路线及立交方案调整后,主要用地由耕地调整为山地,保护了耕地资源,也避免分割村庄,立交与城镇位置关系近而不进,符合绿色公路设计理念。

3.5.3 加强生态保护,注重自然和谐

3.5.3.1 英怀高速公路桔子滩路段以隧代桥保护山体植被

1)项目概况

英怀高速公路桔子滩路段走廊带位于一狭窄深沟内,路线沿长滩岭河北侧布线,地形陡峭,地质情况复杂;设计阶段该路段先后进行了5个路线方案的同深度比选,最终确定的推荐方案路线全长5.715km,设桥梁3031.5m/6座,隧道558m/1座,桥隧比例62.8%。施工进场清表后发现,该路段生态土质覆盖层薄,大部分路段基岩外露且岩石破碎,多处桥墩位于岩质陡坡,施工条件困难;根据现场制定的施工组织方案,须在沿线大规模修筑施工便道、爆破开挖施工平台,对生态环境影响大;同时对主体结构和施工人员存在安全隐患,可见图3.5-13。

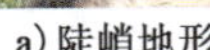
a)陡峭地形

b)脆弱生态

图3.5-13 英怀高速桔子滩路段陡峭地形及脆弱生态

2)桔子滩路段以隧代桥保护山体植被

考虑上述实施过程中遇到的问题,项目及时调整路线平纵面方案、主动变更,通过进一步的路线方案比选,推荐以隧代桥的路线方案取代原施工图设计方案;调整后路线长5.865km,设隧道4082.5m/3座,桥梁586m/2座,桥隧比例79.6%,大幅降低了施工风险及对沿线生态的影响。以下为分析过程:

(1)改线段地形、地质

进场清表后发现,该路段所处位置地形陡峭,大部分基岩外露,岩石破碎,地质构造复杂。该段桥梁的桥墩位于岩质陡坡上,施工平台及施工便道设置困难,机械设备材料等运输条件困难,且施工开挖后的山体存在不稳定状态,对主体结构和人员存在安全隐患(图3.5-14)。部分墩位紧邻悬崖临空面,悬崖裂隙发育,后期也存在营运安全风险(如大跳大桥的6号~9号墩,长滩岭1号大桥的3号~8号墩,长滩岭2号大桥的6号、7号墩,长滩岭特大桥的7号~11号墩等)。

a)

b)

图 3.5-14　长滩岭部分大桥地形

(2)改线段方案比选

根据现场实际情况,拟定了两个隧道方案(S1、S2 线)与施工图设计方案比选:

①施工图设计方案(K 线):路线起于桔子滩水电站附近,设桔子滩隧道后,沿长滩岭河北侧山坡布线,沿途设无休洞大桥、桔子滩大桥、大跳大桥、长滩岭 1 号大桥、长滩岭特大桥、长滩岭 2 号大桥,路线终于金龙水电站附近。该段路线方案总长 5.715km,隧道 1 座总长 558m,桥梁 6 座总长 3031.5m。

②隧道方案一(S1 线):为了降低桥梁施工难度和风险,结合工程规模情况,提出了桥隧结合的 S1 线。该方案将线位北移约 230m,通过设置 4 处隧道取代原施工图 4 座桥梁。本方案路线总长 5.858km,隧道 4 座总长 3130m,桥梁 4 座总长 953m。

③隧道方案二(S2 线):经施工现场反馈,考虑到 S1 线部分高填路基、桥梁位于陡坡路段,又提出了长隧道方案。该方案在 S1 线的基础上再向北偏移约 160m,设置了 3 处长隧道。本方案路线总长 5.852km,隧道 3 座总长 4082.5m,桥梁 2 座总长 565m。

经综合比较,K 线方案虽然工程规模最小,工程造价最低,后期运营费用少,但高陡边坡桥梁施工风险高,对生态环境破坏大,见图 3.5-15。

S1 线以四座隧道取代 K 线方案的四座桥梁,降低了施工难度。但高填路基位于陡坡路段,施工填筑困难,且该路基段属于肇庆市及清远市两地级市界的争议地,协调困难;局部路段与电站过水隧道走向基本重合,电站管理单位反对;隧道工程规模大,且桔子滩左线四号隧道偏压严重。

S2 线与 K 线相比,以三座长隧道取代施工图方案的四座桥梁,包括一座特大桥,降低了整体施工难度,避免大面积扰动地表,减少破坏生态环境;同时解决了两市争议地的征拆问题;工期得以保证。其主要缺点为隧道工程规模大,后期运营费用高。

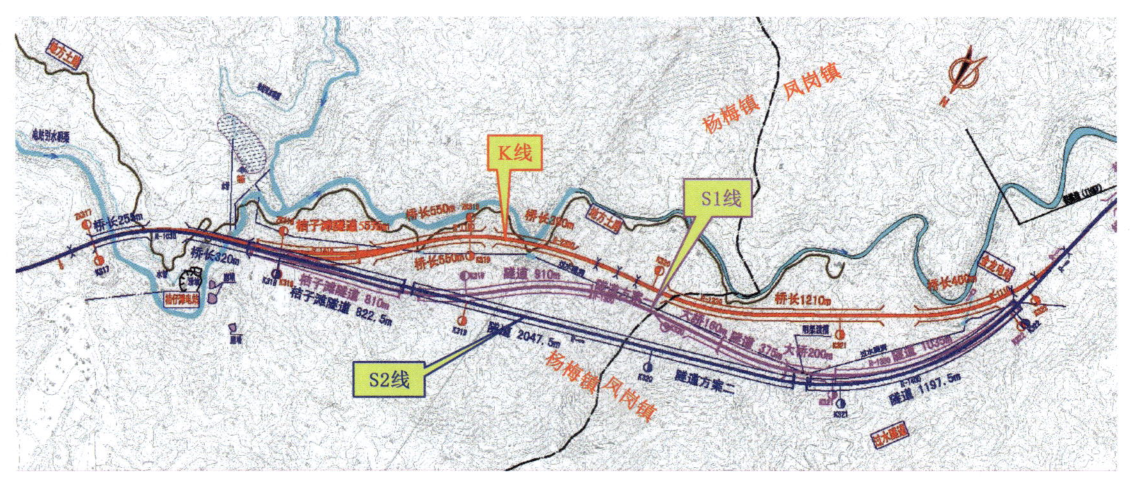

图 3.5-15 桔子滩隧道段路线方案图

根据比较结果，从方案上看 S1 线、S2 线均采用以隧换桥，工程规模及工程造价有所增加，且后期运营费用较施工图方案高，但结合目前实际情况及现场施工情况，S1 线、S2 线施工难度相对较低，能够保证施工进度及施工工期。而在两隧道方案中，由于 S1 线部分桥梁施工环境与施工图方案类似，桥梁处于陡坡和隧道口，施工难度大，施工风险高。相比 S1 线，S2 线受地方干扰因素较小，主要以隧道方案通过，取消陡坡路段桥梁，总体施工难度相对较低。经综合比较，该路段采用 S2 线方案。

3）小结

英怀高速公路时刻保持对生态环境的关注，项目实施过程中，当发现高陡坡路段修建桥梁开设的施工便道对现状地表扰动大，破坏现状生态植被，桥梁基坑开挖山体容易造成水土流失后，及时调整工程方案，以隧代路，适当增加了工程费用，避免在高陡山坡开挖基坑，一方面保护生态环境，另一方面也降低施工风险与运营风险。

3.5.3.2 英怀高速公路乔富坪至大塘寮路段绕避一级水源保护区

1）项目概况

英怀高速公路乔富坪至大塘寮路段 K 线为绕避绥江一级水源保护区的方案，但是路线较长，工程规模较大，造价较高，提出比较线 G2 线为穿越绥江一级水源保护区的方案，路线较为顺直，工程规模也较小，对 K 线和 G2 线进行综合比较。

2）乔富坪至大塘寮路段绕避一级水源保护区

K 线方案起于汶朗镇的乔富坪，紧接着跨越县道 X426，沿东方向前进，经过罗车、小利坑、龙坑、根竹，在下进瑶设怀集北互通，然后上跨省道 S263 和绥江，路线继续西行，在罗掭路线偏西南方向，设秧埇隧道，在上不洞接上 G2 线。

G2 线为工可 T 线的优化方案，路线起于汶朗镇的乔富坪，路线往西南方向前进，在石坡上跨县道 X426，继续往西南方向前进，经过罗车坑、云罗坑、高寨、庙背、埇尾，在磨公坑上跨省道 S263，设怀集北互通与 S263 连接，然后上跨绥江，路线偏西前进，经过大塘坪、龙塘到达比较终点。

两线方案平面示意图见图3.5-16,比选表可见表3.5-6。

图3.5-16　K线与G2线平面示意图

K线和G2线方案比选表　　表3.5-6

序号	比 较 项 目	比 较 内 容	比 较 结 果
1	路线长度	G2线比K线增长136m	K线优
2	平纵指标	最小圆曲线半径K线 $R=1300\text{m}$,G5线 $R=1300\text{m}$;最大纵坡K线3.4%,G4线3.5%;路线指标两方案相当	相当
3	行车安全	两方案平纵指标相当,安全性相当	相当
4	建设条件	K线地形相对较高,施工条件较差	G2线优
5	对绥江一级水源保护区影响	K线为绕避绥江一级水源保护区的方案,从二级水源保护区经过,而G2线方案为跨越现有绥江一级水源保护区的方案,若使G2线方案成立,需要调整现有一级水源保护区的范围	K线优
6	工程规模	K线比G2线: (1)桥梁增长710m,隧道增长969m; (2)填方增加32.7万 m^3,挖方增加了52万 m^3; (3)造价增加25702万元	G2线优
7	对公路、水利、电力、通信等设施的影响	K线和G5线均有一次跨越省道S263,对其交通影响相当	相当
8	对地方服务便捷性	G2线较K线更为靠近怀集县城,怀集北互通对县城的交通服务更为便捷	G2线优

G2线虽较为顺直,更为靠近怀集县城,怀集北互通对县城的交通服务更为便捷,且桥隧规模和土石方工程均较小,造价减少约2.57亿元,有较大的工程优势,但是需要跨越绥江一级水源保护区。为保护一级水源保护区,严格落实保护区禁止工程建设规定,经综合考虑,该项目采用了绕避一级水源保护区的K线方案。

3)小结

根据《中华人民共和国水污染防治法》规定,在饮用水水源一级保护区内与供水设施和保护水源无关的建设项目,原则上禁止建设。重大公共、基础设施项目,可以在充分论证,落实保护措施的前提下申请建设。项目认真执行相关法规和绿色公路建设理念,适当增长路线长度,提高工程造价,采用了绕避绥江一级水源保护区的路线方案。

3.5.3.3 仁新高速公路采用高桥隧比例方案避免影响沿线自然保护区

1)项目概况

武深高速公路仁化至新丰段,位于广东境内粤北至粤中地带,工程路线两侧300m以及永久、临时用地区周边300m评价范围内涉及的生态敏感区有5个,其中自然保护区4个。

该项目进行了单独的环境保护设计,尽量避开居民区,最大可能的减少对周围环境破坏与对周边居民的影响。对于该合同段穿越华南虎外围保护地带适当增加动物通道,将工程建设对华南虎自然保护区的影响降至最低;对于穿越锦江鱼类生物多样性自然保护区的实验区范围合理采用桥梁跨径和施工组织方案及相应环保措施,最大程度降低对保护区的影响。

2)采用高桥隧比例方案避免影响沿线自然保护区

(1)榕树隧道下穿华南虎自然保护区动物通道

榕树隧道路段路线方案的布设受华南虎自然保护区动物通道、城口河河谷走廊、天狮山等因素的控制,利用地形布设了中短隧道群的A5线方案与长隧道的K线方案进行比选。具体布设详见路线方案布置图(图3.5-17)。

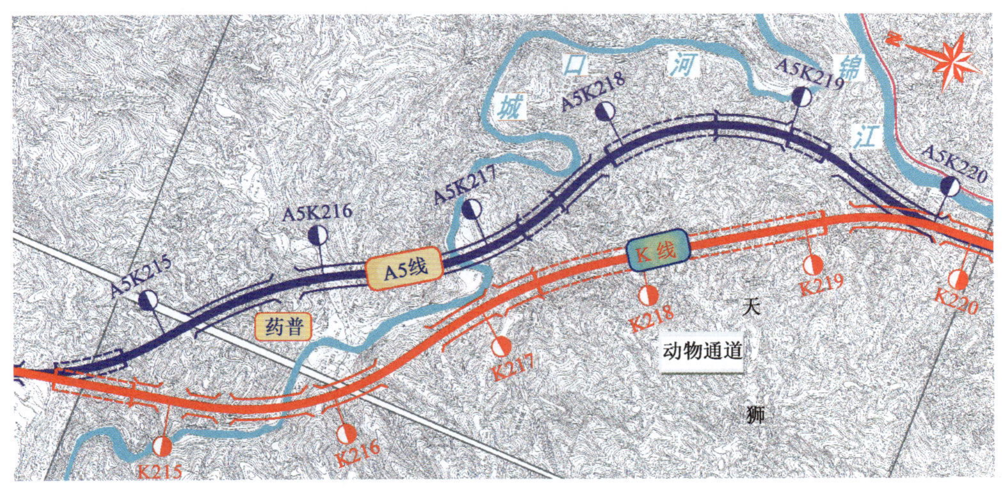

图3.5-17 A5线与K线路线方案布置图

A5线方案:A5线起于水东村附近,顺接K线,在冲头与K线分开后沿城口河东河岸山岭间布线,经药普,在炉下跨越城口河后,沿城口河西岸天狮山山体边缘布线,经茅镰湾、鸡子坑后接入K线,路线全长7.762km。

K线方案:K线起于水东村,经冲头、碰日,在长毛坑附近提前跨越城口河后,沿城口河西岸山体边缘布线,在炉下附近以长隧道方案(1780m)穿越天狮山,止于鸡子坑附近,路线全长7.521km。

表3.5-7是A5线与K线方案比较表。

A5 线与 K 线方案比较表 表 3.5-7

序号	主要工程项目	单 位	K 线	A5 线
1	路线长度	km	7.521	7.762
2	大、中桥	m/座	2744.6/11	4195.3/9
3	隧道	m/座	2188/2	1552.5/4
4	拆迁建筑物	m^2	0	600
5	工程地质条件		隧道地质条件相对较好	隧道地质条件较差
6	建设条件		较好	沿城口河西岸段施工进场及建设较差
7	对沿线村庄的干扰		同意	药普村民建议远离药普村
8	建安费	万元	73041.1766	99002.2057
9	总造价	万元	90933.1576	121904.2457
10	推荐意见		推荐	

综合以上分析，A5 线虽然榕树隧道较短，但路线对华南虎自然保护区动物通道的宽度预留较窄。K 线路线里程略短，榕树隧道虽较 A5 线长，但桥隧总体规模较小，隧道工程地质条件相对较好，对村庄干扰小，对华南虎自然保护区动物通道的宽度预留较宽。综合考虑工程地质条件、施工建设条件、工程造价及对村庄干扰程度，本路段采用 K 线。

(2)锦江大桥一跨跨越锦江鱼类生物多样性自然保护区实验区

锦江大桥依次跨越锦江及省道 S246。省道 S246 与主线相交右偏角约 66°，省道规划宽度为 15m；桥位处锦江水面宽约 125m，最大水深 20m，锦江为等外航道，按照 7 级航道要求控制。桥位位于锦江鱼类生物多样性自然保护区的实验区范围。

结合路线平纵设计，该桥桥长约 470m，桥位处设计高程距水面 70m 左右，锦江水面宽约 125m。经过方案比选，根据桥位建设条件，选取连续刚构作为设计方案。方案一：设计思路为尽量减少水中墩施工难度，兼顾景观效果，采用主跨 110m 连续刚构方案。方案二：适当缩减主跨，寻求较为经济的桥型方案，结合实测水下地形断面及边中跨配比，选择主跨 75m 连续刚构方案。方案详述如下：

方案一：跨径布置为：(3×40)m + $(60+110+60)$m + $(2\times40+30)$m，桥梁长 468m。一跨跨越锦江，主墩设在水边，避免水中墩，见图 3.5-18。

方案二：跨径布置为：(4×40)m + $(42+75+42)$m + $(3\times40+30)$m，桥梁长 477m。适当缩减桥跨，主墩设置在水中，见图 3.5-19。

综合比较：该桥方案一：无水中墩施工，对锦江水流影响小，对锦江的环境保护好，景观效果较好，造价稍高；方案二两个主墩位于水中，施工较复杂，对水流及锦江鱼类保护影响较大，景观性稍差，造价较少。经综合比较，锦江大桥采用了方案一，一跨跨越锦江鱼类生物多样性自然保护区实验区的方案。

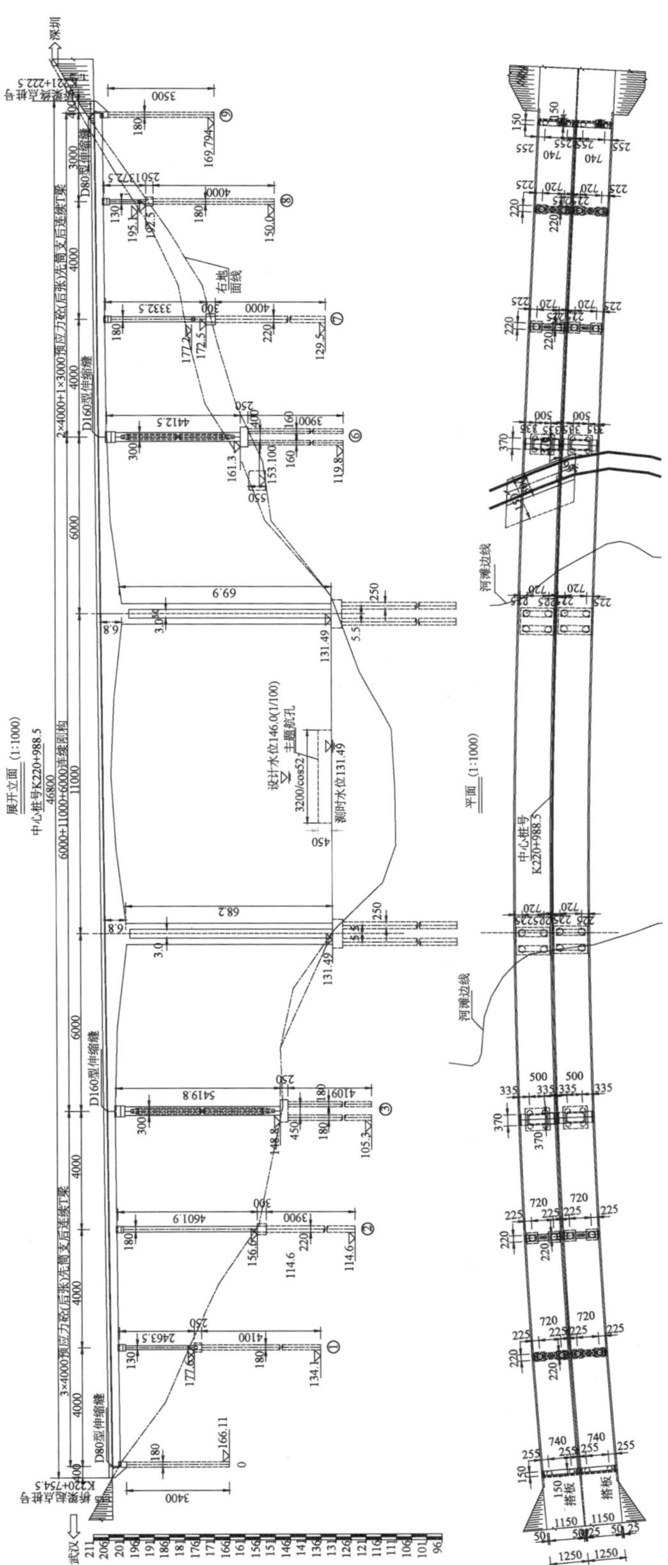

图3.5-18 方案一桥型布置图

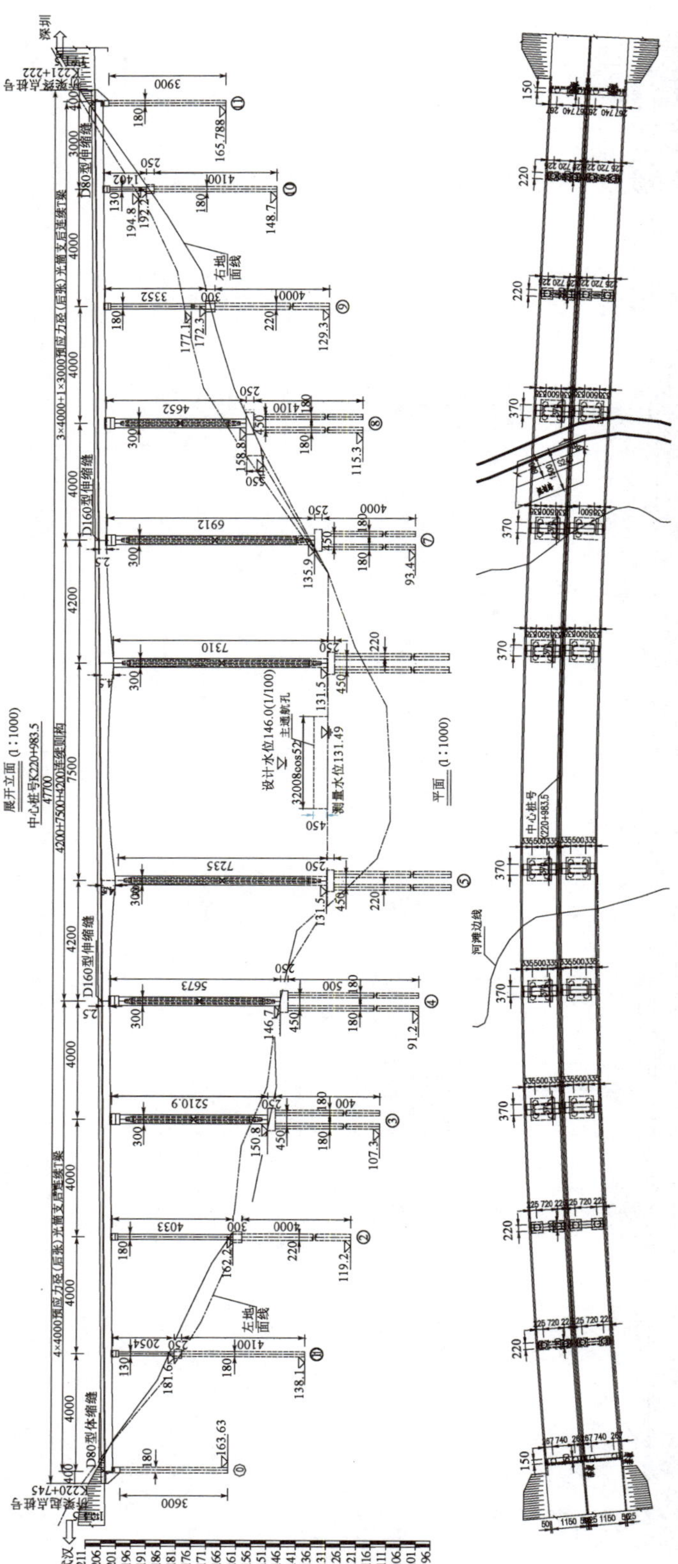

图3.5-19　方案二桥型布置图

3)小结

仁新高速公路路线需经过多个自然保护区。广东粤北华南虎自然保护区路段,该项目采用了以隧道为主的穿越模式,设置了一座隧道及多座桥梁,隧道覆盖率达 72%,为华南虎的迁徙和活动提供资源和环境条件。在路线穿越锦江鱼类生物多样性自然保护区实验区路段,项目设置了主跨 150m 的锦江特大桥(图 3.5-20),避免在锦江水中设桥墩。该项目通过适当提高桥隧比例,付出一定的工程代价,以达到较好的自然环境保护效果。

图 3.5-20 仁新高速锦江特大桥

3.5.3.4 新博高速公路朱洞村段绕避森林公园

1)项目概况

新博高速公路 A4 合同段路线总体为南北走向,起于韶关市新丰县丰城街道办会前大利峡附近,与在建的大广高速相接,路线往南经朱洞村,终点位于惠州市博罗县罗阳镇义和村,与博深高速公路相接。

2)朱洞村段绕避森林公园

朱洞村段路线位于新丰县朱洞村,该段工可方案桥梁工程规模较大,共设桥梁 2524/7 座,勘察设计阶段在朱洞村东西两侧布设 K 线和 D1 线予以比选,见图 3.5-21。

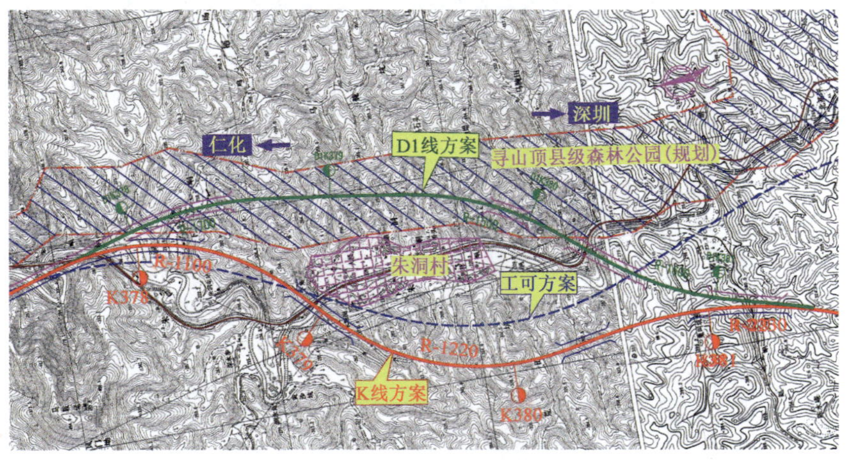

图 3.5-21 朱洞村段路线方案图

K 线:该方案为工可优化方案,路线沿朱洞村西侧布设,路线全长 5.2km。

D1 线:D1 线沿朱洞村东侧布设,桥梁规模较小,路线全长 5.170km。

D1 线与 K 线相比路线顺捷,指标较高,里程短 30m;桥梁长度减短 270m;但路线沿规划中的雪山顶森林公园边缘穿过,对其有影响;路线在 K380 +000 ~ K382 +000 段距离 S244 较近,施工阶段对 S244 有影响,可参见表 3.5-8。

主要技术经济指标比较表

表 3.5-8

项　目	单　位	工可方案	K 线	D1 线	K-D1	K-工可
桩号		K377 +000 ~ K382 +200	K377 +000 ~ K382 +200	K377 +000 ~ K382 +170		
路线长度	km	5.200	5.200	5.170	0.03	0
最小平曲线半径	m	1500	1100	1500	略低	略低
桥梁工程	m/座	2524/7	2240/4	1970/4	+270	-284
环境影响			较小	穿过森林公园		
比选结果			采用			

鉴于 D1 线对规划的雪山森林公园影响较大,该项目采用 K 线方案。

3)小结

新博高速公路充分调查各类自然保护区分布与规划,在了解到雪山顶森林公园规划后,不盲目依据经济性比选结果决定路线方案,决策过程中坚持环境友好原则,配合森林公园规划采用了绕避路线方案。

3.5.3.5　清云高速公路采用悬索桥通道锚 + 长隧道方案减少山体开挖

1)项目概况

汕湛高速公路清远至云浮段,路线在肇庆市德庆县与云浮市西江新城间跨越西江,两岸地形陡峭,山多地少。根据省政府批复的云浮新区发展总体规划,要求减少山体开挖,建设广东最美新城;同时桥位附件江中还分布有金鱼沙生态自然景观。为此,该项目在勘察设计阶段先后对路线及桥位进行了 10 个方案的比选,最终推荐采用悬索桥(通道锚方案) + 长隧道方案,虽增加工程造价约 1 亿元,但最大限度减少了对生态环境的影响。

2)悬索桥通道锚 + 长隧道方案减少山体开挖

(1)清云西江特大桥云浮侧锚碇基础方案比选

清云西江特大桥云浮侧锚碇区域路面的设计高程约在 66m,而原地面高程在 70 ~ 110m,根据云浮侧锚碇位置的地形、地质条件,基本判定路面以下地质为强风化花岗岩、中风化花岗岩。所以针对此地形、地质情况采用传统重力式基础锚碇是比较适合的锚碇方案。传统重力式基础锚碇需保持锚定至主桥路线基本处于直线,避免主缆与引桥位置冲突。而该项目为减小山体开挖,云浮侧锚碇路段设置了平曲线避免大规模挖方。

为解决“大规模挖方”与“主缆与引桥位置冲突”问题,同时减少锚碇基坑开挖量,该项目提出将锚碇上移至桥面以上,行车道从锚碇基础中以通道形式穿过的"通道锚"方案。"通道锚"方案不仅减少山体开挖,同时避免了主缆与引桥位置冲突,而且改善了索鞍和索塔受力。鉴于以上因素,针对云浮侧锚碇方案提出了传统重力式锚碇基础方案和新型"通道锚"锚碇基础方案两种方案进行比较。

传统重力式锚碇基础方案一般构造如图 3.5-22 所示。

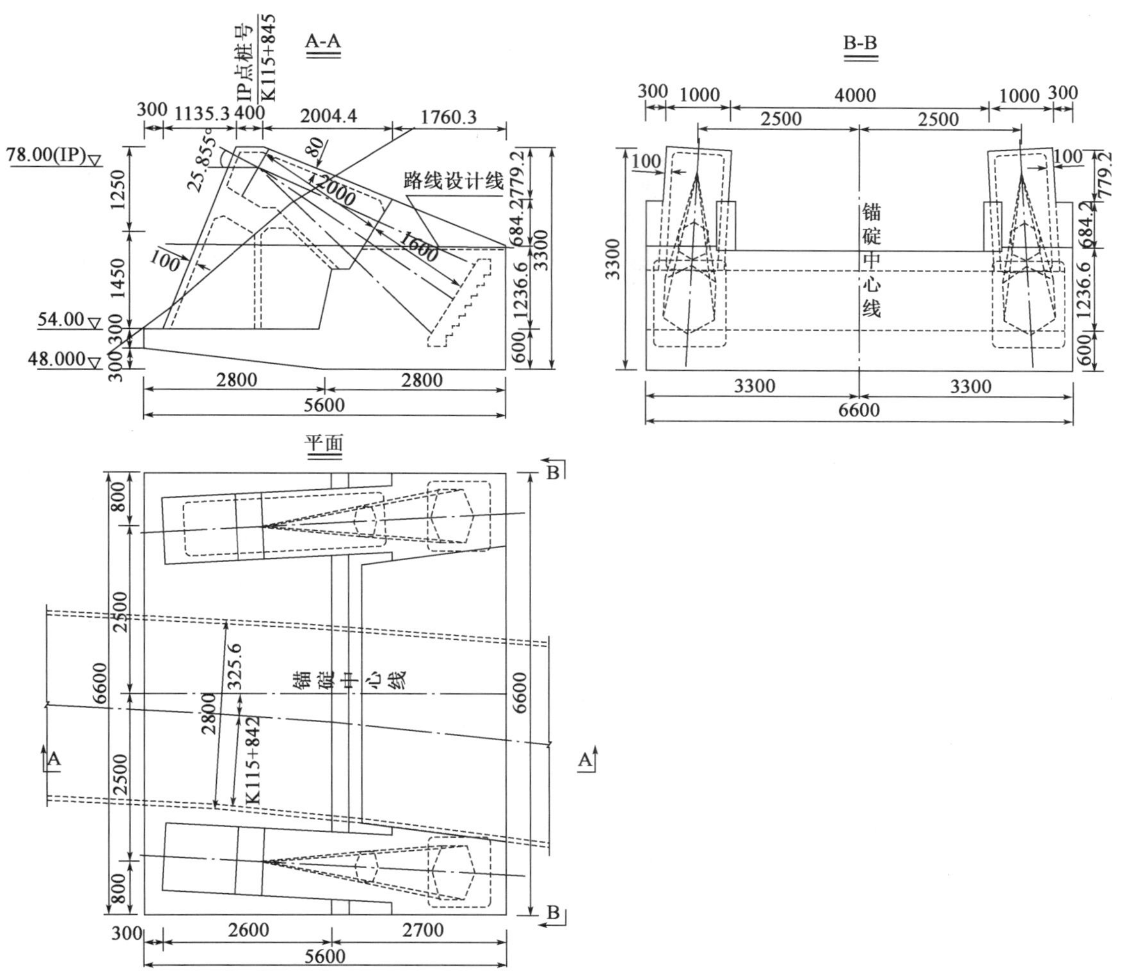

图 3.5-22　传统重力式锚碇基础方案一般构造图

传统重力式锚碇基础方案虽将锚碇尽量上抬以减少了开挖量,但毕竟大部分锚体和基础仍位于路面以下,存在深基坑的开挖,开挖量仍很大且在特大跨径悬索桥中主缆还未设置过横向偏角,针对以上问题提出了新型"通道锚"锚碇基础方案。新型"通道锚"锚碇基础方案一般构造图如图 3.5-23 所示。

对提出的传统重力式锚碇基础和新型"通道锚"基础两种方案,从设计难度、施工难度、结构可靠性、施工工期、经济性方面进行比较,比较结论如表 3.5-9 所示。

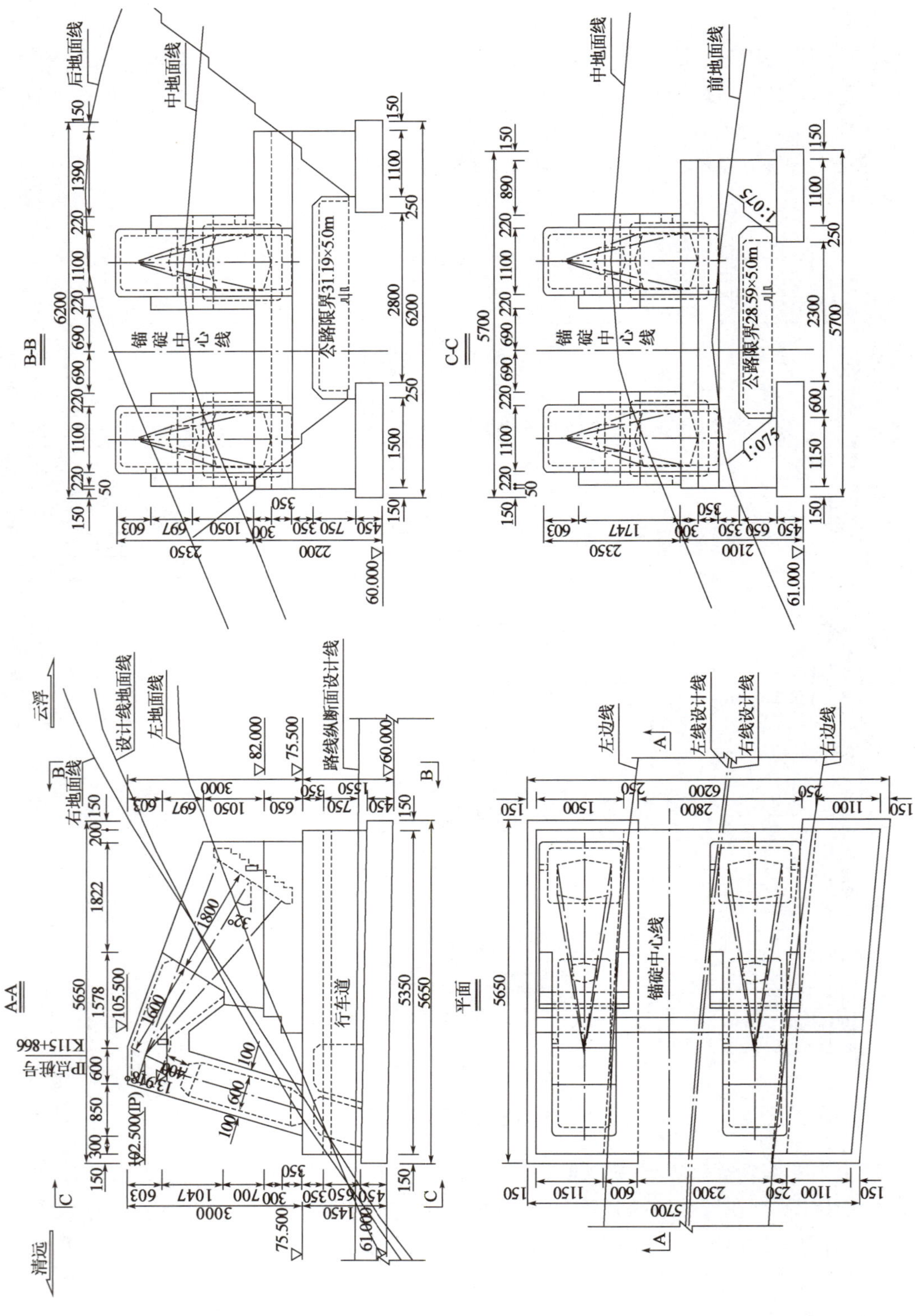

图3.5-23　新型"通道锚"锚碇基础方案一般构造图

云浮侧锚碇两种方案比较表　　表 3.5-9

项目＼方案	新型"通道锚"方案	传统重力式锚碇基础方案
施工难度	基础施工难度小,避免深基坑开挖,整个锚碇均在路面以上施工便捷	施工期间封、降水措施要求高,开挖方量比"通道锚"增加 7 万 m^3,需要弃方成本较大
设计难度	结构新颖,创新性好,锚碇结构本身受力复杂,需要专题研究支撑	主缆横向间距比主塔处大 20.8m,主缆设置 2.99°偏角,对主塔、索鞍受力不利,增加设计难度。锚体锚面均斜向设置
结构可靠度	结构新颖,受力复杂,但通过专题研究论证结构可靠	锚碇结构可靠度较高,索塔和索鞍需增加构造尺寸或措施费用
主要工程数量(m^3)	混凝土:59000;挖方:11000	混凝土:48000;挖方:200000
经济性	好(两方案基本相当,若考虑索塔、索鞍特殊设计相比传统方案节省造价 10%)	较差
比选结论	采用	

新型"通道锚"基础方案较传统重力式锚碇基础方案大幅减少挖方规模,该项目最终采用"通道锚"方案。

(2)清云西江特大桥云浮侧 K 线与 C10 线桥隧方案比选

考虑清云高速 K 线跨越西江后采用隧道方案以减少对西江新城规划的干扰,同时结合航道要求减小桥轴线斜交角度的意见,提出了顺直的 C10 线方案与相对迂回的 K 线方案比较,见图 3.5-24。

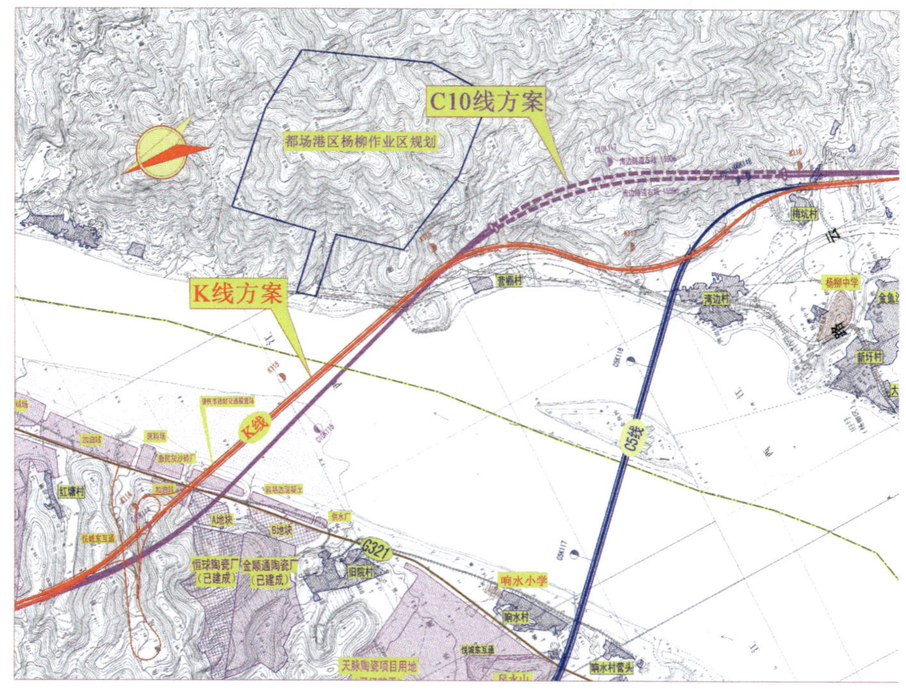

图 3.5-24　K 线与 C10 线方案比较示意图

相比而言,K 线和 C10 线路线长度、纵平面指标相当;K 线总造价少 7406 万元,工程规模小; C10 线西江特大桥与航道夹角较 K 线增加 4°,C10 线桥位优于 K 线方案;K 线绕山布设高架桥梁,陡坡施工桥墩桩基对山体及植被破坏较大;C10 线以长隧道穿过高山,避免大面积破坏山体表面。K 线方案对其西江新城规划存在一定干扰。

经比选,考虑 C10 线虽然造价高,但其对西江新城规划无干扰,且西江桥位相比 K 线好,平面指标高,对自然环境保护较好,该路段采用 C10 线长隧道方案。

3)小结

项目所设置的西江特大桥为主跨 202m + 738m 的双塔双跨吊钢箱梁悬索桥,受桥隧相接及地形所限,云浮侧悬索桥锚碇位于缓和曲线上,若按常规思路将锚碇置于桥面以下,不仅主缆存在偏角对主塔受力不利,同时还须大规模开挖锚碇基础,对生态环境破坏大,与新城总体规划不相符。为克服上述问题,项目打破传统锚碇设计理念,创新性的采用了"通道锚"方案,通过将锚碇上移至桥面以上,行车道从锚碇基础中穿过,减少山体开挖。云浮侧采用长隧道穿过高山,避免陡坡桥梁桩基开挖破坏山体表面植被,较好保护了生态环境,见图 3.5-25。

图 3.5-25 清云高速公路西江特大桥段通道锚效果图

3.5.3.6 河惠莞高速公路枫树坝大桥跨越广东省第二大水库

1)项目概况

河惠莞高速公路龙川至紫金段,项目穿越广东省第二大水库龙川枫树坝水库,水库地处枫树坝省级自然保护区,两岸风景优美,环保要求高,但仅为内河八级航道,通航要求低。

2)枫树坝大桥跨越广东省第二大水库

该项目路线需跨越枫树坝水库。枫树坝水库位于东江干流龙川县境内,距龙川县城 63km,兼发电和防洪功能。控制集雨面积 5150 多 km^2。多年平均径流量 40.7 亿 m^3,总库容 19.4 亿 m^3。正常蓄水位 166m,相应库容 15.4 亿 m^3,极限死水位 128m,相应死库容 2.86 亿 m^3。有效库容为 12.5 亿 m^3,为年调节水库,对东江中下游起相应防洪作用,见图 3.5-26。

大桥在 K38 +040 ~ K38 +370 路段范围内跨越枫树坝水库库区,桥梁轴线与水流流向交角约 60°。桥梁起终点范围为 K37 +867 ~ K38 +637,桥梁起于桩号 K37 +800 的山脊处,跨越一沟谷后经山梁至小桩号侧(赣州岸)水库岸边,再采用大跨径桥梁跨越枫树坝水库至大桩号侧(紫金岸)水库岸边,跨越水库岸坡及沟谷至山体半山腰后到达桥梁终点,见图 3.5-27。

a)

b)

图 3.5-26　枫树坝水库实景

图 3.5-27　枫树坝水库特大桥桥位处全景

根据水库两岸岸坡及水下地形图的测量成果显示，赣州岸主墩地形相对平缓，承台范围内高差相对较小；紫金岸主墩位于陡峭岸坡下，赣州岸主墩承台范围内高差达 19m，平整场地困难，施工便道到达困难，施工操作组织困难，见图 3.5-28。

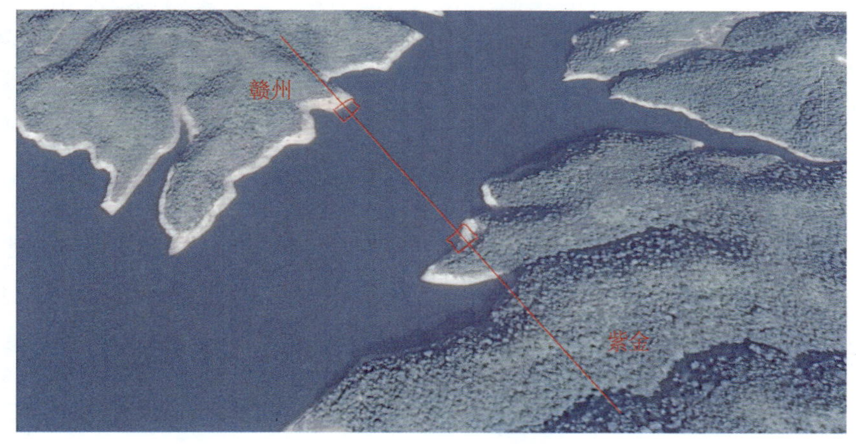

图 3.5-28　桥位处地形地貌

赣州岸向小桩号方向偏移 12m，承台底高程可抬高至近十年中平均的年内日最高水位 160.75m，施工组织安排基本可脱离库区水位控制，主墩基础可以采用干处施工，故赣州岸主墩向小桩号方向偏移 12m。

紫金岸主墩位于陡峭岸坡下，需要对主墩基础施工进行岸坡刷坡，刷坡工程按阶梯状放坡，挖后的边坡在平面上呈一树叶形，边坡高度达36m，采用锚杆框架的方案进行支护。主墩基础施工开挖山体体积大，强风化沙砾岩需要采用爆破开挖，由于沿水库岸坡陡峭，土石方易堆积到水库内无法清理，对库区和山体环境影响较大。同时主墩位于岸坡陡坎下，施工便道修筑至主墩承台位置困难，且主墩承台范围内最大高差达19m，平整场地困难。特殊的地形条件给主墩基础的施工带来了较大的难度，导致施工组织困难，施工周期加长，施工措施费高，对水库库区环境影响加大。同时根据定测阶段的勘察成果显示，紫金岸主墩前为岸坡的坡残积层和全风化层崩塌的堆积体，向大桩号偏移可保证主墩更安全。故将紫金岸主墩向大桩号方向偏移38m至岸坡山嘴顶。

紫金岸主墩向大桩号方向偏移38m至岸坡山嘴顶后，完全避开水中施工，施工工期不受水库水位控制，基础施工方法简单容易。主墩位于陡峭岸坡上，施工便道修筑至主墩承台位置较容易，施工操作空间大。山体开挖量和防护工程量减小，且开挖面未直接紧邻水库主水面方向，有利于库区环保。远离了岸坡的坡残积层和全风化层崩塌的堆积体，可保证主墩更安全。

基于以上的考虑，赣州岸主墩向小桩号方向偏移12m，金岸主墩向大桩号方向偏移38m至岸坡山嘴顶。虽然主跨跨径加大，但赣州岸主墩基本可脱离库区水位控制，主墩基础可以采用干处施工；紫金岸主墩减少了复杂的水中施工和开挖边坡，索塔下塔柱高度也减小了15m，故采用主跨320m斜拉桥方案作为主桥方案，参见图3.5-29～图3.5-31。

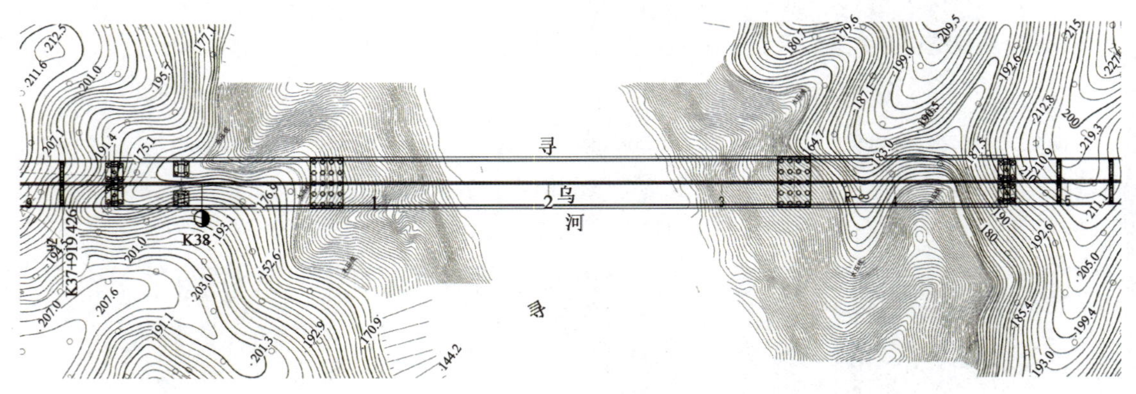

图3.5-29　优化前主跨270m主墩平面位置图

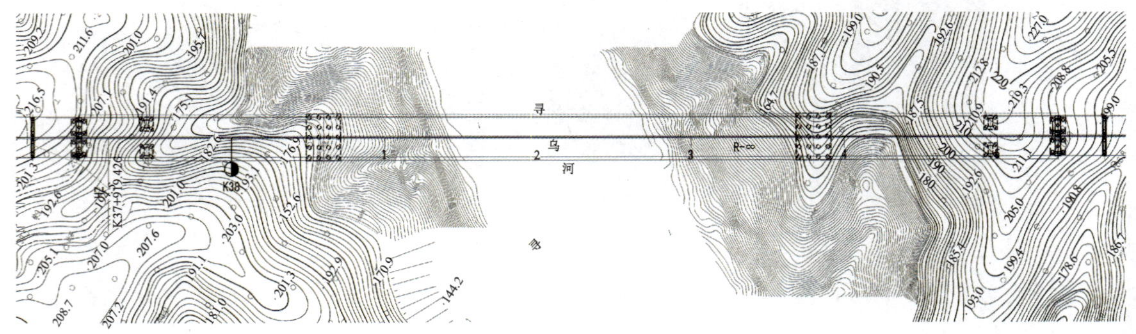

图3.5-30　优化后主跨320m主墩平面位置图

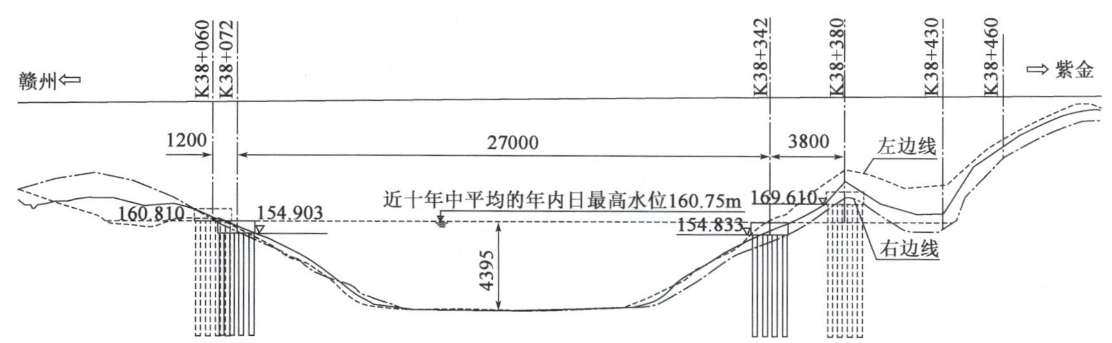

图3.5-31　一跨跨越建设条件分析示意图

3)小结

项目工可研究阶段推荐采用深水区设墩的常规混凝土梁桥方案穿越水库。由于深水区设主墩对库区生态环境影响较大,且存在一定的施工风险,项目实施阶段,通过生态选线及结构多方案比选论证,最终选择在合理桥位设置大跨径双塔单索面预应力混凝土斜拉桥方案,将主桥跨径由工可阶段的130m调整为320m,一跨跨越水库。该方案桥型结构比例协调,景观效果好,设计施工技术成熟,结构施工质量及耐久性有保障,对库区生态环境影响小,工程造价合理。

3.5.3.7　河惠莞高速公路设置张塘隧道绕避一级水源保护区

1)项目概况

河惠莞高速张塘隧道段路线需穿越贵明顶,相对高差约200m。结合不同的穿越位置,提出了三个隧道方案,见 图3.3-32。

图3.5-32　河惠莞高速公路龙川枫树坝大桥

2)设置张塘隧道绕避一级水源保护区

K线方案:路线绕过骆屋山,在双坑径跨过S339后于双坑尾穿越山体,后经曾公塘到达再头附近,路线长3.7km。该方案在山体最窄处布线,在大塘坑水库水源一级保护区边缘经过。隧道长870m,桥梁长1325m。

东线方案:路线绕过骆屋山,在张塘坳跨越S339,随后穿越山体,经曾公塘接K线,路线长3.8km。该方案距大塘坑水库水源一级保护区较远,隧道长1020m,桥梁长1365m。

西线方案:路线绕过骆屋山,在双坑径跨过 S339 后于双坑尾穿越山体,经谢岭下接回 K 线,路线长 3.66km。该方案相对顺直,但穿越了大塘坑水库水源一级保护区,隧道长 955m,桥梁长 1040m。

张塘隧道段各方案布置图见图 3.5-33,三个方案工程规模对比表见表 3.5-10。

K 线、东线和西线主要工程规模比较表 表 3.5-10

项　目	单　位	K　线	东　线	西　线
路线长度	km	3.7	3.8	3.66
桥梁	m	1325	1365	955
隧道	m/座	871/1	1020/1	955/1

东线方案虽远离保护区,但路线长度、隧道和桥梁规模均较大;西线方案路线顺直,但穿越大塘坑水库水源一级保护区;K 线方案隧道长度最短,且避开了水源保护区。经综合权衡该段落采用 K 线方案。

3)小结

该路段路线方案在绕避大塘坑水库水源一级保护区的前提下,合理利用地形布设路线,在环境保护与工程规模上取得较好的兼顾平衡。

3.5.3.8 河惠莞高速公路全隧道下穿黄江自然保护区

1)项目概况

该路段影响路线方案布设的主要因素:黄江自然保护区、南方电网 500kV 嘉上甲(乙)线、瓷土矿、不良地质、桥隧工程规模(图 3.5-34)。

2)全隧道下穿黄江自然保护区

保护区路线方案综合考虑以上控制因素,布设了 K、C2、C3 线三个方案,具体布设详见路线方案布置图(图 3.5-35)。

K + C4 线(完全绕避黄江自然保护区)起于黄布镇冯寨,向西南沿作风山南坡布线,在朱玉峯设置黄布隧道从黄江自然保护区边缘穿过,继续南下经白水、周屋、双罗坑,在和合村接入 C4 线,过新布止于黄竹峯;路线全长约 13.0km。

C2 线(路基穿过黄江自然保护区)起于黄布镇冯寨,向南沿黄江水库西测穿过黄江自然保护区核心区,进入东源县沿笔架山西侧山坡布线,经石坑、陈塅、晒谷石,在黄竹峯接上 K 线,C2 线全长约 12.859km。

C3 线(设置隧道穿过黄江自然保护区)起于黄布镇南狗坑,向南以隧道穿越黄江自然保护区核心区,在周屋接上 K 线,C3 线全长约 5.796km。

K + C4 线路线完全绕避黄江自然保护区,对其无干扰;桥梁规模最小,较 C2 线减短 1717.5m,较 C3 线减短 320m;但路线存在绕行,里程最长,较 C2 线长 141m,较 C3 线长 904m;隧道规模最大,较 C2 线长 3000m,较 C3 线长 457.5m;且隧道内存在小半径、大纵坡、安全性差。

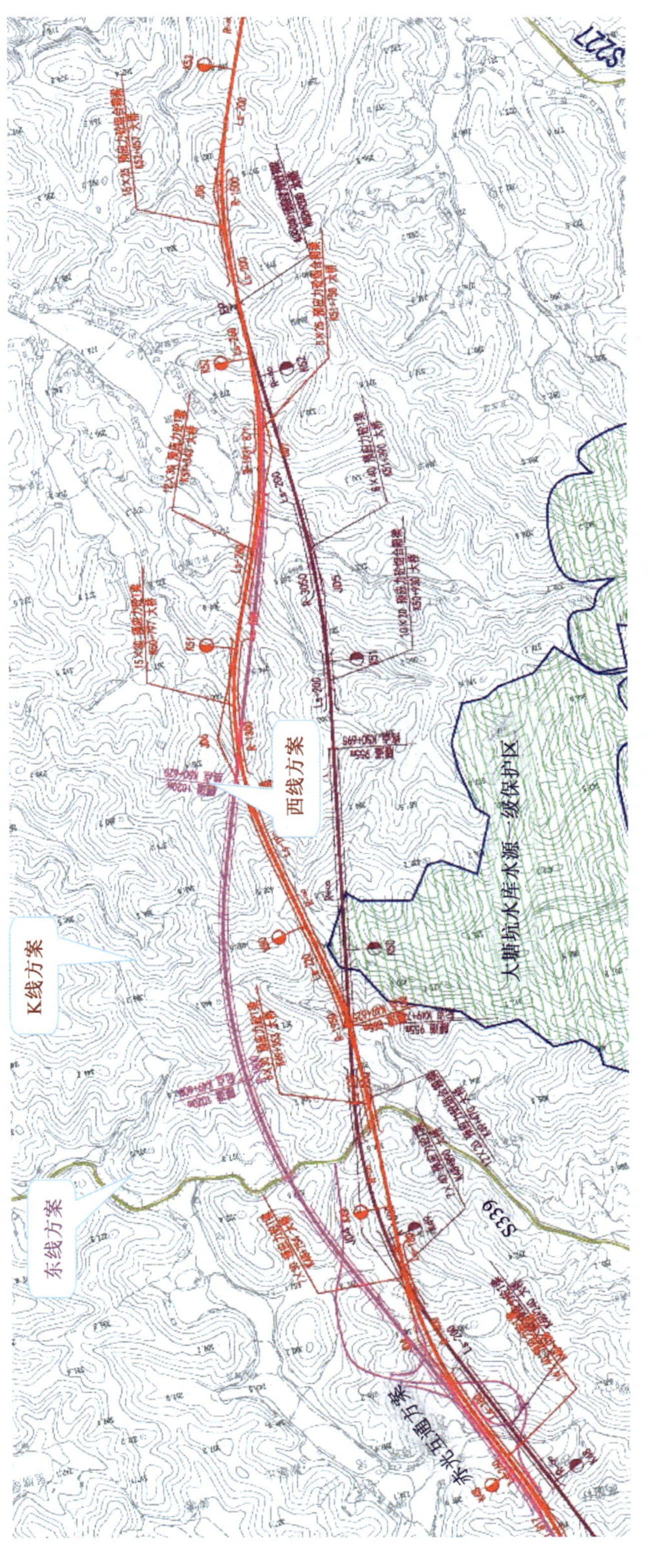

图3.5-33 张塘隧道段方案布置图

a)

b)

c)

d)

图 3.5-34 路线方案布设主要影响因素现场照片

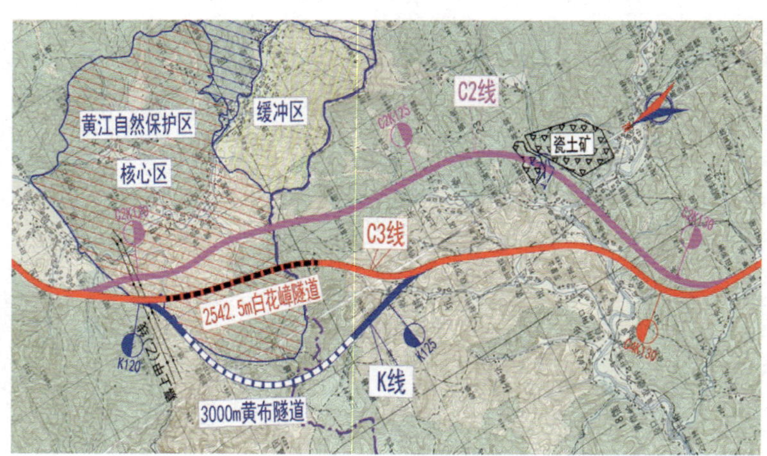

图 3.5-35 黄江自然保护区路段路线方案布置图

C2 线隧道较 K 线短 3000m,较 C3 线短 2542.5m;但路线从黄江自然保护区核心区穿过;桥梁较 K 线增长 1717.5m,较 C3 线增长 1397.5m;县界至陈塅路段平均纵坡为 2.88%/5.17km;路线从瓷土矿中间穿过,对其干扰大;局部路段因路线靠近瓷土矿尾矿废渣,易发生泥石流,对路基及桥梁影响较大。

C3 线路线较 K 线短 904m，较 C2 线短 763m；采用全隧道穿越黄江自然保护区，对其影响较小。

综上所述，C2 线虽不需设置隧道，造价略低，但路线与黄江自然保护区、瓷土矿、泥石流等均严重干扰，环保部门审批困难，且存在连续长陡下坡路段等缺点，予以舍弃。K 线虽绕避了自然保护区，但路线绕行严重，隧道规模大，且隧道内半径小、纵坡大、行车安全性差，经分析比较后予以舍弃。C3 线路线走向最顺直，利用隧道穿越黄江自然保护区，对其影响相对较小，桥隧规模适中，故项目采用 C3 线。

3）小结

黄江自然保护区路段综合考虑了环境保护、行车安全与工程规模等要素，最终采用了最顺直的全隧道下穿通过黄江自然保护区，取得较好的工程效益与环境保护效果。

3.5.3.9 河惠莞高速公路广梅汕铁路至排峰路段减少挖方及弃方路线比选

1）项目概况

河惠莞高速公路 K 线在广梅汕铁路至排峰路段地形起伏较频繁，挖方路基与桥梁相间，桥梁规模较大，弃方较大，且沿线村庄较多；从降低工程造价、减小对沿线居民的干扰等因素考虑，提出 B8 线。具体布设详见路线方案布置图（图 3.5-36）。

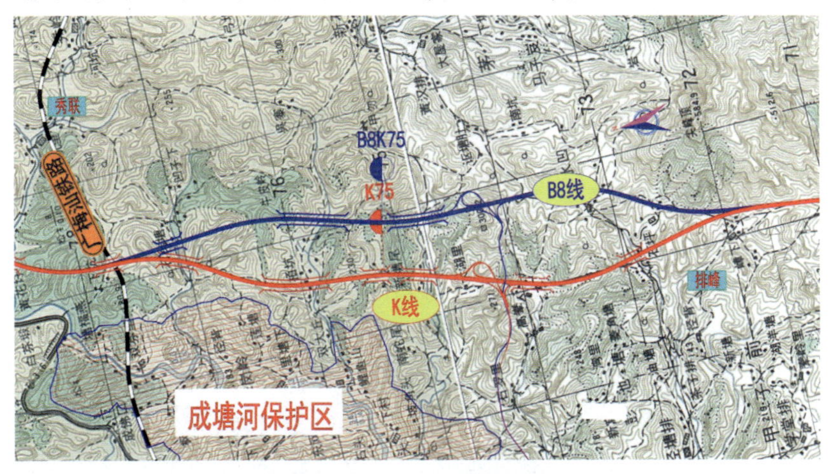

图 3.5-36 广梅汕铁路至排峰路段路线方案布置图

2）广梅汕铁路至排峰路段减少挖方及弃方路线比选

K 线路线距省道 S227 较近，龙川北互通整体规模较小；路线平纵面指标较高；土石方数量较少；占用土地较省。但桥梁规模大，较 B8 线增长 664.5m；路线以桥梁方式跨越沟谷，但对沿线村庄存在一定干扰。

B8 线桥梁工程规模小，较 K 线桥梁长度减短 664.5m；沿线村庄较少，拆迁量小。但土石方数量大，高填深挖工程较多，对环境破坏较大；龙川北互通整体规模较大；占地规模较大。

综合比较，B8 线虽桥梁规模略省，但龙川北互通整体规模较大，占地较多，对自然环境破坏大。K 线虽桥梁规模稍大，但土石方和占地均较小，龙川北互通整体规模较小且距省道 S227 较近，有利于车辆上下高速。因此，该路段采用 K 线方案。

3）小结

广梅汕铁路至排峰路段地形起伏较大，路基方案虽然造价较低，但容易出现高填深挖路基的情况,对山体开挖破坏较大,公路占地多,该路段选择桥梁长度较长的路线方案,符合绿色公路建设理念。

3.5.3.10 连英高速公路设置金门隧道穿越滑水山自然保护区

1)项目概况

连英高速公路在英德市望埠镇滑水山路段需通过滑水山自然保护区。滑水山自然保护区位于英德市东北部总面积超过 5 万公顷,是目前广东省连片面积最大的保护区,区内平均海拔超过 500m。

2)金门隧道穿越滑水山自然保护区路段

连英高速公路滑水山路段设置了 K 线、D3 线、D6 线三个走廊带方案进行比选。

K 线设置金门隧道下穿自然保护区核心区,D3 线绕避滑水山自然保护区核心区之后经过一级水源保护区枫树坪水库,同时穿越了茶园洞水库。

D3 线位主要为了缩短穿越滑水山自然保护区的金门隧道长度而布设,其穿过滑水山自然保护区之后可以通过 D6 线穿过望埠镇,在北江特大桥之前接上 K 线位;同时也可通过 D3 线位在跨越北江之后经过英德市规划区、麻冲水库,下穿京广高铁猴岩大桥后接 K 线。

D3、D6 两线位均经过了自然保护区的缓冲区和核心区、一级水源保护区——枫树坪水库的库尾,同时穿越了茶园洞水库(灌溉);北江特大桥处江面较宽;D3 线经过北江特大桥后对英德市城北区规划影响大,穿越了台泥观音山矿区,隧道施工时对京广高铁运营有着极大的安全隐患,估算 K 线增加 3 亿元。D6 线位穿越望埠镇城区,拆迁量巨大。

该项目路线为东西走向,滑水山自然保护区呈南北分布,且区域较广,本项目不可比选需穿越滑水山自然保护区。K 线采用金门隧道可最大限度降低道路对自然保护区影响,同时减少山体开挖,保护了原生态植被。D3 线位虽绕避了核心区,但增加了对一级水源保护区枫树坪水库的影响,路线绕行远,对英德市城市规划,京广铁路影响较大,经综合分析,本项目采用 K 线金门隧道方案,见图 3.5-37。

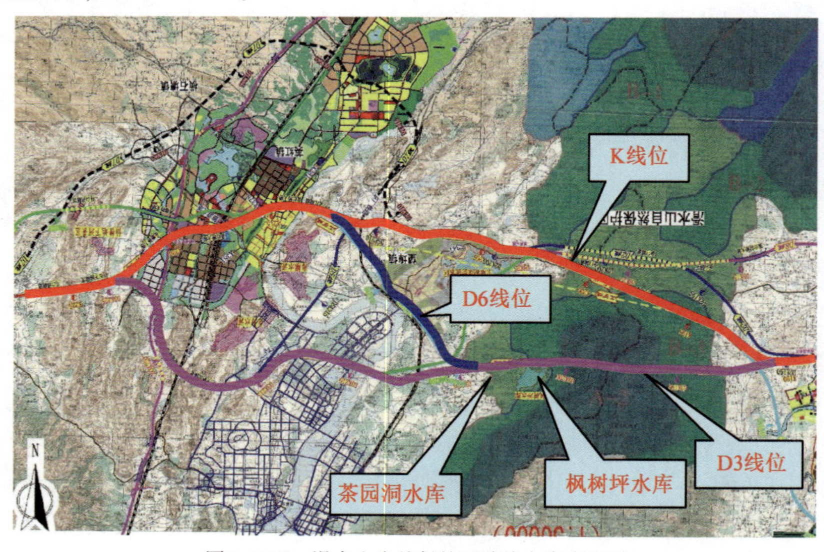

图 3.5-37 滑水山自然保护区路线方案布置图

3)小结

该项目在路线不可避免需穿过自然保护区的情况下,广泛调查保护区附近城市规划、水库、铁路等控制要素,最终采用隧道方式下穿滑水山自然保护区核心区,综合权衡高速公路建设影响,尽量减小了对环境的破坏。

3.5.3.11 东雷高速公路跨通明海路段绕避红树林

1)项目概况

东雷高速公路途径湛江红树林国家级自然保护区,该片红树林保护区,呈长条带状分布,树龄上百年,土壤肥沃、海洋生物众多,每年秋冬都吸引了众多候鸟来栖息繁衍。

2)跨通明海路段绕避红树林

湛江红树林国家级自然保护区是全线方案的重要控制因素(图 3.5-38)。通明海湾东岸,即东海岛西南片区,存在大面积的红树林保护区核心区域;通明海湾西岸,即雷州侧,也存在较大面积的红树林保护区实验区域。根据《广东省环境保护条例》的规定,红树林国家自然保护区的核心区与实验区均为不可穿越区域。

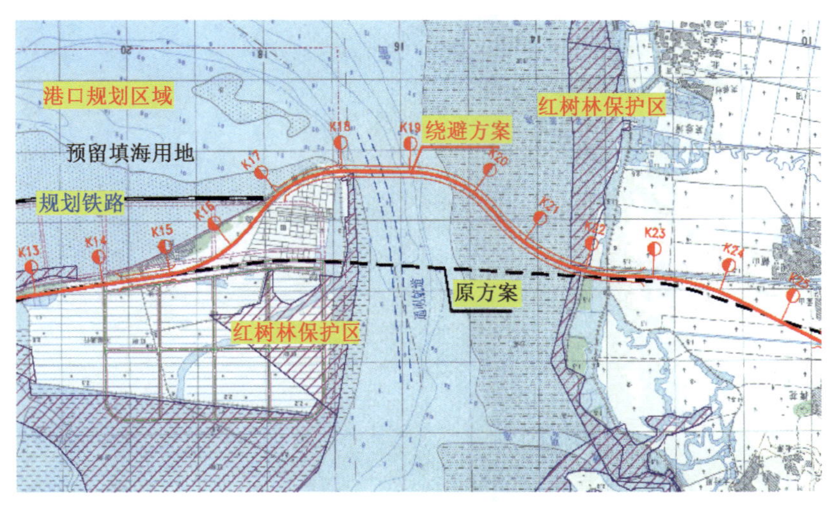

图 3.5-38 东雷高速跨通明海路段比选平面图

该项目与广东湛江红树林国家级自然保护区管理局进行了多次沟通协商,结合《湛江红树林国家级自然保护区功能区划图》与《广东湛江红树林国家级自然保护区划界成果汇编》中的红树林保护区划界范围,在原工可基础上,提出了 K 线、E 线两个方案进行比选。

K 线方案线位为绕避东海岛西片区的红树林核心保护区,比工可跨海线位往南偏移了约 1.3km。线位于东海岛西湾村北侧转向西南方向,于东海岛西南角端进入通明海湾。跨越通明航道后,路线转向西北方向,于沈塘镇北丈桥泄洪渠(韶山渠)入海口处进入雷州市。路线完全绕避了通明海两岸的红树林核心区与红树林实验区,见图 3.5-39。

E 线同样绕避了东海岛西片区的红树林核心保护区,但跨越通明航道后,路线继续往西延伸,穿越雷州东片区的红树林实验区后,转向西北方向进入雷州市。

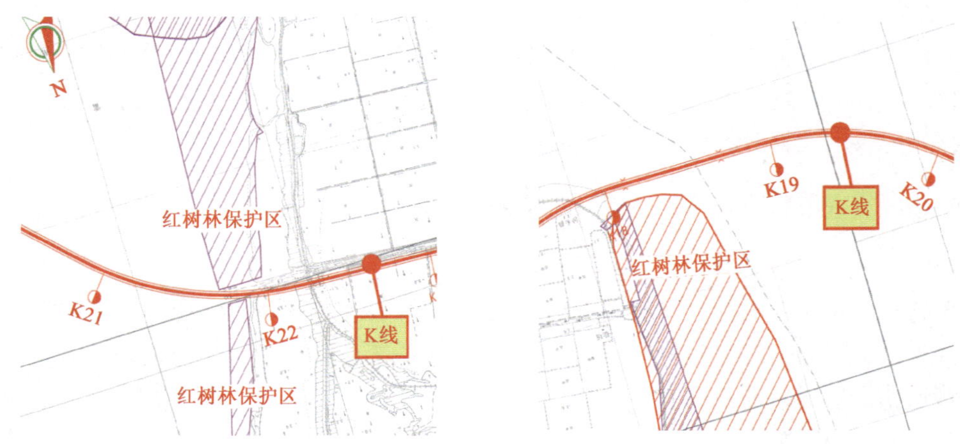

图 3.5-39　K 线绕避红树林位置示意图

从图 3.5-40 可以看出，E 线的平面线形优于 K 线，且与通明海基本正交，有利于渔船通行。但 E 线穿越红树林保护区实验区，对该自然保护区影响较大。《广东省环境保护条例》已明确国家红树林自然保护区严禁穿越。

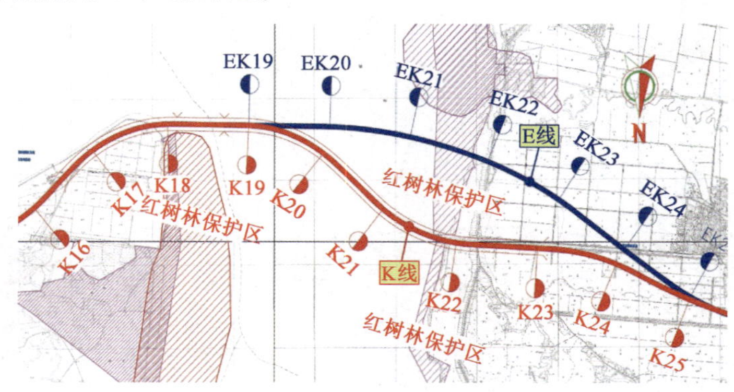

图 3.5-40　K、E 线比选平面图

综上所述，K 线虽平面指标略低，但完全绕避了红树林国家级自然保护区，在工程规模与施工难度可控的情况下，舍弃较顺直的工可线、E 线方案，采用 K 线方案。

3）小结

为最大程度保护海岸线上 218 公顷红树林原生态，本项目坚持生态选线，在勘察设计阶段组织专家通过路线多方案比选论证，最终选择在通明海中划了一道“S”形曲线，绕避了红树林保护区，项目线路总长度相比原工可增加约 2km，增加投资 2 亿元，其中通明海特大桥由工可阶段的直线桥改为了 S 形曲线桥梁且桥梁长度增加 1km，极大增加了海上桥梁施工的难度，但却贯彻了保护优先的绿色发展理念。

3.5.3.12　揭惠高速公路小北山路段生态选线

1）项目概况

揭阳至惠来高速公路起点位于揭阳市榕城区仙桥街道办（接省道 S234 线），向南与潮惠高速公路相交后，经汕头金灶镇高斗谷地后设隧道穿小北山进入普宁麒麟境内，路线南行进入潮阳区练江平原，沿练江支流北港布置，经潮阳贵屿镇划区东侧边缘，跨练江进入潮南区，经司马浦镇、两英镇、雷岭镇，在惠来县境内，路线先后与S235、深汕高速公路、S337相交，南行经前湖大队林场、寮仔，在前詹镇新陂附近接拟建的沿海一级公路，路线全长63.438km。

2）小北山路段生态选线

K线起于莲溪，经大樟岗，设隧道穿越樟岗山老鼠尖峰顶进入潮阳区新寨仔村。

F线位置与K线较为接近，经大樟岗，设短隧道穿越樟岗山，靠山边布线，经米场接入主线。

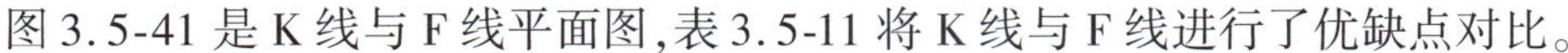
图3.5-41是K线与F线平面图，表3.5-11将K线与F线进行了优缺点对比。

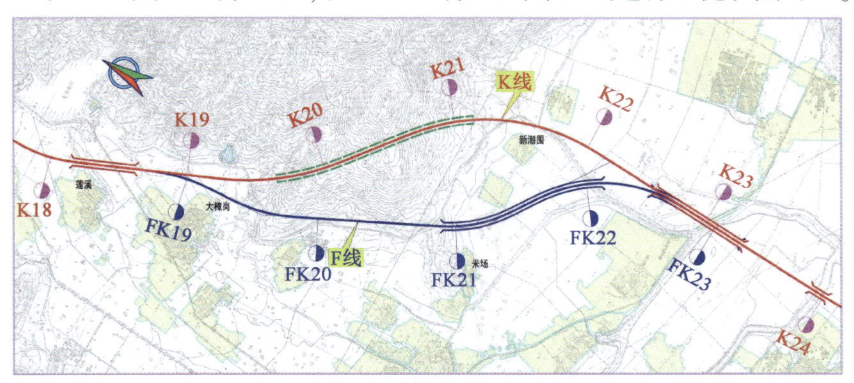

图3.5-41 K线与F线平面图

K线与F线比选表 表3.5-11

路线方案	K 线	F 线
优缺点	优点： （1）桥梁长度较F线短2352.8m； （2）无高边坡，边坡稳定性好，减少地质灾害隐患； （3）占用耕地较少； （4）无高边坡，对自然环境保护好 缺点： （1）设1519m的长隧道，造价及后期营运费用高； （2）建设费用较F线高约2200万元	优点： 无须修建隧道，后期运营费用低 缺点： （1）桥梁长度较K线长2352.8m； （2）占用耕地较多； （3）开挖山体较多，边坡高度达50m，对自然景观、环境破坏较大； （4）地方因从村庄中间穿越，地方政府反对

综上所述，由于F线对山体开挖较大，边坡高，易引发边坡失稳，同时地方政府强烈反对，从安全、环保角度出发，该路段推荐采用K线。

3）小结

在高边坡路基方案与隧道方案比选中，该项目落实绿色公路要求，避免对山体进行高填深挖，适当提高工程费用，采用隧道穿越山区。

3.5.3.13 新阳高速公路上村至回龙口段减少挖方路线方案比选

1）项目概况

新阳高速公路起于云浮市新兴县簕竹镇良洞村，顺接汕湛高速公路清远至云浮段。终点位于湛江市坡头区海东新区,连接海湾大桥引桥公路(设坡头互通)。建设项目经过云浮市新兴县、阳江市阳春市、茂名市电白县、高州市、茂名市、化州市、湛江市吴川市及湛江市,本项目主线路线全长266.626km(新建里程239. 424km,与罗阳高速公路共线段27.201km)。

2)上村至回龙口段减少挖方路线方案比选

上村至回龙口段位于新兴县簕竹镇枫木郎附近,路线方案布设主要受新兴江、沿线地形、地物等条件控制。根据工可线位、并结合沿线地形、地物,该路段提出K, A3线方案进行同深度比较,见图3.5-42。

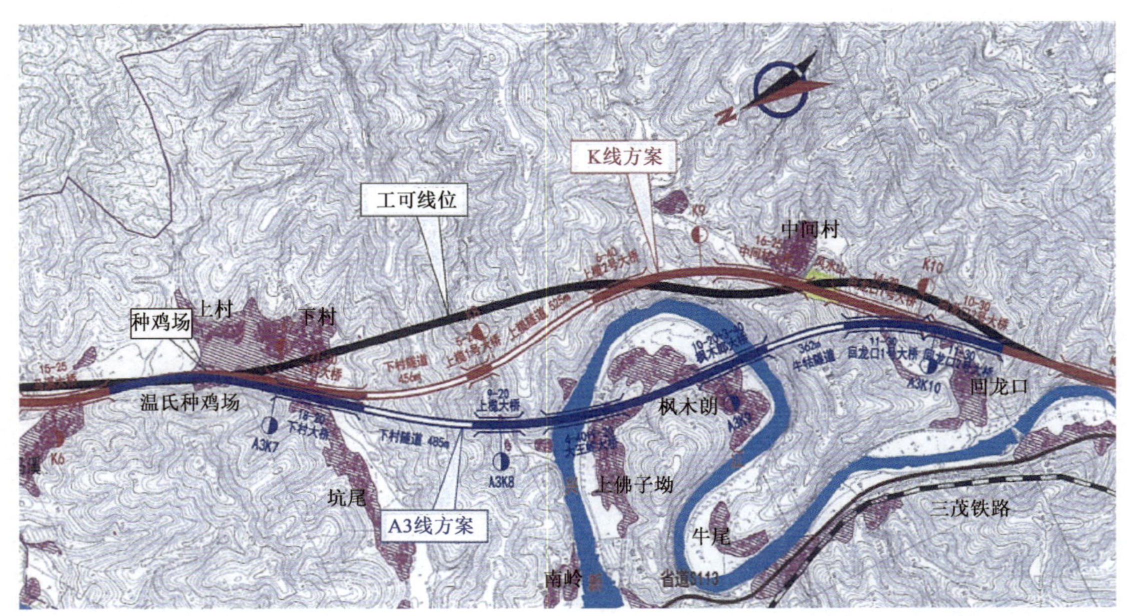

图3.5-42　上村至回龙口段路线方案图

K线方案:该方案为工可优化后方案,为了减少对新兴江的干扰,路线在枫木郎村段沿新兴江东侧山坡布设,需对一中间村北侧山坡进行开挖,挖方量大,且上榄2号大桥为陡坡桥梁,路线全长4.127km。

A3线方案:为避免K线在中间村北侧对山体的开挖,减小弃方量和对环境的影响,同时改善桥梁桥墩的施工条件,提出了利用上佛子村和枫木郎村之间缓坡布线的A3线方案,该方案需两次跨越新兴江,路线全长4.053km。

A3线方案与K线方案相比,A3线路线长度缩短了74m,且平面线形较顺;避免了对中间村北侧山体的开挖,减小挖方38.434万m^3;隧道缩短了113m,桥梁缩短了40.1m,建安费降低1816万元。但A3线两次跨越新兴江,对河道干扰较大;对村庄干扰大。

虽然A3线方案对沿线村庄拆迁量较K线多,需两次跨越新兴江,但该方案避免了对中间村北侧山体的开挖,减小大量挖方与高边坡,同时缩短桥长40.1m,隧道113m,该项目采用A3线方案。

3)小结

跨越新兴江桥梁跨度虽然较大,但考虑到新兴江东侧山坡较高,坡度陡,开挖山体挖方量大,高边坡多,不利于环境保护,边坡稳定性较差,该项目舍弃建设难度较低的路基及常规跨径桥梁方案,采用了两次跨越新兴江的工程方案,有效保护了现状生态环境。

3.5.3.14 怀阳高速公路大雅山隧道路线方案比选

1)项目概况

怀阳高速公路项目起于肇庆市怀集县岗坪镇,接二广高速公路,路线向西南,经冷坑镇北侧,六祖岩风景区南侧,上跨 X425 和下穿在建贵港高铁之后在岗坪镇与二广高速公路怀集支线(汕昆高速公路)相交。路线往南进入封开县境内,沿 S266 走廊布线,经封开县的长安镇、南丰镇、莲都镇、河儿口镇、渔涝镇、杏花镇、罗董镇,在谷圩东侧与在建广佛肇高速公路相交后,跨越 X427,在营头跨越 G321 和西江进入云浮郁南县境内的井埇,在盛村北侧与广梧高速封开连接线交叉后,在三岭与广梧高速相接,路线全长约 102.192km。

2)大雅山隧道路线方案比选

根据地形、地物进行了实地调查,结合 1∶10000 地形图、1∶2000 地形图、卫星影像图等,提出 K 线大雅山隧道方案,与以桥代隧的 C16 线方案进行比选,见图 3.5-43。

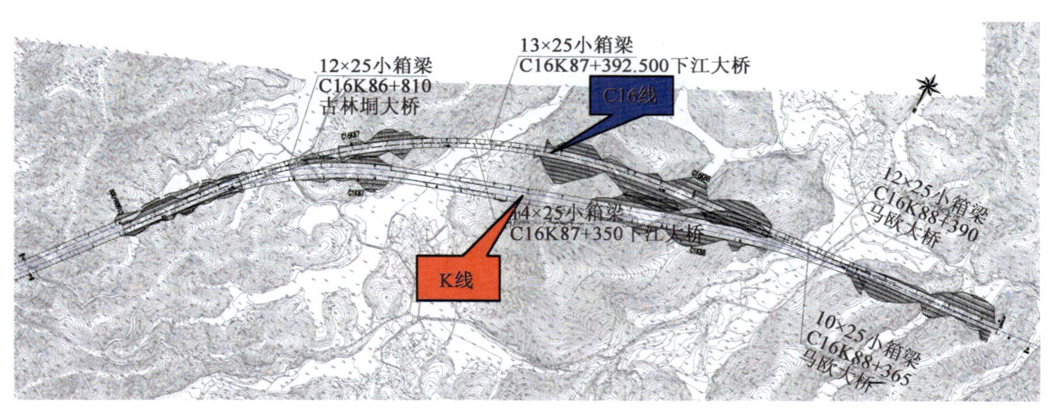

图 3.5-43 K 线与 C16 线的比选示意图

K 线方案路线方案顺直,大雅山隧道设置合理,附近土石方平衡。

C16 取消大雅山隧道,隧道规模降低,后期运营成本低;但线位绕行,比 K 线长约 56m。

C16 线在 C16K87 +600 附近采用路基开挖方案,右侧边坡为 7 级(且未放到山顶),左侧边坡为 4 级,挖方数量巨大,弃方数量约 70 万 m^3,C16 线整体挖方数量大,挖方边坡对周边环境破坏严重。此外,在 C16K87 +700 ~ C16K88 +000 段落前后挖方数量大,弃方量大。

综上所述,C16 线虽无隧道,施工难度及后期营运费用较低,但挖方规模大,路堑边坡多且高,K 线隧道方案技术经济性均在可控范围内,采用 K 线方案。

3)小结

K 线方案路线里程短,避免大量开挖山体,降低了公路用地规模,使路线趋向土石方平衡,减少设置弃土场对地表植被的破坏,虽然存在一座大雅山隧道,但隧道方案在此位置更具绿色公路理念。

3.5.3.15 大丰华高速公路南礤至桐子头路段方案比选

1)项目概况

大丰华高速公路丰顺至五华段总体为东西走向,路线起点位于丰顺县城北苏山村附近,与大埔至丰顺段终点衔接。路线向西上跨 G206、梅汕高速公路,设隧道穿越大湖崠,沿鸭麻帐南坡展线升坡,经大坑肚、倒斗坝至白水礤,设特长隧道穿越莲花山黄棉湖顶进入五华县,在三渡水水库南侧的中柱坑出隧道,跨 S228 后经硿南、布美、郭田、上坪、蕉州至联岭,上跨 X032,后继续沿蕉州河以南向西布设至横陂镇华阁村的琴江东岸与兴华高速公路相接。

2)南礤至桐子头路段方案比选

该项目对穿越莲花山路段提出 K、A1 线方案进行比较,其中 K 线鸿图嶂特长隧道长 6429m,A1 线鸿图嶂特长隧道长 4919.5m,见图 3.5-44。

K 线在汤西服务区至南礤森林公园路段走低线,适当降低路线设计高程,同时可减少桥梁规模,通过降低路线高程,汤西互通与 S228 之间的连接线长度较短(约 1.1km),路线在倒斗坝村后的大人坑进入南礤隧道(短隧道,进入南礤森林公园),随后经过约 40m 的路基段露头,进入鸿图嶂特长隧道,隧道在五华县郭田镇的三渡水水库东南侧中柱坑出洞,随后路线在三渡水水库以南的山腰布线,跨越 S228、蕉州河进入硿南村。地方同意该路线方案,该路线方案主要的问题在于特长隧道较长,且隧道有部分路段从黄棉湖水库下经过(覆盖层厚度约为 690m),该水库面积较大,水深约为 15m,旱季蓄水量较少,雨季蓄水量较多,主要承担汤西镇南礤电站、八乡山镇夜半溪电站的发电作用、灌溉作用,并兼做南礤森林公园揭岭飞泉瀑布水源之一。

A1 线为特长隧道较短的路线方案(走高线,南礤隧道 207.5m + 鸿图嶂特长隧道 4918.5m + 猪麻崠隧道 1006m),路线从大湖崠隧道出口逐渐抬高设计高程,为相对 K 线更往北靠、走高线的路线方案,该路线方案的平均高程比 K 线高 40 ~ 50m,使得特长隧道入口标高约为 289m,比 K 线高约 55m。该方案的主要问题为路线高程高、纵坡陡、平纵面指标较低;特长隧道之后,再设置一座 1km 左右的中(长)隧道,该隧道的平面线形较差、平曲线为 S 型曲线;另外,汤西互通立交设置较困难,从五华方向下高速的车辆需要经过 1.2km 匝道绕行再接连接线与 S228 相接,匝道长、桥梁规模大、路线指标较低,地方反对。

特长隧道路段路线方案比选,主要从以下 9 个方面进行比较:a. 汤西互通方案布置;b. 对三渡水水库及其他水库的影响;c. 地质条件;d. 施工措施;e. 施工工期;f. 隧道通风及运营;g. 行车舒适及安全性;h. 工程规模及造价;i. 环境影响,见表 3.5-12。

在北斗至桐子头路段,虽然 K 线特长隧道长度较长,但隧道总长度适中,桥梁规模少,土石方规模较少,线形指标较好,施工组织较便利、施工及运营安全较好、对环境的影响较小,互通立交的规模相对较小,本项目采用 K 线方案。

3)小结

南礤至桐子头路段高差大,路线及隧道设计难度高。K 线方案走低线,需设置超 6km 长隧道,A1 线走高线,寻求缩短隧道的方案可能。项目组详细研究两方案总体工程规模与环境影响,对路线高低走向的工程判断不墨守成规,分析得出 K 线低线方案虽然单一隧道较长,但总体工程规模反而较低,山体开挖较少,环境保护较好。

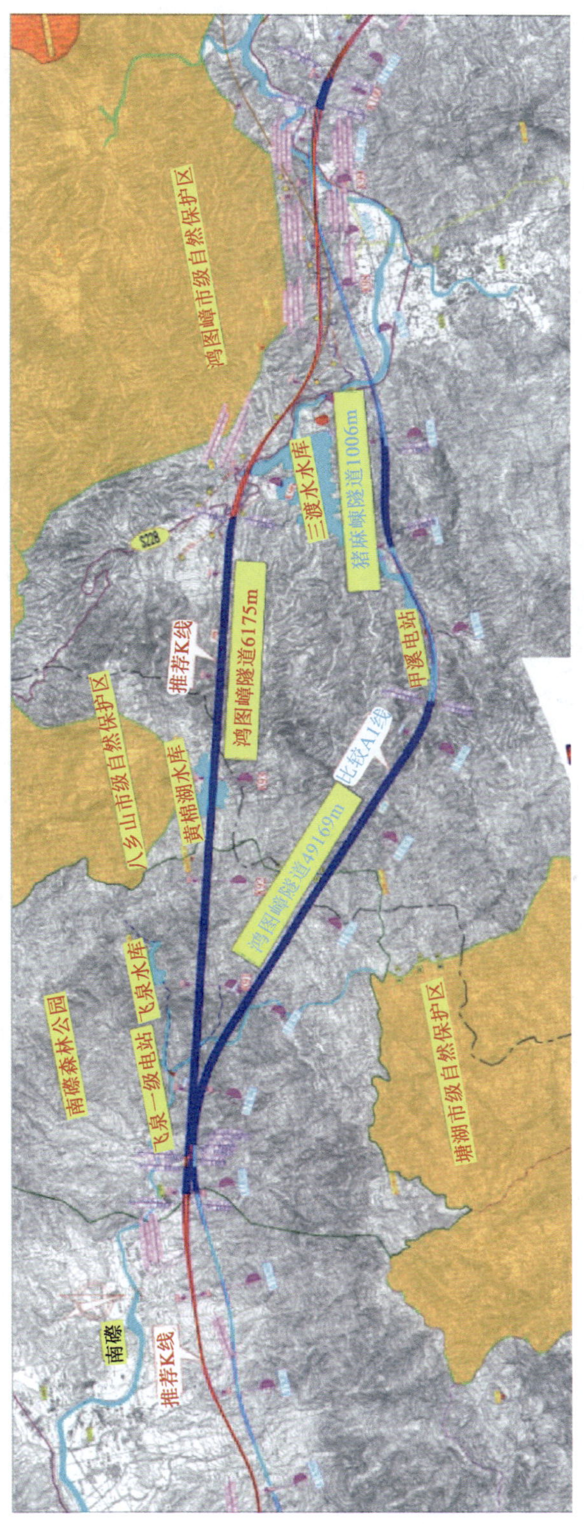

图3.5-44 K线、A1线同深度比选方案平面图

K 线和 A1 线(全路段)方案比选表 表 3.5-12

序号	比较项目	比较内容	比较结果
1	路线长度	A1 线比 K 线增长 592m	K 线优
2	平纵指标	路线指标相当,但平均纵坡 K 线优	K 线优
3	行车安全	K 线平面指标略高,纵面指标相对较高,安全性较好	K 线优
4	建设条件	A1 线比 K 线:A1 线便道规模大;施工条件略差,施工措施环保要求高;桥梁较多,斜陡坡桥梁施工条件较差;对飞泉水库、黄棉湖水库影响相对较小;不需改造 S228;地质条件略差	K 线优
5	互通、服务区的设置条件	A1 线汤西立交匝道展线较长,规模较大,行车较绕行,K 线占优	K 线优
6	征拆	A1 线需要拆除甲溪电站一侧	K 线优
7	工程规模	A1 线比 K 线: (1)桥梁增长 2731.8m; (2)隧道减少 310.5m; (3)不需设置斜井/竖井; (4)要设置爬坡车道及避险车道; (5)填方增加 20 万 m^3,挖方增加 15.6 万 m^3,弃方增加 14.1 万 m^3; (6)造价增加 28139.78 万元	K 线优
8	对公路、水利、电力、通信等设施的影响	K 线共特长隧道出口需对部分 S228 进行改造,A1 线对三渡水水库、甲溪电站影响较大,对地方水利设施影响较大,电力拆迁数量相当	K 线优
9	环境影响	A1 线隧道出口对三渡水水库库区、水库汇水区影响较大,土石方规模较大,对环境影响较大	K 线优

3.5.4 着眼周期成本,强化建养并重

3.5.4.1 仁新高速公路与龙连高速公路翁源县路段共线方案研究

1)项目概况

武深高速公路仁化至新丰段与汕昆高速公路龙川至连平段同属南粤公司建设项目,两个项目均于 2013 年初开展前期工作。根据工程可行性研究拟定的路线走廊,两个项目在韶关市翁源县县城附近交叉;受沿线青云山脉影响,交叉路段地形起伏较大且桥隧比例较高,枢纽互通布设较为困难,局部路段两个项目线位接近,总体工程规模及施工难度较大、后期运营养护成本较高。为此,从总体路网布局及全寿命周期成本考虑,南粤公司组织相关设计单位开展了

两个项目交叉路段的共线方案研究，即将仁新高速双向六车道与龙连高速双向四车道合并为一段双向八车道高速公路，共同沿狭窄的走廊带布线。

2）共线方案研究

（1）研究思路

交叉方案比选→共线方案比选→最优交叉与最优共线方案比选。

（2）交叉路线方案比较

考虑到汕昆（龙连段）K线方案与仁深（仁新段）K线交叉点高差较大（约30m），且该路段仁深纵坡受雷公顶隧道进口标高控制，纵坡较大（3.8%），不具备枢纽互通设置条件。因此提出汕昆B8、B10、C7线等三个改善枢纽互通布设条件的方案进行分析比较，见图3.5-45。

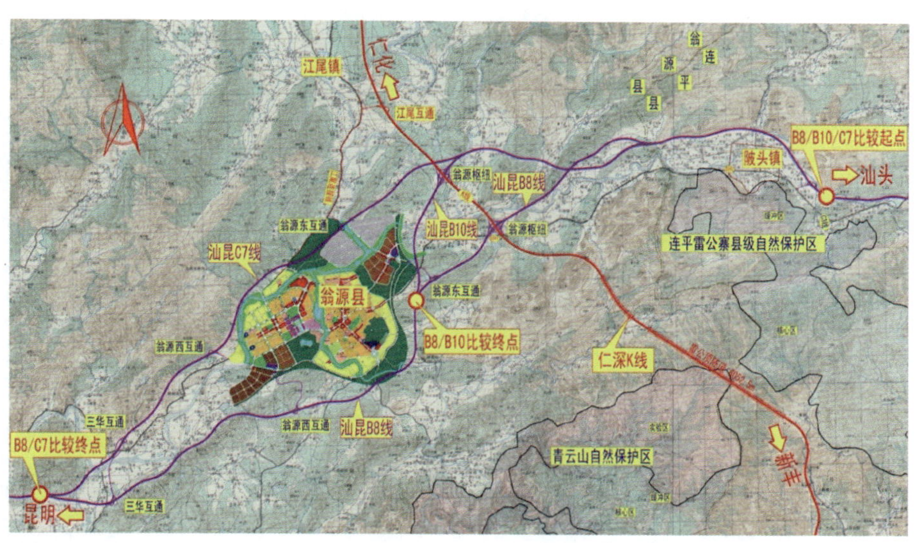

图3.5-45　汕昆（龙连段）与仁深（仁新段）交叉方案示意图

①B8线与B10线方案比较

A.路线里程及绕行长度：两方案相比B10线龙连高速较为绕行，里程长度较B8线长2.418km，汕昆主线交通量需绕行2.418km。

B.工程规模及估算造价：B10线桥梁工程规模较大，桥长较B8线长4382m。经初步估算，B10线工程造价较B8线高38561万元。

②B8线与C7线方案比较

A.路线里程及绕行长度：两方案相比C7线较为顺直，里程长度较B8线短451m。

B.工程规模及估算造价：C7桥梁工程规模较大，桥长较B8线长4036m。经初步估算，C7线工程造价较B8线高10576万元。

C.由于汕昆C7线互通均布置于翁源县北侧，而翁源县城经济带靠南，C7线互通布局不利于翁源出行，且C7线拆迁量较大，因此翁源县强烈反对该走廊带方案。

综合以上分析比较，B8线路线顺直、与地方交通出行需求相吻合，且工程规模较小，因此交叉路线方案推荐采用汕昆（龙连段）B8线与仁深（仁新段）K线进行交叉。

(3)共线路线方案比较

对汕昆 C7 线、仁深 C3 线组成的共线方案一,汕昆 B8 线与仁深 G1 + C3 线方案组成的共线方案二,汕昆 B8 线直接与仁深 C3 线组合的共线方案三,进行同深度比较。

①共线方案一、二比较(图 3.5-46)

主线营运里程比较:两共线方案相比,汕昆营运里程基本相当,方案二仁深运营里程增加 1.43km。

主线新建里程比较:两共线方案相比,方案二两项目主线新建里程较方案一长 3.708km。

主线共线里程比较:两共线方案相比,方案二两项目共线里程较方案一短 2.369km。

工程规模及造价比较:两共线方案相比,方案二两项目桥梁总长缩短 1438m,隧道增加 660m。

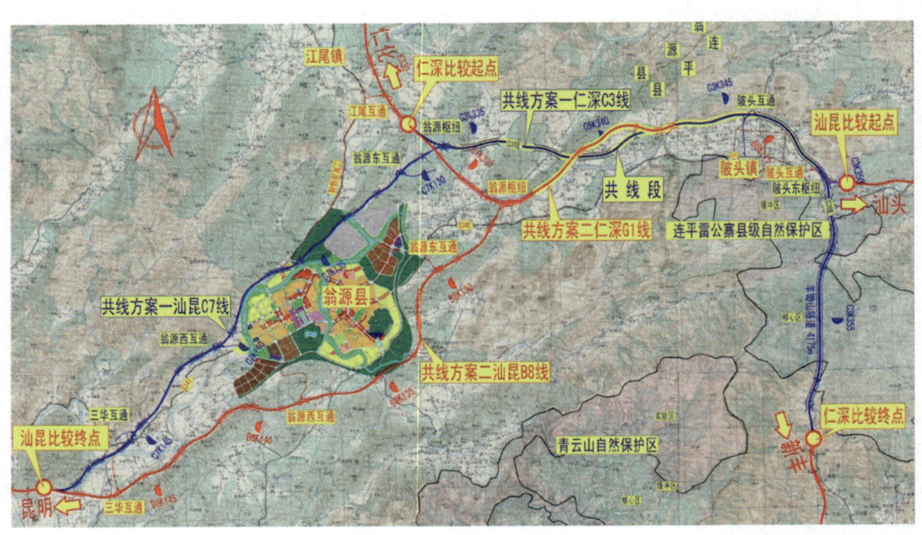

图 3.5-46 共线方案一(蓝线)与共线方案二(红线)方案比较示意图

共线方案二工程造价较共线方案一低 3970 万元。

由于共线方案一两高速公路服务性互通均设置于翁源县城北侧,与地方实际交通出行需求不符。且汕昆 C7 线所经路段拆迁量较大。因此翁源县政府反对该方案。

两方案相比,共线方案一虽共线段较长、营运里程及新建里程较短,但总体工程规模较方案二大,工程造价较方案二高,且地方政府反对,总体比较,共线方案二优于方案一。

②共线方案二、三比较(图 3.5-47)

主线营运里程比较:两共线方案相比,汕昆营运里程基本相当,方案三仁深运营里程缩短 1.43km。

主线新建里程比较:两共线方案相比,方案三两项目主线新建里程较方案二长 1.356km。

主线共线里程比较:两共线方案相比,方案三两项目共线里程较方案二短 3.386km。

工程规模及造价比较:两共线方案相比,方案三两项目桥梁总长增加 1290m,共线方案三工程造价较共线方案二高 15474 万元。

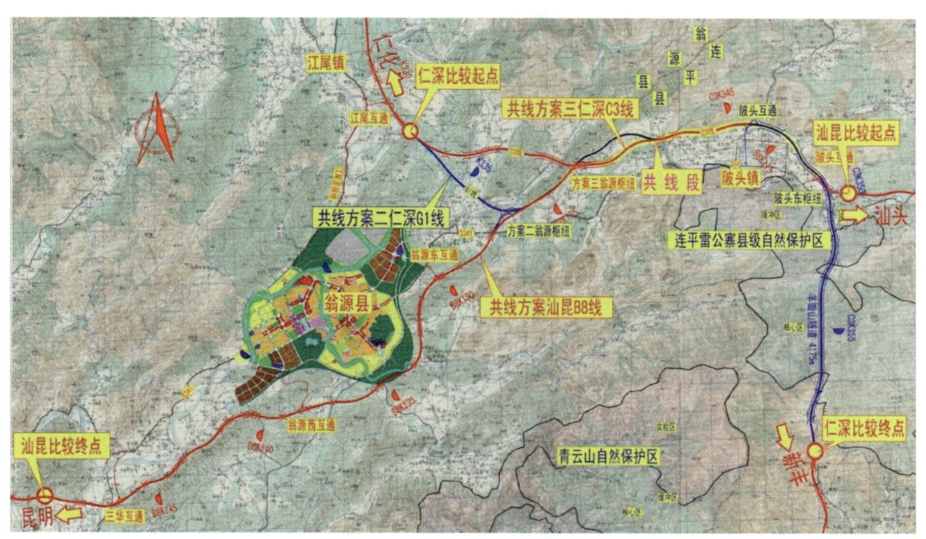

图 3.5-47　共线方案二(蓝线)与共线方案三(红线)方案比较示意图

综上,共线方案三运营总里程较短,共线方案二工程规模及造价较低,两方案各有优劣,决定将共线方案二、三与交叉方案进行同深度比较。

(4)共线与交叉方案综合比较

①工程规模及造价比较:交叉方案与两共线方案相比,建设里程较共线方案二长 6.773km,较共线方案三长 5.417km。

两项目桥梁规模上,交叉方案桥长较共线方案二短 1116m,较共线方案三短 2406m。

两项目隧道规模上,交叉方案桥长较共线两方案均长 4191m。其中特长隧道较共线方案长 1816m。

工程造价上,交叉方案造价较共线方案二高 4.41 亿元,较共线方案三高 2.87 亿元。

②全寿命周期成本比较:两项目隧道运营管理费用在 20 年评价期内,交叉方案较共线方案高 9552 万元,全寿命周期成本相比,交叉方案较共线方案二高 5.37 亿元,较共线方案三高 3.82 亿元。

共线方案二仁深主线绕行,在 20 年评价期内所增加的总费用为 16.13 亿元,二氧化碳排放量合计为 49.1 万吨;共线方案三仁深主线绕行,在 20 年评价期内所增加的总费用为 13.47 亿元,二氧化碳排放量合计为 41.0 万 t。

综合以上分析比较,总结共线与交叉方案相比的优缺点如下:

优点:特长隧道里程长度短、实施难度小;占用土地较少;工程造价及隧道运营费用较低。

缺点:仁深高速主线交通绕行,节能性差;拆迁较多、对翁源县城交通出行影响较大;对雷公寨自然保护区影响大。

虽共线方案工程规模较小,但交叉方案节能效果较好,对雷公寨自然保护区影响小,两项目采用了交叉方案。

3)小结

在两项目共线专项研究报告中,通过先后共 8 个路线方案不同组合的交叉与共线方案比选,综合考虑路线长度、路基、桥梁、隧道、互通立交等控制因素,并充分征询地方意见,仁新高速公路与龙连高速公路翁源县路段最终采用交叉方案。

交叉方案虽总建设里程长(较共线方案二长6.773km,较共线方案三长5.417km),造价较高(较共线方案二高4.41亿元,较共线方案三高2.87亿元),全寿命周期成本较高(20年评价期内较共线方案二高5.37亿元,较共线方案三高3.82亿元),但避免了作为主流交通的武深高速交通量绕行,减少了燃油消耗及排放(在20年评价期内共线方案二所增加的总费用为16.13亿元,二氧化碳排放量合计为49.1万t;共线方案三所增加的总费用为13.47亿元,二氧化碳排放量合计为41.0万t),降低了社会成本及环境影响。

3.5.4.2 仁新高速公路设置青云山隧道全周期寿命成本方案比选

1)项目概况

仁新高速公路总体呈南北走向,路线起于仁化县城口镇大麻溪湘粤省界,向南经仁化县城口镇、丹霞街道办、黄坑镇,在周田镇新村附近跨赣韶铁路和韶赣高速公路后,经南山自然保护区和花山水库北侧、始兴县沈所镇、城南镇、设隧道穿越笔架山,经深渡水乡、司前镇、翁源县坝仔镇、江尾镇、龙仙镇、与汕昆高速公路交叉后向南,设隧道穿越青云山,在连平县隆街镇东坑与在建大广高速公路衔接。

2)设置青云山隧道全周期寿命成本方案比选

(1)青云山隧道路段K、C6、C9线方案

本路段路线穿过青云山,受地形条件控制,K线方案设置6054m特长隧道一座。为进一步寻求缩短隧道长度的可能性,布设了于李洞东侧进洞的C9线方案。另外为了改善特长隧道通风条件,在K线南侧,布设了竖井设置条件较好的C6线方案进行研究,见图3.5-48。

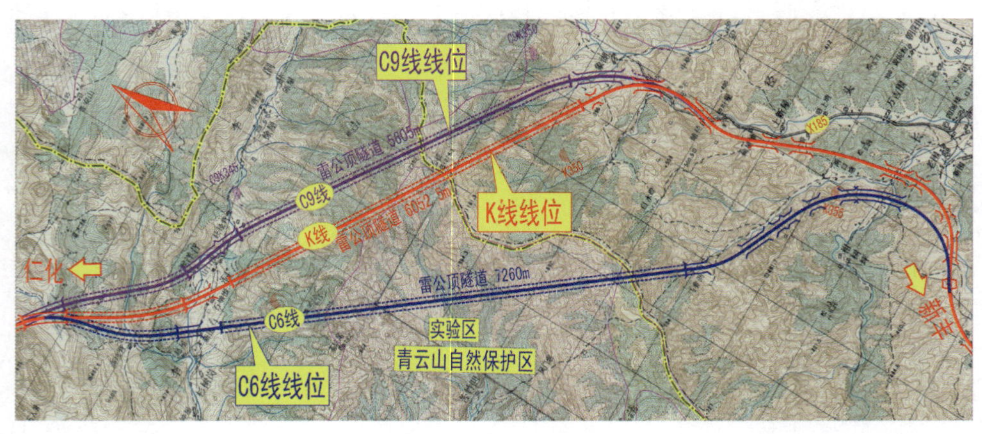

图3.5-48 K线、C6线、C9线方案比较示意图

C6线路线虽较为顺直,且在隧道中部有较好的竖井设置条件(竖井深度约200m),但特长隧道较K线需增长1200m;根据初测1:10000地质调绘成果,该方案地质条件较K线方案差,工程实施难度及造价均高于K线方案。

C9线路线里程较K线长50.472m,由于C9线隧道进口标高较K线高约20m,隧道进口段平均纵坡较K线大(6.22km平均纵坡2.83%),行车安全性较K线差;较K线隧道总长度短333m,其中特长隧道较K线短448m。但桥梁较K线长1142m。总体工程规模C9线较大。

特长隧道方面,在正常运营时,两方案采用一般全纵向射流式通风均可满足要求,因 C9 线隧道略短,后期运营费用较 K 线方案略低。但因两方案隧道长度均已超过 5km,考虑火灾工况下的排烟需要,均需设置排烟斜井,两方案排烟斜井的规模相当。因此在特长隧道的比较上,C9 线优势不明显。

从节省工程造价和提高行车安全性角度出发,本路段推荐 K 线。

(2)青云山隧道路段 K、C21、C22 线方案

考虑到 K 线方案需设置 6km 特长隧道一座,为缩短隧道长度,降低实施难度及后期运营成本,对缩短隧道的可能性进一步进行研究。布设了利用李洞沟谷展线,提高隧道进口标高,尽量缩短隧道长度的 C21、C22 两个方案与 K 线进行比较,参见图 3.5-49。

C21 线:沿李洞沟谷东行至河背楼,折向南设隧道穿雷公山,该方案雷公顶隧道长 4371.5m,较 K 线缩短 1680m。

C22 线:比较段起点至特长隧道进口段与 C21 方案相同,为绕避雷公寨自然保护区,隧道内布设为曲线(半径 $R=2000$m),沿保护区边缘布线,该方案雷公顶隧道长 4510m。

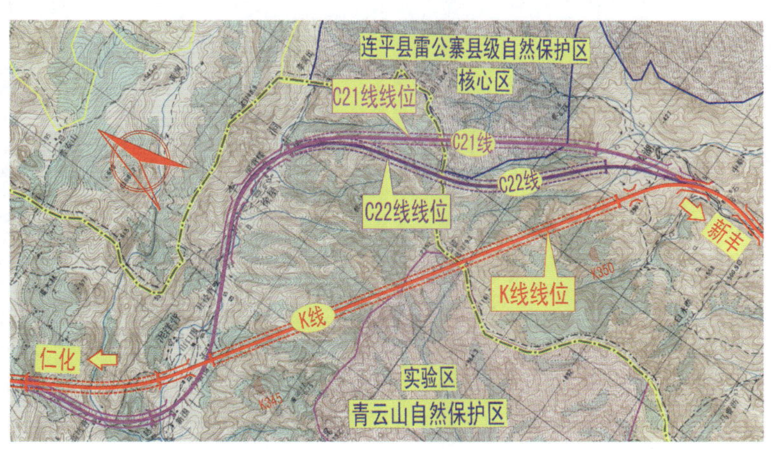

图 3.5-49 K 线、C21 线、C22 线方案比较示意图

①C21 线存在的主要问题

A. 由于 C21 线方案隧道进口标高较 K 线高 87m,需通过展线克服高差。其建设里程较 K 线长,其中 C21 线较 K 线长 2.137km。

B. C21 线李洞隧道路段最小半径为 1200m,其平面指标较 K 线方案略低;C21 线特长隧道进口段连续上坡路段长达 8.7km(K 线为 5.85km)。其平均纵坡大于 2.5% 的路段较 K 线长 2.8km,根据本项目长大纵坡专题研究结果,C21 线在深圳往武汉方向,连续下坡的终点,制动器温度较高,接近制动危险路段的临界温度,其行车安全性较 K 线方案差。

C. 由于 C21 线本项目主流向交通需绕行 2.1km,按 15 年计算,绕行共增加燃油消耗约 3407 万 L,增加社会成本约 2.5 亿元。

D. C21 线穿过雷公寨自然保护区核心区,对保护区影响大,批复难度大。

②路线方案采用情况

经综合比较,考虑到 C21、C22 线路线较为绕行,全周期成本高,对自然保护区影响较大,行车安全性较 K 线方案差,本路段采用了 K 线方案。

在路线途经翁源青云山自然保护区及连平雷公寨自然保护区路段时，为最大限度减少对自然保护区及水源保护区的影响，项目在勘察设计阶段先后进行了9个路线方案的比选研究，最终选定了在保护区边缘设置特长隧道及长隧道群穿越的方案，设置了长度6065m的青云山特长隧道，为广东省目前在建最长的双向六车道高速公路隧道。隧道群方案不仅最大限度减少了对保护区附近山体的开挖破坏，同时提高了路线技术指标，避免了路线绕行，与绕行方案相比，按15年计算，可减少燃油消耗约3000万L，节省社会成本超过2.0亿元。

3）小结

仁新高速公路在初测、初步设计阶段，隧道成本控制侧重服从工程总体成本控制，定测、施工图阶段隧道成本控制主要侧重于土建成本控制，通过各个阶段成本控制，有效控制隧道项目的全寿命周期成本。K线方案虽然设置了超过6km的六车道特长隧道，但通过多方案全寿命周期成本比选分析，最终确定采用全寿命周期成本较低的青云山特长隧道方案，见图3.5-50。

图3.5-50　青云山特长隧道洞门现场图片

3.5.4.3　龙连高速公路设置青山隧道降低全周期寿命成本

1）项目概况

龙连高速公路K线方案穿越青山设置了青山隧道，隧道长度757m（右洞），为避开青山隧道，提出了沿乡道Y227布设的A4线方案。

2）设置青山隧道降低全周期寿命成本

K线方案在青山隧道进口段沿李田村南侧山坡布线，隧道长757m；出隧道后受南侧山边许村采石场（矿产）的影响，沿北侧山边布线，在K32+352跨越乡道Y227，经船塘镇辉科种养场进入船塘镇丰禾村。

A4线方案在K28+050与K线分离后，向北绕行，过李田村后沿乡道Y227布线，路线基本与Y227平行（图3.5-51），位于其北侧山坡，经船塘镇辉科种养场，在许村附近并于K线，参见表3.5-13。

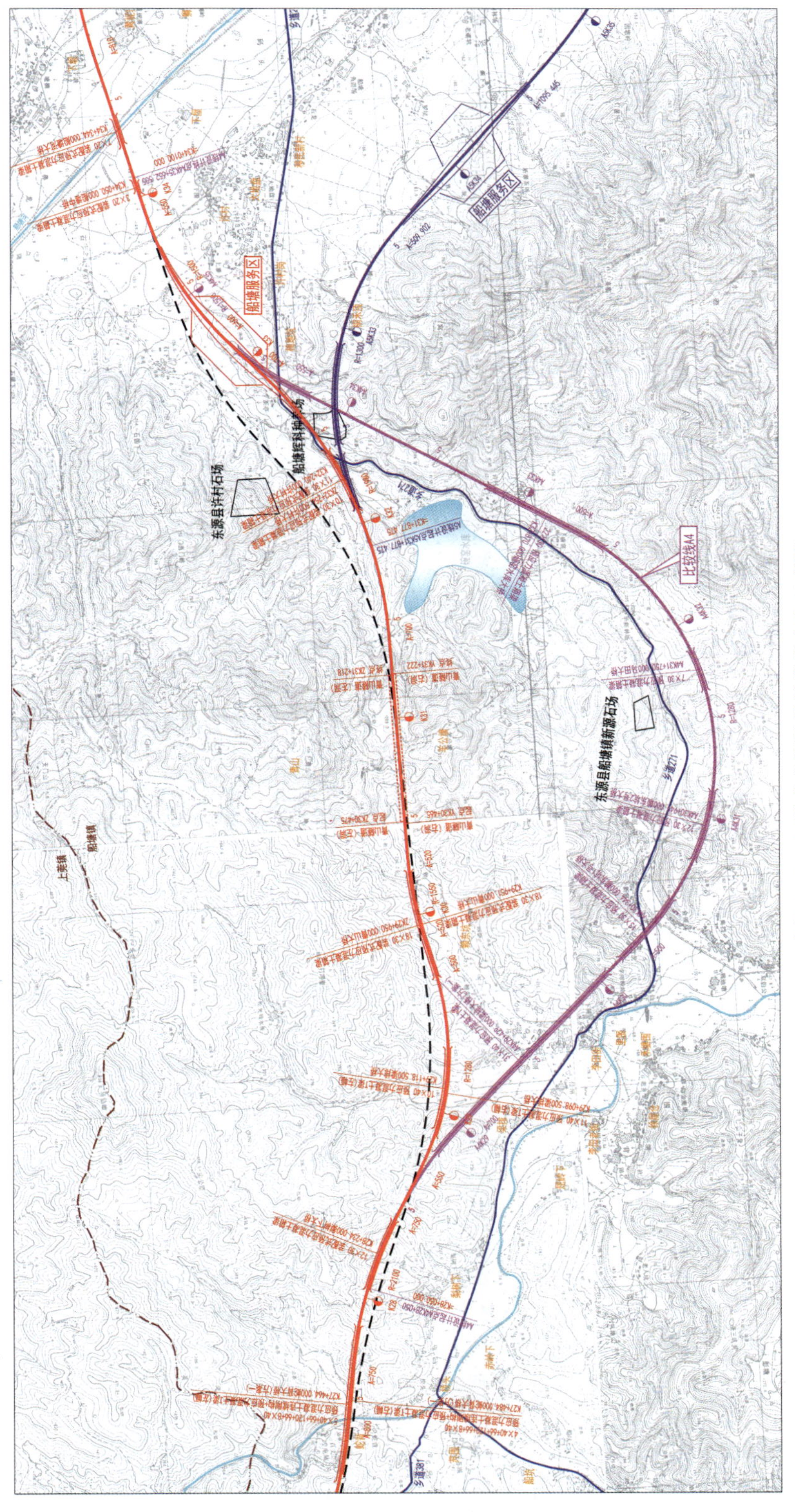

图3.5-51　A4线青山隧道路段路线方案示意图

K 线和 A4 线方案比选表 表 3.5-13

序 号	比较项目	比较内容	比较结果
1	路线长度	K 线比 A4 线短 1.553km	K 线优
2	平纵指标	最小圆曲线半径 K 线 R = 1280m, A4 线 R = 1280m;最大纵坡 K 线 3.8%, A4 线 3.675%;K 线线形指标均衡性较好, A4 线 JD2 转角大,线形指标较差	K 线优
3	行车安全	K 线平纵指标较高,安全性较 A4 线好	K 线优
4	建设条件	(1)K 线穿越青山需设置隧道,地形条件相对较差; (2)A4 线基本沿既有乡道 Y227 布线,地形条件较好; (3)地层岩性、地质构造、工程地质条件、水文地质条件相近	A4 线优
5	互通、服务区的设置条件	(1)K 线方案船塘服务区设置条件较好,平纵指标均能满足服务区设置条件,但对乡道 Y227 影响较大,需要局部改线; (2)A4 线范围内平纵指标无法满足服务区设置条件	K 线优
6	用地、征占农田及拆迁	K 线比 A4 线: (1)总用地少 14.83 亩; (2)占农田多 30 亩; (3)拆迁建筑物少 6115.3m^2; (4)拆迁电力、通信设施少 3390m	K 线优
7	工程规模	K 线比 A4 线: (1)隧道长 757m,桥梁短 2919m; (2)计价土石方少 34.8 万 m^3,弃方少 89.7 万 m^3; (3)高边坡少 1444m。 (4)造价高 32008 万元	K 线优
8	对公路、水利、电力、通信等设施的影响	(1)K 线在 K32 + 300 ~ K32 + 800 段对乡道 Y227 影响大,需要改线约 750m; (2)A4 线沿既有 Y227 布线,多次跨越 Y227,施工期间对其影响大	相当
9	环境影响	(1)K 线方案远离居民地,同时弃方较 A4 小,对环境影响较小; (2)A4 线向北绕行时经过李田村,对道路两边居民影响大,同时 A4 线弃方较多,弃土坑对环境影响较大	K 线优
10	社会影响、经济效益	(1)K 线沿线拆迁较少,K32 + 500 处需要搬迁船塘镇辉科种养场猪舍,有一定影响; (2)A4 线绕行段拆迁工程规模较大,社会影响较大,同时也许搬迁船塘镇辉科种养场猪舍	K 线优
11	地方意见	(1)地方认可 K 线; (2)A4 线距离东源县船塘镇新源石场距离较近,地方政府反对	K 线优

综上所述,A4 线避开了青山隧道,施工期间风险小、工期短,建成后运营养护费用低,存在一定的优势,但 A4 线绕行距离长,且绕行经过村庄拆迁工程大,劣势明显,本项目采用 K 线青

山隧道方案。

3)小结

K 线方案虽存在中隧道一座(长 757m),但路线整体线形指标较好,路线里程较 A4 线优势大(短 1.553km);总体工程规模较 A4 线小,其中桥梁短 2919m,计价土石方少 34.8 万 m^3,弃方少 89.7 万 m^3,高边坡数量也较 A4 线小,总造价 K 线比 A4 线少 32008 万元。经测算:K 线较 A4 线里程短 1.553km,以运营期 20 年计算,可节约标准煤 37813 吨,减少碳排放95705t,减少车辆设备损耗约 1.41 亿元,节能减排及营运效益较 A4 线明显。

3.5.4.4 潮漳高速公路东山镇至文祠镇路段走廊带比选

1)项目概况

潮漳高速公路东山镇至文祠镇路段 K 线为南线走廊方案,路线经浮山镇南侧,往西沿凤凰山脉草岚武山南侧低缓山谷布设,经樟溪镇、磷溪镇、意溪镇,至文祠镇。该路线走廊地形较平缓,相对高差较小,可有效减短隧道长度。

考虑 K 线较为绕行,项目组研究布设了路线顺直的 M 线,其为北线走廊方案,起于东山镇南侧,与 K 线分离后转向浮山镇北侧,往西经浮滨镇北侧,沿县道 X084、县道 X074 走廊设单座 7.17km 长隧道穿越坪溪镇,然后设隧道穿越双溪岭(隧道 861.5m)、腾云寺(1088.5m),进入文祠镇,在镇区南侧接入 K 线。M 线路线里程 38.614km,相对 K 线减短约 6.186km,需设置 9119m/3 座隧道。

2)东山镇至文祠镇路段走廊带比选

本路段路线方案的主要控制因素有:①沿线地形;②工程地质情况;③与地方规划的衔接及对地方经济的发展带动作用;④互通立交的布设条件;⑤工程实施与运营管理难度;⑥地方政府意见;⑦工程规模与工程造价,可参见图 3.5-52 和图 3.5-53 及表 3.5-14 和表 3.5-15。

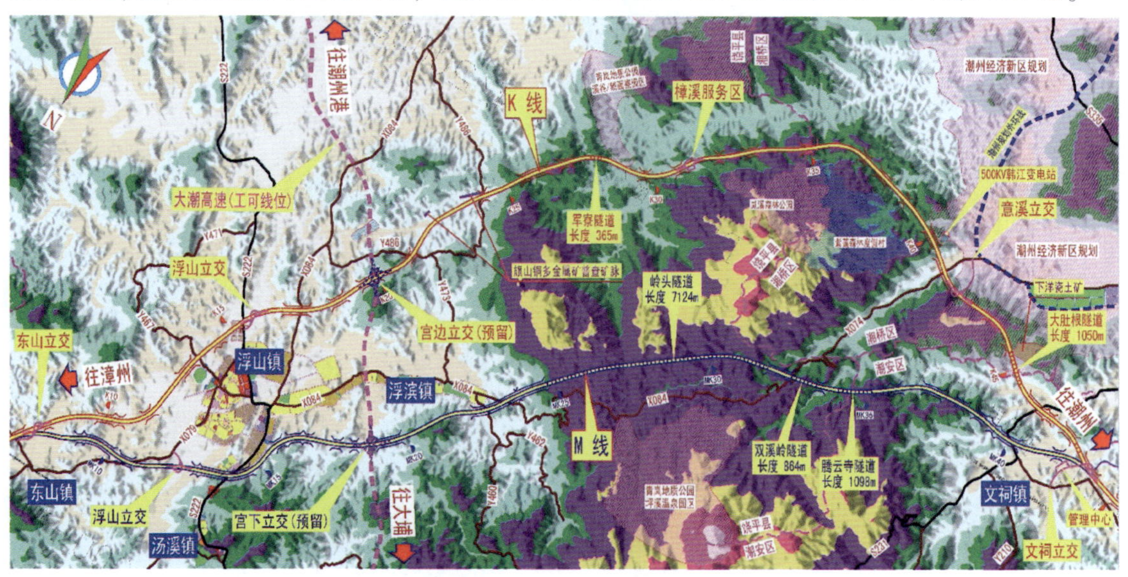

图 3.5-52 K 线、M 线数字高程模型示意图

图 3.5-53　K 线、M 线平面示意图

K 线与 M 线方案综合比较表　　表 3.5-14

比较项目	K　线	M　线
建设里程(km)	44.8	38.614
与地方路网衔接	好	稍差
桥隧工程规模	小	大
社会经济效益		好
工程实施及运营管理难度	小	大
立交布设条件	较好	较差
对地方经济带动作用	大	小
地方政府意见	支持	
推荐意见	推荐	

K 线与 M 线优缺点分析　　表 3.5-15

路线方案	K　线	M　线
优缺点	优点： (1)隧道短 7388m，桥梁长度短约 283m，桥隧工程规模小； (2)有利于带动潮州市韩江东部新区发展，地方政府非常支持，同时有利于实现构建潮州市环线高速的构想； (3)得到潮州市政府强力支持。 缺点： (1)路线绕行约 6.186km； (2)占用土地面积较大	优点： (1)路线顺直，节省路线里程较多，社会经济效益明显； (2)征地面积较少。 缺点： (1)无法设置立交辐射潮州市韩江东部新区，对地方经济的推动作用明显不及 K 线； (2)与大潮相接枢纽立交设置条件差，浮山立交主流方向绕行较多； (3)浮山互通距离文祠互通距离达到 29.51km，已接近规范规定设置 U 形掉头车道的临界值(30km)； (4)桥隧比例大； (5)单座隧道长 7.17km，地质条件较复杂，施工条件差，制约项目工期； (6)隧道弃渣较多，总弃方多 247.1 万 m^3，运距远，对自然环境影响大； (7)隧道开挖容易引起地表水和地下水下渗，将对隧道顶坪溪镇相关村落生活、灌溉用水产生一定影响； (8)运营期成本高，防灾救灾难度也较大； (9)不利于地方经济发展，地方政府强烈反对

鉴于 M 线桥隧比例较高，施工难度大，超过 7km 长的特长隧道运营管理成本高，施工期及运营期安全性较差，辐射城镇少，不利于带动地方经济发展且潮州市政府强烈支持 K 线，本项目采用 K 线方案。

3）小结

东山镇至文祠镇路段 M 线特长隧道方案虽路线长度较短，但营运费用高，且对地方多个城镇连接功能较弱，社会效益低，不能充分发挥高速公路作用，造成资源浪费。本项目不盲目追求路线直捷，适当展线充分辐射沿线城镇，带动地方经济发展。

3.5.4.5　连英高速公路首创公路转体桥梁跨越高铁节约用地

1）项目概况

连英高速公路在英德市境内与营运中的京广高铁交叉，工程方案受区域自然保护区及饮用水源保护区、城市及沿线工业园区规划、北江倒灌区洪水位、京广高铁桥梁设置及其运营安全等因素的影响。

2）首创公路转体桥梁跨越高铁节约用地

连英高速公路广乐高速公路至北江路段布设 K 线上跨京广高铁，D10 比较线下穿京广高铁仙桥特大桥段进行方案比选，见图 3.5-54。

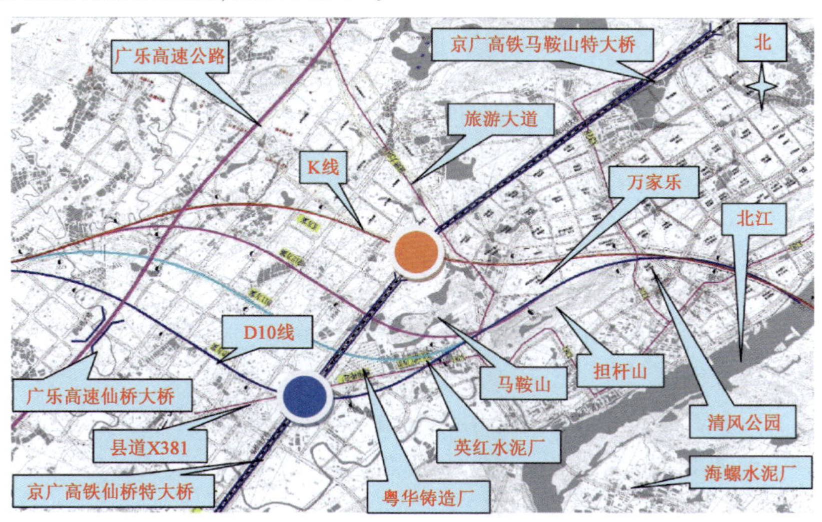

图 3.5-54　K 线、D10 线位平面图

D10 比较线主要是针对 K 线上跨京广高铁存在极大协调难度的情况，综合桥下净空、百年一遇洪水位标高、两德园防洪排涝规划、对京广高铁桥墩及承台的影响等因素而提出的。

D10 线位在跨越北江之后在担杆山与万家乐之间布线，穿过的英红水泥厂厂区，从粤华铸造厂前向西，并下穿京广铁仙桥特大桥（该段桥下净空为 8m 左右），其后上跨在建的广乐高速后在石下排隧道前与 K 线相接。考虑该区域防洪排涝因素（该区域受洪水影响很大），该段纵面可为市政管网的通过留出空间，同时保证了桥下净空的要求。

D10 线较 K 线段上跨方案协调难度小；对运营中的京广高铁安全影响小；施工难度较 K 线上跨方案小；但平面指标较 K 线低，线形较为扭曲，道路景观效果差；受洪水影响大，存在运营阶段下穿段防排水方面的安全隐患；不利于英红产业园及两德园区的规划发展，对其园区道路,特别是旅游大道和园区大道纵面的布设极为不利。该园区需调整相关规划,英红镇及两德园区表示强烈反对;对两德园区由北向南的防洪排涝规划不利,阻断了其由北向南的排洪通道;需对县道 X381 进行改建,对其交通通行存在干扰(图 3.5-55);需对广乐高速仙桥大桥进行加宽;需改移白石窑水电站 110kV 高压铁塔;对园区道路有部分侵占。

a)

b)

图 3.5-55　县道 X381 及 D10 线下穿京广高铁处

K 线里程较 D10 线位短 609.23m,平纵指标较 D10 线高;K 线上跨京广高铁能满足百年一遇洪水位的设计要求,避免了因洪水而中断交通或因洪水造成的安全隐患;同时,D10 下穿通道需设置机电及监控系统。K 线对经过园区的现状及规划道路影响小,有利于园区的规划发展;未阻断两德园区的排涝通道,对园区的防洪排涝极为有利;对京广高铁桥墩及承台无开挖造成的安全隐患;K 线对应段较 D10 线位造价减少 3.87 亿元。但 K 线上跨高铁的协调难度大;K 线上跨方案施工难度较下穿方案大;对运营中的京广高铁存在一定的安全隐患,需考虑多方面的安全措施。

K 线上跨高铁方案虽然协调工作难度较大,安全要求高,但工程造价相对绕行的下穿方案有较大优势,且符合地方规划,对沿线路网扰动小,利于防洪,本项目采用 K 线方案。

3)小结

勘察设计阶段针对下穿、上跨京广高铁共研究了 8 个路线方案,同时进行全寿命周期成本分析,京广高铁沿线研究范围达 20km,最终选择采用转体施工桥梁上跨京广高铁路基的方案,为国内首例高速公路上跨设计速度 380km/h 的运营高铁,节约造价约 5.93 亿元,减少占地 120 亩,见图 3.5-56。

图 3.5-56　连英高速上跨京广高铁英红特大桥

3.5.5 其他典型总体设计方案

3.5.5.1 港珠澳大桥珠海连接线工程采用双层暗挖隧道下穿城市中心区

1)项目概况

港珠澳大桥珠海连接线拱北隧道全长2.74km,起于拱北湾海域,接拱北湾大桥,止于边防五支队茂盛围管理区。隧道需下穿内陆第一大陆路出入境口岸,地表沉降控制要求严格,下穿拱北口岸及军事管理区,协调难度大。

2)采用双层暗挖隧道下穿城市中心区

拱北隧道路线方案为本项目重点比选路段,有以下几个控制因素:

①项目起点位于珠澳口岸人工岛,路线起点受人工岛陆域范围控制;

②拱北湾大桥高程受最大高潮位和波浪高控制;

③路线穿越拱北口岸,建筑物林立、控制因素较多;

④本路段线位与珠海城轨拱北站地下工程距离很近,干扰较大;

⑤隧道路段处于富水软弱地层,地质条件很差。

路线起于珠澳口岸人工岛,设计标高与人工岛交工标高顺接。设置拱北湾大桥跨越人工岛防浪墙后与珠海接线人工岛相接。桥梁设计高程受伶仃洋海域最大高潮位和最大波浪高控制。路线起点设置珠澳口岸互通,以利于车辆方便的进出珠澳人工岛各功能区。

由于珠海市提出在起点预留连接珠澳人工岛与水湾路通道的设置条件,因此在设置珠澳口岸互通匝道桥及拱北湾大桥时,在满足设计水位的前提下,尽量降低设计高程,以利于此通道的设置,见图3.5-57。

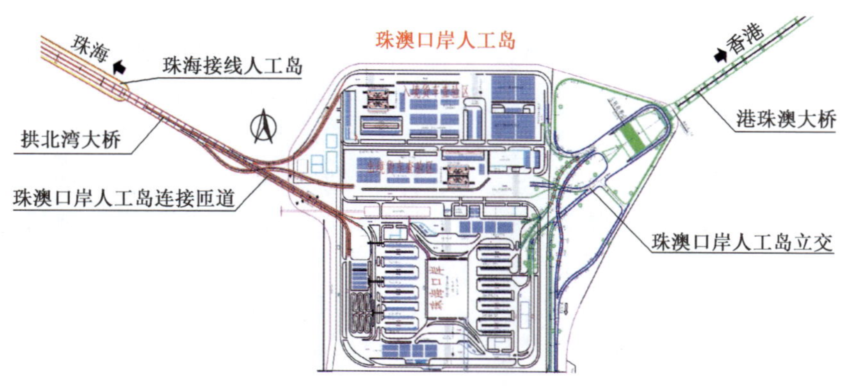

图3.5-57 路线起点及珠澳人工岛平面图

澳门关闸口岸出入境车道的设计通关能力为21600架次/日。关闸新边检大楼自2004年启用以来,经关闸出入境的车辆数字较为平稳,每天接近1万架次。离澳车道数量为10条(目前正在使用的有4条),抵澳车道数量为8条(目前正在使用的有6条)。每天出入境的人流总量150000~250000人/次。离澳日高峰人流时段集中在傍晚,约11000人/次,抵澳日高峰人流时段集中在早上,约9000人/次。拱北隧道设计已经重点研究施工组织方案,尽量将施工对口岸人流、车流的影响降到最低程度。

工可方案:拱北隧道工可路线方案采用 R-2700m 的大半径曲线穿越口岸,采用浅埋暗挖法施工,隧道最大埋深 14m。由于工可方案没有考虑绕避口岸内建筑物,需要依次穿越口岸出境车行通道、口岸免税商场、免税商场地下通道、口岸入境车行通道、一站式通道等建筑物,上述建筑物均为桩基础,由于隧道埋深较浅不足以在纵面上予以绕避,左右洞均需要对数量庞大的桩基进行截桩、托换,拱北隧道路段处于富水软弱地层,沉降控制困难,且双洞是近距离施工。上述任何一个因素都会对隧道暗挖施工产生重大不利影响,而上述影响却集中体现在拱北隧道上,实施风险极高。

鉴于拱北隧道工可暗挖方案实施的巨大风险,在工可方案的基础上,通过现场调绘、资料收集及对目前国内外类似工程施工经验的调研的基础上,并贯彻历次协调会的精神,提出了单层暗挖、双层暗挖(明挖)、单层明挖等四个方案进行比选。为配合拱北隧道方案设计,路线平面采用 F 线、K 线与 D 线进行比选。拱北隧道单层暗挖方案平面采用 F 线,双层方案平面采用 K 线,单层明挖方案平面采用 D 线。

F 线、K 线与 D 线方案路线走向基本一致,起于拱北湾大桥,以桥梁方式连接珠澳人工岛与珠海接线人工岛,设拱北隧道从边防五支队登陆,在澳门关闸联检大楼与拱北口岸免税商场之间穿越口岸,沿鸭涌河西行,穿越粤海国际花园进出道路,止于茂盛围。

(1)F 线方案

采用双洞并行形式,除口岸段采用暗挖通过外,其余均采用明挖施工。F 线的设计原则是以澳门关闸口岸大楼为设计控制点,尽量优化线位,减少截桩工程量。平曲线最小半径 R-950m,最大纵坡 3%,拱北口岸段平曲线半径 R-1700m。口岸暗挖段隧道最大覆土厚约14.0m,隧道净距约 5~6m,明挖段基坑最大宽度约 44m,最大深度超过 25m,左右测设线间距口岸段约 12.0m,见图 3.5-58。

F 线采用单层暗挖方案,双洞并行,由于隧道两侧开挖宽度太大,平面无法绕避口岸内的建筑物,需要依次下穿武警边防五支队营房,出境客货通道,出入境风雨廊,免税商场地下通道,免税商场回廊,入境客货通道等建筑物,右洞需要进行大量的桩基托换,难度极大。

F 线优势在于采用单层结构,隧道平纵面指标较双层方案有所提高;单层暗挖方案沿线拆迁量相对较少,对邻近建筑及设施干扰最小;基本上无须进入地面施工,若能顺利实施,对口岸通关影响将可以控制最低;噪声污染及水污染相对较少;沿线协调难度相对较少。但 F 线口岸段地理位置特殊,地下水位高、地层软弱,无地面注浆条件,暗挖施工组织困难;暗挖法施工虽然沿线拆迁量相对较少,但由于暗挖施工无法对口岸建筑桩基进行避让,口岸内桩基密集,洞内截桩、托换困难;采用单层暗挖方案,双洞近距离施工,相互影响大,施工技术要求高、风险较大;目前国内外尚无在类似地层中进行如此长距离大面积桩基托换的大断面暗挖施工先例。

(2)K 线方案(图 3.5-59)

为了克服单层方案隧道开挖宽度过大,桩基托换、护岸困难等问题,提出了双层隧道方案与之比选,平面上对应 K 线方案。K 线在口岸路段为双层结构,左右线上下叠合,隧道基坑开挖宽度约为 18m,较单层方案大幅减少。将口岸路线圆曲线半径减小至 1000m,并采用 W 形路线方案,绕避了口岸内除出入境风雨廊之外的所有建筑物,降低了实施的风险。

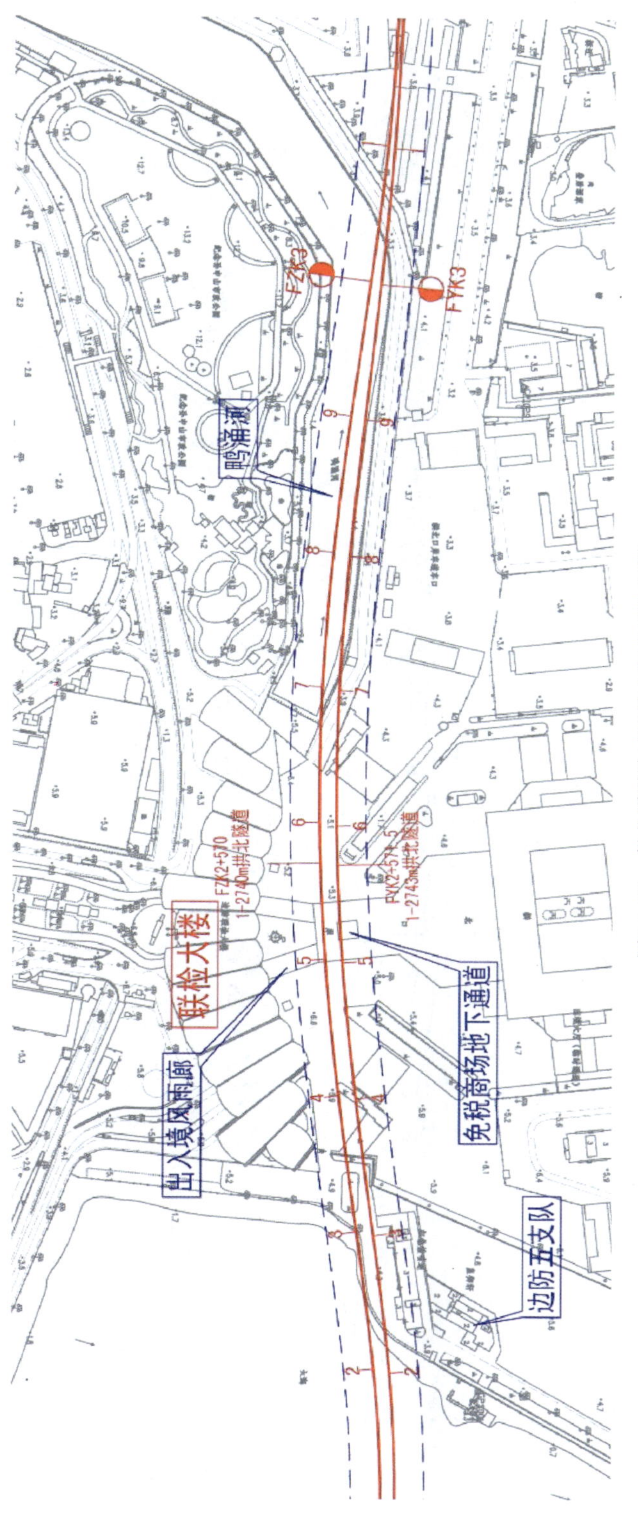

图3.5-58 拱北隧道单层暗挖方案平面图(F线)

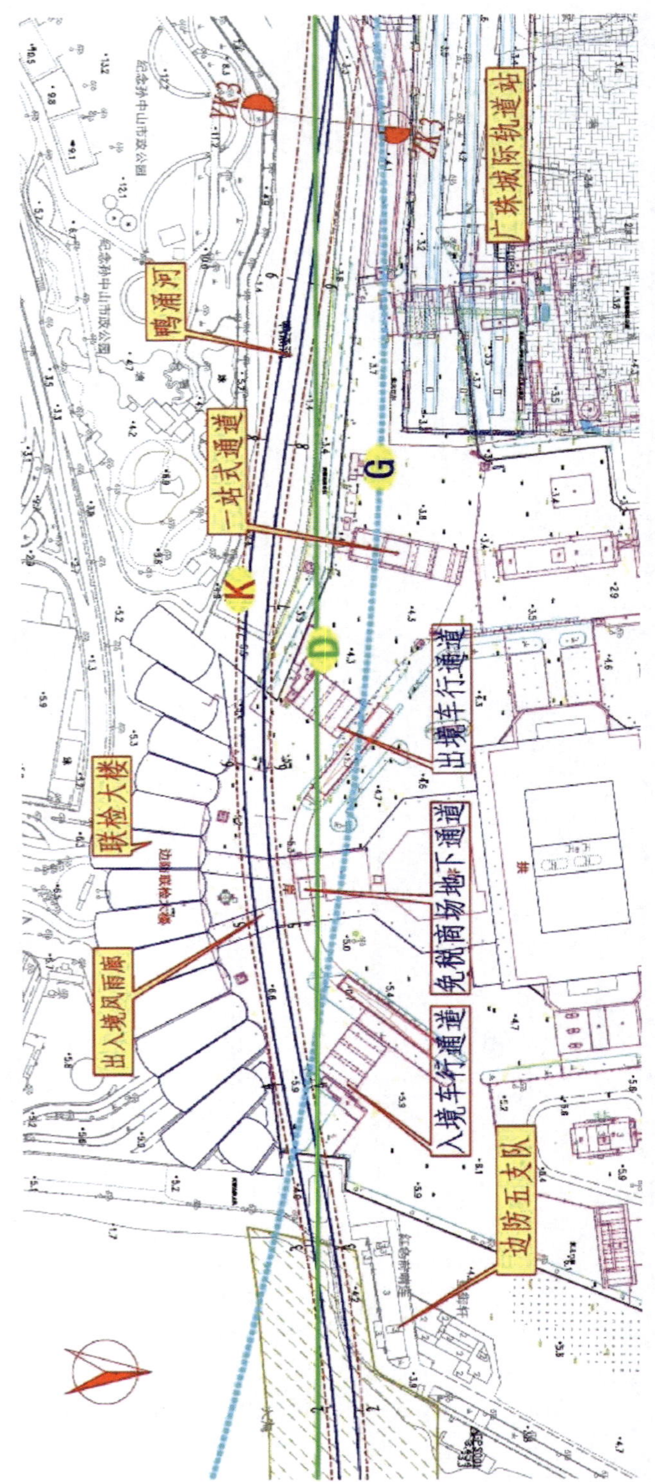

图3.5-59　拱北段隧道方案路线示意图(K、D线)

K线对应拱北隧道双层暗挖和双层明挖两个方案。双层明挖方案基坑最大深度约27m，实施难度大，且由于是明挖施工，口岸路段交通组织困难。双层暗挖方案采用管幕法施工，开挖面积太大，超过300m²，如此大面积开挖采用管幕法施工在国内外都没有先例，实施风险极大。口岸路段推荐暗挖方案。

口岸内建筑物众多，为最大程度的绕避，平面采用了连续S形曲线，平曲线最小半径 *R*-910m，缓和曲线参数A-350。由于口岸内的建筑物对线形设计的限制，拱北隧道方案平面指标较一般隧道低，但平纵面指标均满足规范要求，平曲线长度均大于400m，圆曲线长度均满足3s行程，缓和曲线长度达到设置超高渐变段的要求，路线转角均大于10°。只是由于线形指标不高，转向较为频繁，行车舒适性会受到一定影响。拱北隧道在进行单双层渐变时，车辆仍然在固定车道行驶，没有转换车道的需求，需要特别注意的是隧道自身结构的安全和救援措施的完善。

由于拱北隧道最大纵坡3%/1处，凸型及凹形竖曲线最小半径均为 *R*-12000m，均大于路线规范中视觉所需要的最小竖曲线半径值。

平面视距分析(图3.5-60)：

路线最小半径为910m，位于拱北隧道内。经分析内侧车道为最不利车道，采用最不利的货车停车视距检验。该路段停车视距为139m，大于规范所要求的125m。

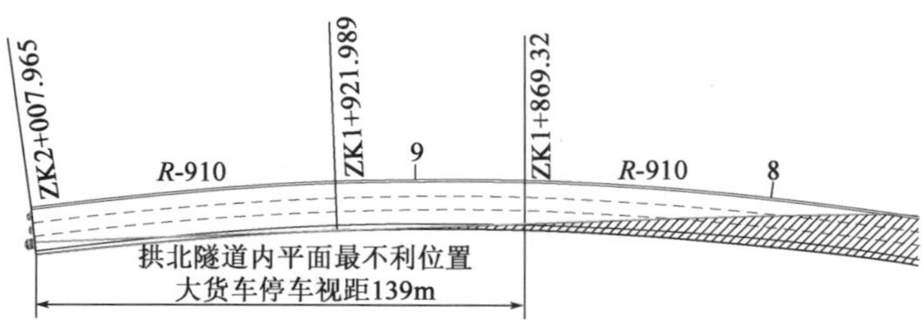

图3.5-60 平面视距分析

纵面视距分析(图3.5-61)：

路线最大纵坡为3%，位于拱北隧道内。凹形竖曲线路段纵面视距最不利点位于左线拱北隧道入口路段，内侧车道为最不利车道，采用最不利的货车停车视距检验。拱北隧道界限高采用5.1m，大货车视角高度采用2.0m，该路段停车视距为815m，大于规范所要求的130m。凸型竖曲线最小半径均达到路线规范中视觉所需要的最小竖曲线半径值。

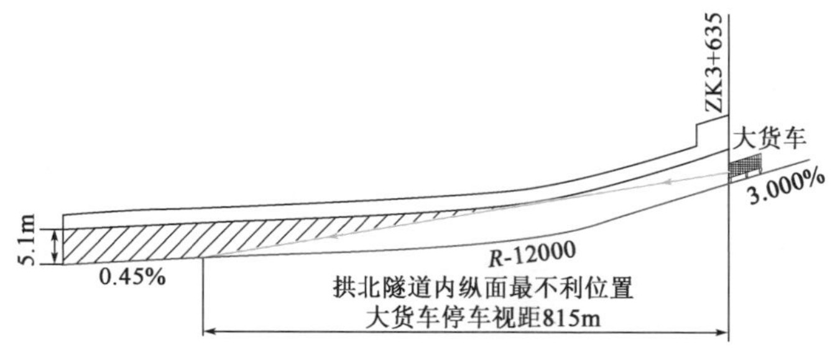

图3.5-61 纵面视距分析

(3)D 线方案

路线为配合隧道单层明挖方案设计,以澳门联检大楼作为控制点,基坑开挖宽度达到 35m 左右,拱北口岸多处建筑物需要拆除,待隧道施工完毕后再恢复。由于采用单层隧道方案路基宽度为 32m,而口岸内走廊带仅 20m 左右,无论采用何种平面线形,均将无法实现对口岸内密布的构筑物的平面绕避。因此,单层隧道方案对应采用线形指标较高的 D 线平面方案。单层明挖方案的施工工艺十分成熟,隧道施工的风险在四个方案中最小。但包括口岸客货车行通道、免税商场及地下车行通道、口岸出入境风雨廊等建筑物需要拆除重建,对口岸影响较大,协调难度非常大,而且施工时口岸的交通组织在四个方案中也最为困难。

表 3.5-16 是 F 线与 D 线、K 线方案的比较表。

F 线与 D 线、K 线方案比较表　　表 3.5-16

序号	指 标 名 称	单位	F 线方案（单层暗挖）	D 线方案（单层明挖）	K 线方案（双层明挖）	K 线方案（双层暗挖）
1	起讫点桩号	—	FZK0 + 600 ~ FZK3 + 997.049	DZK0 + 600 ~ DZK4 + 022.680	ZK0 + 600 ~ ZK4 + 050	ZK0 + 600 ~ ZK4 + 050
2	路线长度	km	3.397	3.423	3.450	3.450
3	最小平曲线半径	m/处	950/1	1400/2	910/1	910/1
4	最大纵坡	%	3	3	3	3
5	隧道长度	m/座	2741.5/1	2004/1	2705/1	2705/1
6	与拱北口岸的干扰	—	较小	很大	较大	较小
7	隧道实施技术难度	—	很大	较小	较大	很大
8	需要拆除的建筑物	处	—	5	1	—
9	建安费	万元	248325	133816	189971	195793
10	方案采用情况	—	—	—	—	采用

综上所述,随着对隧道实施风险的认识不断加深,不仅要考虑隧道施工本身的风险,还要考虑对拱北口岸运行的影响,双层明挖方案和单层明挖方案对口岸运行的影响都很大;明挖方案虽然工程土建费用相对较低,但由于沿线拆迁协调量大,费用高、工期无法控制。单层暗挖方案由于地下水与海水相通,动水条件下难以实现注浆止水加固,口岸内地层软弱、地层变形控制困难,施工难度大、风险高;双层暗挖方案采用管幕法,新技术运用有一定创新风险,但可结合科研进行专项研究,可有效解决口岸内通关区域暗挖通过的技术难题。因此,拱北隧道采用双层暗挖方案施工,平面即 K 线方案。

3)小结

拱北隧道全长 2.74km,2012 年 8 月开工,于 2018 年 2 月 24 日建成。起于拱北湾海域,接拱北湾大桥,止于边防五支队茂盛围管理区。隧道需下穿内陆第一大陆路出入境口岸,地表沉降控制要求严格。拱北隧道路段的路线方案比选已经超出了传统的比选范畴,整个比选过程都是以拱北隧道的设置为核心进行的。

在拱北隧道建设的 5 年多时间里,不仅确保了 6 亿多人次和 1.6 亿车次车辆的安全顺畅的通关,并开创了国内首例“曲线管幕 + 冻结法”施工方法,其管幕长度、管幕面积和冻结规模均刷新了世界同类隧道的施工纪录。它的全面建成为港珠澳大桥正式通车奠定了基础。

3.5.5.2 怀阳高速公路怀集马嘴村路段隧道穿山减少对居民影响

1)项目概况

怀阳高速公路怀集马嘴村路段有一处青埇山,为当地居民风水山,高速公路路线方案按一般绕山线进行布设,收到当地居民反对意见,增加长隧道方案进行比选,见图3.5-62。

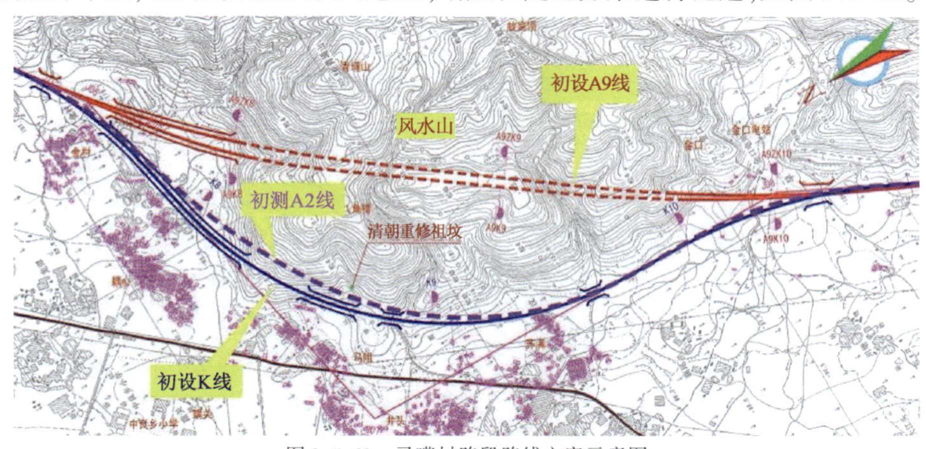

图3.5-62 马嘴村路段路线方案示意图

2)马嘴村路段隧道穿山减少对居民影响

K线方案平面半径 $R=1300\text{m}$,适当抬高纵面,略增加桥梁规模,降低山体开挖规模。

A9线在金村附近与初设K线分离后,在山体较薄且洞门合适位置设置1.586km隧道穿越青埇山,其后接回K线。

与K线方案相比,A9线较为顺直,里程较K线短342m,平面指标也较高。同时,由于在该路段不需要抬高纵面以控制挖方边坡工程规模,故其纵面指标也优于K线(K线采用极限值3.0%)。

考虑K线方案对青埇山开挖较多,省道S266在施工时曾遭遇严重阻工,同时由于K线方案征地、拆迁规模均大于A9线方案,该路段采用A9线隧道方案,表3.5-17是K线与A9线比选表。

K线与A9线比选表 表3.5-17

方案	A9线	K线(与A9线对应)
优缺点	优点: (1)路线里程K线短342m,路线平纵面指标较K线高,运行安全性较好; (2)占用耕地较K线少约107.9亩,拆迁量较少; (3)设置隧道,对沿线村民影响小。 缺点: (1)存在一处特长隧道,后期运营费用高; (2)隧道地质条件略差,浅埋段存在涌水; (3)造价较K线高1.313亿元(不含隧道机电照明,该部分费用约0.28亿元)	优点: (1)节省一处隧道,造价较A9线低1.313亿元; (2)存在借方,利于本合同段消耗弃方。 缺点: (1)桥梁、用地、拆迁数量较多; (2)封开县各县局对两方案均持支持态度,但长安镇政府考虑明线方案对马嘴村路段青埇山路段开挖较多,且该路段省道S266施工时阻工严重,反对该路线方案。 (3)高边坡、锚杆、锚索工程数量稍大,防护加固代价稍大; (4)路线平纵面指标不如A9线

综上所述,A9 线方案虽造价较高,但其路线技术指标较高,运营安全性较好,占用耕地、拆迁、上边坡加固防护等规模均较少,实施难度小且得到地方支持,因此初步设计阶段该路段采用 A9 线作为推荐方案。

3)小结

项目建设充分合理考虑地方人民群众的诉求,局部路段不影响总体路线布设的情况下,增设隧道工程减小高速公路对周围群众的影响。

3.6 路线技术标准的灵活应用

3.6.1 广中江高速公路线形优化

1)项目概况

广中江高速公路在设计过程中,对路线以运营能耗作为重要指标进行方案对比和优化,缩短路线长度,使路线走向更加顺直,能够大幅降低建设施工能耗、改善行车条件、缩短行车里程、减少道路使用者能耗。

2)线形优化

(1)佛江段江海区段路线方案优化

初设阶段,江珠北路线与江珠高速对接,沿金星路高架,穿过金星村,距离居民区较近,经白水带风景区门前穿过,路线较为曲折,并设置了长隧道。后结合地方居民的意见,从缩短路线长度、减少隧道长度,节约能源的角度,将路线改移至沿龙溪路走廊进行,改移后路线长度缩短 3.389km,其中,桥梁长度缩短 1.26km,隧道长度缩短 2.129km,同时减少了对周边居民的干扰,征得了地方政府的同意。

(2)北街水道特大桥段方案优化

初设阶段,佛江段北街水道特大桥采用斜拉桥方案,与该处河流航道正交,原线位为正交跨越河流,主桥首尾两端平面线形指标较低。经研究发现斜拉桥主桥位于小半径曲线上,布置较为困难;改为适当加大斜拉桥跨径,主桥线位与航道采用斜交形式,使主桥位于直线线形上,并可增大两端平曲线半径。调整后,路线长度缩短 0.32km,路线走向更加顺直,能够有效改善行车条件,方案得到了航道主管部门的认可,见图 3.6-1。

(3)潮连路段路线方案优化

初设阶段,潮连路段原路线方案线形较为迂回曲折,平曲线半径仅有 800m,通过收集该地区规划资料以及积极与当地政府部门沟通,在此基础上对路线方案进行优化,将平曲线半径增大至 1500m,同时路线更为顺直,里程缩短约 0.32km,见图 3.6-2。

(4)江南终点段路线方案优化

初设阶段,江南终点段原路线方案为绕避黄圃镇建设区,绕行较大;经与规划部门充分沟通,利用规划的番中大桥接线位置,沿地方路高架,使得路线较为顺直,建设里程缩短 1.432km,见图 3.6-3。

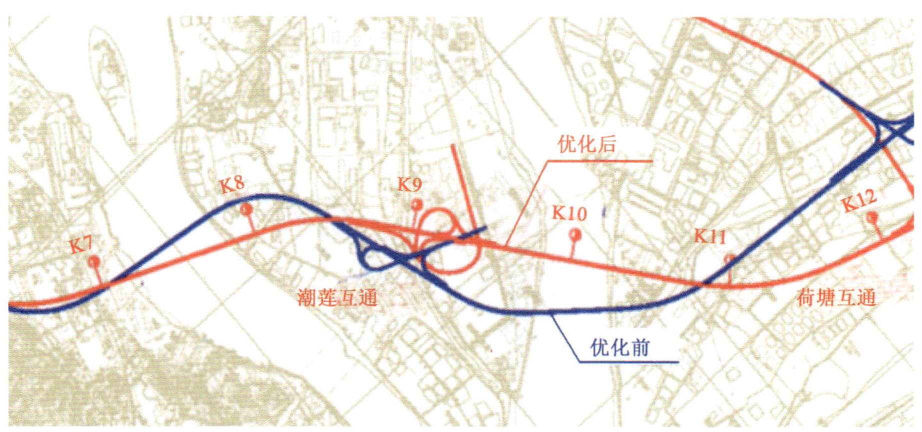

图 3.6-1 北街水道特大桥路段优化示意图

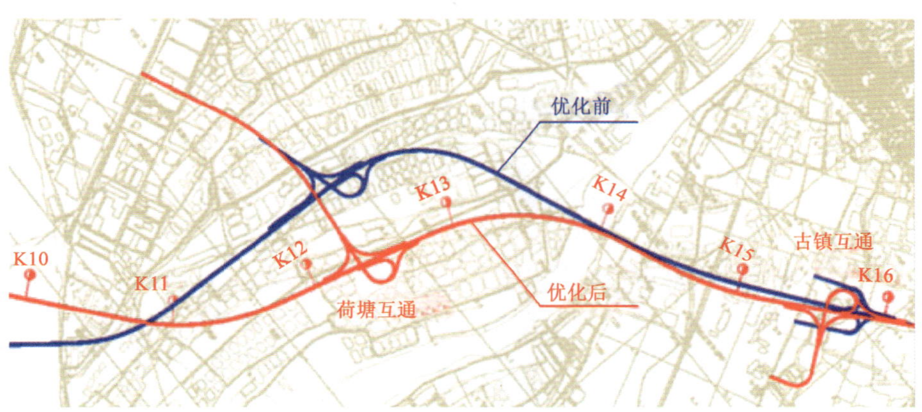

图 3.6-2 潮连路段路线方案优化示意图

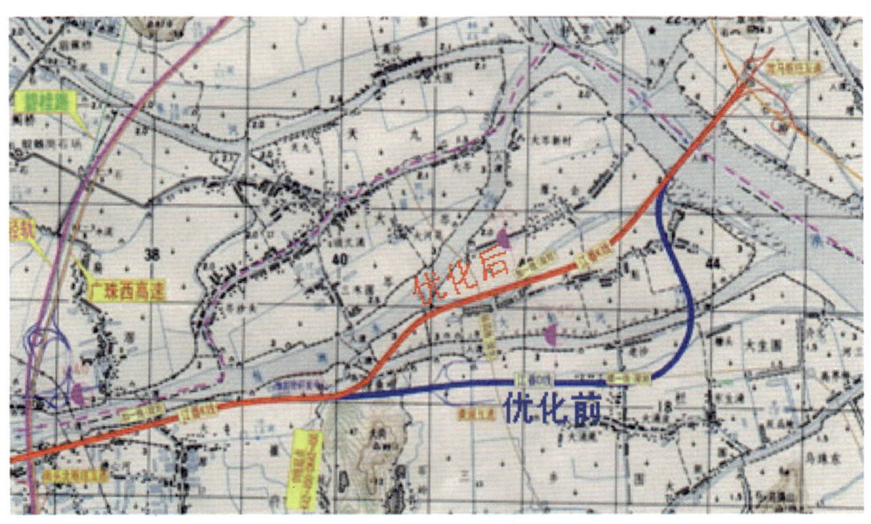

图 3.6-3 江南终点段路线方案的优化示意图

3.6.2　怀阳高速公路西江特大桥纵断面方案比选

1)项目概况

怀阳高速公路二期工程路线总体走向为自北向南,起于肇庆市封开县长岗镇西侧国合林场,与怀集至阳江港高速公路怀集至郁南段一期工程终点对接,路线向南布设,经光升村西侧设置长岗互通立交连接 G321,路线向南上跨西江,设置西江特大桥并进入云浮市郁南县境内,在化塘村南侧与云梧高速公路设置化塘互通立交,路线全长约 14.660km。

2)西江特大桥纵断面方案比选

主要控制因素为通航净空,被交路国道 G321、乡道 Y510 净空;西江南侧石眉山 1 号、2 号隧道;土石方平衡和西江特大桥纵坡设计。

(1)纵断面方案

①高线方案

二期工程原初步设计西江特大桥设计高程大于最低控制高程 13.722m,主桥采用人字坡,纵坡为 0.7%,西江两侧呈现挖方数量大于填方数量的特点。

②低线方案一

低线方案一(图 3.6-4)相对高线方案基础上主桥高程控制点位置降低约 9.6m。

③低线方案二

低线方案二(图 3.6-5)在原高线方案基础上主桥高程控制点位置降低约 5.5m。低线方案一满足了西江两侧被交路净空和通航要求,但西江两侧挖方数量巨大,很难做到土石方平衡,针对此情况,项目组研究了在高线方案和低线方案一之间的低线方案二。

(2)方案比选

高线方案桥墩整体偏高,但西江两侧土石方基本可做到填挖平衡。低线方案一满足各控制因素净空需要,桥墩整体降低最多,但西江两侧土石方数量大,低线方案二介于高线方案和低线方案一之间。

西江南侧石眉山 1 号隧道为短隧道,高线方案隧道范围纵坡为 2.91%,低线方案一和低线方案二为减少挖方数量,将隧道范围内纵坡调整至 3.45%,纵面指标降低,隧道长度增加约 150~130m。

从建安费角度考虑,低线方案一桥梁工程造价有所节省,隧道、土石方工程造价增加,总建安费低线方案一比高线方案高。

低线方案二工程规模变化与方案一类似,但隧道、土石方工程造价增加幅度小于方案一,总建安费比高线方案低。

综合考虑征地拆迁,低线方案一费用比初设方案增加约 830 万元,低线方案二与高线方案费用基本相当,但征地面积增大。

从西江特大桥纵坡设计考虑,根据以往项目经验,特大桥主桥纵坡应不小于 1.5%。当主桥纵坡较小,纵向桥面较平,如果主桥跨中挠度控制不好,会出现跨中"塌腰"现象,纵坡不小于 1.5% 较为合适。

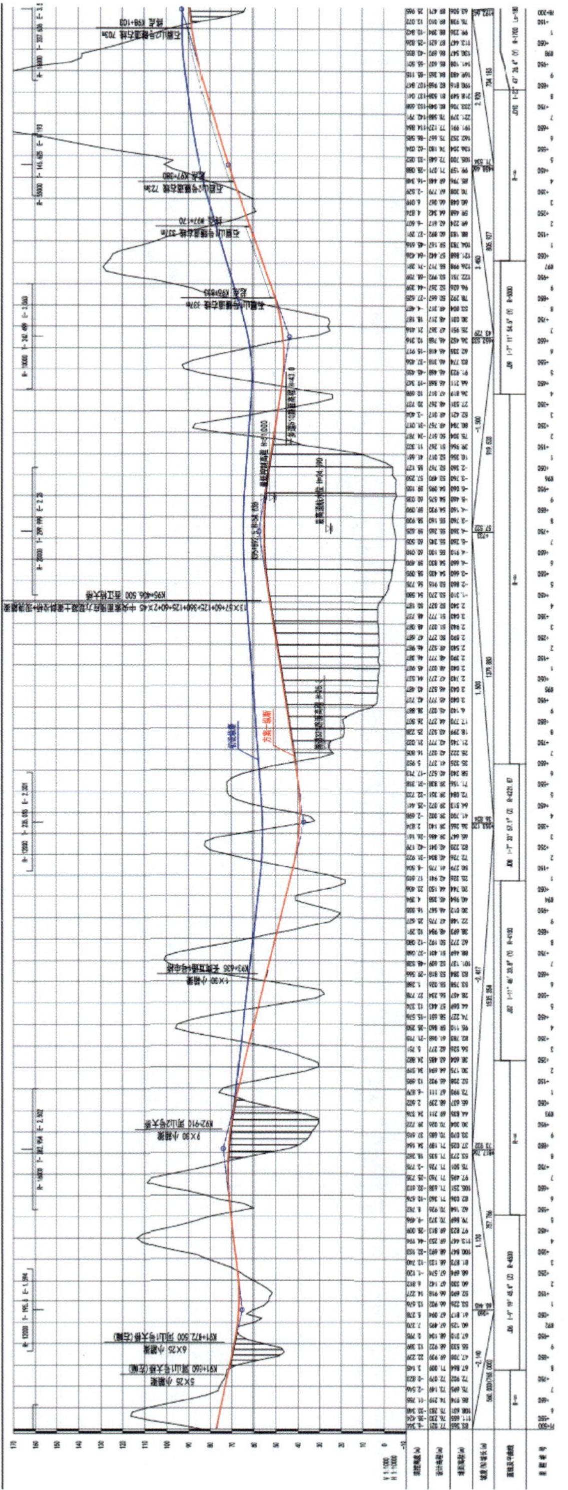

图3.6-4 西江特大桥段落纵断面方案研究示意图（一）

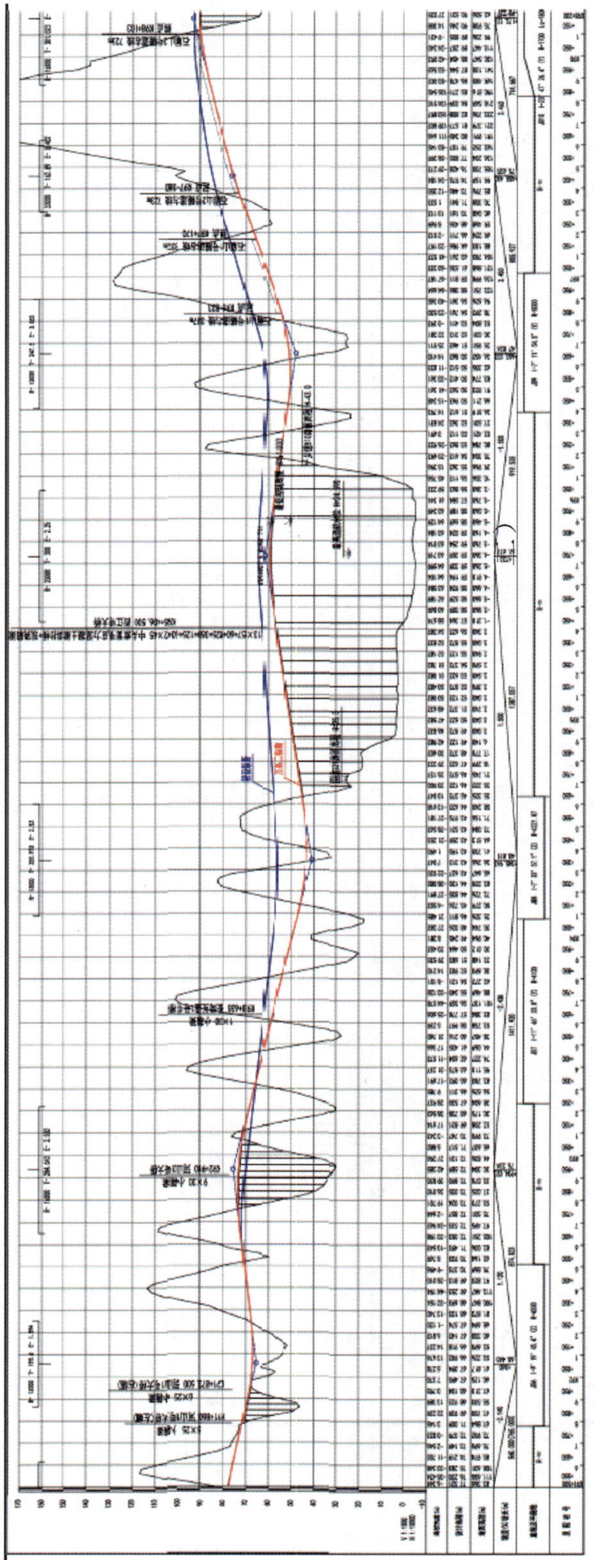

图3.6-5　西江特大桥段落纵断面方案研究示意图（二）

综上所述，西江特大桥段落低线方案虽能降低部分桥梁规模，但相应增加了隧道与土石方工程规模，为最大限度地保护耕地，减少边坡的开挖保护环境，决定采用高线设计方案，满足特大桥设计各项指标最优。

3）小结

特大桥工程造价对桥梁高度变化较敏感，一般情况下优化桥梁路段纵坡可降低较多工程造价。但本项目处于山区，西江两岸山体较高陡，降低纵面容易增大挖方及隧道规模，虽然特大桥造价有所下降，但项目总体造价未必节省，且用地面积增加，山体开挖较多，不利于环境保护。项目组详细研究了高低线方案的路线指标、工程规模及造价情况，为控制性的西江特大桥工程确定了安全、绿色、节省的工程方案。

3.6.3　新博高速公路九连山隧道路段路线方案比选

1）项目概况

新博高速公路九连山隧道段路线方案主要受稀土矿区（国家级稀土矿区和省级稀土矿区）的影响，经与广东省国土资源厅沟通协调，鉴于国家级稀土矿区属国家级大型矿区，广东省国土资源厅明确严禁从矿区范围内穿过，且路线必须满足距离稀土矿区边缘最小150m的安全距离；对于省级稀土矿区，由于含量较少，矿产可利用率较低，允许路线从矿区范围内穿过。

2）九连山隧道路段路线方案比选

鉴于以上原因，隧道洞口位置相对确定，为满足国家级稀土矿区的安全要求，K＋D2线九连山隧道洞身采用$R=4050$m的圆曲线，绕避国家级稀土矿区。稀土矿区范围详见九连山隧道路线方案图。

K＋D2线九连山隧道整体为$R=4050$m大弯道隧道，考虑D1H＋D2线除隧道进口段几百米为曲线外，其余大部分为直线，该方案与K＋D2线相距甚近，对两方案进行比较，择优选择。

D1H＋D2线主要是针对K＋D2线九连山隧道洞身位于$R=4050$m圆曲线上，并以减短九连山隧道长度而提出的方案。D1H＋D2线起于新丰南互通设计终点处，设置5.4km九连山隧道穿越九连山脉，终于白铁池村附近，路线总长9.71km。根据隧道运营通风和火灾紧急排烟需要，长度大于5km的隧道均需设置竖井，D1H＋D2线方案设竖井1处，深度约130m。详见图3.6-6。

经研究，D1H＋D2线与K＋D2线相比，虽九连山隧道长度减短220m；但D1H＋D2线需设置5820/2座隧道，隧道总长增长200m；隧道入口位于冲沟处，洞口地质条件较差；隧道入口约800路段位于平曲线$R=1200$m圆曲线上，行车安全和舒适性较差；新丰南互通出口至九连山隧道入口段存在＋2.94%/2.8km的连续上坡，对于下行经新丰南互通驶离武深高速的车辆行车安全不利；桥梁长度增长245m；工程造价增加约6280万元，工程规模较大。

经综合比选，推荐K＋D2线方案。

3）小结

特长隧道路段不遗漏可能方案，对曲线隧道详细研究改曲为直，研究降低隧道规模的可能性路线方案，最终确定合理的路线方案。

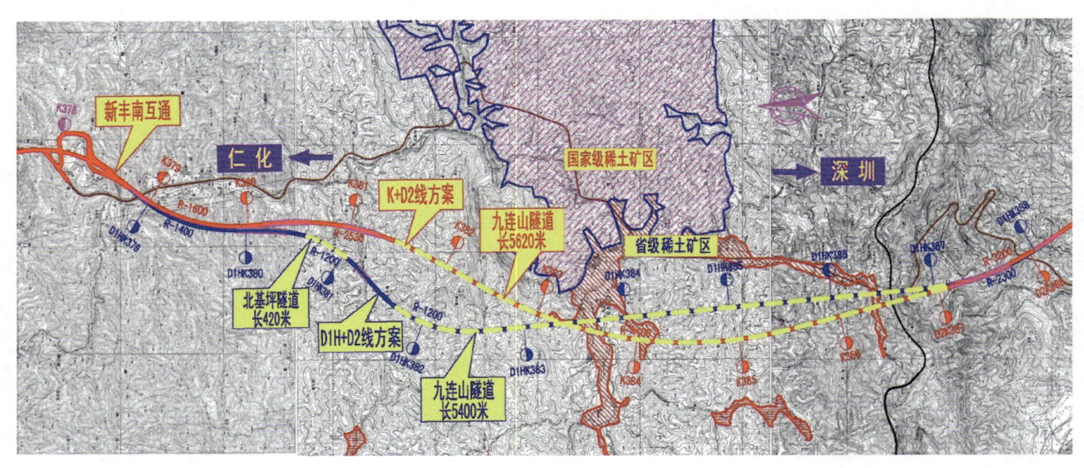

图 3.6-6　九连山隧道路线方案图

3.6.4　怀阳高速公路大梁至水口路段纵断面方案比选

1)项目概况

怀阳高速公路大梁至水口路段由于受到圣埇水库排洪渠高程影响,导致该路段纵面较高,拟定下穿排洪渠的低线方案进行研究。

2)大梁至水口路段纵断面方案比选

高线方案为在初步设计纵面基础上下压主线纵面,取消原初步设计下蔡大桥,泄洪渠位置仍设置两孔虾塘中桥下穿主线,与初步设计相比,该路段渠道需局部下挖 1.5m 进行河道疏浚。该方案立交匝道均下穿主线,立交区水库通行道路需设置 72m 车行天桥上跨主线保证通行。

考虑高线方案取消下蔡大桥导致该路段借方工程规模较大,定测曾提出过程研究低线方案。相比高线方案,低线方案由于压低主线纵面,立交匝道布设需采用一条匝道上跨(省道左转至怀集方向)、一条匝道下穿(阳江港左转至省道方向)方案。低线方案对原有泄洪渠进行功能区分,为保证该路段地方水田灌溉,设置渡槽引出水库原灌溉低下水位灌溉水渠(渡槽宽 1.5m,深 1.0m),同时为保证水渠行洪需求,需将原水库高位泄洪渠改移至互通区外,根据征求地方水利部门意见,需改渠至自然水沟,长度约 1160m,改渠断面需保证 10m 宽,5m 高,相应在匝道留出过水涵洞,可参见图 3.6-7 ~ 图 3.6-9 及表 3.6-1。

综上,高线方案虽主线借方较多,路线纵面指标较低,但考虑其在不增加投资造价前提下,大大降低了项目施工及后期运营风险,故大梁至水口路段在定测阶段仍选择高线方案作为推荐方案。

3)小结

本路段位于水库下游,沿山坡展线,水利设施与自然沟渠较多。虽然路线可压低纵面可减少桥梁规模,但与之同时需改迁较多水沟,对现状水系扰动较大,影响生态环境。水网沟渠较多路段适当提高路线设计标高,增加桥跨布置,有利于保护原生态环境。

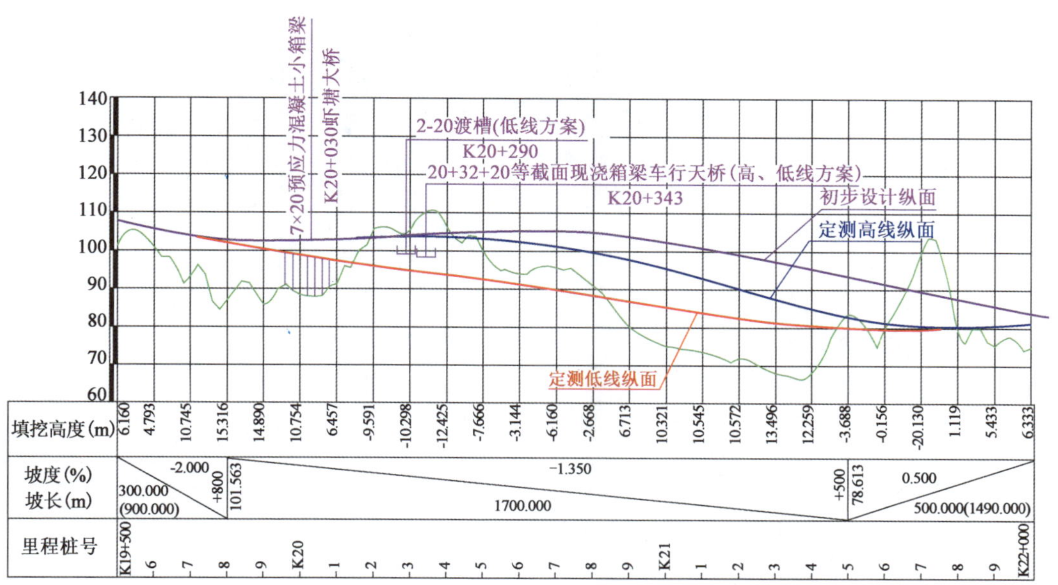

图3.6-7 大梁至水口路段纵面过程研究方案示意图

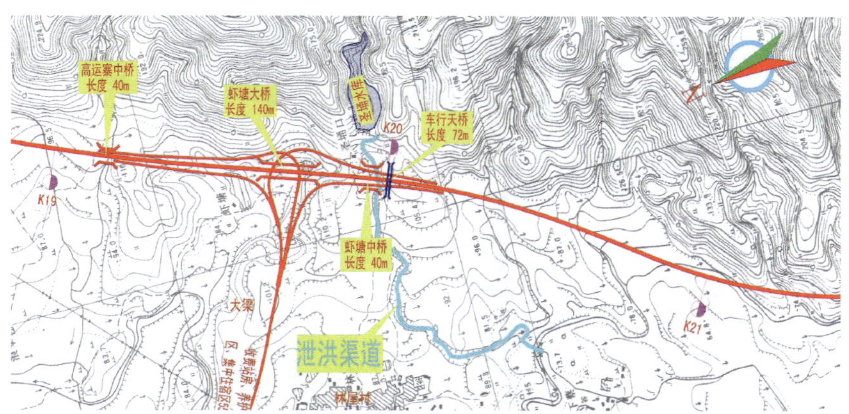

图3.6-8 大梁至水口路段高线方案立交及泄洪渠平面布置示意图

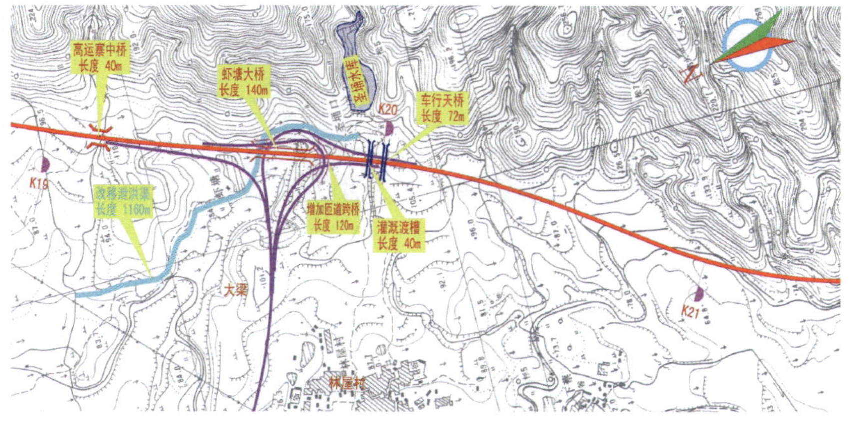

图3.6-9 大梁至水口路段低线方案立交及泄洪渠平面布置示意图

大梁至水口路段定测高、低线方案技术指标、规模比选表　　表 3.6-1

序号	工程项目	单位	定测高线	定测低线	造价比较(高-低)(万元)
一	路线长度	km	平面采用相同线位		
二	最大纵坡	%	2.85	1.35	
三	最短坡长		1020	1700	
四	路基土石方				
1	挖方	万 m^3	3.42	28.04	-481
2	填方	万 m^3	95.86	54.62	477
3	借方	万 m^3	93.51	32.82	1213.2
4	计价土石方	万 m^3	96.53	60.86	
五	桥梁	m/座	220/3	180/2	320
六	天桥及渡槽	m/座	72/1	152/2	-120
七	改沟	m/处	—	1160/1	-392
八	匝道桥	m/座	65/2	185/2	-384
九	匝道大尺寸过水涵洞	m/座	—	115/3	-630
优缺点			优点： (1)不需要改移圣埇水库泄洪渠道，仅局部下挖疏浚，高速公路运营安全隐患较小，对圣埇水库坝体影响较小； (2)金装互通立交所有匝道均下穿项目主线，减少匝道上跨主线桥 120m。 缺点： (1)路线纵面指标比低线方案差； (2)路段借方工程量较大	优点： (1)线位纵面较低，路段借方工程量较少； (2)路线纵面指标较优； (3)主线节省一处跨越泄洪渠中桥。 缺点： (1)需改移水库行洪渠道，工程规模较大，且对圣埇水库坝体稳定性有影响，运营期对项目主线也存在一定安全隐患； (2)互通匝道分别上跨、下穿主线，需增加一处匝道跨线桥	两方案造价相当

3.6.5　新阳高速公路马山顶隧道采用小净距方案减短分离式路基长度

1)项目概况

新阳高速公路马山顶隧道位于望天堂村东，路线为穿越马山顶而设，该隧道长 Z177m，最大埋深 111.2m。

2)马山顶隧道采用小净距方案减短分离式路基长度

马山顶隧道在方案设计阶段采用分离式隧道形式，由于分离式隧道方案分线太长，占地较大,对马山顶隧道进行了小净距方案和分离式方案的比选,见图 3.6-10。

小净距方案:隧道分线长 2.178km,隧道进、出口净距分别为 16.2m, 16.5m,洞身最大间距为 26m。

分离式方案:隧道分线长 2.759km,隧道进、出口净距分别为 31.2m, 34.2m,洞身最大间距为 43m。

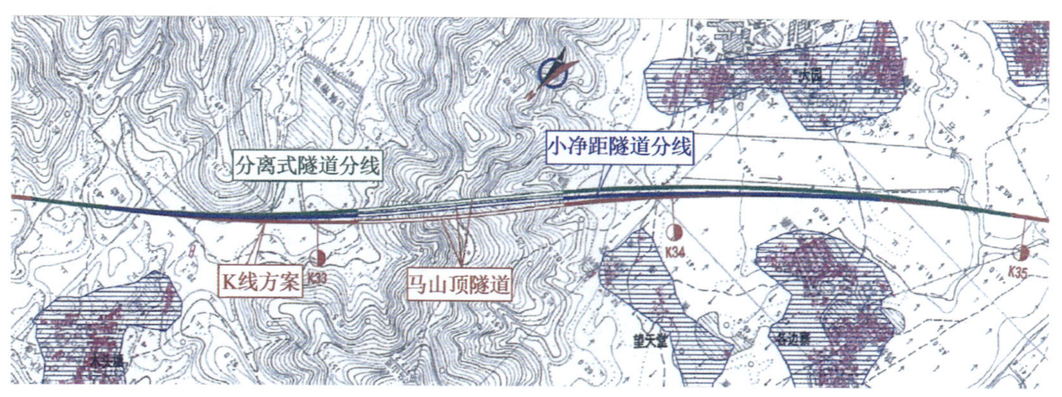

图 3.6-10 马山顶隧道分线方案图

分离式方案道对围岩扰动小,受力简单,较安全;衬砌工程量相对较小,工程造价较低;施工相对简便。但路线占地增加了 41.07 亩,且多为耕地;涵洞、通道长度增加 71.8m,挖方增加 1.81 万 m^3,填方增加 3.772 万 m^3;虽然隧道造价略低于小净距方案,但总造价高。

比选结果:分离式方案虽然隧道工程量较小,便于施工,但占地增加了 41.07 亩(多为耕地),路基土石方、涵洞、通道等规模均较大,建安费增加 480 万元,经综合比选,推荐小净距方案。

3)小结

一般情况下分离式隧道是高速公路常用的隧道形式(连拱式、小净距式、分离式)中施工难度较低,造价省的一种。新阳高速公路从工程总体角度出发,关注项目用地对耕地资源的影响,通过技术手段,优化平面线形与隧道设计,舍弃占用土地较多的分离式隧道方案, 保护了耕地资源。

3.6.6 阳化高速公路良坑至仙塘路段路线比选避免大规模拆迁

1)项目概况

本项目为汕湛高速公路云浮至湛江段及支线工程的阳春至化州段。

2)良坑至仙塘路段路线比选避免大规模拆迁

K 线起于良坑村,经河背岭、塘角村、大塘村、奎坑村,上跨 X628 至油桁村,从油桁村中穿过,沿塘背村、彭坑村、老屋村南侧山脚布线,终于仙塘村,全长 7.400km。

D22 线起于良坑村,经河背岭、塘劈村,上跨 X628 至携珠村,沿高坑坡村、书房坡村、下岭村北侧山脚布线,终于仙塘村,全长 7.206km。

K 线避开了从油桁村中间穿过,相对 D22 线拆迁量较小;桥梁规模较 D22 线小,桥长短 213.8m;但路线平面指标较 D22 线略低;路线存在一定的绕行,路线长度较 K 线长 193.704m。

D22 线路线走向顺直,平面指标相对较高,较 K 线里程短 193.704m;但路线从油桁村中间穿过,对该村影响较大,村民反对路线通过;桥梁规模相对较大,较 K 线长 213.8m。

综合比较, K 线虽然平面指标略低、路线长 193.704m,但路线避开了从油桁村中间穿过,拆迁量较小,且 K 线桥梁规模较 D22 线小,因此本路段采用 K 线方案,见图 3.6-11。

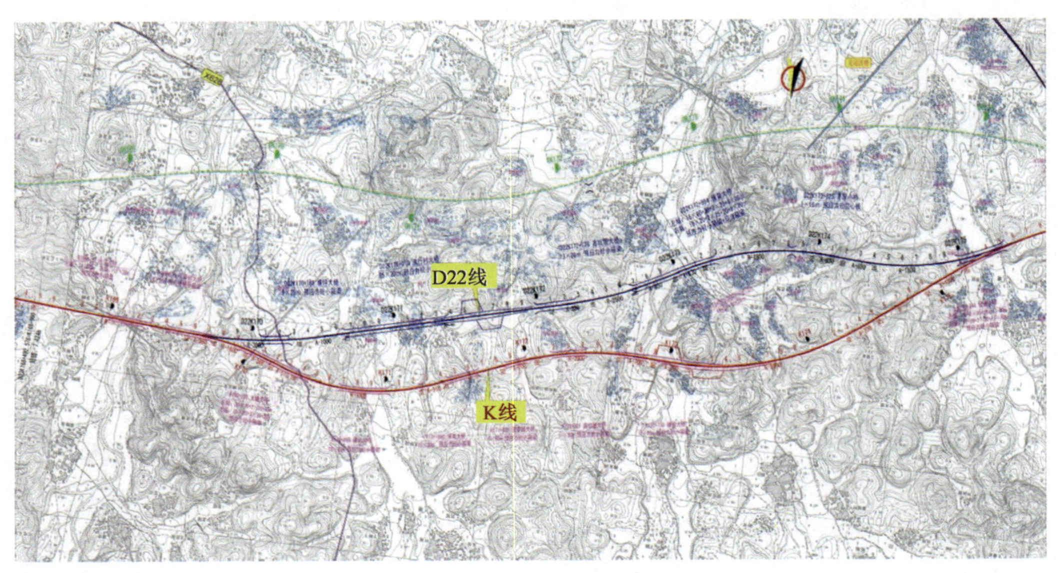

图 3.6-11　良坑至仙塘路段路线方案布置图

3)小结

本项目不盲目追求路线指标,在设计规范允许范围内,调整路线设计,绕避村落避免大量拆迁。

3.6.7　化湛高速公路大华水库路段方案比选

1)项目概况

本项目为汕湛高速公路云浮至湛江段及支线工程的化州至湛江段。

考虑到 K 线方案在大华水库路段存在一定的绕行,初步设计阶段大华水库路段提出较 K 线更为顺直的 E8 线方案与 K 线进行比选。

2)大华水库路段方案比选

K 线方案跨越河茂铁路后路线继续向南,先后经坡尾村、长坡儿、那安、木威塘后在笪桥镇上中村附近跨越国道 G207(设置笪桥互通)。

E8 线方案在坡尾村附近(K232 +100)从 K 线分离,在大华水库西侧白头村和良坡村中间通过,在木威塘西侧汇入 K 线后跨越国道 G207 线(设置笪桥互通)。

参见图 3.6-12 和表 3.6-2。

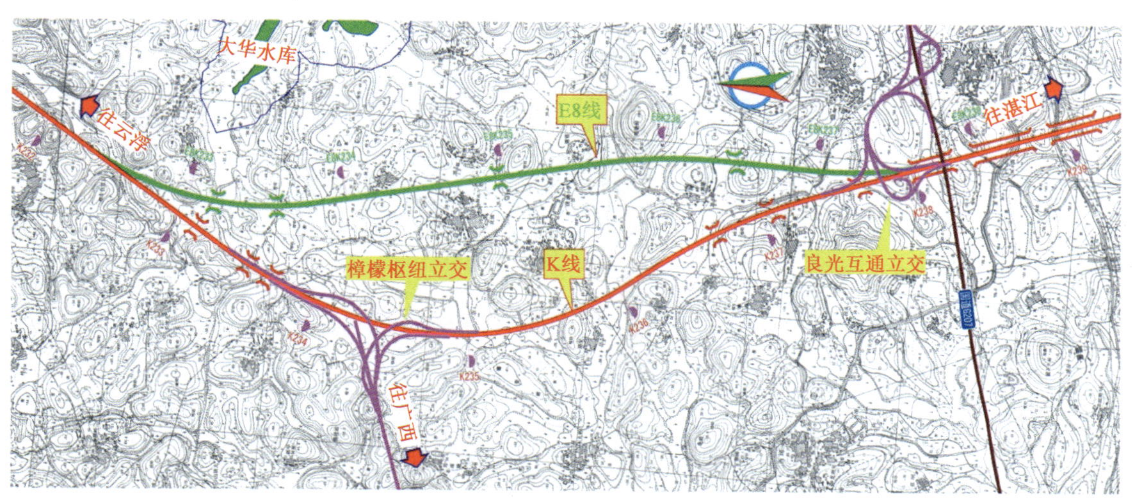

图 3.6-12 E8 线与 K 线平面示意图

K 线与 E8 线优缺点分析表 表 3.6-2

路线方案	E8 线	K 线
优缺点	优点： 在本合同段内 E8 线更顺直，平纵指标高。本标段路线里程长度较 K 线短约 414m。 缺点： (1)距离大华水库饮用水源保护区较近，在保护区二级陆域范围穿过，对水源影响较 K 线大； (2)E8 线从白头村和良坡村中间通过，对村庄干扰大，穿过一座坟山，征拆难度大； (3)立交布设条件不如 K 线方案，且征地拆迁量较大； (4)E8 线建设里程较 K 线短 414m，但兰海支线(A6 标)建设里程长度增加约 719m，采用 E8 线时，云湛高速总建设里程长度较 K 线长近 300m	优点： (1)樟檬枢纽立交布设条件好，拆迁量小； (2)考虑兰海支线(A6 标)，采用 K 线方案时云湛高速总建设里程较 E8 线短近 300m； (3)项目建成后兰海支线广西方向往返本标段化州、湛江方向行驶里程较 E8 线短约 300m。 缺点： 路段存在绕行，在本合同段范围内平纵指标不如 E8 线高

鉴于 K 线于整个云湛项目建设里程与行驶里程均较 E8 线短，且距离大华水库饮用水源保护区较远，立交布设条件较好，拆迁量较小，采用 K 线方案。

3)小结

本处路线比选为于主线与支线连接处，主线、支线需综合考虑路线方案，而不追求优化单独一条路线的指标，达到了路网总体工程规模的优化。

第4章

路基及景观与环境

4.1 路基工程中的绿色交通理念

4.1.1 绿色路基工程指导思想

1)路基工程绿色交通理念的建设意义

路基是公路线形的主体,贯穿于公路全线,与沿线的桥梁、涵洞和隧道等相连接。路基是路面的基础,是经过开挖或填筑而形成的土工构筑物。路基的主要作用是为路面铺设及行车运营提供必要条件,并与路面共同承受行车荷载,同时将荷载向地基深处传递与扩散。在纵断面上,路基必须保证线路需要的高程;在平面上,路基与桥梁、隧道连接组成完整贯通的线路。在公路工程中,路基在施工数量、占地面积及投资方面都占有重要地位。

首先,路基工程具有涉及面广的特点。路基主体包括用天然土、石所填筑的路堤和在天然地层中挖出的路堑。它直接支撑路面,承受车辆荷载,是路基的主体。路基工程还包括排水、防护工程等。

路基主体工程依其所处的地形条件不同,有两种基本形式:路堤和路堑,俗称填方和挖方。建造路基的材料,不论填或挖,主要是土石类散体材料,所以路基是一种土工结构,经常受到地质、水、降雨、气候、地震等自然条件变化的侵袭和破坏,抵抗能力差,因此,路基应具有足够的坚固性、稳定性和耐久性。

排水工程主要包括地面排水设施和地下排水设施。地面排水设施:用来将有可能停滞在路基范围以内的地面水迅速排除到路基以外,并防止路基以外的地面水流入路基范围,以免下渗浸湿路基土体或形成漫流冲刷路基边坡,如侧沟、排水沟、天沟等。地下排水设施:根据水文和地质条件修筑于地面以下一定深度,用来截断、疏干、引出地下水或降低地下水位,以使路基及边坡保持干燥状态,提高土的稳固能力,如排水槽、渗水暗沟、渗井等。

防护工程主要包括坡面防护设施和支持加固设施。坡面防护设施:用来防护易受自然作用破坏,或水流或波浪而出现坡面变形的土质边坡,如铺草皮、喷浆、抹面、护墙坡面防护设施,以及护坡、抛石、石笼、圬工护坡、挡土墙、顺坝、挑水坝等冲刷防护设施。支撑加固设施:用来支撑加固路基本体,以保证其稳固性,如挡土墙、支挡墙、支柱等。

其次,路基工程具有工程数量大、耗费劳力多,投资高等特点。一般公路路基修建投资占公路总投资的25%~45%,有些山区公路可达65%。路基是带状的土工构造物,路基施工改变了原有地面的自然状态,挖、填、借、弃土涉及当地生态平衡、水土保持和农田水利等自然环境。部分路基工程存在占用耕地较多、圬工结构多、路基绿色防护不足的缺点,因此,绿色路基设计和施工必须与当地农田水泥建设和环境保护相配合。

再次,路基工程对工期影响大,在工程地质和水文条件复杂的路段,不但工程技术问题大,施工难度大,增加工程投资,而且常常成为影响全线工期的关键。同时,路基工程质量对公路的质量和运营具有十分重要的影响,路基质量差,将引起路面沉降变形和破坏,增加养护维修费用,影响行车舒适、安全和公路的服务水平。

综上所述,确保在路基的设计与施工中,践行绿色交通理念具有重要的现实意义。

2)绿色路基工程遵循的指导思想

践行绿色交通,完成《交通运输节能环保“十三五”发展规划》目标,推进绿色公路建设,以“创新、协调、绿色、开放、共享”五大发展理念为指导,以坚持“两个统筹”、把握“四大要素”为统领,以理念提升、创新引领、示范带动、制度完善为途径,强化科技成果的转化与应用,建设以质量优良为前提,以资源节约、生态环保、节能高效、服务提升为主要特征的绿色公路,实现公路建设健康可持续发展。

在公路的全寿命周期内,以创新、协调、绿色、开放、共享为发展理念,最大限度地控制资源占用、降低能源消耗、减少污染排放、保护生态环境,注重建设品质提升与运行效率提高,为司乘人员提供安全、舒适、便捷、美观的行车环境,与自然和谐共生的公路。

绿色路基工程积极推广应用资源节约集约利用、生态保护、环境污染控制、节能降碳、安全智慧及提升服务等方面的新技术、新工艺、新材料、新装备。

绿色路基工程遵循动态设计与多方联动机制:坚持动态设计制度。以施工为重点,根据施工进展及发现的新问题,实施持续设计,确保工程建设质量。建立参建单位多方联动机制。畅通建设、设计、施工、监理单位之间的沟通联系渠道,以联席会议为纽带,发挥各方在工程质量管理中的作用。

3)绿色路基工程加强生态保护与恢复设计

加强生态保护与恢复设计,推广生态保护和恢复技术。重点加强公路路域自然地貌、原生植被、表土资源、湿地生态、野生动物等方面的保护设计和恢复设计。

①在满足公路使用功能要求的前提下,应尽量采用避绕需要特殊保护的地区(如自然保护区、风景名胜区、饮用水水源保护区、森林公园、地质公园、世界文化和自然遗产地等,以及有特殊价值的生物物种资源分布区域)和生态敏感区域(如珍稀动植物栖息地或特殊生态系统、天然林、热带雨林、红树林、珊瑚礁、重要水生生物的自然产卵场及索饵场、越冬场和洄游通道、重要湿地和天然渔场等)的建设方案。因工程条件和自然因素限制,路线确需穿越上述需要特殊保护的地区和生态敏感区域的,应选择影响范围小的通过方案,并针对其保护对象特点及保护要求,开展生态保护专项设计,最大限度地减少工程对敏感区域及其保护对象的扰动、阻隔及干扰影响。

②强化原生植被的保护性设计,林地路段应严格控制用地范围内林木的砍伐数量,不得砍伐公路用地范围之外不影响行车安全的林木。开展公路用地范围内的国家和省级重点保护野生植物与古树名木就地保护与移植异地保护方案的比选及设计,在不影响公路行车安全的前提下,优先采用就地保护方案。

③在对公路用地范围内表土资源调查的基础上,开展路基清表土集中存放临时防护与后期恢复利用设计,综合利用表土资源。

④开展取、弃土场及施工场地等施工临时用地的生态恢复设计,强化取、弃土场的拦挡、防洪排导、坡面防护、土地整治及植被恢复措施,减少水土流失。

4)绿色路基工程强化环境污染治理设计

加强生态保护与恢复设计,推广交通噪声控制设计,因地制宜建设声屏障、隔音墙等噪声污染治理设施,鼓励采用林带式、土堤式等生态型降噪措施。强化服务区、收费站等服务与管养设施生活污水处理设计,鼓励采用污水再生利用工艺,实现污水资源化。重视水环境敏感区污染风险防范设计,相关理念如下:

①针对公路穿(跨)越的饮用水源地及保护区、II 类以上水体等水环境敏感路段,开展路面径流收集与处置系统设计。

②涉及饮用水源地取水口、饮用水源二级保护区等水环境极度敏感路段,鼓励通过设置排水沥青路面,采用浅碟形植草边沟、快速土壤渗滤系统边沟等生态边沟,提高护栏防撞等级,建设危化品运输车辆事故监视、监测及预警系统等手段,构建集危化品运输车辆行车安全保障、路面径流收集与处置、水环境风险监测预警等功能于一体的水环境敏感区域危险化学品运输事故污染风险防范系统,提升水环境风险事故应急能力。

5)开展特色鲜明的景观设计

①坚持"自然融合"的景观设计理念,提倡"保护性、恢复性、自然式、乡土化"的设计手法,充分挖掘沿线自然、人文资源,将沿线自然景观、旅游资源、地域文化等特点融入景观设计。

②绿化设计应以营造乔灌草多层次复合结构生态系统为目标,优先选择少维护、耐候性强的乡土植物,植物配置突出安全提示、碳汇、降噪等新功能。

4.1.2 南粤公司部分典型项目路基工程特点

1)仁博高速公路

广东省仁化(湘粤界)至博罗公路是国家高速公路网"武汉至深圳高速公路"的重要组成部分,项目起于韶关市仁化县城口镇,接湖南省炎陵至汝城(湘粤界)高速公路,途经仁化县、始兴县、翁源县、连平县、新丰县、龙门县,终于惠州市博罗县,与博深高速公路顺接,路线全长约 272km。本项目湘粤省界至韶赣高速路段(53km)于 2017 年底建成通车,2018 年底建成通车。

本项目起点至城口互通段采用双向四车道高速公路技术标准,设计速度 80km/h,路基宽度 24.5m;城口互通至仁化互通段采用双向四车道高速公路技术标准,设计速度 100km/h,路基宽度 26.0m;仁化互通至本项目龙门北互通采用双向六车道高速公路技术标准,设计速度 100km/h,路基宽度 33.5m;龙门北互通至湖镇互通段采用双向六车道高速公路技术标准,设计速度 120km/h,路基宽度 34.5m;湖镇互通至博罗互通段采用双向六车道高速公路技术标准,设计速度 100km/h,路基宽度 33.5m。

仁博高速公路路线全长约 272km,全线挖方约 7974 万 m^3,填方约 6541 万 m^3,桥隧比 33.4%,特大桥 53318/4 座,隧道 35944.5m/17 座,涵洞、通道 863 道,互通式立体交叉 19 处,分离式立体交叉 5 处,主线收费站 1 处,服务区 5 处,停车区 5 处,治超站 1 处。仁博高速路基工程特点:

(1)沿线水资源敏感区分布广与水资源保护要求高

项目北段属珠江流域北江水系,其一级干流浈江流经区,植被发育,森林覆盖率大。项目沿线河流主要有路线起点大麻溪、锦江、浈江、墨江、沈所河、罗坝及清化河。沿线冲沟、水库电站分布广泛。主要河流通航等级为:浈江、墨江定级为 7 级航道,锦江、清化河为等外航道,其余河流不通航，其中，锦江流域地表植被较好，森林覆盖率达76%，浅层地下水较邻近河流充沛。另外沿线途经花山水库、冷水径水库、横溪水源保护区和梅下水库水源保护区等，地表水水质较好，敏感水体分布广，对水资源保护要求比较高。

因此，做好施工期泥浆废水处理、运营期路（桥）面径流污染防治、沿线污水处理、危险化学品运输事故环境风险防范等水资源保护工作，保护沿线水环境生态安全，是仁博高速公路建设与运营期间水资源生态保护工作的重点之一。

（2）沿线森林与林地保护区植被生态敏感度高

仁博高速公路沿线自然景观资源丰富，施工建设和运营期间，应充分考虑和保障自然生态环保以及野生动物穿越的安全。主要有：南山省级自然保护区、广东车八岭国家级自然保护区、丹霞山国家地质公园、小坑国家森林公园、云髻山自然保护区、杨坑栋自然保护区、雪山顶森林公园、粤北华南虎省级自然保护区和锦江鱼类生物多样性自然保护区、青云山自然保护区等9多处。其中，南山自然保护区为森林和野生动物类型的自然保护区；翁源青云山自然保护区位于广东省翁源县的东南方向，保护区内保存有较典型、较完整的亚热带常绿阔叶林森林生态系统，属森林生态系统类型自然保护区，见图4.1-1。

a)观光木 b)半枫荷 c)桉树

d)香樟 e)黄连木 f)枫香

图4.1-1 沿线绿色植被类型

保护区大部分区域地带性森林植被保存较好，植被垂直带谱保存较完整，是世界同纬度地区森林生态系统的典型代表，是研究森林生态系统的重要基地，是恢复、重建亚热带山地常绿阔叶林生态系统的天然参照系统，具有重要保护价值。

因此，针对仁博高速公路沿线森林与林地保护区植被生态敏感度高这一问题，需重点对沿线原生大树移栽、原生植被物种免侵袭以及固碳植被选型开展研究与示范，更好地保护植被生态资源。

(3)粤北山区丘陵地貌耕地资源少土地价值高

仁博高速公路的仁新段沿线基本为低山丘陵和重丘地形地貌,沿线山地多为经济林,部分河谷盆地 土地多为耕地和城镇规划用地,耕地资源稀缺,土地价值高,保护耕地和节约用地尤其重要。因此,在施工期间开展土地表土资源收集与循环利用技术研究与示范,将红线范围内适合耕种的表层土壤剥离出来,进行集中堆放和管理,用于原地或异地土地复垦、土壤改良及景观绿化种植等,避免表土资源的浪费和水土流失。为粤北山区生态敏感路段开展表土资源收集利用提供技术支撑与工程示范,见图4.1-2。

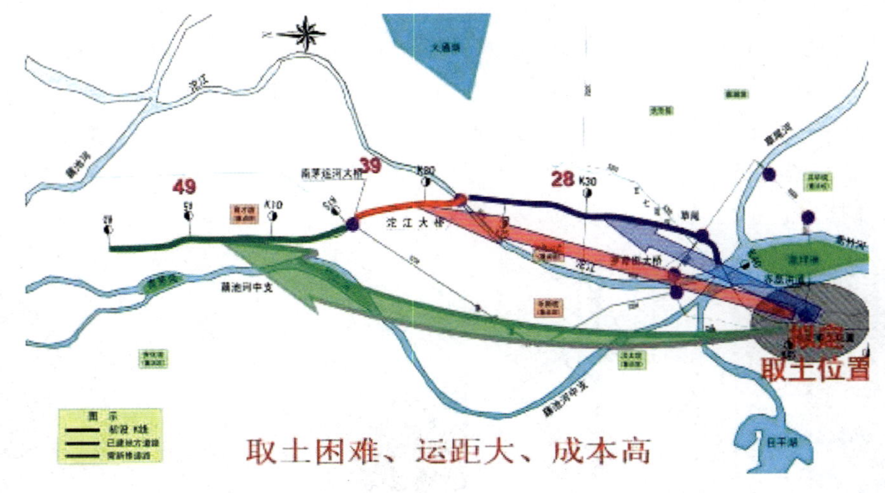

图4.1-2　工程施工取土位置运距分布示意图

2)珠海连接线

港珠澳大桥珠海连接线(以下简称珠海连接线)是港珠澳大桥的重要组成部分。项目起自珠澳口岸人工岛,向西设起点连接匝道、拱北湾大桥连接珠海连接线人工岛;采用隧道方式穿越拱北湾海域并下穿全国第一大陆路口岸——拱北口岸;经茂盛围军事管理区后,设前山河特大桥跨越前山河;经中富工业园上跨南湾大道后,设加林山隧道穿越将军山;后以高架桥形式继续西行至本项目终点洪湾,通过西部沿海高速公路月环至南屏段支线接入国家高速公路网。

项目路线全长13.4km,采用双向六车道高速公路标准,设计速度80km/h。主线隧道长6204.0m/2座,桥梁长5779.8m/3座,设人工岛1处,互通立交3处(南湾互通、横琴北互通、洪湾互通)和口岸人工岛连接匝道1处。

珠海连接线为非经营性高速公路项目,采用政府投资、收费还贷模式,批复概算为91.53亿元。项目控制性工程(拱北隧道)于2012年7月正式开工建设,后续工程于2013年9月实质性开工。其中,南湾互通至终点洪湾互通段于2016年提前建成通车,剩余部分于2018年与港珠澳大桥主体工程同步建成通车。

珠海连接线工程项目路基工程里程虽短,但是技术含量较高,挑战性极大的公路工程建设项目之一。其主要特点如下:

(1)风险控制要求高

项目地处珠海市繁华区域,特别是需要下穿日均客流30万人次(高峰期超40万人次)、车流7000车次(高峰超1万车次)的全国第一大陆路口岸——拱北口岸,对路基工程等技术风险、施工风险以及安全风险的控制均提出了极高的要求。

(2)协调及征拆难度大

项目全部位于珠海市城区范围内,施工涉及地方近三十个部门(单位)以及边检、海关、检验检疫、边防等多个中央垂直管理单位。加之沿线需拆迁房屋及管线密集,协调工作量巨大,优化路基设计、节约用地、减少拆迁意义重大,见图4.1-3。

图4.1-3　项目穿越多个城中村

(3)环保景观要求高

项目位于繁华城区,紧临澳门,沿线自然风光旖旎、人文景观秀美,且均位于环境敏感区,对景观设计以及施工过程的控制均高于常规高速公路项目,可见图4.1-4和图4.1-5。

图4.1-4　项目紧临情侣路

图4.1-5　项目线位行经竹仙洞水库

(4)政治敏感性高

港珠澳大桥是国内外具有较大影响的工程,珠海连接线作为其重要组成部分,穿越内地与澳门的边境区域,同样受到各界广泛关注。

3)英怀高速公路

汕昆高速公路龙川至怀集段(以下简称"龙川至怀集高速公路")是国家高速公路网规划

"7918"高速公路网中第十七横——汕头至昆明高速公路的重要组成部分,也是广东省"十纵五横两环"高速公路网规划主骨架中的第一横,是东西横贯粤北地区的交通大动脉。本项目建成后,将与梅河高速公路、粤赣高速公路、大广高速公路、京珠高速公路、广乐高速公路清连高速及二广高速等共同构筑广东省北部地区的高速公路网,对改善投资环境、繁荣地区经济、促进粤东西北协调发展具有极为重要的意义。

广东省龙川至怀集公路项目(英德至怀集段)路线全长88.8km,本项目线路起于清远市清新区的浸潭镇,途经清新区的石潭镇,阳山县杨梅镇,肇庆市怀集县凤岗镇、汶朗镇、怀城镇,止于怀城镇的鹤塘,与建成的汕昆高速怀城至岗坪段顺接,并设鹤塘枢纽立交与建成的二广高速连接。本项目全线采用双向四车道高速公路标准,设计速度100km/h,整体式路基宽26m,分离式路基宽2×13m。

4)河惠莞高速公路

河惠莞高速公路龙川至紫金段项目路基工程具有如下特点:

(1)项目建设规模大,地形地质条件复杂

本项目路线全长超过150km,估算总造价超过160亿元。项目地处河源市东部山区,南北向穿越了莲花山脉的西北麓,地形起伏大,构造发育,建设条件复杂。全线桥隧比例超过30%,设有龙川枫树坝特大桥1座、特长隧道1座,高陡坡路基、填挖交界路基、特殊路基的设计、施工、管养难度较大。

(2)沿线环境敏感点多,环保要求高

项目沿线分布有多处省级及市县自然保护区,其中对路线方案造成较大干扰的有枫树坝、康禾两处省级自然保护区,高陂、黄江两处县级自然保护区,同时还难以避免地穿越枫树坝及赤竹坪两处生态严控区,公路生态保护要求极高。

(3)沿线旅游资源丰富,景观要求高

河源市拥有良好自然景观资源和人文景观资源,本项目沿线附近分布有多处自然保护区,植被茂密,风光优美,对路基景观工程要求高。

4.2 绿色路基设计

4.2.1 路基设计标准化

1)路基设计原则

①路基设计遵循"安全、环保、舒适、和谐"的理念,力求把各类路基结构与整条高速公路有机统一在一起。

②路基设计严格按照环境保护的要求执行,避免引发地质灾害,减少对生态环境的影响。

③路基设计结合路线设计力求避免高路堤和深路堑。

④路基防护设计遵循"安全、生态、景观、和谐"的原则,尽可能采用草、灌混播的植草生态防护形式。

⑤高速公路的排水自成体系,并与当地的泄洪、灌溉系统有机的结合。对于排水设施,边沟、截水沟尽可能采用生态型边沟,并必须满足泄水能力要求。

⑥在路基边坡、涵洞通道、桥台锥坡等处结合急流槽、防护工程合理增设检查踏步,对边坡防护、排水尽量考虑预制构件和标准化施工。

⑦软土路基、陡坡路堤设计需结合工期、水文地质条件进行综合比选,优选适合本项目的经济、实用的方案。同时,软土路基、陡坡路堤设计应采用动态设计。

2)路基标准横断面设计标准化

①按照整体式路基、分离式路基,分别示出路设计线、设计高程位置、中央分隔带、行车道、拦水缘石、左侧路缘带、硬路肩(含右侧路缘带)、路肩、路拱横坡、边坡、护坡道、边沟、碎落台、排水沟、边坡平台、截水沟、护栏、隔离栅、用地界碑等各部分的组成及尺寸等设计的大致情况,路面宽度及概略结构。

②整体式路基按整体式路基按全填、全挖、半填半挖路基分别示出标准横断面,分离式路基按全填、全挖示出标准横断面。

③大致示出路面的各结构层位置、大样外形。路面结构层的边部,填方段示出路面各层位的大致外形,挖方段示出排水渗沟的大致外形和位置标注。

④中央分隔带中标注出暗埋管线的大概位置。

⑤坡面防护型式、挖方边坡坡率不在标准横断面中示出。

3)一般路基设计图标准化

①一般路基设计图中绘出一般路堤、稳定的高填路堤(高度不大于20m)、路堑、半填半挖路基、陡坡路基、填石路基、半路半桥路基及浸(淹)水路基、鱼塘清淤换填、坡面防护形式等不同形式的代表性路基设计图,并分别示出路基边沟、碎落台、截水沟、护坡道、排水沟、边沟坡率、护肩、护坡、挡土墙等结构类型及防护加固结构形式且标注主要尺寸。

②低填浅挖路基、特殊路基、纵向填挖交界、横向填挖交界等不列入一般路基设计图中。

③给出一般情况下的地基清表处理要求、边坡坡形坡率、边坡坡面防护的措施,以及填方路基各部分路基填料的基本要求;

④挖方高边坡单独给出代表性断面,其坡形坡率标注为变化值,防护加固形式只列出典型的加固形式(如锚杆或预应力锚索等),并在备注中加以描述。

⑤护脚、护肩、挡土墙的典型代表断面中,列出其外形大样和相对固定的尺寸(如路堤挡土墙顶的固定平台宽度,挖台阶宽度等)。

⑥给出高填稳定路基(高度不大于20m)的补强压实的设计要点。

⑦给出填石路基的质量控制设计要点。

4)低填浅挖路基处理设计标准化

①低填路段路床范围根据项目情况回填水稳性好的碎石。

②浅挖路段底部作纵向碎石盲沟,路床按上部80cm厚级配碎石填筑,碎石盲沟底部应适当大于换填碎石层深度。

5)桥头路基处理设计标准化

①桥台后30m范围压实度提高为96%。台背120cm范围内采用人工夯实(配小型施工机械)。

②柱式台、座板台、肋式台桥头路基盖梁以下不设过渡段,通过调整施工顺序,桥台后路基及桥台锥坡按一般路基填土碾压成型。

③软基路段需反开挖薄壁台及所有扶壁台台后采用沙回填,边坡设置3m厚黏性土包边。

④背墙与路面结构层结合处设置碎石渗沟,防止水下渗入路基。

⑤盖板涵、箱涵采用非反开挖施工时,台背回填料不作具体要求,回填料以项目地材供应便利为原则。台背120cm范围内采用人工夯实(配小型施工机械)。

⑥盖板涵、箱涵采用反开挖施工时,台背采用中粗沙回填,当涵顶至路床顶面高度小于80cm时,中粗沙顶设置黏性土封层,否则不设黏性土封层。

⑦采用反开挖施工的涵洞路段,路基边坡采用3m厚的黏性土包边。

⑧对于软土路基路段,应结合软基处理的措施综合设计。

6)纵向填挖交界处理设计标准化

①对纵向地面坡率大于1∶5的情况进行处理,过渡段的填料采用和一般路基相同的材料,压实度提高到96%,填方侧每隔3m高采用液压式压路机补压一次。

②对纵向填挖交界分布比较密集的路段,全路段采用冲击式压路机补压一次(20遍)。

③超挖宽度的选择,对于纵向填挖交界,按不小于10m长度整个路床超挖。

④土工格栅的铺设,上下路床底部宜各铺一层。

⑤为避免挖方段地下水流往填方段,填挖交界处设置横向排水渗沟。渗沟宜与路面垫层连通,并连通纵向渗沟。

7)软土路基处理设计标准化

(1)换填工法要点

①本工法适用于软土埋深普遍不大于3m的一般路段以及局部埋深不大于6m的山间洼地、半填半挖路段。

②换填材料:在当换填区底部50cm范围内换填透水性材料,透水性材料可选用碎石、沙砾等,当采用隧道出渣或路堑边坡开挖土石方时,应保证石料风化不严重,无崩解、可溶性等不良特性,其余部分可采用一般填料等。

(2)挖沙沟堆载预压要点

①本工法适用于软土存在硬壳层、软土底部埋深普遍不超过3m、填高不大于6m的路段。

②施工宜采用先横向沙沟、后纵向沙沟,逐段开挖、逐段填筑的原则。

(3)沙垫层堆载预压要点

本工法适用于软土直接裸露于地表、软土底部埋深普遍不超过3m、填高不大于6m的路段。

(4)竖向排水体(袋装沙井、塑料排水板)堆载预压要点

①本工法适用于填土高度不超过8m、软基底部埋深普遍超过3m的一般软基路段。

②排水体采用密间距,一般在0.9~1.2m。

③竖向排水体要求穿透软土层进入硬土层,当软土埋深超过25m时,改用塑料排水板,塑料排水板最大打设深度不大于30m。竖向排水体横向应打至路基坡脚范围外一定距离,沙垫层也要相应超宽填筑。

④路基稳定性不足时,可考虑铺砌1~3层土工格栅作为路堤加筋措施。

(5)素混凝土桩复合地基要点

①素混凝土桩施工中推荐采用长螺旋钻孔、管内泵压灌注成桩法施工。

②素混凝土桩施工完毕28d后对素混凝土桩单桩承载力和复合地基承载力进行检测,要求达到设计值。

(6)管桩复合地基要点

①管桩可视工点情况采用静压法或锤击法施工。

②管桩间距不大于2m时,桩间宜设置竖向排水体。

③管桩大规模施工前须选在有地质钻孔的位置进行试打,并进行复合地基承载力和单桩承载力检测。

8)高液限土路基设计标准化

①在弃方路段,高液限土作弃方处理。

②在借方路段,高液限土仅用在填土高度不大于12m的路段,利用条件为:高液限土液限不大于70%,CBR强度不小于2.5%,粒径小于0.074mm的颗粒含量小于75%,且高液限土只能用在93区以下(含93区)。

③挖方路段如地基遇高液限土,应超挖80cm,换填材料为80cm级配碎石。

④填方段填筑高液限土时,底部设置50cm沙砾垫层,顶部设置150cm非高液限土封层,两侧设置100cm厚非高液限土包边。

9)路基防护设计标准化

①对于$H \leqslant 3$m的路堤边坡和$H \leqslant 6$m的低矮土质挖方边坡,采取喷播植草的方案。

②$3m < H \leqslant 8m$的路堤边坡用三维网防护,$6m < H \leqslant 10m$的土质挖方边坡视情况采用CF生态网防护植物防护。岩质挖方边坡采用客土喷播防护,客土喷播的主辅锚杆分别采用$\phi12$和$\phi10$钢筋。

③$8m < H$的路堤边坡采用骨架防护。由于路堤边坡浮土较多,压实度低,此时预制块骨架的抗冲刷能力及稳定性较差,所以路堤边坡的骨架采用人字形M7.5浆砌片石骨架结构。

④对于冲沟发育、水土流失严重的土质边坡、坡残积土较厚的土质边坡、全风化花岗岩边坡、特殊性岩土边坡(如高液限土、红黏土、膨胀土等)等类型边坡采用骨架防护。路堑边坡开挖后土质相对较密实,骨架采用人字形混凝土预制块骨架结构。

⑤深挖方路堑处治:

a.沙浆锚杆:锚杆钢筋统一采用$\phi32$,钻孔采用130mm,格梁尺寸采用30cm×30cm,主钢筋$2\phi16$及$6\phi12$。嵌入深度根据坡面防护类型确定。

b.预应力锚索:钻孔采用150mm,格梁尺寸采用40cm×40cm,主钢筋$4\phi25$及$6\phi18$。嵌入深度根据坡面防护类型确定。

c.排水斜孔:$\phi110$硬塑透水管,钻孔130cm,超长50cm,分6m和9m两种布置间距,高于坡脚1.0m。

10)路基、路面排水设计标准化

(1)路堑边沟

①沟身采用C20混凝土预制块料。

②采用明矩形沟型式,在土路肩设置波形梁护栏,将土路肩边缘与边坡坡脚之间区域做成

下凹形,并使边沟处在中间最低点的位置,边沟两侧植草,从而达到缓解驾驶员对边沟的视觉的冲击,并且美化环境。

③当挖方段长度比较短时,可采用浅碟形边沟。

④边沟与路面边缘之间设置碎石盲沟,盲沟与垫层相连。

(2)路堤排水沟

①排水沟采用预制块拼接时,沟身采用C20混凝土预制块料。

②靠近村庄、城镇路段,为防止预制块的丢失,排水沟的材料可根据地材情况采用C20混凝土现浇或M7.5浆砌片石砌筑而成。

③一般填方路段采用矩形排水沟,在低填或立交范围存在交坡路段采用浅碟形排水沟。

(3)路堑顶截水沟

①沟身采用C20混凝土预制块料。

②施工时应保护好截水沟范围内的植被,使截水沟更美观。

(4)路堤急流槽

①坡面急流槽采用矩形断面。

②在采用骨架防护路段,急流槽常与主骨架合并考虑,故槽身采用与骨架相同的材料M7.5浆砌片石砌筑。

③急流槽设置间距应为骨架防护的主骨架间距的整数倍。

④在反向凹曲线底部设置一道急流槽,且在凹曲线底部两侧一定距离内加密设置若干道急流槽。

(5)超高段中央分隔带排水

①在超高外侧中央分隔带处设置纵向排水沟,并按照一定间距设置集水井后,通过横向排水管将路面汇水排离路面。

②拟定在非双向挖方路段和双向挖方段较短时,采用预制钢筋混凝土缝隙式圆管沟作为纵向排水沟;对于双向长挖方段较长时,根据汇水量在缝隙式沟下设置一根PVC管,并通过集水井与缝隙式沟连接。

③当采用缝隙式圆管沟时,圆管沟采用预制C30钢筋混凝土预制件拼接而成。集水井采用C25混凝土现浇。

4.2.2　绿色路基的横断面创新

1)河惠莞高速路基工程路侧景观带设计

施工图设计阶段,项目在路基设计中结合全线路基填挖及弃方情况加强了公路景观设计,在不额外增加公路用地的情况下设置公路路侧景观带,提升公路路域景观效果。

建设条件:

①项目沿线以花岗岩地层为主,且风化程度高,边坡土体存在液限高、易冲刷、但易绿化的特点;

②项目地处山区,人多地少,局部路段为高填深挖路基,填方路基多位于山谷,多须高陡填筑;深挖路基废方大,可选弃土场少;

③项目沿线风景优美，高速公路设计应尽可能与自然景观相结合，减少构筑物的生硬、突兀感。

填方路基路侧景观带设计，基于以上建设条件，设计中对填方路基做以下优化：

①在维持正常刷坡用地宽度、不额外增加用地的前提下，将护坡道及填方平台宽度缩减至1m，相应增加土路肩以外的种植宽度。

②填方边坡为两级以上的路段视线开阔，行列式种植1m高开花灌木，不遮挡视线，又可远眺前景，使行车视野更为舒适优美。

③填方边坡为两级以下的组团式种植颜色亮丽的高低灌木组合，营造以彩色植物为亮点的路侧景观带，打破路侧景观的单调与乏味，并能起到隔音降噪、调节视觉疲劳的功效，见图4.2-1和图4.2-2。

此方案设置的填方路段适用于景观要求较高、废方较多、连续路段长度不小于150m、路基整体稳定的非软基、非高液限土路段，并在两种宽度断面之间设置25m长渐变段。

挖方路基路侧景观带设计：

(1)结合防护工程需要设置景观小矮墙

对边坡高度不大于20m的稳定高液限土路段，或风化程度较高的破碎低矮边坡路段，结合防护工程需要，有条件时在坡脚设置C20混凝土矮脚墙，墙高1m，顶宽1m，加固坡脚，防止汇水冲刷。矮墙墙面采用南粤交通代表色红棉系红色压边，弱化大面积墙面的压抑感；矮挡墙前的预留景观带行列式种植垂榕柱与朱蕉遮挡挡墙的下部，增加绿色植物种植，弱化圬工防护。

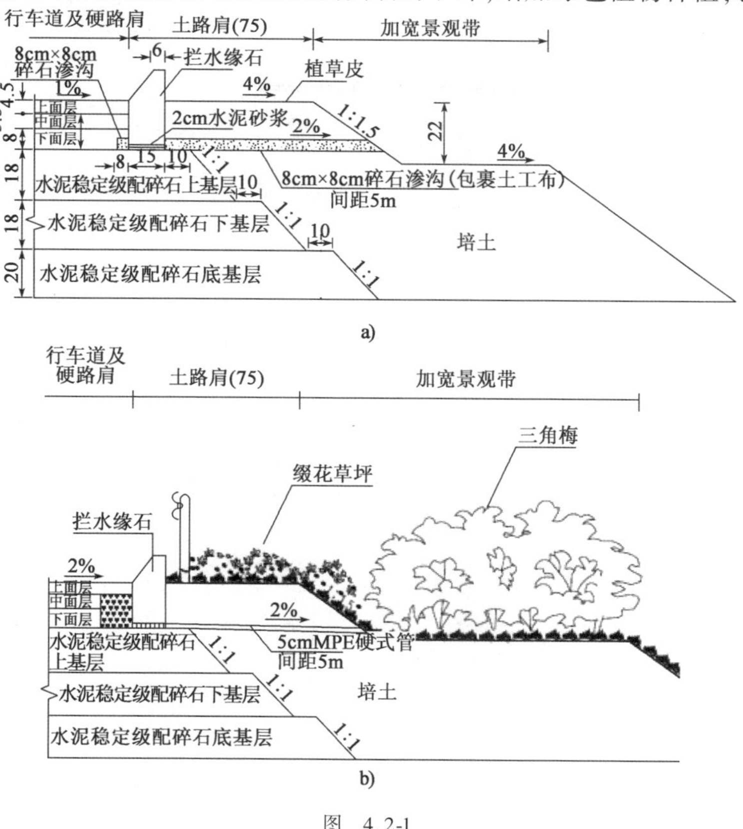

图 4.2-1

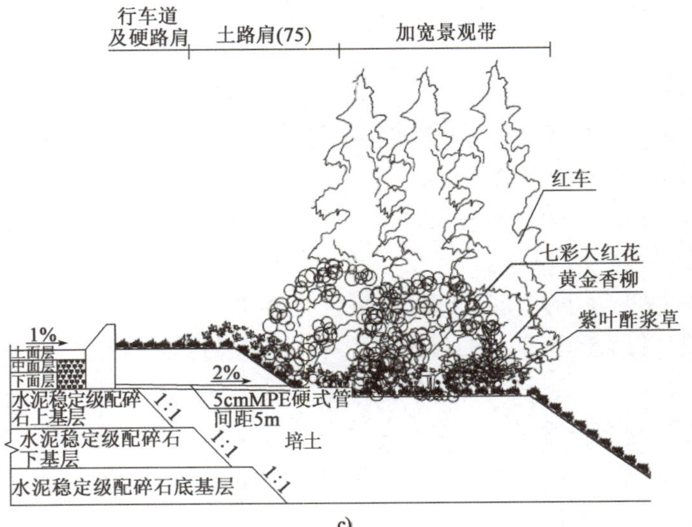

图 4.2-1　路基土路肩加宽设计图

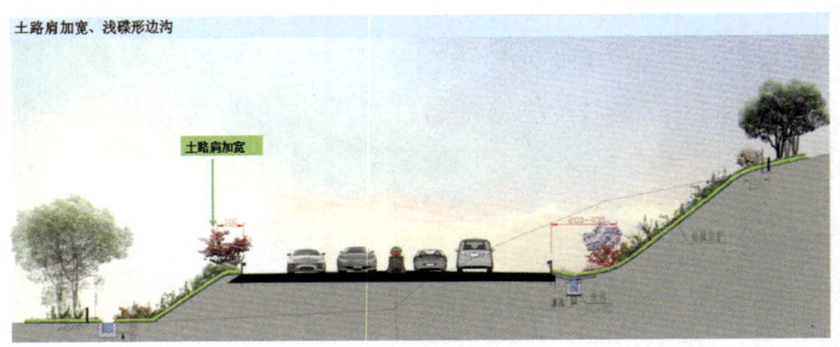

图 4.2-2　路基土路肩加宽效果图

(2)设置石笼挡土墙提供种植平台

对边坡高度不大于20m的稳定非高液限土路段,有条件情况下在坡脚设置1.2m高石笼景观墙,增加景观布设空间。石笼墙结合藤本攀爬植物的种植,弱化工程痕迹,与周边环境更好地融合,参见图4.2-3～图4.2-6。

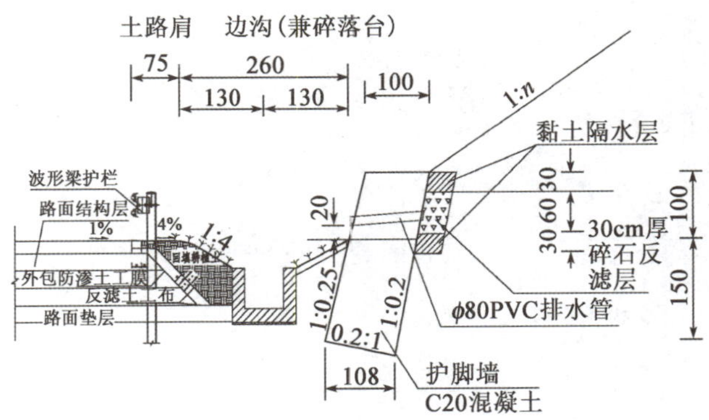

图 4.2-3　景观矮脚墙设计图

图 4.2-4 景观矮脚墙效果图

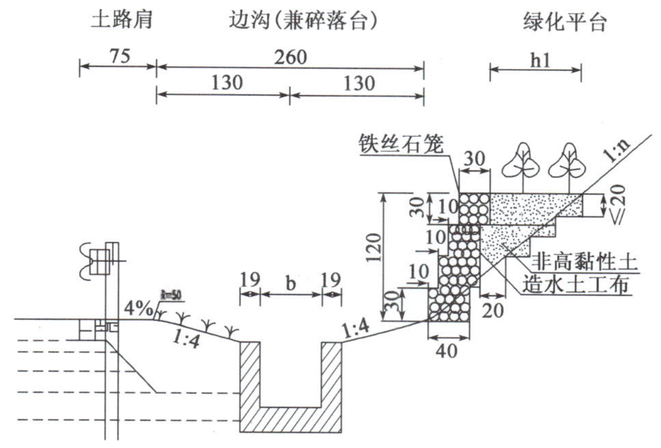

图 4.2-5 挖方路基石笼墙设计图

图 4.2-6 挖方路基石笼墙效果图

通过填方路基土路肩加宽以及挖方路基设景观墙作为路侧景观带的方式,一举三得,达到了以下效果:

①景观设计上,提供了绿化种植的位置,避免了以往项目路侧仅有波形梁护栏等生硬结构物,提升了公路景观效果。

②路基施工上,由于路基断面加宽填筑,避免了部分项目路基施工超填不足难以全断面压实、后期边部沉降量大导致边坡坡率收陡、影响路基稳定性等问题,提升了路基施工质量;石笼

墙采用施工过程中的废弃石块、碎石等，实现了资源的循环利用，生态环保，其形式也更贴近自然，充分体现了自然野趣。

③工程规模上，虽增加了部分填方规模，但减少了集中弃土，节省了弃土运输、弃土场临时用地及防护排水绿化等费用；更好地体现绿色环保的设计理念。

2）仁新高速路基生态景观带设计设置技术

根据现场调查将景观分段设计，采用“露、透、藏、诱”的设计手法体现沿线大地景观，使高速公路成为沿线景观的承载体。

露景设计主要是针对路侧周边自然景观良好段落，取消人工栽植，借用远景进行开放营造；透景采用乔木组合栽植，使用在常规段落；对于沿线景观不良或需要遮蔽的段落栽植高大乔木进行遮挡，形成藏景；对于长曲线段落，曲线外弧侧栽植行道树进行引导，采用诱景进行营造，可参见图4.2-7～图4.2-9。

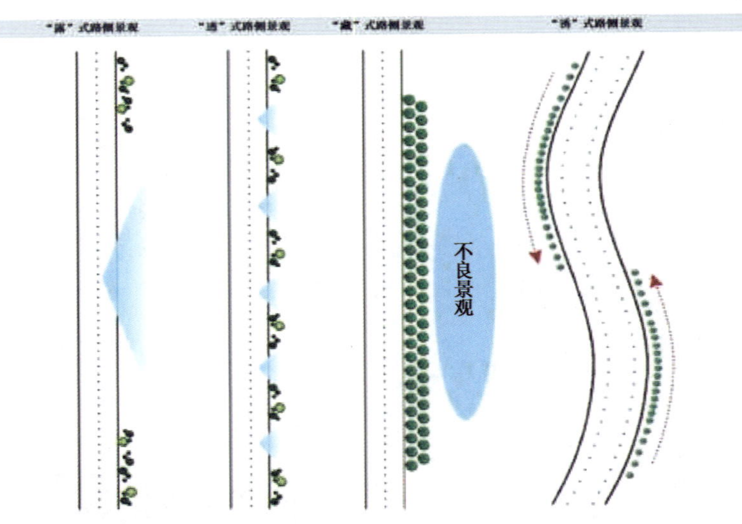

图4.2-7　路侧景观营造设计手法平面示意图

图4.2-8　路侧露景、诱景效果图

图4.2-9　路侧透景、藏景效果图

针对沿线不良景观需要遮挡的段落，提前介入，要求主体工程设计时，适当加宽护坡道宽度或路堤宽度预留绿化平台，为苗木栽植预留出足够位置，并使乔木种植高度能满足景观绿化、防噪需求，见图4.2-10。

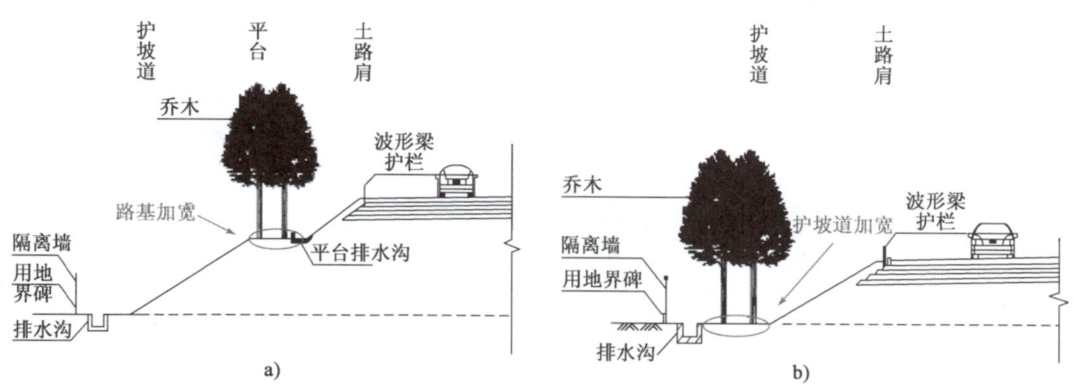

图 4.2-10　路堤预留平台及护坡道加宽断面示意图

3）吴川支线弧化优化

边坡设计采取贴近自然缓边坡及圆滑坡面，加强与自然环境的统一协调，方便绿化并减少和避免生硬高大圬工结构。对于大于 10m 的挖方边坡取消平台采用折线坡节省占地；原地面线与边坡线钝角处利用公路地界，采用弧化优化坡顶，既达到公路路容美观、环境优美与沿线自然景观相协调的目的，又可增加挖方缓解项目缺土的问题。全线边坡防护以植草为主，植草 + 三维网植草面积约 41.6 万 m^2，防护圬工量仅 728m^3，见图 4.2-11。

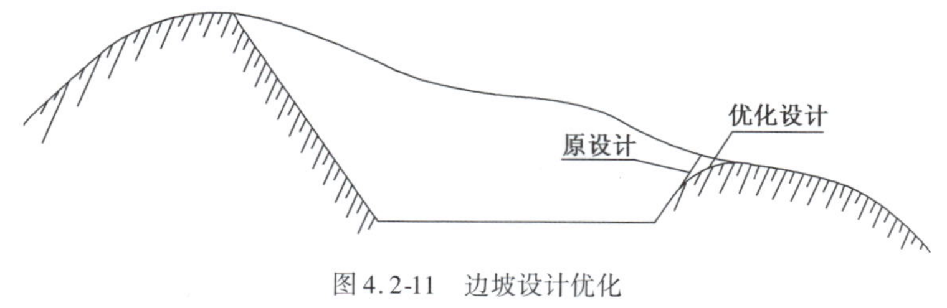

图 4.2-11　边坡设计优化

4.2.3　绿色路基填筑技术

1）特殊路段路基补强

为进一步提高化湛高速台背回填及高填土路段（填土高度大于 8m）的质量，有效减少路基工后沉降及桥头跳车等病害的发生，确保云湛高速建成通车后行车的舒适性、耐久性，在台背回填及高填土路段填土达到要求的压实度基础上，进行补强压实处理。通过现场试验总结，最终确定的主要参数指标为：

①台背回填强夯。液压式夯实机最大夯击势能为 30kJ，按施工作业点净距 50cm 的梅花形布置夯锤位置，第一排夯锤位置距离桥台的距离为 1.0m，采用 10kJ 一档十二锤为压实一遍，其他位置采用 30kJ 三档九锤为压实一遍，由桥台方向向远离桥台的方向压实。液压式夯实机最大夯击势能为 30kJ。

②冲击式压路机适应于高填土连续长度大于 50m 范围，采用冲击式压路机补压时应注意：涵洞顶的补强压实面距涵顶的竖向距离不宜小于 2.5m（填土路基）和 3.0m（填石路基），距离土工格栅等合成材料不宜小于 1.5m。补强压实工作面距离桥涵台的水平距离对 U 形桥台和涵洞通道不少于 5m，对其余类型桥台不少于 10m，对挡土墙墙背内侧不少于 2m；对于预

应力管桩处治地基的路段,基底不再进行高性能压路机补压。当本次高填土处理范围内的构造物安全间距达不到上述使用冲击式压路机补压时对构造物的安全距离时,则采用液压式夯实机对该范围进行补压处理。冲击式压路机采用三边形凸轮,最大夯击势能为25kJ,由两侧向路中心夯实,每层冲击式压路机的冲压遍数按20遍计,冲压20遍计为一次。

2)台背填料注浆

由于化湛高速的进度推进较快,为有效消除台背跳车的质量通病,在台背回填的基础上,进行注浆处理。其主要的技术参数总结如下:

注浆加固的施工次序为先帷幕,后中间。孔深采用台背回填高度加上2m的原状土。注浆孔平面间距为3m左右,注浆孔采用80~100cm,垂直度偏差不大于1%。注浆材料选用42.5级及以上普通硅酸盐水泥浆液,水灰重量比为0.6~1.0,每延米水泥用量180kg,见图4.2-12和图4.2-13。

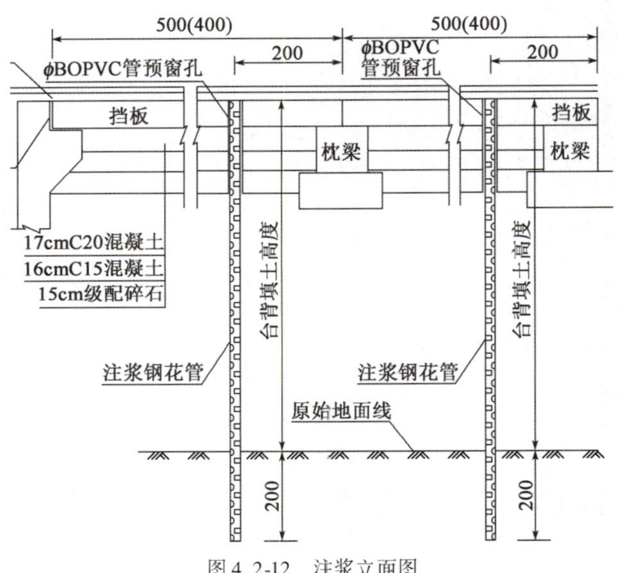

图4.2-12 注浆立面图

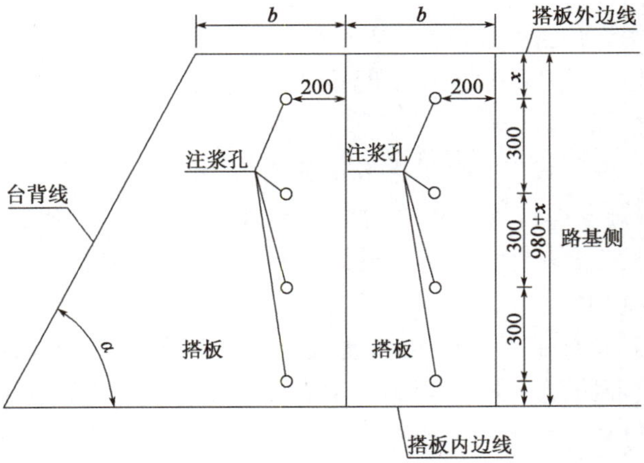

图4.2-13 注浆平面图

采用跳孔间隔、自下而上分层注浆方式。具体为采用少量多次的方法进行反复注浆，次数2~3次，前后两次的时间间隔2h，多次循环达到标准为止；对填方段桥头应先注浆封顶，后自下而上注浆，防止浆液上冒，每次注浆活塞上拔高度一般为0.5m。

采用双控原则终注，以注浆量和终注压力双控，当注浆量达到每延米水泥用量180kg的要求，或终注压力达到1.0MPa，且持续时间达10min即可终止注浆。

3)煤系土、高液限土回填循环利用新技术

新博高速煤系地层多为灰黑~黑色，岩性含炭、含泥质较重，粉沙质泥晶~泥质结构，薄层状、页理状构造。以全~强风化层为主，厚度达20~40m，煤层每层厚0.2~0.6m，常呈透镜状、藕节状或鸡窝状。煤系岩层岩性软，含有大量伊利石，具有干裂、吸水性强、遇水膨胀软化、其结构易破坏而丧失强度等特点。

管理处对沿线煤系土、高液限土等填料利用进行试验研究，并根据试验结果就土质筛选、填筑部位、填筑方式、防排水等制定包边、分层填筑等相关措施。先进行煤系土土样调研，填筑前进行试验段总结，采用包边土及分层填筑的方式，确保施工质量。

高液限土天然含水率大，液限高，塑性指数大，水稳定性差；煤系土天然含水率低，土颗粒黏结能力差，遇水膨胀软化，结构易破坏而丧失强度。两种材料均属于特殊土质，不宜直接用于路基填筑。考虑到弃方换填和土质改良两种传统处理方式费用高，且不利于环保，在借鉴广东省内高速公路(京珠高速公路、广清高速公路、梅河高速公路、广梧高速公路)和《福建省高速公路施工标准化管理指南》相关经验的基础上，对本项目煤系土及高液限土处置利用及现场施工质量控制措施提出相关要求。

(1)填方路基段煤系土、高液限土处置利用及施工质量控制措施

煤系土以及液限大于50，塑性指数大于26的高液限土，不得作为94、96区填料；含水率在22%~30%间，粗颗粒(>0.074mm)含量大于50%且CBR值大于3%的高液限土和部分砾状煤系土可用于路基93区填料。

路基93区填筑煤系土、高液限土适用部位：地势较平坦路段，陡坡及斜坡路段不可用，一般情况下坡度应在1:20以下。路基填筑高度≤12m的且地基稳定，在常水位1m以上至93区顶面往下1m范围。

施工质量控制措施如下：

①路基基底应设置防排水隔离垫层，厚度0.3~0.5m，采用渗水性良好的砂砾或碎石填筑，顶面应设置反滤层。

②应采用间隔分层填筑措施，每填筑一层煤系土或高液限土，再填筑一层其他合格土质填料。

③采用包边填筑，包边土应在煤系土上料前完成，宽度宜为3~4m，土质应为各项指标符合要求的非高液限黏土，按标准要求卸土、控制摊铺厚度，与煤系土或高液限土一同压实。

④填筑前应开展试验段施工，确定松铺厚度、压实机械组合等施工参数，后期施工严格执行；一般情况下分层压实厚度宜为20~25cm，每填高1m应采取高性能压路机补压措施，减少路基的不均匀沉降和工后沉降变形。

⑤加强防排水施工组织，及时修筑临时拦水埂、急流槽，并结合填土情况及时施工坡面急

流槽、人字形骨架等永久排水和防护工程,防止边坡冲刷和滑塌。

⑥每层填筑完成经自检合格,报监理工程师检验签认合格后,方准进行下一道工序施工。

(2)挖方路段煤系土、高液限土处置利用及施工质量控制措施

①煤系土路堑:路面下煤系土厚不超过150cm,全部超挖并换填碎石、沙砾;厚度超过150cm,应超挖上面150cm煤系土换填碎石、沙砾,并保证换填土下面基底的压实度在94%以上,同时加深纵向碎石盲沟,以排除路床积水。

②高液限土路堑:路面结构下超挖120cm,并回填石渣、石屑,同时设置纵向碎石盲沟,以排除路床积水。

③煤系土、高液限土路堑开挖应特别注意及时做好防护、排水工程,开挖一级防护一级;同时加强山沟及泉眼临时排水措施,路堑开挖过程中如出现较大泉眼,严禁堵塞,应查明径流,采用深挖斜孔排水处理,将泉水引出坡面,引入平台排水沟或边沟,与排水系统顺接,防止坡面冲刷或引起滑坡。

(3)原则上挖方数量大于填方,不需进行借方施工的合同段,尽量采用挖弃方案,不宜采用煤系土(图4.2-14和图4.2-15)、高液限土进行路基填筑(图4.2-16);其余合同段应由检测中心做好土样室内试验,经总监办批复后方可采用。

a)

b)

图4.2-14　煤系土前期调研

a)

b)

图4.2-15　煤系土利用

又如：化湛高速路基工程最大特点为借土方量大，而且附近土质不是优良的路基填筑材料，大多液限较高。另外粤西地区人口稠密，用地紧张，对环境要求也较高，故设计根据实际情况，部分利用高液限土进行土方填筑。利用原则为：仅用于填土高度不大于 12m 的路段 93 区，使用前进行土工试验，对于液限不大于 70%，强度不小于 3.0% 的高液限土方可使用，高液限土填筑路基底部设置排水垫层，包边、顶部均需设置非高液限土，顶部设有防渗土工布。化湛项目高液限土利用的效果良好，路基质量合格，大大减少了全线外借土方压力，节约造价。有效减少借土场及弃土场，减少土方运距，有效做到节能环保。

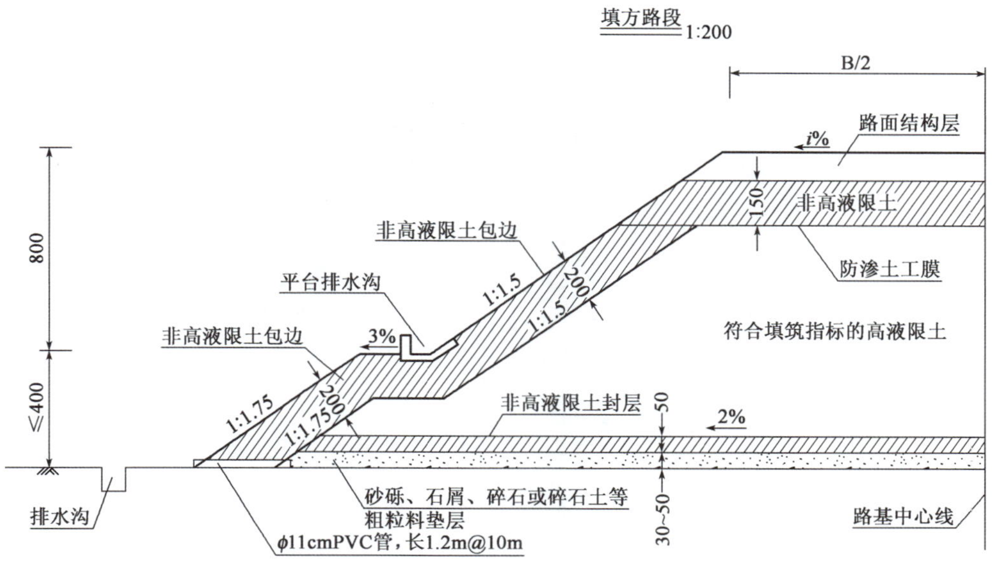

图 4.2-16　高液限土填方路基利用设计图

另外，吴川支线：本项目高液限土较多，为准确掌握高液限土的分布及参数，加强高液限土专项设计，组织参建各方加密高液限土取样频率并平行试验，确保试验参数的准确性；根据高液限土弃方量大的特点，结合现场实际情况，提前进行绿化景观方案设计，将可用弃方纳入全线土方调配，变废为用，为本项目后续绿化工程微地形营造创造有利条件；施工期开展高液限土填筑试验段工作，并进行专项评审，合理确定高液限土使用指标，优化高液限土施工参数。

4.2.4　绿色路基路界地表排水创新

1）南粤地区路基排水现状及存在的问题

目前南粤地区已建成的高等级公路中，部分路基路面的工程病害种类较多，由于排水不良造成路基、路面强度及稳定性不足，近而导致路面使用状况恶化和使用寿命降低的工程实例屡见不鲜。因排水不畅而引起路基下沉、路面水损坏及边坡水毁的问题也已成为影响公路正常运营的问题之一。通过定性调研发现，高速公路路基路面水损害较普遍，类型也较多，总的来说有如下特点：

①不同路段水损害程度不同，灾害类型也有差异；

②不同车道、不同分幅水损害程度迥异；

③道路和桥梁上水损害明显有别；

④填挖结合处路面病害更严重；

⑤地质水文情况较差路段水损害更严重。

目前高速公路路基路面早期水损害的破坏形式有以下几种：

(1)网裂

在降水过程中，沥青路面上的自由水容易渗入并滞留在表面层和中面层，在大量行车荷载作用下，使路面表面层和中面层内沥青混凝土中部分碎石上的沥青剥落，导致表面产生网裂(图4.2-17)。

图4.2-17 网裂

(2)唧浆

表面水透过沥青面层存留在基层的顶面，在行车荷载作用下，自由水成为动水，由于动水的冲刷作用，基层表面的粉质部分如水泥、石灰、粉煤灰等变成为稀浆，行车荷载的反复作用导致稀浆通过路面的各种空隙和裂缝被挤出路面，即产生唧浆破坏(图4.2-18)。唧浆破坏是路基路面水损害最为明显的标志，常发生在雨后或雪融后且基层采用二灰类、水泥类半刚性基层上。

图4.2-18 唧浆

(3)坑洞(槽)

在大量的快速行车荷载作用下,松散的沥青混凝土若被车轮甩出或被雨水带走,就会在路面上产生坑洞(图4.2-19)。通常坑洞产生后,易从小坑洞发展成大的坑槽。

图4.2-19　坑洞(槽)

(4)翻浆

在春融时期,土基强度会急剧下降,这时在行车荷载作用下,路面表面会出现不均匀起伏、弹簧或破裂冒浆等翻浆现象(图4.2-20),翻浆主要是由于地下水排除不好或水位发生变化导致的。

图4.2-20　翻浆

(5)车辙

浸入沥青面层的自由水会减弱沥青和集料的黏聚力和黏附性,同时在行车荷载的作用下,使粗集料碎石表面裹附的沥青膜剥落,导致沥青混凝土的强度逐渐丧失,直至完全松散。在行车轮迹下产生压缩形变和剪切形变,车轮下松散的沥青混凝土被挤向两侧,使轮迹下陷,两侧拥起,形成车辙(图4.2-21)。

(6)路基沉陷

路基处地下水位较高或路面防排水效果不佳,致使路基长期处于浸湿状态,路基土的物理结构和化学性质发生转变。在上部荷载的作用下,路基土颗粒处于运动状态,重新排列变得更加紧密,产生压缩形成路基沉陷,路基沉陷多发生在软土和黄土地区(图4.2-22)。

图 4.2-21　车辙

图 4.2-22　路基沉陷

(7)边坡滑塌

对于路堑边坡,其稳定性本来就很差,再加上坡顶水流的侵害,边坡土的抗剪强度会大大降低,同时,流下来的水也会加重外力荷载,使得边坡造成滑塌;对于路堤边坡,路基上方流下来的水会深入到路堤边坡土内部,路堤坡脚在水力的作用下被掏空,土体失去支撑而崩离下坠(图 4.2-23)。

(8)不良地质与水文条件造成的路基破坏

由水引起的不良地质(如泥石流,溶洞)和较大的自然灾害(如洪水,大暴雨)对路基会产生大规模的毁坏(图 4.2-24)。

2)高速公路防排水系统设计原则

高速公路排水系统是由各种拦截、汇集、拦蓄、输送、排放地表水和地下水的排水设施和构造物组成的总体。由于高速公路的综合防排水设计对路基的稳定性及路面的使用寿命具有显著的影响,因此设计人员在进行公路防排水设计时,应遵循以下几条原则:

①高速公路防排水设计应全面规划，合理布局，少占农田，经济合理，并与当地排灌系统协调，防止冲毁农田及其水利设施。公路绿色生态排水设计应满足公路排水需要，恢复自然、适应自然，与路域环境相协调。应推广应用绿色生态排水新型材料。

图4.2-23　边坡滑塌

图4.2-24　洪水冲毁路基

②重视环境保护，防止水土流失和水源污染。排水设计应做到排灌分离，防止路面粉尘、油污或其他有害物质，经雨水冲洗后排入灌溉水源。

③设计前必须进行调查研究，查明水源与地质条件，重点地段要进行排水系统的全面规划，合理选定各种排水设施的类型、位置及排水功能。地下水的处理，应与地表水的排除统一考虑，因地制宜，设置必要的地下排水设施。此外，还要特别注意各种排水设施的衔接，使之构成统一、完整的排水系统。

④排水系统设计要综合考虑气候、地形、地貌、不良水文地质、人类活动、生态环境、水土保持等因素。绿色、生态的浅碟形、倒三角形等浅型沟的应用应结合水文气候、地形地貌、地质等工程特点因地制宜，不宜生搬硬套。公路工程排水应结合自然条件进行排水总体设计，形成完整的路基路面排水体系，并同当地的自然水系、水利设施等衔接，综合规划、合理布局。收集工

程所在地的有关气象资料、当地降水频率、周期及降水过程，对气候寒冷地区还应收集低温天气、冻融周期和深度等资料。探查沿线地区的地形及工程地质条件、土壤类别、土层厚度及地下水的情况（水源、水量）。对沿线各种已有天然水系或人工排灌构造物均应调查研究，纳入排水设计范围内。

⑤排水系统的设计一定要体现超前性与主动性，要正确处理长期使用性能与近期使用效果的关系。排水设施的使用寿命应与公路的使用寿命一致，排水构造物应采取加固防渗措施。

⑥各类排水构造物所采用的结构型式，应便于营运期的养护和管理。排水构造物的设计应满足防冲刷、防淤积的要求，在湿软地基路段应结合软基处理综合考虑，并对沟渠基底处理提出具体要求。

⑦自然沟谷与人工沟渠及涵洞等排水设施，既要密切配合，又要各自分工，充分发挥整体效能，以达到排水顺畅，既避免造成对路基的冲刷，又不致形成淤积而危害路基。

⑧为了减少水对路面的破坏作用，应提高路面结构的抗水害能力，尽量阻止水进入路面结构，提供良好的排水设施，迅速排除路面结构内的积水。

3）路界地表排水系统

道路排水可分为路界表面排水和道路内部排水，其中路界表面排水是公路排水中重要的一部分。排水的目的就是将降落在路界范围内的表面水有效地汇集并迅速排除出路界，同时把路界外可能流入的地表水拦截在路界范围外，以减少地表水对路基和路面的危害以及对行车安全的威胁。

路界地表排水应充分利用地形和天然水系，做好进出口位置的选择和处理，并采取防、排、截相结合的综合措施，做好与桥涵、隧道等排水系统的衔接，保持水流顺畅，避免出现堵塞、溢流、渗漏、淤积、冲刷和冻结等现象，减少对路基和毗邻地带的危害。

路界地表排水系统主要包括路面（含路肩）表面排水、中央分隔带、超高段排水、路基边坡坡面和路界范围内地表坡面排水，以及有可能进入路界的公路毗邻地带的地表水和由相交道路进入路界内的地表水的排除。

4）路面表面排水原则

路面表面排水的主要任务是迅速把降落在路面和路肩表面的降水排走，以免造成路面积水，破坏路面结构和影响行车安全。路面表面排水设计应遵循下列原则：

①降落在路面上的雨水，应通过路面横向坡度向两侧排流，避免行车道路面范围内出现积水。

②在路线纵坡平缓、汇水量不大、路堤较低且边坡坡面不会受到冲刷的情况下，应采用在路堤边坡上横向漫流的方式排出路面表面水。

③在路堤较高，边坡坡面未做防护而易遭受路面表面水流冲刷，或者坡面虽已采取防护措施但仍有可能受到冲刷时，应沿路肩外侧边缘设置拦水带，汇集路面表面水，然后通过泄水口和急流槽排离路堤。

④设置拦水带汇集路面表面水时，拦水带过水断面内的水面，在高速公路及一级公路上不得漫过右侧车道外边缘，在二级及二级以下公路上不得漫过右侧车道中心线。

5）边沟设计

目前广东省高速公路常用边沟形式如图 4.2-25 所示。

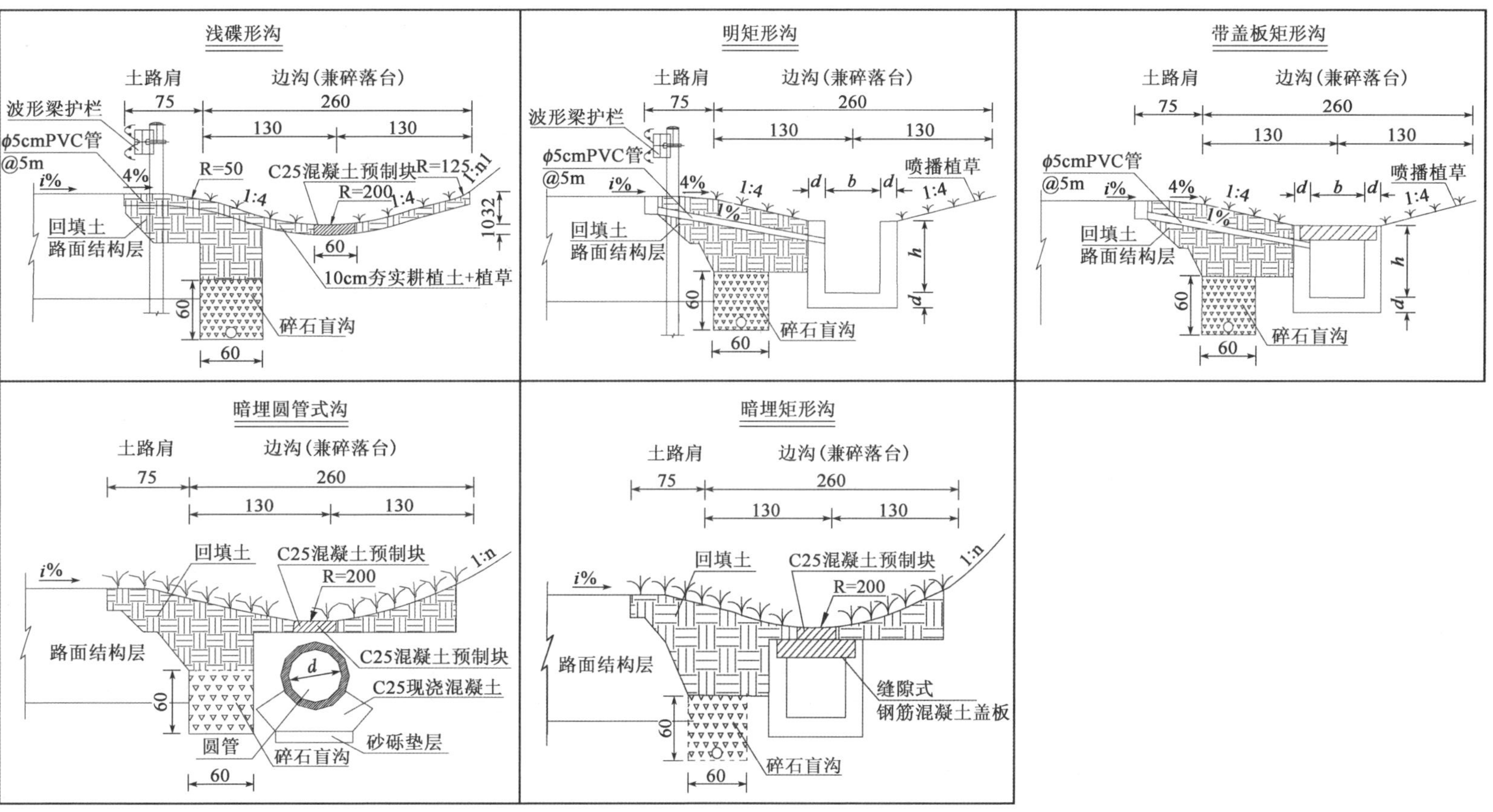

图4.2-25 常见边沟设计图

针对常见的边沟形式，选取代表尺寸进行对比分析，不同边沟类型技术经济对比分析见表4.2-1。

不同边沟类型技术经济对比分析表　　表4.2-1

序号	断面类型	尺寸(底宽×沟深或圆管内径)(cm)	结构	造价(万元/100m)			优点	缺点	适用条件
				排水设施	波形梁护栏	总价			
1	浅碟形	260×30	用10cm黏土夯实，中间60cm采用C25混凝土预制块填充	0.965		0.965	工艺简单，施工方便，便于养护，开挖量小，造价低，绿色环保，对行车视觉没有冲击	断面流量小，泄水能力较小	超高段外侧和单向排水长度(与车道数等有关)的正常开挖路段
2	明矩形	60×60	C25混凝土预制块	4.123	2.200	6.323	工艺简单，施工方便，排水顺捷，防冲刷能力强，泄水能力较大，能及时发现堵塞位置，便于清理和维护	圬工痕迹大，对行车视觉有一定冲击。土路肩须设护栏	除使用浅碟形以外的挖方路段
		80×60		4.448	2.200	6.648			
3	带盖板矩形沟	60×60	C25混凝土预制块	6.021		6.021	可不设护栏，施工方便，可供失控车辆安全逾越	清淤养护困难，盖板被车辆毁坏后需及时更换，养护成本高	除使用浅碟形以外的挖方路段
		80×60		7.059		7.059			
4	浅碟形+圆管	$\phi70$	C30钢筋混凝土圆管，管顶用黏性土夯实植草	6.286		6.286	可不设护栏，对行车视觉没冲击；圆管可采用工厂化订购或现场预制，便于施工；泄水能力强，景观效果好	施工工艺复杂，需按纵坡在一定距离设置集水井，开挖量大，造价较高，排水稍微滞后，后期养护成本也较大	除使用浅碟形以外的挖方路段
		$\phi80$		7.398		7.398			
5	浅碟形+明矩形	60×60	C25混凝土预制块，边沟顶设置钢筋混凝土盖板，盖板上用黏性土夯实植草	7.242		7.242	可不设护栏，对行车视觉没冲击；泄水能力强，景观效果好	施工工艺复杂，开挖量大，需按纵坡在一定距离设置集水井，排水稍微滞后，后期养护成本也较大	除使用浅碟形以外的挖方路段
		80×60		8.363		8.363			

上表表明，浅碟形边沟开挖量小、造价最低，景观效果好，但排水能力小，适用范围较小。小尺寸的矩形边沟或圆管沟，除暗埋式矩形沟造价较高外，其他三种造价基本相当。随着边沟尺寸的增大，明矩形沟造价最低。暗埋式边沟后期景观效果好，但施工工艺较复杂，后期养护成本也较高，带盖板明沟相对明矩形沟，可以不设护栏，但后期养护比较困难，有时项目养护单位为了养护方便，将盖板掀开摆放在边沟两侧。明矩形沟相对其他边沟施工工艺比较简单，后期养护费用也较低，建议在除采用浅碟形边沟以外的挖方路段采用明矩形边沟形式。

根据调研发现，边沟的材料常见的有浆砌片石、混凝土预制块和现浇混凝土。材料的选用应根据场区材料来源情况而定，浆砌片石和混凝土材料边沟结构尺寸分别为30cm 和20cm，如图4.2-26 所示。

不同边沟材料的经济对比分析见表4.2-2。表中差价百分比为混凝土材料相对于浆砌片石材料的费用增长值占对应混凝土材料单价的百分比。浆砌片石具有造价低的优势，但施工质量难以控制。混凝土材料相对较贵，但施工质量有保障，并且施工消耗时间较小，在目前施工工期比较紧张的情况下具有一定优势。排水沟、截水沟和急流槽与边沟情况类似，均为浆砌片石造价相对于混凝土较低，实际工程中可根据场地材料来源和项目本身特点具体决定采用哪种材料进行修筑。

不同边沟材料经济对比分析表 表4.2-2

断面尺寸(底宽×高)(cm×cm)	材料类型	经济指标(每100m)		
		单价(万元)	与外购浆砌片石差价	差价百分比
		外购	(万元)	(%)
60×60	浆砌片石	3.867	—	—
	现浇混凝土	4.921	1.045	21.24
	混凝土预制块	4.762	0.886	18.61
80×60	浆砌片石	4.115	—	—
	现浇混凝土	5.278	1.163	22.04
	混凝土预制块	5.078	0.972	19.11

6）中央分隔带排水设计

中央分隔带排水是高速公路及一级公路地表排水的重要内容，应根据分隔带宽度、绿化和交通安全设施的形式和分隔带表面的处理方式等因素选择不同的排水方式。一般采用的中央分隔带排水形式大致可分为齐平式、浅碟式、凸起式三种基本形式。

(1)齐平式中央分隔带

齐平式中央分隔带分两种，一种是顶部用水泥混凝土预制块封砌，缘石采用齐平式缘石，中间回填石灰土；另一种是顶部直接和行车道一起做成同结构同厚度的沥青混凝土结构层，中央分隔带降水经路面横坡排除。若中分带设置通信管线，在凹型竖曲线底部加设集水井，施工期间中分带积水流入孔或集水井后通过动力排水或设置横向排水管排出路基外，如图4.2-27 所示。

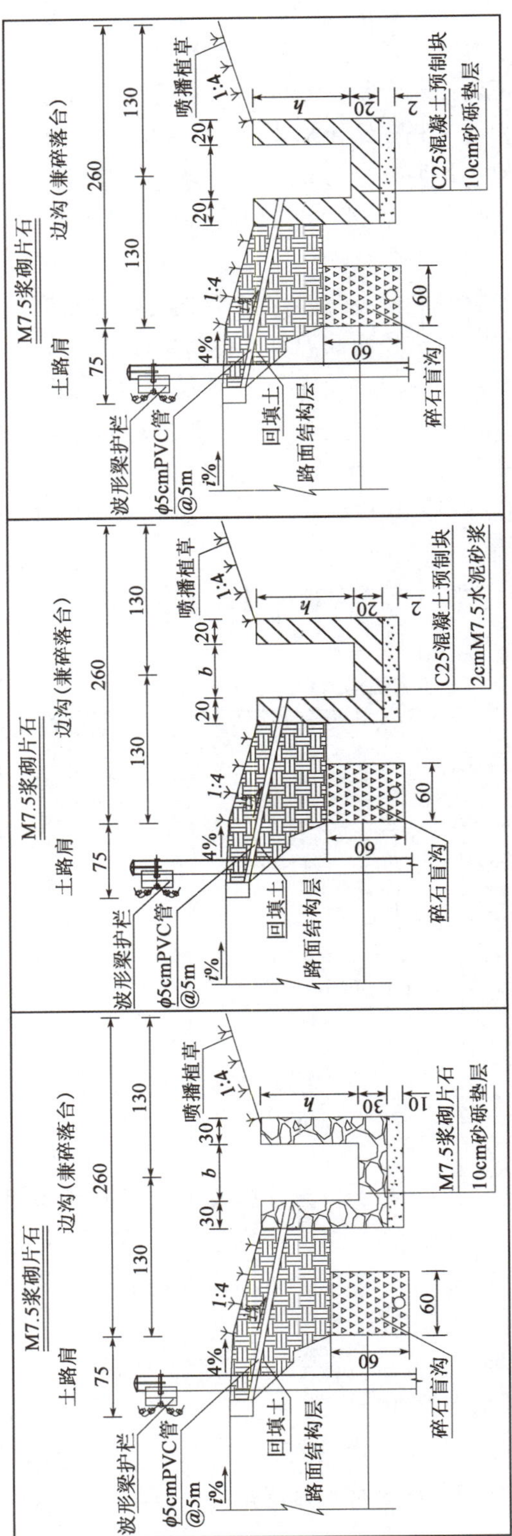

图4.2-26　不同材料明矩形边沟结构设计图

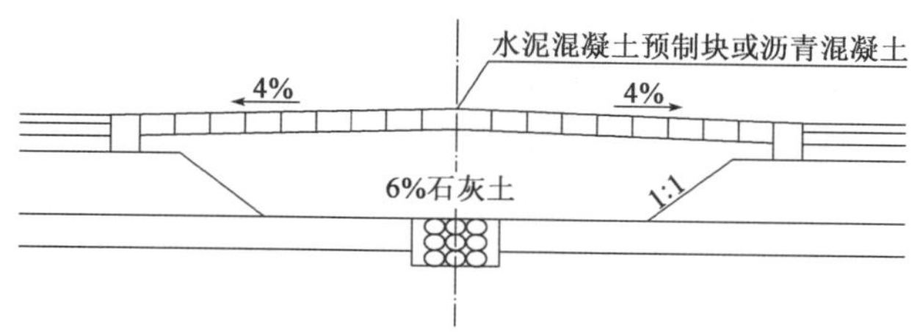

图 4.2-27　齐平式中央分隔带

平式中央分隔带的特点是不用设内部排水沟、管，施工简便，相对其他形式的中央分隔带工程造价较低。由于采用封闭的形式，可有效防止雨水进入中央分隔带内，但其不能再改为开放的形式。由于中间带无下部排水结构，在超高段上侧路面雨水必须流经下侧，降雨量较大时路面容易积水，影响行车安全。另外齐平式中央分隔带须单独设计防眩设施，大量采用钢筋混凝土刚性防撞护墙顶植防眩板作为中央分隔带，甚至某些路从头至尾均采用这种单一形式。虽然这种形式具有后期维护工作量小、简便、成本低等优点，但存在如下缺点：一是景观单调枯燥，容易造成驾乘人员心理紧张，诱发行车危险；二是防眩板极易被重型交通车辆尾气熏染，由于烟尘附着力强，对于交通量大烟尘的公路，防眩板很短时间内就被熏染，造成路容路貌观感较差，且被熏染后的防眩板难以清洗；三是"墙壁效应"突出。

(2)浅碟式中央分隔带

浅碟式中央分隔带顶部用水泥混凝土预制块封砌，缘石采用齐平式，中分带降水可由中分带内设置的浅碟式排水沟，汇集至集水井，再经横向排水管排除。绿化时在浅碟式排水槽底沿纵向留树坑，坑内种植灌木，中央分隔带端部及底部采用水泥沙浆抹面，并上涂一层沥青，铺防水土工布将渗入其内的少量水封闭，同时通过中央分隔带内种植的灌木吸收，如图 4.2-28 所示。

浅碟式中央分隔带适于降雨量适中，雨水分布均匀的地区，其不进行绿化时相对具有造价低的特点，中央带雨水在中央带内排除，其浅碟形断面结构能迅速集纳路面流水，又可防止车辆冲撞引起的弹跳，但须单独考虑防眩；进行绿化时因其填土不够深，绿化的树木成活率低，且当路面降水量较大中间带积水增多容易形成路面污染。

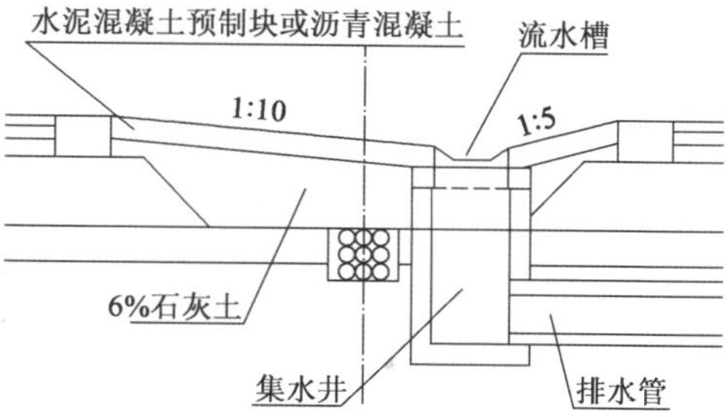

水泥混凝土预制块或沥青混凝土
流水槽
1:10
1:5
6%石灰土
集水井
排水管

图 4.2-28　浅碟式中央分隔带

(3)凸型封闭中央分隔带

凸型封闭中央分隔带顶部用水泥混凝土预制块或现浇混凝土铺筑，中间回填石灰土，并在基层顶面位置加设一层防水土工布。一般为使中央分隔带具有视线诱导性，采用彩色水泥混凝土预制块铺砌，并在凹型竖曲线底部加设集水井，中央分隔带积水则利用设置在通信管下的碎石曾排至人孔或集水井，通过动力排水或设置横向排水管排除路基外，如图 4.2-29 所示。

在凸起式中央分隔带形式中，若设置中央波形梁防护栏时，中央带缘石不宜太高，因为在设计车速为 80km/h 以上的高速公路上，缘石几乎都不具有防止车辆越出路外的机能，反而高缘石(20cm 以上)会使车辆弹起而减弱波形梁护栏的机能，起到助长翻车的相反效果。因此，对于设置中央波形梁防护栏的高速公路中央分隔带，应尽量采用低的路缘石(露出路面不高于12cm),或者平缘石或不设中央分隔带路缘石。由于凸起式中央分隔带雨水在中央带内排除,避免了影响行车和污染路面,并且须设置表面和内部两套排水系统,因此施工工艺复杂,工程造价较高。另外因填土较薄,植树不宜成活,基本上只能种草,不能植树,还须单独考虑防眩。凸型非封闭型中央分隔带雨水大部分通过凸型抛物线表面(填土后植树和草)流向路面,少量雨水下渗入外包土工布的纵向碎石盲沟中,并通过横向塑料排水管排出路基。

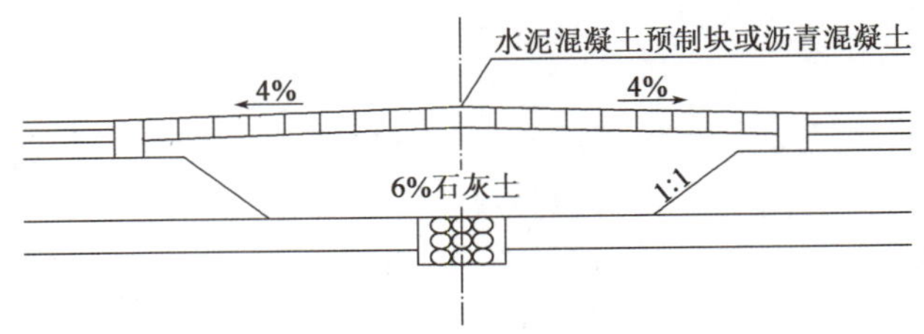

图4.2-29　凸型封闭中央分隔带

(4)南粤地区各项目设计单位典型中央分隔带排水设计

几个部级设计院和广东省周边省级公路设计院中央分隔带排水类型及主要参数对比见表4.2-3,常见的中央分隔带排水形式如图4.2-30所示。对比以上各设计院的设计图得到:对于中央分隔带采用波形梁护栏时,各设计院的设计图,基本上都是采用设置渗沟及横向排水管的方案,只是纵、横向管管径大小及设置间距不一致,部分设计院渗沟材料采用沙砾而非碎石。

中央分隔带排水类型对比一览表　　表4.2-3

单　位	排水设施形式	材　料	主要设计参数
中交一院	纵向渗沟+横向排水管	碎石渗沟、PVC-U横向排水管	隔50m左右设置一个集水槽,并用横向管将中分带汇水排至排水沟
中交二院	纵向渗沟+横向排水管	碎石渗沟、PVC-U横向排水管	隔50m左右设置一个集水槽,并用横向管将中分带汇水排至排水沟或加深边沟
湖南省院	纵向渗沟+横向排水管	混凝土预制块渗沟、PVC-U横向排水管	隔100m间距设置横向管将中央分隔带水排至边坡排水沟
福建省院	纵向渗沟+横向排水管	沙渗沟、PVC横向排水管	沙渗沟铺设外ϕ80mm内ϕ50mm塑料盲管,并间隔70m设置一个预制混凝土集水坑,通过横向排水管排离中央分隔带
江西省院	纵向渗沟+横向排水管	碎石渗沟、HDPE横向排水管	隔一定间距设置一个2m长的集水槽,在集水槽中心位置处通过一个三通管连接一根HDPE横向排水管排泄中央分隔带水
广东省院	纵向渗沟+横向排水管	碎石渗沟、PVC横向排水管	隔50m间距设置一根横向排水管排泄中央分隔带水

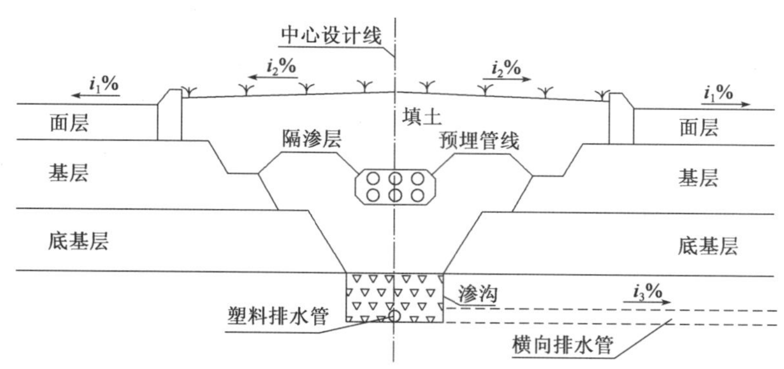

图 4.2-30 常用正常路段中央分隔带排水形式

7)超高段排水

高等级公路上车流量较大,路幅宽度较宽,如果上侧半幅路面水流流向下侧半幅,必然使得下侧半幅路面水膜增厚,有可能引起高速行驶车辆出现漂滑现象,导致交通事故。因此,对超高路段的中央分隔带,除应具有一般路段中央分隔带应具有的一切功能和构造要求外,尚应设排水设施拦截上侧半幅路面漫流过来的表面水。超高路段路表排水,当前国内基本遵循纵向"边缘及时分散拦截",横向"集中畅流"的原则。少雨地区的超高路段,一般直接在中央分隔带上开孔,设置横向过水槽,将超高外侧降水沿内侧行车道路面排至路基以外。多雨地区超高路段,一般在超高段内侧中央分隔带外侧边缘设置路缘带排水沟,汇集超高段外侧路表水,并每隔一定距离设置集水井和横向排水管将路面积水排除。当前国内高速公路超高段采用的排水形式主要有:缝隙式圆管+集水井、矩形沟+镂空盖板、斜坡式路缘带+集水井方案及墙式护栏底部暗埋 PVC 管。

(1)缝隙式圆管+集水井

缝隙式圆管+集水井排水形式采用缝隙式圆形排水管作为纵向排水沟,每隔一定距离设置集水井,通过横向排水管将水排至路基排水沟。缝隙式圆管+集水井整体性结构好,可靠性高,不影响行车安全,排水较为顺畅,维护方便,水力条件优越,排水能力较强;缝隙式圆管一般采用集中预制,质量可靠稳定,在现场进行纵向拼接,施工简便,但其过水断面面积一定,难以根据设计流量调整断面尺寸,且现场拼接,接缝多,接缝处易发生漏水现象,见图 4.2-31。

(2)矩形沟+镂空盖板

矩形沟+镂空盖板排水形式是在超高段内侧边缘设置宽 30cm,深度 45~55cm 的矩形盖板沟,其结构整体性好,排水能力强。在超高段较长的路段,可通过增大纵向排水沟沟深,将雨水沿纵向引出,再通过横向排水管排至路基排水沟,避免因考虑横向排水管接入而导致挖方段边沟过深,但沟身采用 C25 现浇混凝土,致使工程造价高,工程经济性差,且对路基路面施工干扰比较大,见图 4.2-32。

(3)斜坡式路缘带+集水井

该方案是将超高段内侧紧靠中央分隔带一定宽度做成斜坡状,每隔一定距离设置集水井,通过横向排水管排至路基排水沟。斜坡式路缘带+集水井方案维护方便,施工简单、施工速度快,对路基路面施工干扰小。集水井中设沉淀池,清理维护方便。路表除集水井篦子外,其余均为沥青混凝土,视觉效果更好,但当斜坡式路缘带横坡较大时,不利于路面铺筑施工,见图 4.2-33。

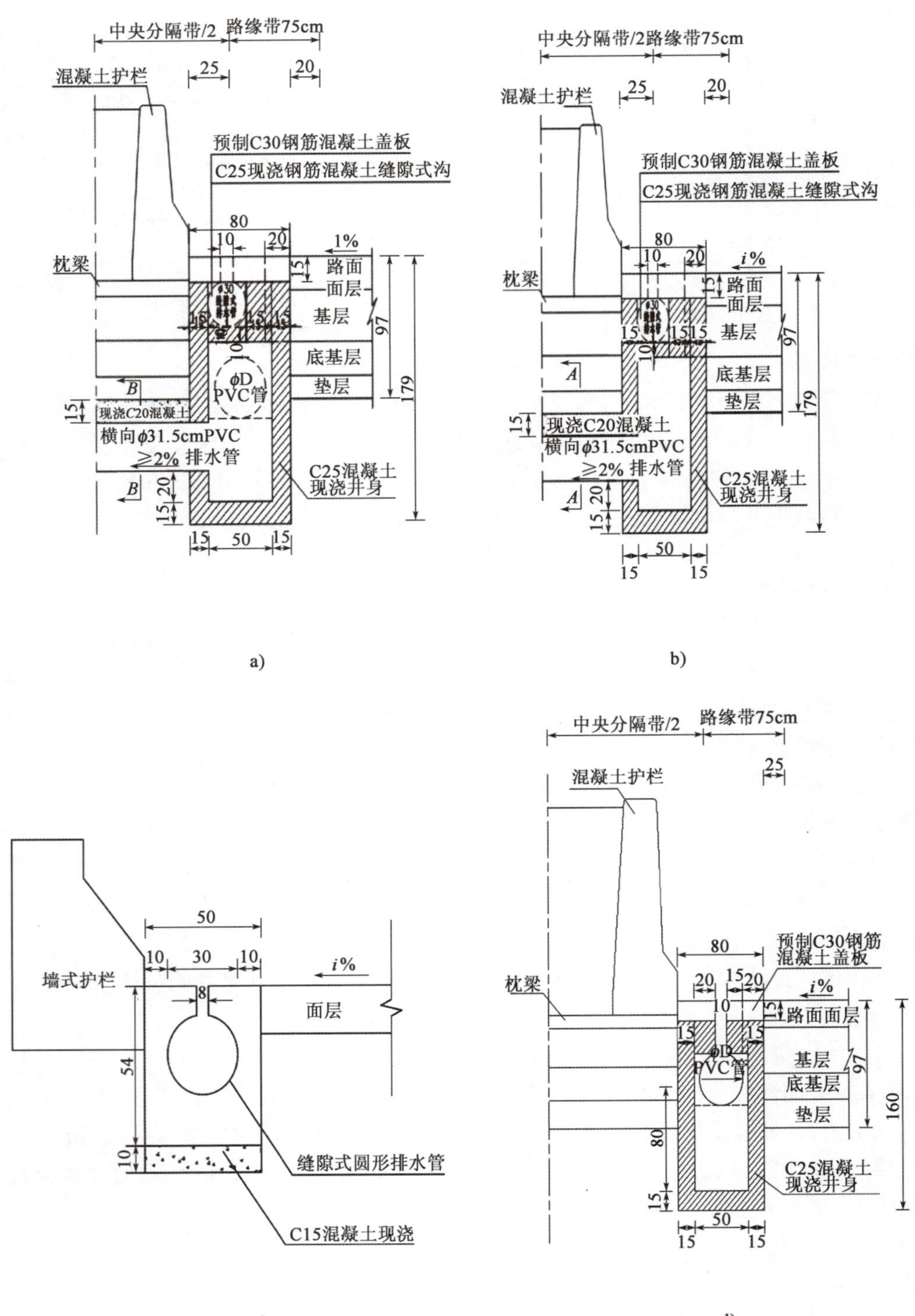

图4.2-31　缝隙式圆管+集水井

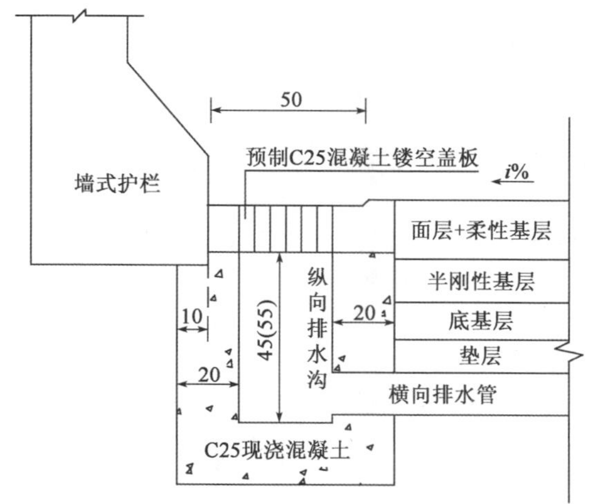

图 4.2-32 矩形沟 + 镂空盖板

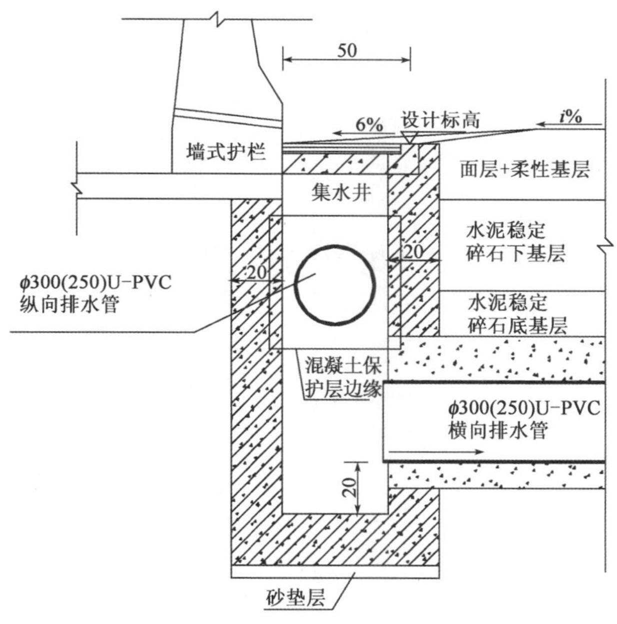

图 4.2-33 斜坡式路缘带 + 集水井

(4)南粤地区各项目设计单位典型超高段排水比较

几个部级设计院和广东省周边省级公路设计院关于超高段排水类型及主要参数对比见表 4.2-4,常见的超高段排水形式如图 4.2-34 所示。对比以上各院的设计图得到:

①均在超高外侧中央分隔带处设置纵向排水沟,并按照一定间距设置集水井后,通过横向排水管将路面汇水排离路面;

②纵向排水沟的断面形式现常用矩形沟 + 镂空盖板或缝隙式圆管沟;

③部分设计院采用在纵向沟底开小孔将沟中部分汇水通过泄水槽进入中央分隔带横向管排除,随着运营时间的增加,横向管堵塞可能会造成路面底部路基积水,造成路面水毁,应直接将纵向沟中汇水通过横向管排离路面(图 4.2-35);

④部分设计院将集水井和清淤池分开设置,造成对路基的开挖量增大,可将集水井兼做清淤池的用途,从而减少开挖工程量,降低对路基质量的影响,并减少造价。

超高段排水类型对比一览表 表4.2-4

单　　位	排水设施形式	材　　料	主要设计参数
中交一院	纵向排水沟+横向排水管	现浇混凝土矩形沟+镂空钢筋混凝土预制盖板、PVC横向排水管	隔一定间距设置一个集水井,并用横向管将路面汇水排至排水沟
中交二院	纵向排水沟+横向排水管	现浇混凝土矩形沟+镂空钢筋混凝土预制盖板、PVC横向排水管	隔一定间距设置一个集水井,并用横向管将路面汇水排至排水沟
湖南省院	纵向排水沟+横向排水管	现浇混凝土矩形沟+镂空钢筋混凝土预制盖板、PVC横向排水管	隔一定间距设置一个集水井,并用横向管将路面汇水排至排水沟。井底接横向管位置处设置带缝的挡水坎防止淤积物进入横向管
福建省院	纵向排水沟+横向排水管	预制混凝土缝隙式圆管沟、横向排水管	缝隙式圆管采用钢筋混凝土预制件,内径30cm,开口5cm,每隔50cm设置ϕ4cm半圆形流水孔,纵向沟按30m设置一个清淤井,120m设置一个集水井,在集水井处设置横向管排泄路面汇水至排水沟
江西省院	纵向排水沟+横向排水管	预制混凝土缝隙式圆管沟、PVC-U横向排水管	缝隙式圆管采用钢筋混凝土预制件,内径30cm,开口4cm,纵向沟按40~60m设置一个集水井,在集水井处设置横向管排泄路面汇水至排水沟
广东省院	纵向排水沟+横向排水管	现浇混凝土矩形沟+镂空钢筋混凝土预制盖板、PVC横向排水管	隔一定间距设置集水井,通过PVC横向排水管将路面汇水排至边坡排水沟,对于一般超高段和双向挖方段可根据排水路径确定横向排水管的根数

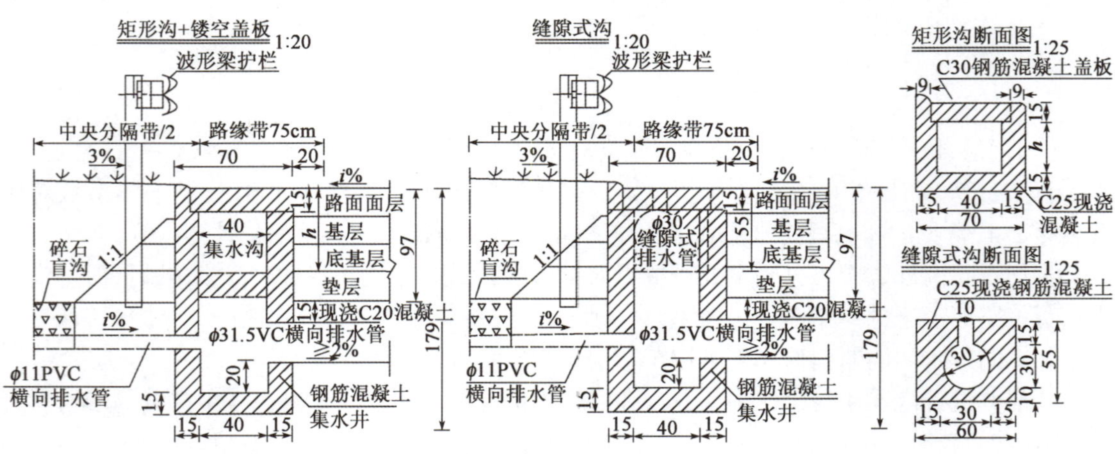

图4.2-34　常用超高段排水形式

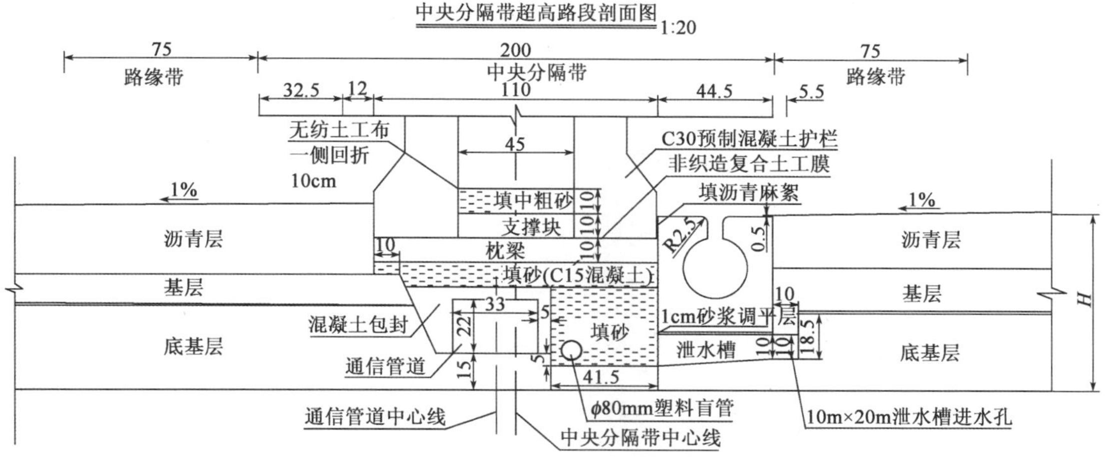

图 4.2-35　纵向沟开孔的超高段带排水形式

8)坡面排水

落入路基边坡的降水对路基边坡形成冲刷破坏,必须根据具体情况对路基边坡采取相应的加固措施。一般根据填土高度和路基填料情况,采用浆砌片石衬砌拱或水泥混凝土预制块进行防护,路表水沿拱圈排入边沟,必须建立相应防护加固工程措施或对策,维护路基的稳定和防止因排水造成路基破坏对沿线环境造成的不利影响。

大量采取浆砌片石及喷锚技术进行边坡防护,人为阻断了自然植被的生长,使得由于高速公路开挖而破坏的自然植被永久不能恢复。而少量的绿化设计往往只是局部贴草皮,没有对边坡整个植被的逐步恢复进行考虑,造成植被的永久破坏,缺乏植物覆盖的边坡一方面不利于水土保持,大量的雨水直接流失,还加大了对道路周边地区的冲刷,引起不少工程灾害。

鉴于圬工防护工程存在的缺点,近年来生态型边坡防护工程在高速公路建设中已得到广泛应用。国内一些公路建设项目从设计之初就非常重视生态因素,并将这种思想贯穿于工程建设的整个过程当中,在施工中积极利用各种科学研究和各种新技术,取得了良好的效果。

如:仁博高速应用绿色生态排水设计主线挖方段采用浅碟形、浅碟形 + 矩形等生态边沟形式,减少圬工砌体使用量,努力营造高速公路与自然的和谐环境,体现生态环保理念。

本项目主线挖方段采用浅碟形(BG-A)、浅碟形 + 矩形(BG-B、BG-C)的断面形式,当排水路径不长、非双向长挖方路段可采用浅碟形(一般使用在边沟长度≤100m 超高段外侧以及互通整平区内);当浅碟形边沟无法满足排水要求时,可在浅碟形边沟下方增设一个明矩形沟构成一个组合式边沟(BG-B、BG-C),参见图 4.2-36。

(1)汕湛高速吴川支线浅蝶形生态边沟设计应用

边沟设计以因地适宜原则采用汇水量较小的浅蝶形生态边沟(BG-A,见图 4.2-37)与水量较大的现浇混凝土矩形边沟(BG-B,见图 4.2-38),在保证了排水通畅的同时达到了与自然地貌融为一体的效果,为司乘人提供一个安全舒适的视觉环境。主线浅蝶型生态边沟长 1044m,占挖方段总长约 12% 。

(2)仁博高速 新博段 碎落台防排水设计优化

在碎落台的防排水方面进行试验探讨,一是改变以往平台截水沟下挖后施工,将平台截水沟标高上抬;二是在煤系、高液限土边坡平台加铺防水土工布,避免雨水下渗,参见图 4.2-39 和图 4.2-40。

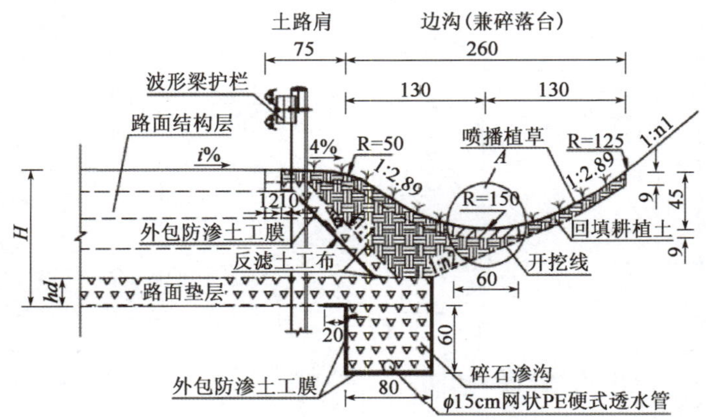

a)浅碟形生态边沟(BG-A1)

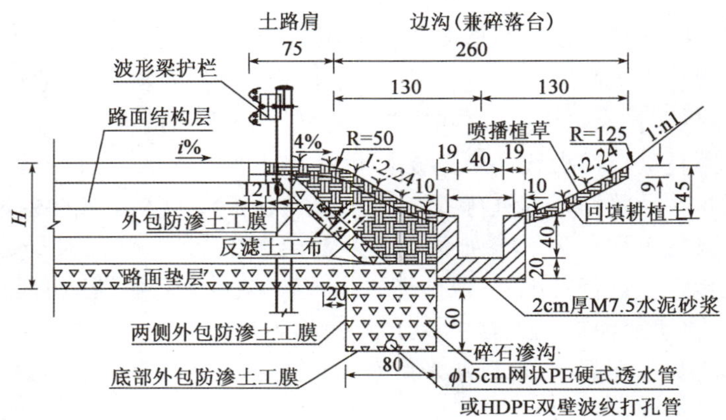

b)预制混凝土边沟(BG-B1)

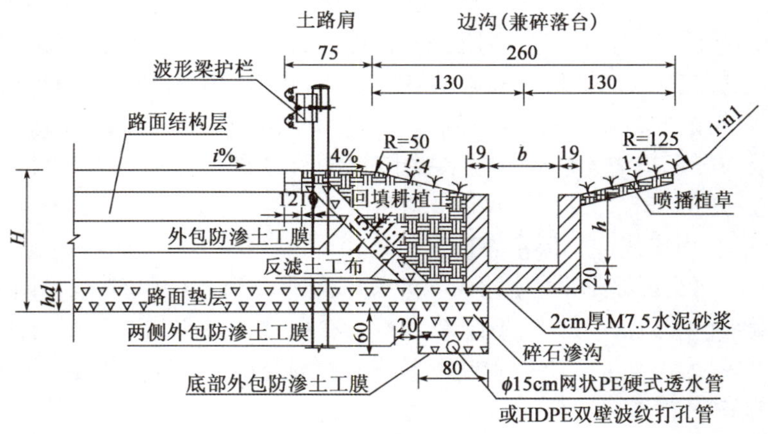

c)预制混凝土边沟(BG-C)

图 4.2-36　生态排水沟

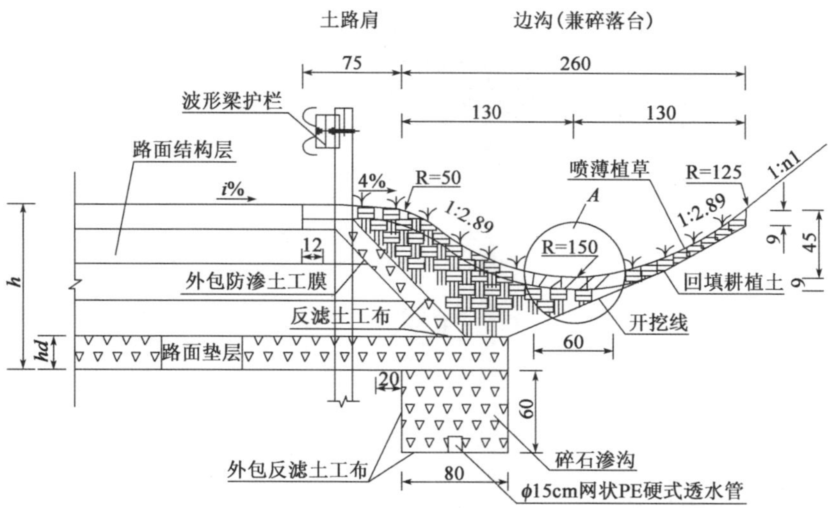

图4.2-37 浅碟形生态边沟(BG-A)

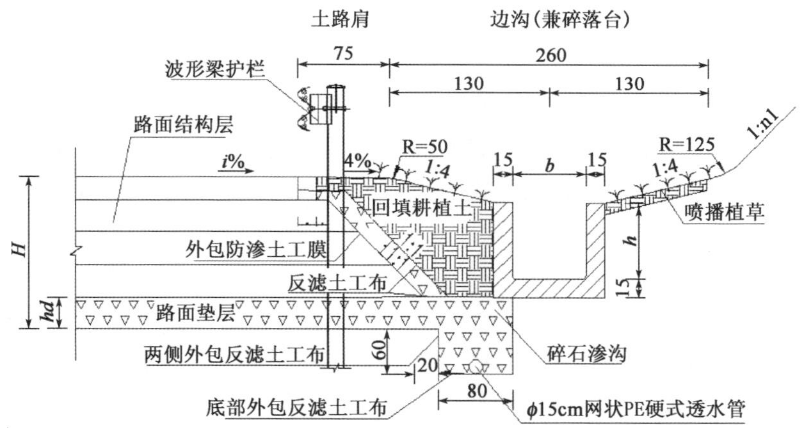

图4.2-38 现浇混凝土边沟(BG-B)

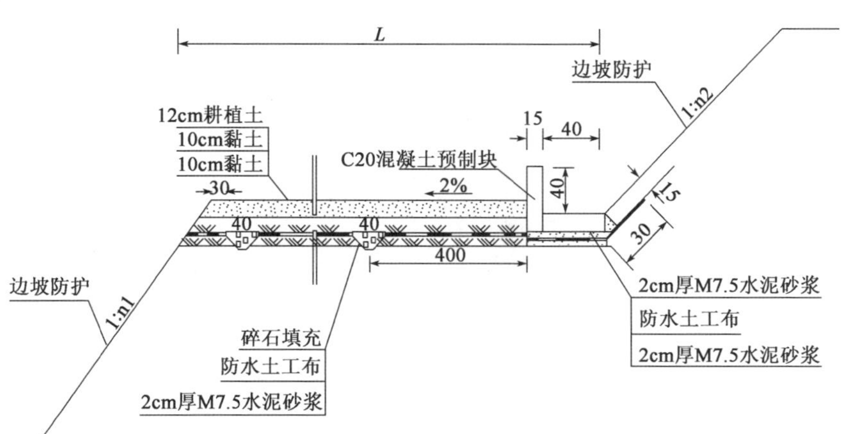

图4.2-39 碎落台防排水示意图

图4.2-40　标高上台后的平台截水沟

4.2.5　绿色道路内部排水

南粤地区气候湿润,降雨丰富,路基冲刷水毁和路面水损害现象十分严重,应加强路基路面排水设计。

路面结构内部水主要是降水通过路面接缝、裂缝、路面表面或路肩渗入路面,或是由高水位地下水、截断的含水层和当地泉水进入路面结构内而形成的自由水。当路基或路肩的渗透性较差时,自由水会长时间滞留,这种现象在凹形曲线底部、低洼河谷地曲线超高内侧和立体交叉下穿路段的路面结构中尤为明显。这种滞留水的危害也相当大,对于沥青混凝土路面会出现龟裂、唧浆、破碎、凹陷和坑洞等破坏,而水泥混凝土路面会出现唧泥、脱空、错台、破碎和断板等一系列病害,最终大大降低路面结构的使用功能和使用寿命。挖方路段与中央分隔带下设置盲沟、路面边部连续设置碎石渗沟,并与路面碎石垫层连接,将地下水顺畅排出,从而提高了路基路面抗水害的能力。

1)路面边缘的排水

沿路面边缘设置由透水性填料集水沟、纵向排水管、横向排水管和过滤织物(土工布)组成的边缘排水系统。该系统将渗入路面结构内的自由水,先沿路面结构层间隙或某一透水层次横向流入纵向集水沟和排水管,再由横向出水管排引出路基,见图4.2-41。

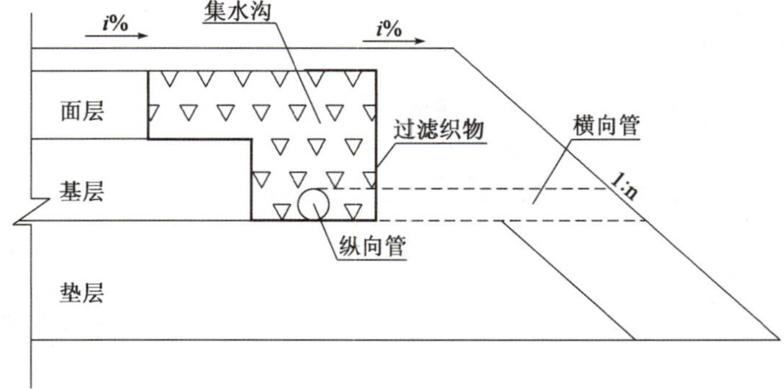

图4.2-41　路面边缘排水系统示意图

①透水性填料有水泥处治开级配粗集料组成,成孔率为15% ~20%。粗集料最大粒径不大于40mm,粒径4.75mm以下的细粒含量不应超过16%,2.36mm以下的细粒含量不应超过6%。为避免带孔排水管被堵塞,透水性填料在通过率为85%时的粒径应比排水槽口宽或孔口直径大1.0~1.2倍。

②纵向排水管通常选用聚氯乙烯(PVC)或聚乙烯(PE)塑料管。排水管设3排槽口后孔口,其开口总面积不小于42cm²/m。管径按设计流量有水利计算确定。排水管的埋设深度,应保证不被车辆或施工机械压裂,并应超过当地的冰冻深度。在非冰冻地区,新建路面时,排水管管底通常与基层底面平齐;改建路面时,管中心应低于基层底面。排水管纵向坡度宜与路线纵坡相同,但不小于0.25%。

③横向出水管选用不带槽或孔的聚氯乙烯或聚乙烯塑料管,管径与排水管相同。其间距和安设位置由水力计算考虑临近地面高程和公路纵横断面清理确定。出水管横向坡度不宜小于5%。埋设出水管所开挖的沟,须用低透水材料回填。出水管的外露端头用镀锌铁丝网或格栅罩住。出水口的下方应铺设水泥混凝土防冲刷垫板或者对泄水道的坡面进行浆砌片石防护,以防止水流冲刷路基边坡或植物生长。出水水流应尽可能排引至排水沟或涵洞内。

④透水材料的底面和外侧围以反滤织物(土工布),以防垫、基层和路肩内的细粒侵入而堵塞填料空隙或管孔。反滤织物可选用聚酯类、尼龙或聚丙烯材料制成的无纺织物,能透水,但细粒土不能随水一起透过。

2)排水基层的排水

直接在面层下设置透水性排水基层,在其边缘设置纵向集水沟和排水管以及横向出水管等,组成排水基层排水系统。采用透水性材料做基层,使渗入路面结构内的水分,先通过竖向渗流进入排水层,然后横向渗流进入纵向集水和排水管,再由横向出水管排引出路基,见图4.2-42。

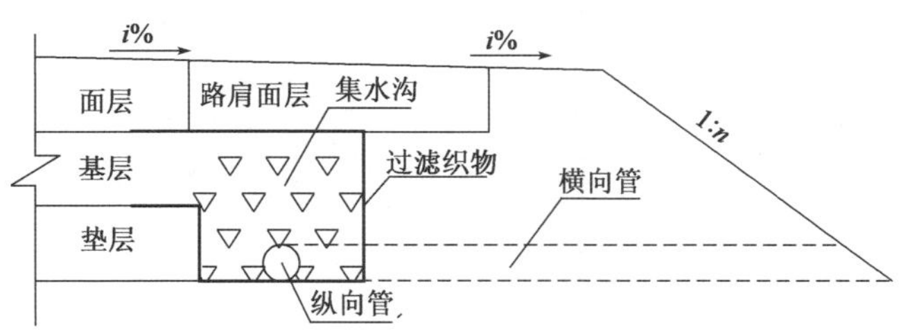

a)纵向沟设置在路肩下

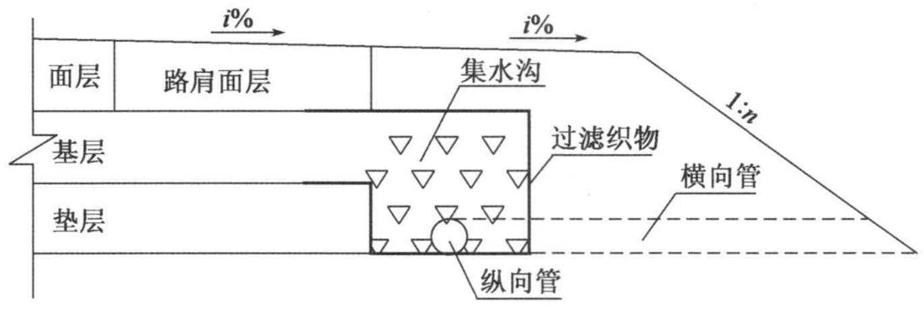

b)纵向沟设置在路肩边缘外侧

图4.2-42 排水基层排水系统示意图

排水垫层由水泥或沥青处治不含或含少量粒径 4.75mm 以下细料的开级配碎石集料组成,或者由未经结合料处治的开级配碎石集料组成。排水基层的厚度按所需排放的水量和基层材料的渗透系数通过水力计算确定,通常在 8～15cm 范围选用,但最小厚度不得小于 6cm(沥青处治碎石)或 8cm(水泥处治碎石)。其宽度视面层施工的需要超出面层宽度 30～90cm。

纵向集水沟可设在面层边缘外侧、路肩下或路肩边缘外侧。集水沟中的填料采用与排水基层相同的透水性材料。集水沟的下部设置方槽口或圆孔的纵向排水管,并间隔适当距离设置不带槽孔的横向出水管。

排水基层的下卧垫层应选用不透水或低透水性的密级配混合料,以阻截自由水的下渗和路基中细粒土的上迁。

3)排水垫层的排水

拦截进入路面结构内的地下水、临时滞水或泉水,或排除因负温差作用而积聚在路基上层的自由水,可直接在路基顶面设置透水性排水垫层,并适量配置纵向集水沟、集水管及横向出水管等组成排水系统,这就是排水垫层的排水系统,见图 4.2-43。

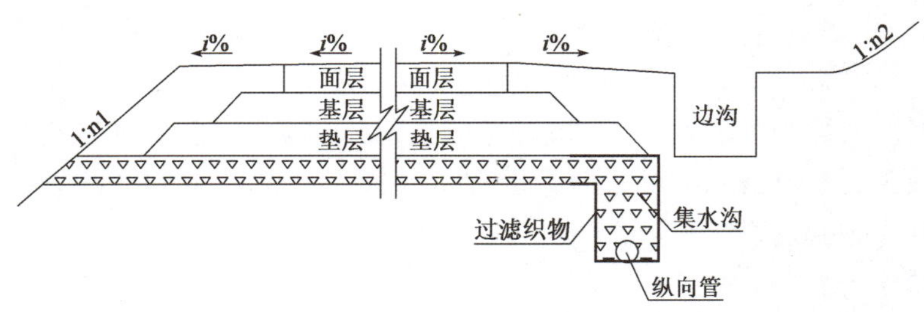

图 4.2-43 排水垫层排水系统示意图

4)路界地下排水

在地下水危及路基稳定(包括整体稳定和局部稳定)或者严重影响路基强度的情况下,可根据具体情况采用拦截、旁引、排除含水层的地下水,降低地下水位或者疏干坡体内地下水等措施。

路基地下排水的目的是拦截、排出地下水,降低路基地下水位,使路基土处于干燥状态,以保证路基的稳定性能够满足设计要求。路基地下排水设施与地表排水设施不同,它主要以渗流的方式汇集水流,并就近排出路基范围以外,常见的地下排水设施的主要有暗沟、渗沟(图 4.2-44)、渗井等。

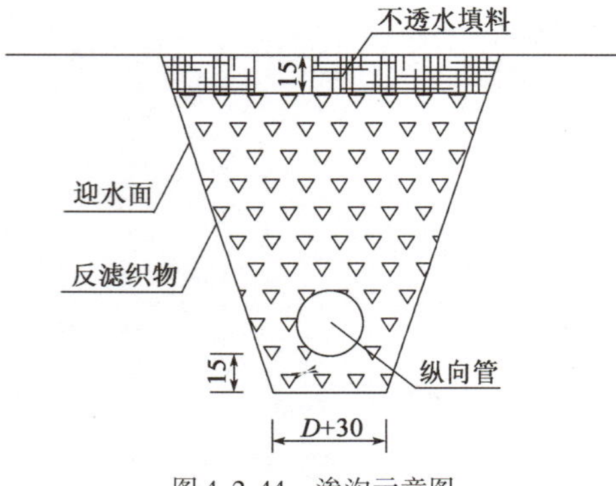

图 4.2-44 渗沟示意图

地下排水设施的设置位置:

①路堤填土高度受到限制且地下水位比较高,或者挖方路基的路床离地下水位很近时,可沿路基两侧边沟的下方设置渗沟,以降低地下水位,使路基工作区处于合理的干湿状态。

②填挖交替路段,若靠近路堑的路堤基底有含水层出露,此时应在填挖交替处设置一道横向渗沟,用以拦截并排出含水层内的地下水。

③山坡路基的基底范围有地下水出露,或者挖

方路基挖断坡体内的含水层，可沿填方或者挖方路基的边坡坡脚处设置渗沟，将含水层内的水拦截并排引到路基范围外。

④为拦截路基上层滞水或地下水毛细上升进入路面结构，或排除积聚在路基上层的自由水，可以直接在路床顶面设置一层排水层，并在路基的两侧设置纵向集水管，以排除地下水。

5)典型项目水敏感点保护设计

(1)揭惠高速饮用水源秋风水库自然保护区

秋风水库是汕头市潮南区最大的水库，是练江最大支流两英河上游控制性水库，属练江中游一级支流秋风水系，总库容6903万m^3，是一宗防洪、供水为主，结合灌溉、供电的中型水库。相关文件批复秋风水库为饮用水源一级保护区。

本项目对可能影响秋风水库的路段(K44+100~K51+091)采用“地表水与公路路面水分离排放”原则：对公路外未受影响的地表水，沿原有排水通道，汇入秋风岭水库；对公路路面水，采用集中收集、集中处理、集中排放。

对应以上原则，本路段设置两套集排水系统：一套是无影响水体集排水系统，恢复原有地表水系统，通过公路范围时，采取隔离措施，确保不受影响，然后引导至下游原有地表排水系统，汇入秋风岭水库；另外一套是公路路面集排水系统，路面水通过该系统，集中汇集、引导出水库范围，进行处理后再排放，从而确保路面水不进入水库范围。

在新寮门大桥路段(K44+312~K45+512)，原设计在新寮门特大桥左、右线桥梁之间设置桥梁式渡槽，在新寮门特大桥大里程方向通过把前面路段的路面水汇集到纵向渡槽中，将水排至地势较低侧的新寮门特大桥小里程方向，通过横向渡槽顺接道路排水沟，将水引至标高小于秋风岭水库的区域排走，见图4.2-45和图4.2-46。

图4.2-45 新寮门大桥水源保护区航拍图

图4.2-46 新寮门大桥渡槽航拍图

(2)仁博高速公路水资源敏感区路(桥)面径流水防治技术应用

仁博高速公路沿线跨越敏感水体的桥梁和路面，设计阶段充分考虑在水资源敏感路段对盲沟水、路面水、桥面水收集系统的终端设置过滤池、应急池等收集设施，对径流污水收集处理，防止直接排入敏感水体。

运营期间，路面、桥面径流会对沿线的水资源环境造成不同程度的影响。降雨时，桥面上货物抛撒、汽车尾气降落、汽车燃油的滴漏及轮胎与桥面的磨损物等随雨水冲刷形成桥面径流，路面被雨水冲刷产生废水，其中多含土、泥沙。这些径流具有较大污染，如果直接进入河中，会造成水体的污染。同时，运输危险化学品的车辆发生事故造成危险品泄漏，危化品及其

稀释液将会对敏感水体产生严重污染,影响河流水质甚至周边居民饮水安全。

本项目实施水资源敏感区路(桥)面径流水防治技术,主要实施内容包括以下几点:

①水资源敏感区路基段。采用生态植草沟技术进行路面径流污染的防治,生态边沟设计形式采用浅碟型植草暗边沟,由植被、土沟、集水井、暗埋盖板边沟及盲沟等工程单元组成。其中,植被发挥防止土壤侵蚀,截流路面径流中的油类、吸附重金属、沉降悬浮固体等作用,集水井起泄水口功能,暗埋盖板边沟输送地表径流,盲沟则排除地下水。本项目主要在 TJ3 ~ TJ15 标段部分位置设置生态植草沟,总长度约 26500m,见图 4.2-47。

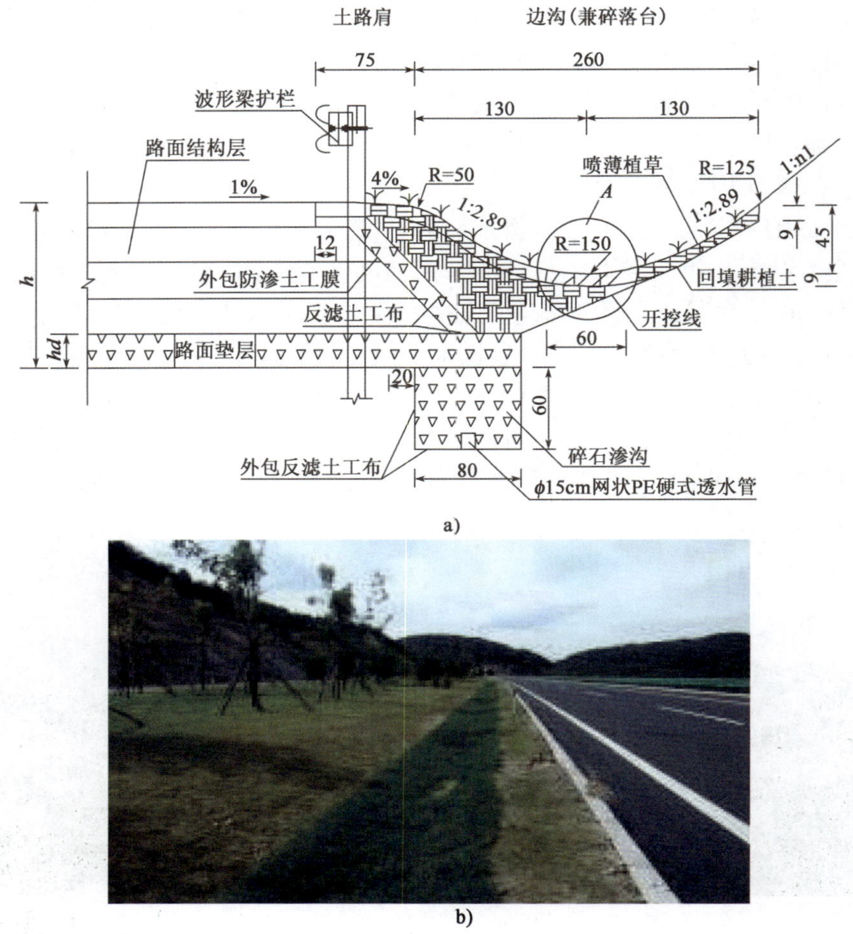

图 4.2-47　生态植草沟效果图

②水资源敏感区桥面段。项目采用"沉淀 + 应急控制"径流水处理技术,在坪山大桥、锦江大桥等设置桥面径流收集系统,桥面雨水须收集后引至桥下沉淀池中,初期雨水经过沉淀隔油处理后,再排入附近自然沟渠中。在桥上发生化学危险品运输车辆翻车、危险品泄漏等事故情况下,危险品径流或消防水等将通过泄水管汇集后,进入沉淀池。此时,关闭沉淀池出水口阀门,将事故废水收集后,交由具有处理能力的污水处理公司进行处理,见图 4.2-48。

(3)化湛高速公路打造零污染河水源

化湛路线在跨越青年运河水源路段,采用桥梁跨越,为保护该水源保护区,特殊设计了环保型桥梁防撞栏,见图 4.2-49。

图 4.2-48　坪山大桥桥面径流防治

图 4.2-49　跨水源段环保防撞栏

当线路经过水源保护区、水生生物保护区和水产养殖保护区时，路基路面和桥面的路面污水必须进行纵向集中排水，排水口设置在保护区以外，并在排水口设置沉淀池、处理池、事故池等以减缓对环境的影响，减少高速公路排水对当地沟渠的污染。

4.2.6　绿色路基防护方案

本地区属南方暖湿气候，降雨量较为充沛，存在有利于植物生长的先决条件。从沿线外业调查来看，路线经过地区植被非常茂密，为与周围自然景观充分融合，将工程对环境的影响降低到最小限度，在保证路基稳定的前提下，首先考虑植物防护。

1）填方路基边坡防护

①对于一般路基边坡，填方边坡防护以 3m 和 8m 为界。边坡填土高度小于 3.0m 时，采用植草或草皮（当地草籽或草皮）防护；边坡填土高度为 3～6m 时，采用三维网植草防护；边坡高度大于 6.0m 时，采用人字形骨架植草防护。

②中硬、硬质岩石路基采用边坡码砌，软质岩石和土石混填填筑的边坡防护型式同一般土质路基。

③对于边坡平台、护坡道、排水沟外边缘至用地边界的范围内采用植当地野草防护并喷播 40% 的灌木种子。土路肩培土植草或铺草皮防护。

④对于沿线圬工挡土墙路段，在护坡道处按一定间距种植攀藤植物和常绿树木。对于挡土墙外的自然边坡，根据实际情况对其加强绿化防护。

⑤沿线鱼塘、水田分布较少，为了保护路基和沿线耕地，当路基通过水（鱼）塘路段时常水位以上 50cm 以及常水位以下路基边坡采用浆砌片石防护，边坡坡度采用 1∶1.75；在沿河受水流冲刷路段设置挡土墙进行防护，防护高度均高出设计水位 0.5m 以上，其上部防护同—正常路段，当路基通过稻田、苗圃、水田地段，拟采用黏性土防护。

⑥桥头、挡墙锥坡采用六菱形混凝土砖防护。当桥头设置反压护道时，反压护道的防护同相邻路基防护。

⑦植草时加入 40% 的灌木种子，搓和均匀，灌木种类应为当地易生长的低矮灌木。边坡植草（含人字形骨架内植草）采用液压喷播植草。

可参见表 4.2-5～表 4.2-8。

喷播植草(草灌混植)防护与植草皮防护比较表　　表4.2-5

防护型式	优　点	缺　点
喷播植草(草灌混植)防护	①利于环保,施工较方便、快捷。②具有护坡、观赏相结合的功效。③整体景观及远景效果好,路容美观。④应用普遍,施工经验成熟,造价为15.68元/m^2	①对于高填土路段防护效果不好。②对于路基填料以土石混填为主的路段,草灌成活率受影响较大。③草灌成活之前难于起到固土护坡作用
植草皮防护	①利于环保,施工较方便、快捷。②采用优质草皮,草皮存活率高,具有护坡、观赏相结合的功效,早期防护效果较好。③草皮培育移植成本为9.26元/m^2	①对于高填土路段防护效果不好。②对于路基填料以土石混填为主的路段,草皮适应性相对较差。③单纯植草不能有效适应本地的气候特点。④移植草皮会造成新的环境破坏,不利于环保
适用路段:填土高度不大于4.0m的路段		
推荐方案:项目植草量大,草皮供应难以保证,推荐采用喷播植草(草灌混植)防护		

三维网喷播植草防护与土工格室喷播植草防护比较表　　表4.2-6

防护型式	优　点	缺　点
三维网喷播植草防护	①利于环保,施工较方便、快捷。②三维植被网在草灌尚未成活之前,可以起到固土护坡作用,造价为40.54元/m^2	对于高填土路段防护效果不好
土工格室喷播植草	①利于环保,施工较方便、简捷,景观较好。②土工格室能有效地固土护坡,防止水土流失。③土工格室培土绿化有利于植物生长,抗冲刷能力强	①对于高填土路段防护效果不好。②造价相对三维网较高,为45.6元/m^2
适用路段:填土高度大于4.0m且不大于6.0m的路段		
推荐方案:考虑到三维网植草较为成熟,且造价低,推荐采用三维网植草		

拱形骨架防护与人字形骨架防护比较表　　表4.2-7

防护型式	特　点
人字形骨架防护	使用范围广泛,有利于坡面排水,施工工艺较为简单,造型美观,造价为50元/m^2
拱形骨架防护	使用范围广泛,有利于坡面排水,施工工艺较为简单。造价为53元/m^2
适用路段:填土高度大于6.0m的路段	
推荐采用人字形骨架防护	

浆砌片石边坡防护与等边六角混凝土块植草边坡防护比较表　　表 4.2-8

防护型式	优　　点	缺　　点
浆砌片石边坡防护	具有较强的抗冲刷能力,施工工艺较为简单,防护结构的自重对边坡稳定性起到有利作用。外观呆板,视觉效果较差;坡面全封闭,不利与坡面排水及植被存活,抵抗路堤变形的能力较差。造价为 97.2 元/m^2	
等边六角混凝土块植草边坡防护	使用范围广泛,有利于坡面排水,施工工艺较为简单;能抵抗一定的路堤边坡变形,混凝土块内的植被对景观起到美化作用。造价为 65.2 元/m^2	
适用路段:桥台锥坡及桥头 30m 路段		
推荐方案:考虑美观,推荐采用等边六角混凝土块植草边坡防护		

2)一般挖方路基边坡防护

类型主要采用喷播植灌草、客土喷播植灌草、骨架护坡植灌草(拱形、菱形、方格形、人字形)、挂网喷播植生、锚杆、锚索框架梁植草等。根据边坡的岩土类型、边坡坡率及边坡高度,并从工程经济、景观绿化等综合考虑。其具体设计原则如下:

①对于土质及类土质单级边坡,挖方边坡高度 $H \leqslant 8$m 时,坡面一般采用喷播植草防护;当边坡土质条件较差易受冲刷时,喷播植草防护控制在 6m 以内;

②对于土质及类土质单级边坡,挖方边坡高度 8m(或 6m)$< H \leqslant 12$m 时,坡面采用骨架植草防护;

③对于土质及类土质多级边坡,挖方边坡按照 6~10m 高度进行分级,坡面一般采用骨架护坡植草防护;

④对于土石混合结构边坡,边坡物质组成土多石少时,采用喷播植草防护;半土半岩时,采用窗孔式护面墙或窗式护坡结合客土喷播植草防护;

⑤对于土石二元边坡,上部土质边坡采用喷播植草或骨架护坡植草防护;下部岩质边坡采用挂网客土喷播植草或锚杆框架梁植草防护;

⑥对于强至中风化岩质边坡及坡率较陡普通植草不易成活的边坡,采用挂网客土喷播植草或不防护;

⑦对于可能产生局部坍塌、滑塌、掉块及碎落欠稳定岩土边坡,采用窗孔式护面墙或锚杆框架梁植草结合客土喷播植草防护;

⑧对于可能产生滑动的不稳定岩质边坡,采用锚杆、锚索框架梁系统予以防护;

⑨对于高液限土路段,在降低边坡分级高度,放缓边坡坡率同时,采用人字形骨架植草配合支撑渗沟方法予以防护;边坡高度不大于 6m 的高液限黏土边坡,可采用坡脚矮墙结合坡面防护及排水的等防护形式;

⑩路堑边坡设人行步梯,坡长小于 200m 时,在两侧坡口各设 1 处,坡长大于 200m 时,在边坡中间增设 1 处,以便于营运期养护检查。

3)形近自然生态边坡防护技术

近自然生态边坡防护技术是为了最大限度恢复自然景观,变更常规的刀切式开挖模式,模拟原有山体的造型,对边坡采用流线型开挖法和修整,边坡和开挖前的山体形态基本吻合,并实施景观生态复原和植被恢复。

坡面近自然植物群落恢复重建技术主要包括边坡立地条件调查与植生基础工程设计、坡面植物群落设计、植被护坡工法等方面。

(1)边坡立地条件调查与植生基础工程设计

调查坡面的物质组成及特性、高度、坡率等立地条件,并分析其稳定性,在此基础上开展边坡植生基础工程设计,确保植被护坡工程是在边坡稳定的前提下进行的。

(2)坡面植物群落设计

调查边坡周围的自然植物群落物种组成、结构及功能,确定坡面植被恢复的群落类型如乔灌草型、灌草型、草本型等。在此基础上,确定恢复用的植物种类、配比及施工工法。

(3)植被护坡工法

根据边坡立地条件,可选择客土喷播植生和液压喷播 + 人工栽植苗木施工。对一些发芽困难的乔灌木种子,应在施工前做好冷水浸种、层积催芽、化学药剂处理、升温催芽等种子的预处理工作。人工栽制的苗木宜为幼龄容器苗。

4)设计情况

根据边坡周围植物群落现状,确定植被护坡群落目标为乔灌草复层型、灌草型及草本型,施工方法采取客土喷播和液压喷播 + 人工栽植苗木法等边坡生态恢复技术和方法。

边坡植被恢复方式植物选择可以采用点栽乔木、喷播灌木和草本植物,恢复生态边坡。乔木树种可以选用木荷、羊蹄甲、马尾松等,灌木可以选用杜鹃、红叶石楠、银合欢、马棘等,草本植物可以选用狗牙根、百喜草等。

广东仁博绿色公路建设成果展示,示范地点为路堑挖方边坡,在丹霞互通至康熙互通路段,以及亚桂山隧道到青云山隧道两个示范段对绿色公路建设情况进行工程技术示范。图 4.2-50 为广东仁博绿色公路建设现场情况,采用客土喷播植生技术,进行生态边坡防护。

a)

b)

图 4.2-50 仁博高速公路客土喷播生态边坡防护

客土喷播植生施工工法技术特点:所谓客土,是指非当地原生的、由别处移来用于置换原生土的外地土壤,通常是指质地好的壤土(沙壤土)或人工土壤。客土喷播是指使用专用机械设备(客土喷播机),将客土、植物种子和各种添加物均匀地混合在一起,以压缩空气或高压水流为输送载体,把混合物料喷涂于立地条件较差的边坡表面使之形成稳定的营养土层,以达到保护边坡、恢复植被目的的一种生态工程技术。目前,客土喷播技术已经成为我国坡面防护及植被恢复工程的一种常用技术,在全国各地得到普及推广。

4.2.7 特殊路基处治绿色创新

1)袖阀管模袋注浆技术理岩溶路基

(1)项目背景

汕(头)湛(江)高速公路云浮至湛江段路线全长315.94km,整体呈东北—西南走向,新阳段经过阳春盆地,以平原堆积、剥蚀丘陵地貌为主,局部发育岩溶地貌,该区水系主要有漠阳江及其支流,水系大多沿构造发育。根据地貌的成因、形态及组合特征,主要可分为冲洪积平原地貌、构造剥蚀丘陵地貌、山麓斜坡堆积山前平原、山间凹地地貌及岩溶地貌。该路段为典型的岩溶发育区,岩溶发育率约30%,主要集中在凤凰朝阳地区。

该路段地质构造复杂,受四会—吴川断裂带和阳春复向斜、马安屯向斜影响,断裂带内发育多条小型断裂构造,断裂发育宽度不等,断裂带内岩性复杂,岩石挤压破碎、硅化、片理及糜棱岩化,形成破碎带,有构造角砾岩等组成。本区域内沿线地层覆盖层主要为黏土、粉(沙)质黏土、沙、卵砾石层等,下伏基岩岩性主要为泥质沙岩、沙岩、页岩及灰岩、白云岩等,多分布于冲洪积平原及山间谷地,其中灰岩及白云岩为形成岩溶的主要岩性。

区域内存在可溶岩,雨季地下水位抬升,旱季地下水位下降。在岩溶发育区,地下水位的浮动为溶蚀物提供运输动力,对地下的掏蚀作用加速溶洞的形成。尤其旱季地下水位下降,松散层水被疏干,降低孔隙水压力,使部分溶洞顶板无法支撑上部压力,从而引发岩溶地面塌陷。

该路段岩溶现象主要发育在阳春盆地狭长地带石炭系和泥盆系灰岩区域,多为浅层覆盖型岩溶,覆盖层厚度5~16m,岩溶发育程度较强,经过地段有岩溶孤峰、峰丛和溶蚀残丘,普遍发育隐伏溶洞,局部见暗河,地质构造较简单,水文、工程地质条件复杂,地表水系发育,地下岩溶水富水程度较强,区域内岩溶孤峰地带溶洞发育。隐伏岩溶位于第四系之下,岩溶的埋藏深度变化较大,规模大小不一,场地岩溶发育程度多为强发育,部分为极强发育。

岩溶路基段原则上不宜采取普通注浆的处治方法。对于岩溶空间形态特征、充填物性质明确且风险评估为高风险的方可部分采用。为有效控制注浆数量和确保注浆质量,建议采用膜袋袖阀管注浆,须制定专项注浆方案和实施注浆试验段。

(2)模袋袖阀管注浆工艺特点

a.在袖阀管外侧设置了模袋,限制了注浆浆液的扩散范围,从而避免了跑浆、漏浆、串浆等现象,浆液凝固后可形成强度相对较高的桩体;b.模袋外侧的塑料排水板可以加快注浆在地基中产生的超静孔隙水压力的消散速率,施工过程中挤土效应不明显;c.采用了分段注浆技术,可针对地基中软弱土层、溶洞进行针对性加固,大幅降低工程造价;d.相对常规袖阀管注浆,本工法无须套壳料,施工效率高。

(3)模袋袖阀管注浆工艺原理

①常规袖阀管注浆技术改进。将袖阀管套入一条高强土工模袋内,并在模袋外侧间距2.0~3.0m用18#细铁丝设置一道压力阀门;用塑料扎扣将1~2条塑料排水板捆扎在模袋

外侧;采用常规袖阀管注浆工艺,通过注浆压力自下而上逐段撑开模袋,形成自下而上的桩体。

②工艺原理。桩顶受荷。注浆过程中,浆液在注浆压力的作用下隔着模袋挤开土体,当模袋完全打开后,形成一条自下而上的强度较高的桩本,可起到类似复合地基中桩体的作用。

桩侧摩擦力。因土体沉降速率远大于桩体,土体通过桩侧摩擦力将部分荷载转移给桩体承担。土体被注浆浆液挤开时,产生超孔隙水压力,随着超孔隙水的排出,模袋接触面的土体逐渐密实,两者之间的摩擦力亦逐渐增大。

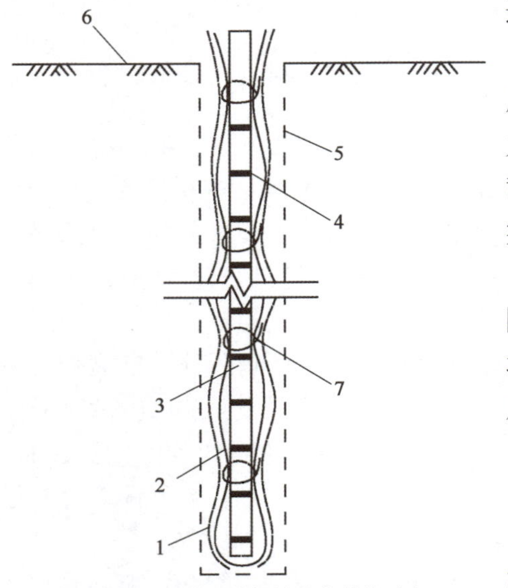

图 4.2-51　模袋袖阀管注浆结构示意
1-塑料排水板;2-土工袋;3-袖阀管;4-橡皮阀;5-钻孔;6-地面;7-阀扣

挤密作用。模袋内注浆浆液挤压土体时,模袋周围土体受到较大的水平推挤力并产生超孔隙水压力,因桩体外侧设置有塑料排水板,超孔隙水压力消散较快,随着超孔隙水的排出,模袋周围土体逐渐密实,强度提高。

排水作用。模袋外侧的塑料排水板不仅可以排除注浆过程中的产生的超孔隙水,还可以排除上部填土荷载产生的超孔隙水和注浆浆液中多余的水,从而减少土体的含水量,提高土体强度。

图 4.2-51 是模袋袖阀管注浆结构示意图。

(4)注浆质量控制

①在注浆施工前,先选取 3 ~5 根桩进行现场试验,试验过程中采用自动注浆记录仪全程记录注浆压力与注浆量,验证水灰比、注浆量与注浆压力的适宜性;

②模袋桩成桩深度范围为穿透溶洞、土洞地基下卧层并进入硬土层 1m 或进入中风化、强风化 0.3m 并不大于设计桩长 +1m,若大于设计桩长 +1m 则及时通知设计单位确认处理桩长,在施工前应根据注浆钻孔勘察揭示的各土层分布深度精确控制单孔模袋长度与模袋下放深度;

③注浆要根据成孔先后顺序,钻孔布置情况,分序注浆,逐次加密,先外围后内部,外围孔要控制注浆量,以免注浆量过大撑开模袋。每个注浆的路段,应跳孔施工,注浆可分 2 次,间隔时间 3 ~6h。严禁全部钻孔后再集中注浆。

(5)质量检测(注浆完成 28 天后)

采用钻芯法采取芯样检测溶洞充填物充填效果;每个注浆区抽检 3 根;按规范要求制备水泥浆试件。

(6)主要设计参数与技术指标

成桩直径 45cm,每米水泥用量为 160kg,注浆压力不大于 1.5MPa,注浆桩间距为 1.5m,均为等边三角形布置;采用 ϕ50 普通袖阀管;采用 P.O42.5R 水泥,水灰比为 0.8;引孔部分采用常规袖阀管注浆工艺处理,每米水泥用量为 25kg,注浆压力不大于 0.5MPa。

2)汕湛高速公路新阳段填石路堤设计研究

(1)项目背景

广东省汕头至湛江高速公路云浮至湛江 TJ2 段全长 9.99km,主要沿新兴江布线,新兴江侧山高陡峭且林密，为低山丘陵地貌。TJ2 路段共挖土石 2603522.8m^3，挖石方占 67%，填土石 1742011.8m^3，共弃土石 831454.2m^3。全线共 12 处填方高边坡，最大填方高边坡填方高度为 40.9m，如何合理利用弃方，是该标段重点思考的问题。

山区高速公路地形复杂，高填深挖路段较常见，尤其是依山傍水路段，路基高度往往较大。高填路基填土及基底沉降固结时间较长，沉降固结不均匀性易造成路堤的不均匀沉降及路面的开裂，影响行车的舒适性及安全性；山区路段，弃方中常常含有大量石方，若能充分利用好山区废弃石方填筑路基，控制好填石路基基底处理和填石路堤本身致密性，一方面能减少弃方，减少对环境的破坏，另一方面也能降低路堤的不均匀沉降，提高行车的舒适性和安全性。因此，填石路堤的研究显得格外重要，对公路建设有较大的经济和安全意义。

项目填石路基路堤填筑区属低山丘陵沟谷地貌，地势两边高中间低，斜坡自然坡度为 16°。根据野外地质调绘及钻探资料成果，该高填路堤主要由人工杂填土、第四系冲洪积碎石土和泥盆系老虎坳组强、中风化粉沙岩组成。各岩土层分述如下：

①碎石土：褐黄色，稍湿，稍密，粒径 3～8cm，碎石含量 55%，充填物以粉质黏土为主。$\gamma = 19.0\text{kN/m}^3$，$c = 0\text{kPa}$，$\varphi = 35° \sim 38°$，$f_{a0} = 400\text{kPa}$；

②强风化粉沙岩：浅紫红色，细粒结构，层状构造，矿物成分以石英为主，节理裂隙发育，岩芯多呈碎块状，偶见短柱状。$\gamma = 19.8\text{kN/m}^3$，$c = 20.0 \sim 28.0\text{kPa}$，$\phi = 24° \sim 26°$，$f_{a0} = 300\text{kPa}$；

③中风化粉沙岩：浅紫红色，中粗粒结构，层状构造，矿物成分以石英为主，节理裂隙发育，岩芯大多呈柱状，局部夹有碎块状，锤击易碎。$f_{a0} = 700\text{kPa}$。

(2)填石路基对石料的要求

①填石路堤必须采用不宜风化的中硬、硬质石料填筑，路堤填料粒径不大于 500mm，并不超过层厚的 2/3，不均匀系数 15～20，路床底面以下 400mm 范围内，填料粒径不大于 150mm，且小于 5mm 的细料含量不大于 30%。路床范围填料粒径应不大于 100mm。

②填石路堤路床部分材料选择及压实标准可参照低填浅挖处理中路床换填石渣的标准执行，但路床施工前同样需先填筑试验路段，通过试验路段确定满足最大压实干密度的松铺厚度、压实机械型号及组合压实速度及压实遍数、沉降差等参数。

③填石路基应充分考虑本项目的土石开挖情况、土石类型、岩性等，并确定其适用性，以孔隙率与压实沉降差进行联合控制，严格区分填筑区域所用的粒径大小，路堤填料粒径不大于 500mm，路床范围填料粒径应不大于 100mm，同样应注意路基路面的排水设施，确保排水通畅。

(3)填石路基压实控制要求

①填石路堤压实质量标准用孔隙率作为控制指标，施工质量可采用孔隙率与压实沉降差联合控制，填石路堤压实质量控制标准见表 4.2-9。

填石路堤压实质量控制标准 表 4.2-9

路基部位	路面底面以下深度(m)	硬质石料孔隙率(%)	中硬石料孔隙率(%)
上路堤	1.2～1.9	≤23	≤22
下路堤	>1.9	≤25	≤24

②压实沉降差法采用 18t 以上压路机碾压，其稳定标准为：要求相邻碾压两遍后各测点的高程差平均值不大于 5mm，且标准差不大于 3mm。

③填石路堤施工前应先填筑试验路段,通过试验路段确定满足填石路堤压实质量控制标准中孔隙率要求的松铺厚度、压实机械型号及组合、压实速度及压实遍数等参数。

④路堤填筑过程中需按高填路基要求采用30kJ冲击碾或32t高性能压路机进行补压。同时本标段填石路堤边坡部采用2m厚码砌,码砌最小石块尺寸不小于300mm,填石路堤边坡不进行防护。

(4)填石路基对地基承载力的要求

填石路基对地基的沉降要求较为严格,在填石路基填筑前应对地基的承载力进行测试(具体测试方法可参照桥梁基础的规定进行),地基的承载力应满足路基不同填筑高度的要求:

①当填石路基填筑高度小于10m时,地基承载力不宜低于150kPa;

②路基填筑高度为10~20m时,地基承载力不宜低于200kPa;

③路基填筑高度大于20m时,路基应宜填筑在岩石基底上。

(5)填石路基填筑前的清理要求

在填石路基填筑前,首先应该对原地面进行表面清理,清除树木等杂物。一般耕植土地段原地面应清除表土15cm深,同时用满足规范要求的土料回填原地面的坑、洞等低凹处,并按规定进行压实。当基底为松散土,且含水量较高时,压实前应先进行翻晒,使其重型压实度度不小于90%,当路堤基底原状土的强度不符合要求时,应进行换填,其换填深度不小于30cm。若遇到不良地基(膨胀土、盐渍土、黄土等)时,应视具体工程条件采取清淤、排水固结、抛石、换填或复合地基等技术措施进行加固处理。此外,在土质地基上填筑填石路基时,为提高地基的强度与均匀性,应设置过渡层。

(6)填石路基对地基的排水要求

由于填石路基的孔隙较大,水较易从边坡或路面等部位进入路基中,而且由于路基填筑体的渗透性好,水很容易浸湿地基,同时若地基范围内存在地下水,这都会影响填石路基的整体稳定。因此,当路堤基底范围内由于地面水或地下水影响路基稳定时,填石路基应采取必要的引排、拦截等措施,或在路堤底部填筑不易风化的片石、沙砾石或块石等透水性材料来设置透水层,其厚度应不小于30cm,以防止水对地基的不良影响。

(7)填石路基施工注意事项

施工现场中由于石料爆破后的粒径较大,变化差异复杂,且细粒土的含量较少,从而导致填料的粒径组成不佳,大块石之间点面接触容易松动,不易嵌锁紧密,再加上填石路基所在的地形一般都较为复杂,斜坡沟谷纵横。如果施工管理上再存在一定的疏漏,将使填石路基不易压实达到稳定的状态,给竣工后公路的正常使用留下较大的隐患。正由于填石路基具有以上所述的压实特性,所以路基在压实过程中应着重注意以下几点:

①应针对不同工程性质的填料具体对待,在施工中加强工艺控制,避免盲目施工。

②在压实过程中,石料有可能不断被压碎,改变原有的粒径组成,从而对路基密度、强度和稳定性都会产生重要影响。

③由于填料的透水性良好,填石路基宜产生孔隙,在一定条件下(如雨水冲刷或浸水路堤)会导致路基填筑体中的细粒料流失,从而发生较大的沉降,所以应采取必要的措施加以防范。

(8)监控观测

①填石高填路堤施工应注意观测路基填筑过程中或以后的地基变形动态,以保证路堤整体稳定性,必须进行全过程水平位移观测和竖向位移观测,见图4.2-52。

图4.2-52 填石路堤成型后效果

②观测频率应与沉降、稳定的变形速率相适应,每填筑一层应观测一次;如果两次填筑间隔时间较长,每3天至少观测一次。路堤填筑完成后,半月或每月仍应观测一次,直至竣工运营后1~2年。

(9)总结与提高

当孔隙率较低和压实沉降差较小时,填石路基能较好控制不均匀沉降,且沉降固结时间较短,有利于填方高边坡的稳定及减小填方高边坡的沉降变形。本文针对高填方填石路基提出相应处理措施及监控观测注意事项,为山区高速公路高填方填石路基的总体设计提供参考和借鉴。

①云湛高速公路TJ2合同段挖石方占67%,为填石路堤的实施提供了充足的原材料条件。因此,充分利用此部分石料,既能提升路基整体填筑质量,减少路基下沉,也能减少石料弃方占地,提高路基建设经济效益,是绿色公路中就地取材原则的充分体现。

②填石路基需重点关注地基承载力要求。填石路基对地基的不均匀沉降较为敏感,石料之间的嵌挤作用一旦被破坏,就难以象填土路基那样慢慢得以恢复。因此,对于填石路基而言,尤其是高填方路堤,地基承载力是保证路基压实质量和正常使用性能的前提条件,在做好地基处理,确保地基承载力满足条件的情况下,相较于普通填土路基,填石路基刚性大,自稳性强的优点将得到充分发挥,进而减少路面病害的产生。

4.2.8 绿色挡土墙创新

1)路堤普通支挡构造物

在半路半桥多,同时局部路段放坡受限路段。为了保证路基的稳定性、方便施工、不致路基放坡太远,或占用地方道路、河流、民房,设置了挡土墙,参见表4.2-10。

采用重力式挡土墙、衡重式挡土墙、加筋土挡土墙。一般情况采用了重力式挡土墙、衡重式挡土墙;地基承载力低、石料缺乏、立交范围内,对景观要求高的路段采用加筋土挡土墙。

挡土墙特点及适用条件一览表　表 4.2-10

类　型	工程特点	适用工点
重力式挡土墙	用 C15 片石混凝土砌筑,经济、实用,可以充分利用当地的石材,施工工艺简单、快捷,对视觉冲击大、景观差,需另外采取绿化措施,对地基承载力要求较高	墙高不超过 5m 的填方路段、斜陡坡路段
衡重式挡土墙	用 C15 片石混凝土砌筑,经济、实用,可以充分利用当地的石材,施工工艺简单、快捷,对视觉冲击大、景观差,需另外采取绿化措施,对地基承载力要求很高	墙高超过 5m 的填方路段、斜陡坡路段
加筋土生态挡墙	面板用 C25 混凝土砌筑,筋体采用高强土工格栅,经济、实用,施工工艺要求较高、施工快捷,但受天气影响大,面板外植草、种花,环保美观,对地基承载力要求较低	填方一侧路基宽度较大,开阔的路段
桩基托梁挡土墙	挡土墙采用 C20 混凝土,桩基和托梁采用钢筋混凝土,用于地形陡峭、地基承载力不满足要求,且不适合做气泡轻质土或填筑气泡轻质土造价太高、需要打设桩基的路段	地形陡峭、对地基承载力要求高的路段

半路半桥路段全部设置挡土墙,为了防止挡墙与桥梁的盖梁和梁位置发生冲突,半路半桥路段挡墙墙面采用 1∶0.05 的坡率。

对于沿线圬工挡土墙路段,在护坡道处按一定间距种植攀藤植物和常绿树木。对于挡土墙外的自然边坡,根据实际情况对其加强绿化防护。

对于超高路段的挡土墙,当位于半填半挖路段时,应注意在挡土墙相应位置预留超高段横向排水管孔。

2)气泡混合轻质土

气泡混合轻质土是将制备的气泡群按一定比例加入到由水泥、水及可选添加材料制成的浆料中,经混合搅拌、现浇成型的一种微孔类轻质材料。

(1)气泡混合轻质土具有如下性能

微孔性:内含无数个细微独立均匀气泡,气泡含有率 20% ~90% 。

轻质性:2 ~ 15kN/m^3。

可调节性:容重和强度可根据工程需要调整。

高流动性:可远距离泵送或在狭小空间内填充。

良好施工性:现浇可自流平、自硬化,不需机械摊铺、碾压或振捣。

耐久性:属水泥类材料,耐久性与普通混凝土类似。

凝结自立性:凝结硬化后可直立,可直立填筑。

气泡混合轻质土应用于扩宽工程主要包括道路路堤加宽、收费站广场扩建、港湾式停车带、高速公路服务区的新建扩建等工程。特别是严重受限路段(如受征地拆迁、高压线、匝道桥等影响)、加宽作业面小和加宽桥头等难以压实部位,具有明显优势。

(2)气泡混合轻质土设计

气泡混合轻质土设计参数:路槽底以下80cm范围内气泡混合轻质填土密度设计为8kN/m^3,无侧限抗压强度不小于1.2MPa,其余区域密度设计为6.5kN/m^3,无侧限抗压强度不小于0.8MPa。气泡混合轻质土为加强气泡混合轻质填土的稳定性,在路基底部、路基顶部等应力集中部位分别设计2~3层ϕ4.2mm钢筋网。

气泡混合轻质填土侧面采用水泥面板防护,面板为预制板,由角钢进行加固。

气泡轻质土底部应设置碎石垫层,确保气泡轻质土内的水及时排出路基范围。

气泡混合轻质土碎石垫层采用级配碎石,所用材料要求为:最大粒径不大于5cm,小于0.075mm的颗粒含量不大于10%。

3)加筋格宾挡墙

自20世纪70年代加筋土技术问世以来,加筋格宾技术广泛应用于土木工程领域,其优越性越来越明显。与传统的挡土墙结构相比,归纳起来有如下几点:

①加筋土最大的特点是可以做成很高的垂直填土边坡。从而可以减少占地面积。这对填料缺乏、填土放坡困难的地区、城市郊区的道路,以及土地珍贵的地区,有巨大的经济意义。

②加筋土结构是柔性结构,能适应地基较大的不均匀变形。

③施工简便。加筋土的组成构件(面板、筋材、路缘石等)均可以预制,除需压实机械外,施工时一般不需配备其他机械,易于掌握。同时施工效率高,可缩短工期和节省劳力。

④抗震性能好。由于加筋土结构所具有的柔性能吸收地震的能量,故具有刚性结构物无法与之比拟的抗震性能。

⑤造型美观。墙面板可以根据需要、受力特点进行各种设计、造型,并使之拼装成造型美观的建筑物,改善道路景观。

⑥投资省。加筋土挡墙面板薄、基础尺寸小,与重力式挡墙相比,可节省圬工数量95%~97%,造价可比浆砌石挡墙和钢筋混凝土挡墙减小20%~60%以上。挡土墙高度越大,节省资金越多。

除上述所列加筋土挡墙的共有优势外,加筋格宾挡墙系统与预制块面板系统和金属面板加筋土系统相比,还具有如下独到之处:

①格宾网箱面板和加筋网材是连续生产出来的,为无缝连接,避免了传统加筋土挡墙筋材和面板连接点易成为结构薄弱环节的不足;

②格宾面板具有优良的自排水性能,除了可以节省排水设施的费用,还可以规避传统金属、预制混凝土块面板加筋土结构由于排水不畅而导致整个结构崩溃的风险;

③格宾面板属于多孔隙结构,具有优良的可植被性,真正做到结构与周围自然环境的和谐统一;

④根据工程现场的岩土状况和工程特点,加筋材料可以选择金属网片和土工格栅。

加筋格宾技术参数如下:

①加筋格宾(Terramesh)系由机器编织的六边形双绞合钢丝网面组合而成的工程构件,是一种新型的应用于加筋土领域的结构系统。面墙格宾箱部分填充石料,加筋部分结构填土分层压实;

②加筋格宾规格型号、网孔规格、钢丝参数表(表4.2-11)。

加筋格宾规格型号、网孔规划、钢丝参数表 表4.2-11

Ⅰ 规格型号			
项　目	长度(m)	宽度(m)	高度(m)
TM $L\times W\times1\times0.8$ ZNP	3/4/5/6	2/3	1
TM $L\times W\times0.8\times0.8$ ZNP	3/4/5/6	2/3	0.8
容许公差	±5%	±5%	±5%
Ⅱ 网孔规格			
网孔型号	M(mm)	公差(mm)	网面钢丝(mm)
8×10	80	-0/+10	2.7/3.7
Ⅲ 钢丝技术参数			
钢丝类型	网面钢丝	边端钢丝	绑扎钢丝
钢丝直径(mm)	2.7	3.4	2.0
钢丝直径公差(±)ϕmm	0.06	0.07	0.05
覆塑层最小厚度(mm)	0.5	0.5	0.5
最小镀层量(g/m²)	245	265	215
注:用于编织加筋格宾的钢丝,根据标准EN 10223-3.2013,最小抗拉强度为350~550N/mm²,最小断裂延伸率不低于8%。钢丝直径公差、最小镀层量、最小抗拉强度和最小断裂延伸率均指编织前的钢丝,钢丝参数应该在每批钢丝编织前任意抽取样品检测。			
Ⅳ 覆塑指标			
指　标	要　求	指　标	要　求
颜色	灰色	拉伸强度(MPa)	≥17
密度(g/cm³)	≤1.5	断裂伸长率%	≥200
邵氏D硬度	≥38		
Ⅴ 网面指标			
抗拉强度(kN/m)	50	翻边强度(kN/m)	35
最小镀层量	应在织好的网面中取样进行测试,其最小镀层重量要求不少于原材钢丝最小镀层重量的95%		

③加筋格宾供货单位需提供由中国国家认证认可监督管理委员会认证的检测单位出具的网面抗拉强度检测报告;

④镀层附着性要求:镀层附着力检验采用缠绕试验方法,并应达到如下标准,当钢丝绕相当于自身直径2倍的芯轴紧密缠绕6圈时,用手指摩擦钢丝,其镀层不会剥落或开裂;

⑤钢丝缠绕标准:网面裁剪后末端与端丝的连接处是整个结构的薄弱环节,为加强网面与端丝的连接强度,需采用专业的翻边机将网面钢丝缠绕在端丝上≥2圈,不能采用手工绞,翻边强度35kN/m,加筋格宾供货单位需提供由中国国家认证认可监督管理委员会认证的检测单位出具的网面翻边强度检测报告,见图4.2-53;

⑥绞边技术要求：绑扎钢丝必须采用与网面钢丝一样材质的钢丝，为保证连接强度需严格按照间隔 10～15cm 单圈—双圈交替绞合，见图 4.2-54。

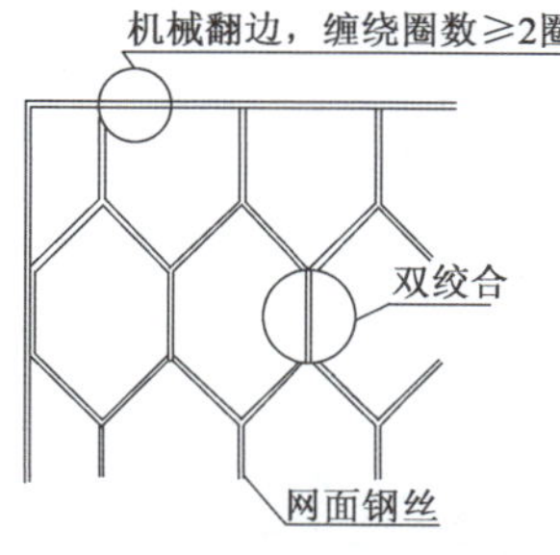

图 4.2-53 翻边示意图

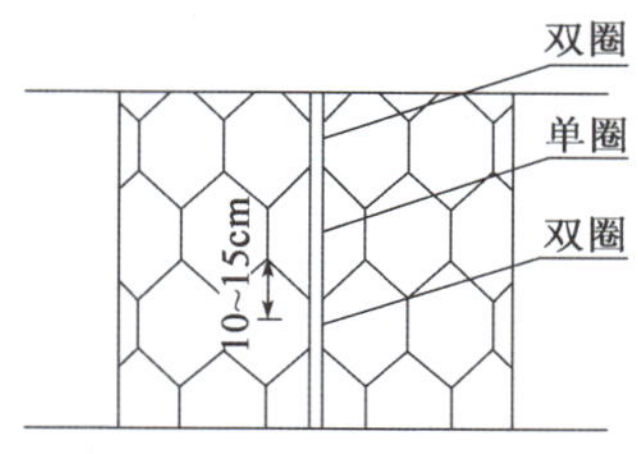

图 4.2-54 绞边示意图

填充石料要求如下：

①填充物采用卵石、片石或块石。加筋格宾填石粒径以 100～300mm 为宜；空隙率不超过 30%，要求石料质地坚硬，强度等级 MU30，比重不小于 2.5t/m³，遇水不易崩解和水解，抗风化。

②薄片、条状等形状的石料不宜采用。风化岩石、泥岩等亦不得用作充填石料。

③加筋格宾靠墙面 30cm 范围内采用干砌方式。

河惠莞高速挖方路基路侧设置石笼挡土墙提供种植平台：对边坡高度不大于 20m 的稳定非高液限土路段，有条件情况下在坡脚设置 1.2m 高石笼景观墙，增加景观布设空间。石笼墙结合藤本攀爬植物的种植，弱化工程痕迹，与周边环境更好地融合，见图 4.2-55 和图 4.2-56。

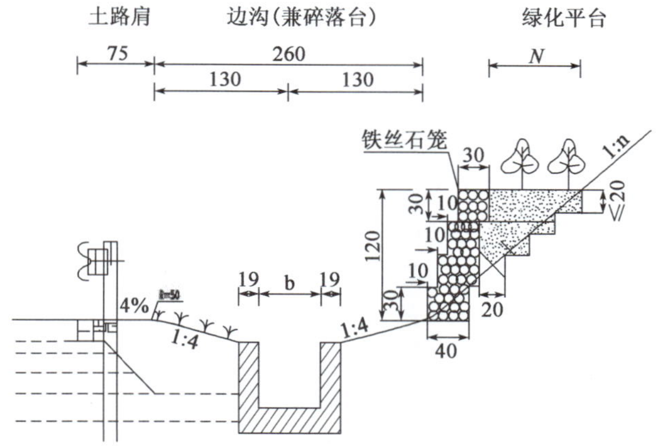

图 4.2-55 挖方路基石笼墙设计图

图 4.2-56 挖方路基石笼墙设计效果图

4.2.9 绿色路基表土利用

化湛高速公路清表土利用:设计中将耕植土、腐质土作为一种有限的自然资源对待,集中堆放,注意保护和利用好耕植土、腐质土。任何永久或临时用地都不得填埋或碾压耕植土、腐质土。施工时,应揭除地表草皮和腐质土集中堆放,以备用来地表回填,土地复耕、造地、恢复植被等,见图4.2-57。

图4.2-57 化湛项目互通利用地表耕植土、腐质土

仁新高速表土资源利用:设计单位对仁新段占地类型、表土数量、表土厚度进行了详细调查,并编制《广东省仁化(湘粤界)至博罗公路仁化至新丰段原生大树移栽及表土的保护与利用技术研究》,仁新段可利用表土数量约8.65万m^3。

新博高速表土资源循环利用:为保证沿线经济、环境的可持续发展,将高速公路建设与当地水土保持相结合,将清表耕植土进行集中堆放。目前,全线共有集中堆放场地8个,堆放清表耕植土已不少于9万m^3,一是用于工程项目绿化,二是用于农田段复耕见图4.2-58和图4.2-59。

a)

广东省南粤交通仁博高速公路管理中心新博管理处

新博〔2016〕175号

新博管理处于要求做好清表土集中堆放有关事宜的通知

仁博高速J4-J6总监办、JS4-JS5检测中心、TJ17-TJ24合同段项目部:

仁博项目新博段全长108km,设计双向六车道,路基宽度34.5(33.5)m,具有线长、面宽的特点,由于项目所经区域较多为林、田地,其土地多为腐植土等难以再生资源,为保证公路沿线经济、环境的可持续发展,将公路建设与当地水土保持相结合,新博管理处拟对项目全线清表土进行规划利用,具体要求如下:

一、要求各施工合同段对标段内土质较好的清表土集中堆放,各合同段堆放数量要求不少于表1。

b)

图4.2-58 TJ19合同段清表土集中

图4.2-59　清表土集中堆放、覆盖实景

4.3　绿色路基施工

4.3.1　化湛高速公路路基施工精细化管理措施

坚持示范引领各参建单位应围绕重点部位、隐蔽工程、附属工程、质量通病，强力推进“品质化湛”精细化管理。建设过程全面推进“双标管理”（标准化、标杆工程），分临建工程、现场施工、安全三大块，路基、桥涵 、路面、交安、机电无死角落实。并对应制定了标准化建设管理办法，定时评选标杆工程。在每年度按各参建单位对品质工程的推进情况，评出具体成效显著的工艺、方法、单位加以推广，实现以点带面，以局部促整体，达到全面提升；强化各分项工程建设管理，保障设计成果及后续工程施工质量，确保项目整体效果形象。

1）工地建设标准化

化湛项目通过全面实施工地标准化建设与管理，改善生产、生活环境，保障从业人员的安全和健康，促进施工现场的集约化管理、工厂化生产、专业化施工和工程质量、安全管理及文明施工水平的提高，营造出良好的安全文明施工氛围，全面提升企业文化，实现一流的施工现场管理、一流的施工现场形象、一流的施工作业环境、一流的项目管理水平，最终实现建设项目精细化管理的目标，提升云湛高速公路建设管理水平和工地形象。

（1）驻地建设标准化

驻地建设应以“花园建在项目经理部”为原则，达到美化、怡人的效果；驻地场地内绿化不小于30%，树木、乔木、花木和草坪搭配；项目经理部内道路两侧应种植行道树或布置花草盆景。每间办公室配置两盆以上花草盆景，会议室作重点布置。为满足项目部人员的文体生活需要，驻地内还应设有一定的文体设施，见图4.3-1～图4.3-5。

（2）拌和站标准化

全线使用LED混凝土配合比显示牌、红外线自动洗车池、拌和用水冷却装置、外加剂搅拌机安装延时搅拌控制开关（图4.3-6）。

图 4.3-1　驻地建设

图 4.3-2　驻地鸟瞰

图 4.3-3　建筑沙盘

图 4.3-4　文化长廊

图 4.3-5　钢筋加工厂

图 4.3-6　梁厂及拌和站

(3)试验室标准化

为了确保工地试验室标养室的温湿效果,全线标配室内风机和加湿器一体机和室外全自动温湿控制仪;全线标配了较为先进的瑞士进口 PM6 系列的钢筋保护层测定仪;对所有试验室安装高清摄像头,通过网络实时传送至电脑及手机 APP,随时掌握试验检测的开展情况。

(4)路基施工标准化

为总结高速公路路基工程建设多年来的实践经验,进一步规范路基、桥涵、路面工程施工的各项工序操作,提高施工管理水平,实现化湛高速公路路基工程施工标准化,克服质量通病,促进云湛高速公路路基工程实体质量再上一个新台阶,化湛项目在依据交通运输部公路路基设计规范、公路路基施工规范、公路工程质量检验评定标准、公路工程施工工艺标准及验收等相关标准,参考近年来颁布施行的有关施工管理、技术文件规定,借鉴本行业国内通行的先进施工工艺和管理办法,施工过程推行施工作业标准化,见图 4.3-7 ~ 图 4.3-9。

图 4.3-7　路基方格网施工

图 4.3-8　台背回填

图 4.3-9　拍坡机补强

路基施工标准化严格控制土方质量来源,确定取土场前进行土工试验,不合格土禁止进入施工现场。坚持以压实度为主控指标,压实层厚为重点,土质含水量为关键,严格控制土方填筑质量。对于软弱路床,为满足 96 区的路床要求,换填碎石、石屑等合格材料。涵背、台背严格控制填筑厚度,依据预标刻度化施工碾压。路基施工路堤边坡采用“拍坡机”进行拍实施工。

为了确保路基、路面工程施工过程中全断面排水通畅,减少雨水对路面结构层及路堤边坡的污染和破坏,化湛管理处要求各路基、路面、交安、机电合同段切实加强工程临时排水工作,具体要求如下：

①对于超高段纵向排水沟预留位置内的施工废料要及时清理，避免降雨时积水。各路面合同段应组织超高段纵向排水沟施工与路面结构层施工同步进行，为超高段排水提供永久通道；

②各合同段可适当保留路基原有拦水埂，但要清理拦水埂与垫层之间的施工废料，并使拦水埂与路基急流槽顺接，保证垫层、底基层边部汇水能够平顺汇入路基急流槽；

③上基层施工完成后，各路面合同段应立即进行第二次路肩培土工作，并同步完善路面急流槽浇筑、路缘石安装、土路肩绿化等工作，确保路面排水系统通畅，见图4.3-10和图4.3-11。

图4.3-10　临时急流槽

图4.3-11　路基拦水埂

工程建设紧紧围绕化湛管理处的总体目标，以工程质量为中心，积极推行路面“零污染”施工，提高路面施工质量。为实现水泥稳定底基层(基层)、沥青面层施工“零污染”控制目标，

通过场站标准化建设，加强路面料场建设管理，加强对路基扫尾、交通工程、机电工程、绿化等交叉施工管理，严格交通管制及便道管理，科学合理采取措施，从源头避免路面各结构层施工污染。明确责任，坚持“谁污染、谁负责”原则，将防污染指标纳入考核范畴。对进出高速公路的便道进行排查，合并或封闭无用的便道，对仍在使用的便道进行交通管制。施工车辆必须行驶在施工便道上，禁止随意行驶在高速公路。施工便道口须进行硬化，长度50～100m，同时加强施工便道洒水养护，保证施工便道车辆通过时不扬尘(图4.3-12)。

图4.3-12　路面防污染

(5)附属施工标准化

推广小型构件采用自动化数控生产施工工法：自动化生产线、自动化安装行走系统、操作

控制系统、振捣系统、顶升传送系统等组成;同时,采用了自动喷淋系统进行养生。该工法提高了施工工效及质量水平。改进中分带填土工艺:现将土方运输车一侧挡板进行改装,在侧挡板前后端外延部分增加护板,在侧挡板边部接上橡胶块使其能够刚好搭入护栏顶部内侧,护栏另外一侧用小型挖机将土直接勾入护栏内侧,小型挖机与运土车沿主线同步前进,使得运输车能够直接将运到现场的土填入中分带护栏内侧,也省去了中分带用土来回周转而带来的污染见图 4.3-13 和图 4.3-14。

图 4.3-13　路缘石安装

图 4.3-14　路肩土施工

(6)防止路基沉降的断点一处一方案

部分填方路基路段、部分桥台锥坡、涵洞八字墙位置,由于受线内施工便道影响,无法一次填筑成型,存在后期帮宽或填补可能引发的不均匀沉降的质量风险,为彻底消除路基质量隐患,化湛管理处印发加强云湛项目受施工便道影响的桥台、涵洞出口等缺口段落路基处理的通知,要求各土建合同段对应台账工点,按"一处一方案"的原则制定具体帮宽或填补方案。特殊路基应挖除虚土、形成台阶;要求超宽填补,搭接部位最后一层填土前应敷设土工格栅(图 4.3-15),填补搭接部位确保碾压到位;填补完成后,采用高速液压夯实机进行补强(图 4.3-16)。

图 4.3-15　加铺土工格栅

图 4.3-16　液压补强

2)标杆工程精打造

为全面提升全精细化施工工艺水平,化湛管理处特制定《汕(头)湛(江)高速公路云浮至湛江段及支线工程化湛段阶段性标杆工程竞赛实施方案》。通过开展本项标杆工程评选活动,将"双标管理"(标准化管理、标杆管理)理念落实到实处,在本项目树立一大批实体工程质量优秀的标杆工程，充分发挥人员、设备、材料统一使用和集中管理的优势，实现专业化管理、工厂化施工，在提高工程建设效率基础上，从源头上确保本项目工程质量可靠，努力打造化湛精品工程。主要评选的标杆工程有四个方面。

桥梁工程，含桥面铺装、桥梁护栏、现浇箱梁实体；

防护工程，含路堤边坡防护、路堑边坡防护实体；

排水工程，含边沟、排水沟、截水沟实体；

路面工程，含垫层、底基层、基层、封层、面层、混凝土护栏、波形护栏安装、小型预制块。

可参见图 4.3-17 ~ 图 4.3-22。

图 4.3-17　新泽西护栏标杆

图 4.3-18　桥台锥坡标杆

图 4.3-19　墩柱标杆

图 4.3-20　涵洞标杆

图 4.3-21　路面基层标杆

图 4.3-22　路面面层

3)路基全断面交验

为了给路面施工提供连续的工作面和防止路基施工对路面的造成的污染,规范化湛高速路基工程验收交接工作,为路面工程有序展开打下良好基础,化湛管理处全力推行路基全断面交验。路基交验前,依据交通部颁发的 JTG F80/1—2012《公路工程质量检验评定标准》的有关要求,特制定《化湛段路基交验管理办法》,为路基全断面交验提供制度保障,并在交验过程严格执行。在 2016 年劳动竞赛中设置路基交验奖,各土建合同段主线路基交验必须于 2016 年 12 月 31 日前全部完成,按各土建合同段的主线路基交验里程,每交验 1km 主线路基奖励 3 万 ~7 万元不等;越早交验,获得的路基交验奖金越多,12 月 31 日前未交验路基按 5 万元/km 倒扣奖金。

办法规定交验路段必须是连续、完整的段落(交验路段台背回填、排水、绿化以及防护工程必须同步完成,桥梁原则须半幅贯通),交验长度原则上不少于 1km。恢复重要的标志。如路线的固定桩、控制桩、结构物及软基和特殊地基路段的起讫桩、中线桩、曲线和缓和曲线的起讫桩等。所有交验路基的顶面必须做到密实、表面平整、边线直顺、曲线圆滑,边坡平顺、稳定,不得亏坡,边坡坡面具有防冲刷的排水设施。软基路段满足要求,且沉降达到设计要求。完成高程测量和路基、结构物、砌石等工程几何尺寸的检测。交验路段红线征地范围内的取(弃)土场应平整理顺。相关资料真实、齐全,并经监理签认。各分项工程经自检,合格率达到 100%,见图 4.3-23 和图 4.3-24。

图 4.3-23 路基全断面交验过程

图 4.3-24 路基全断面交验

4)"工完场清零缺陷"

为实现项目完美通车的目标,化湛项目开展了以"品质化湛""扫清三改零污染,工完场清零缺陷,工完账清零收尾"为主题的 2017 年春季劳动竞赛,对"上边坡工程""下边坡工程""涵洞""桥台锥坡""桥下空间""桥梁下部结构工程""桥面系"等七个大项进行专项评比。最大程度扫清路面大面积施工的障碍,加快路基收尾,同步启动了"工完场清零缺陷"竞赛。为配合"工完场清零缺陷"竞赛,化湛管理处开展了"化湛非常行"活动,组织各参建单位工程管理人员以徒步行走的方式,对云湛高速化湛段 98km 开展了"非常行"活动,确保工程质量无死角。为推行工完场清活动,做到"三早三有":

早发现——2017 年 8 月 15 日前全线缺陷初次调查完成,并建立相应的缺陷管理台账,总监办组织定期复查、排查,动态更新缺陷台账并在每周一上报管理处;

早处理——对于所发现的缺陷明确整改期限,及时对缺陷进行修复处理;

早闭合——针对检查中发现的缺陷问题必须在整改期限内整改完毕，经过业主、监理验收完成后，闭合台账；

有检查——每周总监办会同业主代表进行不少于一次的复查及巡查，并及时更新台账，及时了解各项目经理部整改积极性；

有落实——针对业主、监理的巡检情况，对工作不及时的，业主代表或总监办形成书面整改通知(监理指令或整改通知单)，明确整改要求及整改期限；

有复核——每周总监办会同业主代表进行不少于一次的复查，并及时更新台账，对整改期限内未完成整改的进行相应处罚，并再次限定整改期限，直到整改到位为止。

“工完场清零缺陷”效果见图4.3-25及图4.3-26。

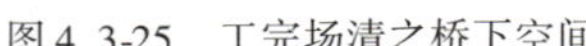
图4.3-25　工完场清之桥下空间

图4.3-26　工完场清之上边坡

5)“工完账清”零收尾

按南粤公司要求的“一年内完成工程结算工作，一年半内完成工程决算文件编制”总体目标，管理处结合实际情况提出了“工完账清”的目标。工完账清重点在变更清理，化湛管理处通过明确责任分工，制定时间节点，设定工程变更办理关门时间，加快清理工程变更，通车前变更批复率已达95%；通过理清其他合同费用等一系列手段分批分阶段进行结算。12月27日下午，在崭新落成的化湛管理处综合楼多功能厅，化湛管理处与中铁四局集团有限公司等6家土建施工单位(全线共9家)签署了结算协议书，标志着云湛高速化湛段“工完账清”活动第一阶段完美收官。

4.3.2　清云高速公路表土综合利用技术

清云高速公路全线16个标段基本完成表土资源收集堆存工作。现结合前期对清云高速表土资源特征，以及土壤种子库特征等调查分析，并根据清云高速沿线绿化、生态修复等工程实际情况，针对全线提出表土资源综合利用基本原则、利用技术方案，以指导各标段。

1)表土利用原则

(1)优先利用原则

表土资源中不仅富含N、P、K、有机质等营养元素，而且含有大量原生植被根茎、种子或孢子。将营养价值较高的表土用于沿线工程创面植生层重建和生态修复，沿线绿化，建设用地减量化复垦及临时用地侵占后复垦等,对节约土地资源,增加人工植被生物多样性和稳定性,以及保护生态、保护耕地等均具有重要意义。因此,工程沿线生态修复、绿化、复垦时应优先使用所收集的表土。

(2)就近利用原则

沿线表土资源长距离转移必然增加工程成本。因此,表土资源利用宜遵循就近利用原则。对于缺土严重又无法内部调配的标段,为避免取土增加新的工程创面,可酌情在表土资源富余的临近标段调配。

(3)充分利用原则

必须坚持以表土剥离收集为出发点,以充分利用为根本落脚点。因此,务必做到剥离与利用的无缝衔接,避免表土闲置浪费,劳民伤财,尽可能做到充分利用,合理利用,占补平衡。同时,最大程度避免因建设用地修复、绿化、复垦工程异地再取土而增加新的工程创面。

(4)因"土"制宜原则

优质的表土或原耕作土尽可能的直接用于沿线裸露废弃地耕地再造。土质良好的园地或林地表土,过筛后配置喷播基材用于客土喷播,及配置泥浆悬浮浆液用于客土喷播面层或直接喷播植草。土质较好的表土或筛出的含有大量植物残体的表土宜用于中分带、路肩绿化带回填用作种植土。土质一般或较差的表土可用于再造耕地或林地的基层回填。"渣土"不做表土利用。

(5)节约成本原则

表土资源堆储保育与综合利用应本着节约成本原则,宜尽快利用,以节约表土堆储保育成本,同时避免表土中的营养元素及种子库因长期堆存流失造成资源浪费。同时,通过临近调配、平衡,综合利用,以降低外部调运成本,减少有机肥、复合肥等用量降低施工成本。

2)表土分级标准及利用优先级

根据前期调查分析,清云高速沿线收集的表土主要是农田旱地土、园地土、林地土(山坡、谷地)等。各标段表土类型、质地、质量差异较大,但表土利用要求基本一致。因此,需要根据表土质地、质量进行分级,以确定最佳利用途径,分级标准见表4.3-1。

清云高速公路沿线表土资源分类及利用优先级 表4.3-1

项目 表土类型	土质名称	自然重度(kg/m³)	外形特征	利用优先级
Ⅰ类表土	农田表土	600~1500	农田耕作层表土,主要是松软的植壤土、沙壤土、种植土,疏松易透水,略有黏性	耕地耕作层再造 > 客土喷播 > 绿化种植土 > 林地再造
Ⅱ类表土	园地表土	1100~1600	果园类种植土,含有直径 < 30mm 植物残体的腐殖土,平均15mm以内的松散而软的砾石	耕地耕作层再造 > 上边坡客土喷播(包括面层喷播或喷播植草) > 林地再造
Ⅲ类表土	沟谷林地表土	1100~1750	沟谷杂木林地表土,含有直径 > 30mm植物残体,掺有30mm以内的松散而软的砾石,碎石和石屑的肥沙壤土、腐殖土、黏土	上边坡客土喷播(包括面层喷播或喷播植草) > 下边坡格构梁回填喷播植草,或用作中分带、绿化带回填种植土 > 林地再造

续上表

表土类型 \ 项目	土质名称	自然重度(kg/m^3)	外 形 特 征	利 用 优 先 级
Ⅳ类表土	山皮表土	1300 ~ 1800	土层较薄的山皮(坡)表土,含有直径 >30mm 植物残体,掺有少量 50mm 以内石屑、碎石、砾石或卵石等杂质的肥腐殖土、沙壤土、重壤土	上边坡客土喷播 > 直接用于下边坡格构梁、中分带、绿化带 > 林地再造
Ⅴ类表土	混合“渣”土	1750 以上	表土收集、堆存措施不当,混杂粒径 < 40mm 的石屑、碎石、砾石或卵石等杂质含量超过 30%(总体积),或含有重量在 5kg 及以上的巨砾超过 10%(总体积)的	做渣土处理,不做表土使用

3)表土利用方法

(1)基于上边坡客土喷播工艺的利用技术

①表土处理备用

A. 将收集的质量较好的表土资源适当晾晒,若含有较多大土块则需要破碎机进行破碎。

B. 表土经破碎后需经过 20mm 的网筛过筛,以祛除较大块碎石和植物残体后。

②客土基材配置

表土经破碎过筛后,可用于客土基材配置,配置方法见表 4.3-2。

表土喷播基材配置与传统客土喷播对比(重量百分比)　　表 4.3-2

项目 \ 工艺	传统客土喷播工艺	利用表土喷播工艺	备　注
土壤	生土 60% ~85%	表土 90% ~98%	加水搅拌,利用液压泵送客土喷播机喷播
有机肥或泥炭土	10% ~30%	5% ~15%	
植物纤维(谷糠或锯木屑等)	2% ~5%	0.50% ~1.00%	
缓释型复合肥	90% ~98%	0.20% ~0.50%	
保水剂	90% ~98%	0.05% ~0.10%	
黏结剂	0.20% ~0.30%	0.10% ~0.15%	
土壤团粒剂	0.10% ~0.30%	0.05% ~0.15%	
水		适量	
乔灌木种子	$15 \sim 20g/m^2$	$8 \sim 12g/m^2$	加 1/3 用量的乔灌木种子

③喷播植生层基层(参照原客土喷播或喷混植生工艺设计)

A. 清理平整坡面

人工清理坡面浮石、浮土等,并且做到处理后的坡面斜率一致、平整,无大的突出石块与其他杂物存在,对于光滑岩石要采用取挖凿横向平行沟等措施进行加糙处理。对于较大的凹坑,采用片石嵌补与坡面齐平。

B. 安设锚杆

锚杆采用 $\phi12 \sim \phi20$mm 钢筋制作，分为长锚杆和短锚杆，间隔布置，外露端设置90°弯钩。

C. 固定铁丝网

铁丝网可采用12#、14#或16#镀锌铁丝网，网孔为 8×8cm 或 8×12cm。将其从坡顶沿坡面顺势铺下。

D. 喷播客土基材

利用液压泵送式湿喷机将加水搅拌后的混合基材喷布于坡面，喷薄厚度按照原方案设计（一般喷播厚度6～8cm）。

④面层喷薄

A. 基材配置：表土资源适当晾晒后粉碎，并经过5mm以内的细网筛过筛，筛出的粉质细土，用于与草种等配置泥浆悬浮浆液。

B. 喷薄面层：用于上边坡客土喷播工艺的面层喷播。利用液力喷播机喷播浆体基材，在坡面形成1～2cm厚度的植生层面层。

⑤覆盖

无纺布覆盖，≥15g/m^2。

表4.3-3是传统面层喷播与加表土面层喷播基材对比情况。

传统面层喷播与加表土的面层喷播基材（造浆）配置对比 表4.3-3

项目 \ 喷播类型	传统面层喷播	基于表土的面层喷播	备　注
纸浆	1000～2000g/m^2	500～800g/m^2	加水搅拌，利用液力喷播植草机喷播
5mm过筛细表土	—	1000～2000g/m^2	
黏结剂	2.0～3.0g/m^2	3.0～5.0g/m^2	
缓释型复合肥	30.0～50.0g/m^2	15.0～20.0g/m^2	
保水剂	15.0～20.0g/m^2	10.0～15.0g/m^2	
染色剂	2.0g/m^2	2.0g/m^2	
水	适量	适量	
灌草种子	20～30g/m^2	10～15g/m^2	加2/3用量的乔灌木和全部草种

(2)基于下边坡喷播植草工艺的利用技术

①基材配置

表土资源适当晾晒后粉碎，并经过5mm以内的细网筛过筛，筛出的粉质细土，用于与草种等配置泥浆悬浮浆液。

②喷播植草

利用液力喷播机喷播浆体基材，直接用于下边坡喷播植草1～2cm。

③覆盖

无纺布覆盖，≥15g/m^2。

表4.3-4是传统喷播植草与添加表土的喷播基材配置情况。

传统喷播植草与添加表土的喷播基材(造浆)配置 表 4.3-4

项目 \ 喷播类型	传统面层喷播	基于表土的面层喷播	备　注
纸浆	1000~2000g/m^2	500~800g/m^2	加水搅拌,利用液力喷播植草机喷播
5mm 过筛细表土	—	1000~2000g/m^2	
黏结剂	2.0~3.0g/m^2	3.0~5.0g/m^2	
缓释型复合肥	30.0~50.0g/m^2	15.0~20.0g/m^2	
保水剂	15.0~20.0g/m^2	10.0~15.0g/m^2	
染色剂	2.0g/m^2	2.0g/m^2	
水	适量	适量	
灌草种子	30~50g/m^2	15~30g/m^2	

(3)表土资源直接利用技术

表土可直接回填或覆土利用的范围,包括沿线下边坡植物护坡、中分带等绿化种植、临占用地复垦,及废弃地营造林地等工程,可参见表 4.3-5。

表土资源直接利用技术说明 表 4.3-5

项目 \ 喷播要求		质量要求(按体积比计)	使用范围	使用方法	植草技术
1	下边坡植物防护用	表土中<40mm 的石屑、碎石、砾石或卵石等杂质含量不超过 20%,或重量在 5kg 及以上的较大石砾不超过 5%	格构梁、人字梁内	回填厚度基本与格梁平齐	喷播植草:基材配置、种子配置
			炭质岩、碎石渣填方或土壤贫瘠的下边坡	覆土 3~5cm	
2	沿线绿化回填用	表土中<40mm 的石屑、碎石、砾石或卵石等杂质含量不超过 15%,或重量在 3kg 及以上的石砾不超过 5%	中分带	回填要求按原设计方案	种植苗木:按原设计方案
			路肩绿化带		
3	建设用地减量化复垦或临占用地复垦利用	表土中>15mm 的砾石、碎石不超过 1%	平缓的弃(取)土场、施工工区、渠系工程区等宜恢复为耕地的临占地	回填>20cm 厚度优质表土,重建土壤耕作层	还耕
4	临占用地还林在建利用	表土中<40mm 的石屑、碎石、砾石或卵石等杂质含量不超过 30%,或重量在 5kg 及以上的较大石砾不超过 10%	弃(取)土场、施工工区、沿线渠系工程区等可恢复为林地的临占地	回填>50cm 厚度的林地种植层	种植苗木或喷播种子

4)沿线各区段表土利用具体方案建议

①将原喷播植草变更为添加细表土的喷播植草工艺或客土喷播工艺的面层喷播,可适当减少有机肥、纸浆、种子等用量节约少量成本,但过筛细表土会增加少量成本。总体施工成本影响不大,考虑充分利用表土的经济、生态环保效益,应积极利用表土。

②将客土喷播植草工艺变更为表土喷播植草工艺,可适当减少有机肥、种子用量节约少量成本,但表土过筛使用会增加人工和机械成本,增加工序降低施工效率而增加施工成本。总体施工成本可能会增加,尤其是质量欠佳表土,但考虑充分利用表土的生态环保效益,鼓励充分利用表土。

③中分带回填表土虽具有一定的经济性和生态环保性,但可能造成中分带杂草树木生长,影响景观一致性和行车安全性。综合考虑,建议谨慎使用。

④互通立交服务区等充分利用表土,考虑节约土方成本,节省弃土占地,避免资源浪费,应积极利用表土。

⑤弃、取土场充分利用表土,还耕复垦、造林,考虑充分利用表土的经济、生态环保效益,应积极使用。

4.3.3 新博高速公路旋翼式无人机土石方测量施工工艺

通过无人机(图4.3-27)采集高清影像数据,并使用专业数据处理软件对其进行处理,生成加密点云,实现至少1cm一个标高数据,准确模拟地形,基于三维加密点云进行土石方量测,理论误差较传统方式明显减小。

a)

b)

图4.3-27 多旋翼无人机

1)工艺流程

通过多旋翼无人机、相机云台,采用像控点布设→控点测量→航线设计→航摄作业→数据处理→质量评估→土石方计算

①在使用无人机进行数据采集前,先使用与地表反差大的胶带及涂料在测区范围内布设地面加密控制点。

②根据已知高程数据对测区进行航摄分区,确定分区基准面高程;根据精度要求确定测图分辨率,算出相对航高,并计算无人机相对于起降场地的飞行高度;结合要求重叠度,计算出摄

影基线及旁向间隔的值；在综合上面各航线设计影响因素后，设计出航线敷设满整个测区。

③无人机航摄影像、pos 数据(影像名称纬度经度绝对航高等)导出并整理拼接；像控点坐标及高程的记录和整理，航摄区域所处平面坐标系和纵坐标系的查询和记录；镜头畸变矫正参数的测定。

④试验研究旋翼式无人机土石方测量工艺的可行性及准确性，故采用传统等高线地形图断面法进行计算与 RTK 测量数据进行比对。

可以参见图 4.3-28 ~ 图 4.3-31。

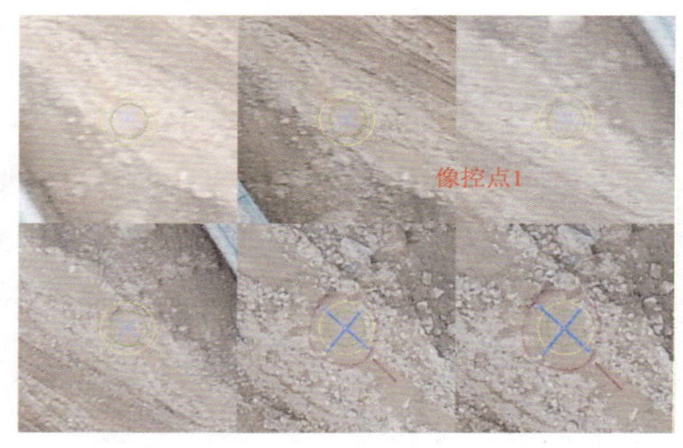

图 4.3-28　像控点布设

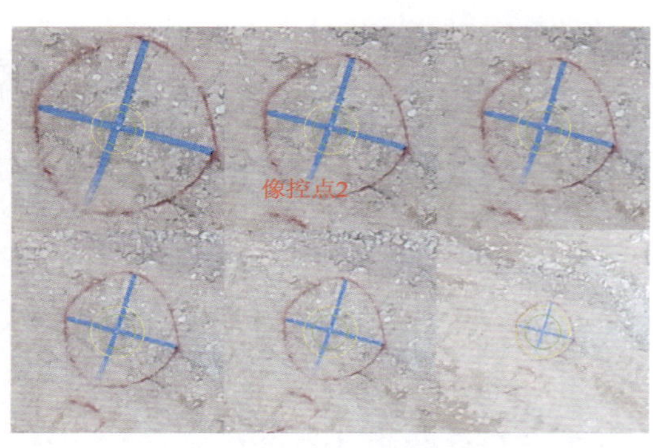

图 4.3-29　控制点坐标测量

图 4.3-30　正摄影像

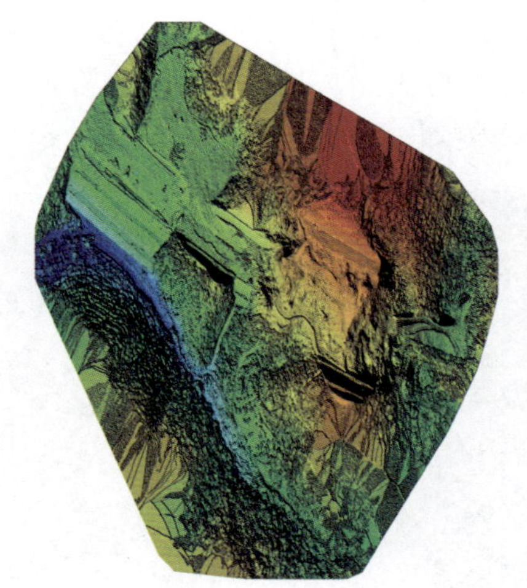

图 4.3-31　DEM 模型

2)工艺要点

①通过已有控制点，使用 GPS RTK 测量仪器对加密控制点三维坐标进行测量。测量数据如下图所示，交叉中心点为加密控制点点位。

②航线设计是在综合考虑了影响因素后，根据实际情况求取相关参数。影响航线的设计的因素有地形因素、重叠度及分辨率、测区边界、无人机的起降安全性、无人机的最大安全航程等。结合该项目实际，为达到土石方测量精度要求，将该区域分为两个测区，拟设计相对航高 70 ~ 90m，航向及旁向重叠度 60% ~ 80%。

③无人机按设定路线飞行航拍完毕后，降落在指定地点。降落后，对照片数据及飞机整体

进行检查评估,结合影像清晰度、重叠度等因素判断是否复飞。

④利用测区中影像连接点的像点坐标及其大地坐标的地面控制点,以每张相片为单元,区域内每张相片的控制点、加密点都列立共线条件方程式,建立统一平差解算,整体求解区域内每张相片的外方位元素及所有加密点的地面坐标。

3)应用效果

①传统土石方量测需测量人员使用 GPS RTK,每隔 10m 测量一个三维坐标点,总面积约 300 亩,2 名测量人员完成测区标高测量约需 1 个工作日(仅包括主线区域)。而由 2 人组成的无人机数据采集小组,使用无人机高精度航测技术完成全测区的数据采集只需半个工作日,作业效率较传统方式有显著提升。

②传统土石方量测使用 GPS RTK 测量技术,高程误差约为 2cm,每隔 10m 进行采样测量,以点代面,不能准确反映地表起伏情况,特别是复杂地形。通过无人机采集高清影像数据,并使用专业数据处理软件对其进行处理,可生成加密点云,实现至少 1cm 一个标高点,对地表起伏进行精准锁定,基于三维加密点云进行土石方量测,理论误差较传统方式明显减小。

③与传统大型飞机摄影测量相比,使用旋翼无人机搭载高清相机进行影像数据采集,飞行前准备工作少,对起降场地要求不高,超低空飞行,不受云层影响,费用低。而且影像资料便于存查,能对工程进度和质量进行可视化追溯,亦可以作为宣传素材使用。

4.3.4　新博高速公路隧道洞渣在路基工程的利用

新博高速九连山隧道、茅田隧道、竹山隧道均对洞渣进行循环利用,全线共建洞渣加工厂 3 处,机制沙加工厂 1 处,共利用隧道洞渣约 87 万 m^3,见图 4.3-32 和图 4.3-33。

图 4.3-32　九连山隧道碎石加工场

图 4.3-33　茅田隧道碎石、机制沙加工场

(1)利用隧渣生产碎石、机制沙

由于沿线沙石料紧缺,隧道洞渣资源宝贵,施工单位进场后对洞渣利用进行了调查及规划,在隧道洞口安装碎石、机制沙加工设备,既缓解了地材的供应压力,又充分利用资源。

(2)隧渣作为路基填料

在施工图设计和招标阶段,对全线隧道洞渣进行调查和规划,将风化程度高的隧渣用于路基填筑、涵台背填筑,减少土方挖方量,减少对自然环境破坏,见图 4.3-34。

图 4.3-34　隧道洞渣用于清淤换填

4.3.5　龙怀高速公路路基路面智能压实监控系统

在公路、铁路、机场、大坝、市政等工程中，填筑施工是最为关键的工序，其中压实施工环节是控制的难题，实际碾压遍数和碾压速度受人为因素影响大，客观性不强，缺乏科学可靠的管理手段，难以实现真正可控；压实度、沉降差等质量评价指标的抽样结果不能全面真实反映路基压实质量；多台压路机工作时，无法知道压实遍数是否合格，碾压区域是否全覆盖；在低视条件下（如夜间施工）容易造成漏压，导致压实不均匀，因此路基路面压实监控系统应运而生（图 4.3-35）。

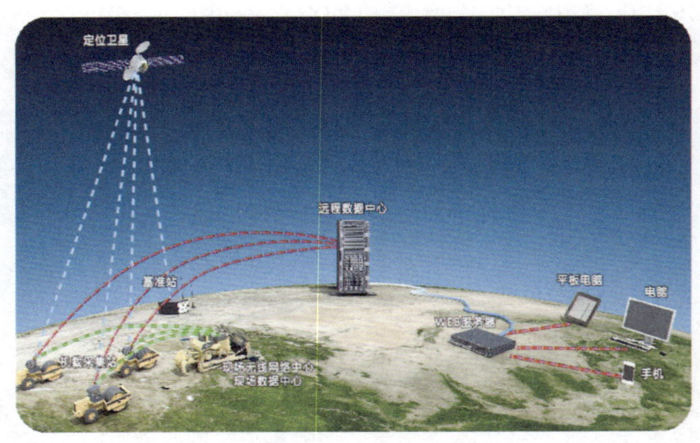

图 4.3-35　系统组成

1）系统组成及原理

采用具有网络 RTK 功能的三星座八频 GNSS 定位模块精确定位压路机的实时三维坐标，同时用高精度加速度传感器和陀螺仪实时修正 GNSS 模块定位的随机误差；采用微机电传感器实时测量压路机的振捣状态（静压、弱振和强振）；采集的数据通过移动互联网或现场无线网络发送至远程或现场数据中心；服务器根据各台压路机的碾压轨迹、碾压轮宽度和工作参数实时计算当前工作面的碾压状态，并按监控终端的请求即时评估本工作面的碾压结果与要求碾压工艺的符合程度；车载终端、监控终端实时向服务器请求碾压状态或评估结果，见图 4.3-36。

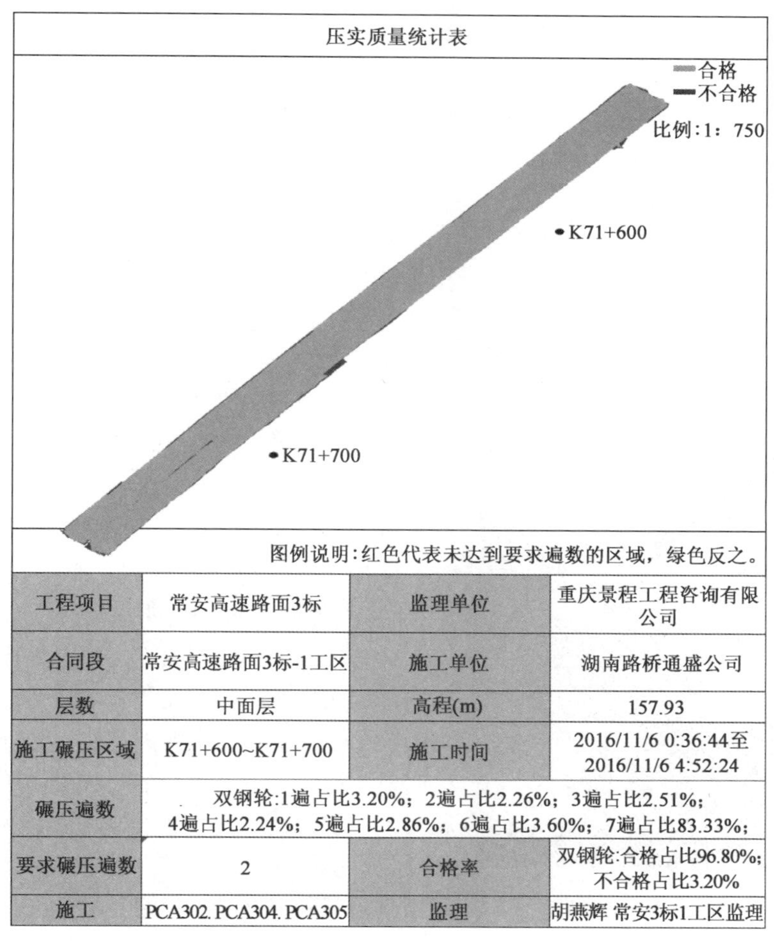

压实质量统计表

合格
不合格
比例:1：750
K71+600
K71+700

图例说明:红色代表未达到要求遍数的区域，绿色反之。

工程项目	常安高速路面3标	监理单位	重庆景程工程咨询有限公司
合同段	常安高速路面3标-1工区	施工单位	湖南路桥通盛公司
层数	中面层	高程(m)	157.93
施工碾压区域	K71+600~K71+700	施工时间	2016/11/6 0:36:44至2016/11/6 4:52:24
碾压遍数	双钢轮:1遍占比3.20%；2遍占比2.26%；3遍占比2.51%；4遍占比2.24%；5遍占比2.86%；6遍占比3.60%；7遍占比83.33%；		
要求碾压遍数	2	合格率	双钢轮:合格占比96.80%；不合格占比3.20%
施工	PCA302. PCA304. PCA305	监理	胡燕辉 常安3标1工区监理

图 4.3-36　压实质量报表

压实作业结束后，系统自动对当前工作面的压实施工质量进行评估，自动生成压实质量报告，并对项目所有质量报告进行归档存储，形成可永久保存、可追溯查询的电子档案。各级公路建设管理人员可以通过移动通信互联和跨平台的 Web 方式访问该系统，为路基路面压实质量检验评定提供真实可靠的依据，为工程计量提供压实数据。

2）系统优势

将压实质量的管理从事后抽检结果控制提升到全过程监控，全面、整体反映压实质量。

杜绝人为因素影响，客观、真实、准确表达压实工艺，建立施工工艺档案，压实质量可监管、可溯源。

实时指导压实施工，避免漏压、超压现象，提高作业效率，降低施工成本。

保障质量验收合格率，避免因压实质量问题返工造成的经济损失。

3）市场使用情况

本系统受到湖南省交通厅和湖南省高速公路管理局领导的高度重视，2015 年 7 月研发成功并投入使用。目前已经覆盖湖南省全部新修高速路基和路面工程，路基工程包括湖南省莲株高速公路、湖南省娄衡高速公路、湖南省益马高速公路、湖南省益娄高速公路、湖南省马安高速公路、湖南省张桑高速公路、广东省龙怀高速公路等;路面工程包括湖南省常安高速公路、湖南省娄衡高速公路、湖南省大岳高速公路、湖南省潭邵高速公路、湖南省永吉高速公路、湖南省武靖高速公路、湖南省张桑高速公路。本系统的实施得到了业主和施工单位的青睐,都表示本系统对规范路基路面施工、提高作业效率,保障路基路面压实质量发挥了主要作用。

4)龙怀高速公路全线推广情况

2016 年 10 月分别在广东省龙怀高速公路路基 20 标和 26 标安装一套智能压实监控设备作为试点项目(图 4.3-37)。

图 4.3-37　龙怀高速设备安装情况

由于本系统在使用初期,20 标和 26 标的现场施工人员及监理对本系统使用不太熟悉,继续按照以前的施工方式碾压作业,见图 4.3-38。

在发现问题后及时向施工单位及业主单位反馈,并对压路机操作手和监理员进行再次培训指导。本系统使用 2 ~ 3 周之后,压路机手和监理员逐渐熟练智能压实监控设备的使用。压实监控数据结果显示,压实作业施工规范性明显提高,见图 4.3-39。

两个标段的施工员经过一段时间使用之后,能够在路基压实作业中熟练使用智能压实监控系统。这两个标段路基压实合格率明显提高,压实的均匀性、一致性明显比没有安装本系统的时候提高很多。通过智能压实监控系统的实施,龙怀高速公路路基 20 标和 26 标安装设备的压路机做到了标准化和精细化施工,路基压实质量得到了保证,见图 4.3-40 和图 4.3-41。

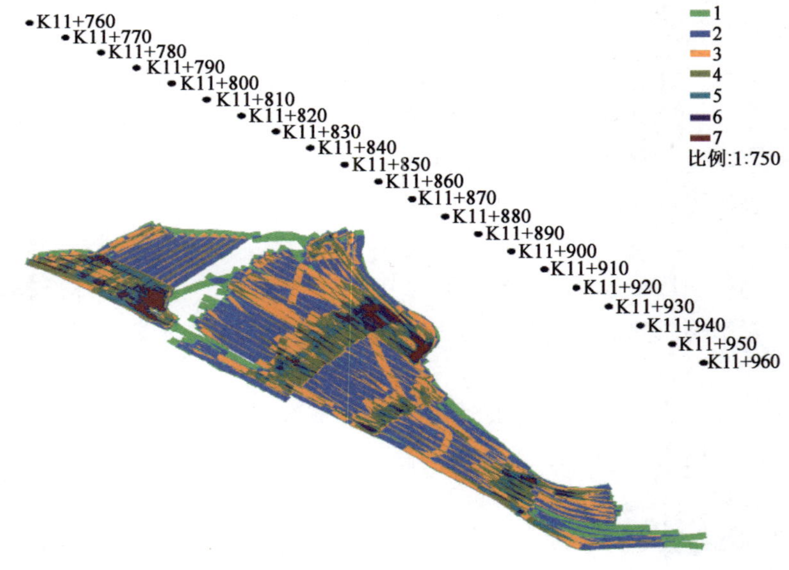

图 4.3-38　监控初期压实数据

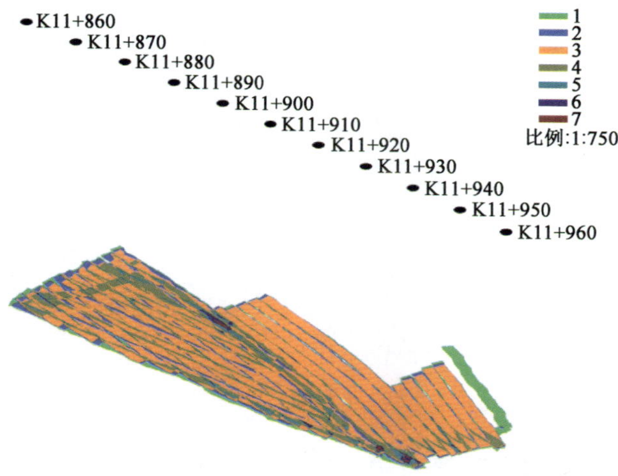

图 4.3-39　监控几周后压实数据

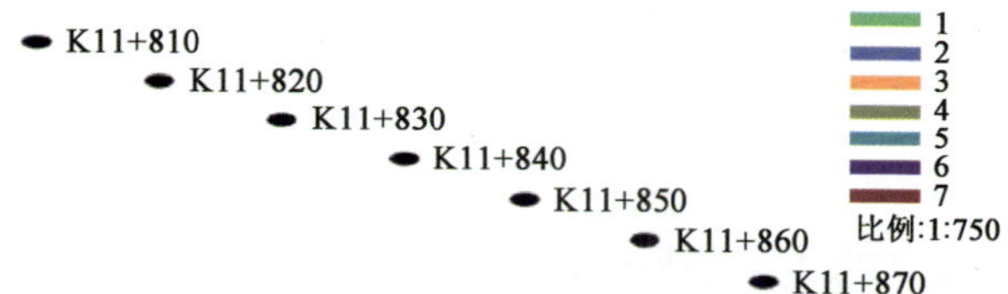

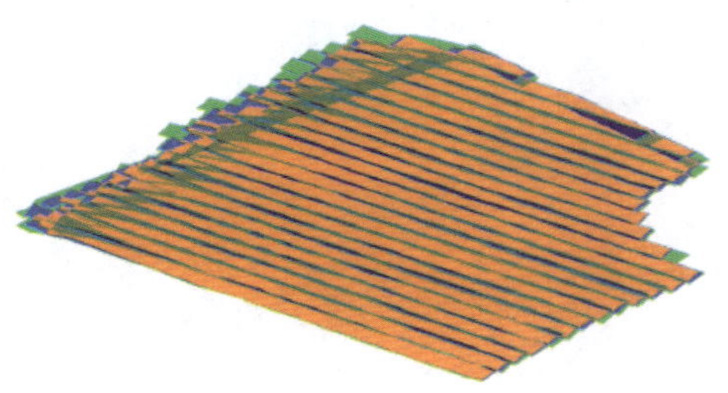

图 4.3-40　监控一段时间后压实数据

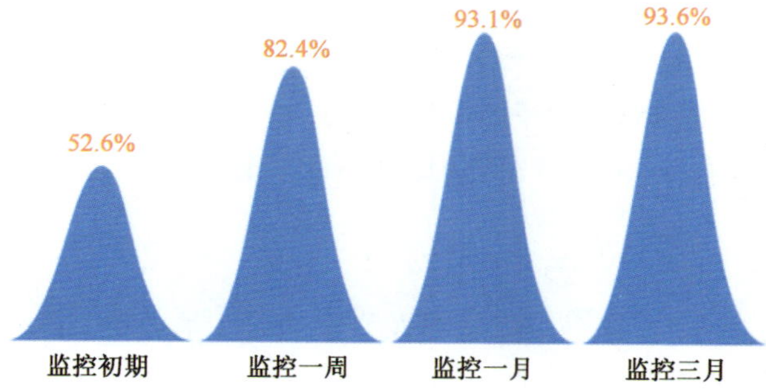

图 4.3-41　龙怀高速公路 20、26 标碾压遍数合格率随监控时间变化图

施工管理者和业主实时关注施工动态,对施工不规范、不合格区域及时提出预警,并及时通知现场施工员。湖南致同工作人员每月向业主施工单位发送智能压实监控工作报告,为工程计量提供可靠依据。

本系统变革和升级了路面质量控制模式,业主、监理单位等施工管理者可实时掌握压路机的位置、工作状态和工作效果,节省了管理成本,提高工作效率;提高了质量验收合格率,避免了因质量问题返工造成的经济损失;确保了路基施工过程的标准化和精细化,全面提升了路基施工过程的质量控制水平,对有效提高路基工程施工质量,延长道路的使用寿命,降低后期维护成本具有极其重要的意义。龙怀高速公路20标和26标的智能压实监控系统的实施正验证了本系统的实用价值,因此,建议龙怀高速公路全线都装配智能压实监控系统,为路基质量提供可靠保障。

4.3.6 揭惠高速公路路基高速液压夯实机成套工艺

主要针对桥台台背、涵背、挡墙背等狭小作业面的补强施工,采用高速液压夯实机(图4.3-42)成套工艺。通过集中的夯击能量对填料进行夯实,均匀提高填料深层压实度,采用经工艺试验总结的参数进行补强施工,能有效解决“三背”部位不均匀沉降及通车后“跳车”等质量通病。

图4.3-42　THC36高速液压夯实机

1)工艺流程

THC36高速液压夯实机,台背分层回填→每隔2m或台背顶划方格→高速液压夯实机夯实→平地机或挖机刮平→继续分层回填。

液压缸将锤体提升至一定高度后释放,锤体高速落下后通过缓冲传力装置夯击压在地面的夯板,以冲击力与机器重力的合力压缩土体的压实机械。高速液压夯实机锤体最大提升高度时的夯击频率大于30击/min,堆土体的作用为动力压实,工艺特点是高强度、高频率反复施压。

2)工艺要点

为保证工程质量,减小“三背”、填挖交界及素土路基工后沉降,率先采用高速液压夯实技术并通过实地试验研究设备性能,确定合理施工参数以形成补强工艺。

①根据现场实际情况,选取K451+240涵洞涵背回填作为本次液压高速夯实机夯实

试验地点。该涵洞涵背回填填料采用风化石，粒径不大10cm，分层压实厚度不大于20cm，施工中采用26t压路机进行逐层碾压。K451+240涵洞设计参数：涵长66.2m，孔径1-4×4m，正交。

②布点采取沿锤心距离1.0m均匀布点，布设范围为每侧3排，夯锤边缘距涵背最小距离为30cm，夯点布置图，见图4.3-43。

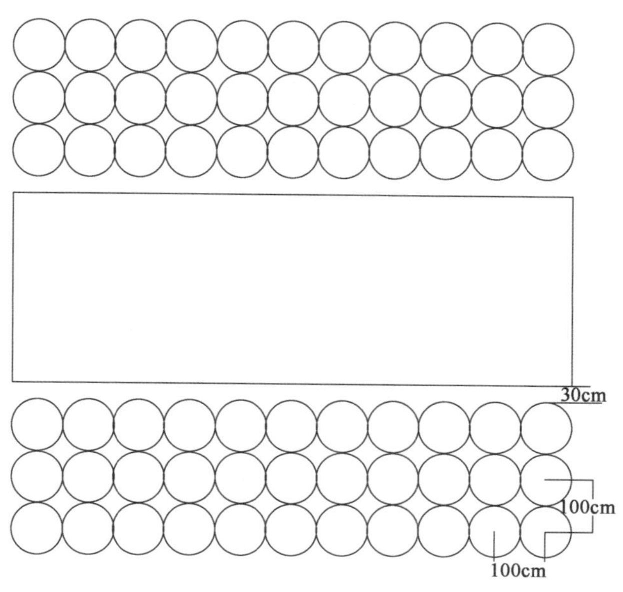

图4.3-43 夯点布置图

③拟在涵背填筑高度为分别为2m、4m各夯实一次。试验中采用3挡挡位每次累加3锤夯实作业，利用水准仪测量每夯机3锤后的相对高程，得到对应累积沉降量和相对沉降量，分别采用动力触探试验检测夯实前后地表、不同夯击次数点位的地基承载力。最后对夯实面测得最终台背填筑面整体沉降量。

④根据现场进行的沉降观测及承载力检测试验，整理得到的试验结果见表4.3-6和表4.3-7。

涵背回填高度为2m时数据统计　　表4.3-6

项目 夯击锤数	累计沉降 (mm)	相对沉降 (mm)	承载力变化 (kPa)
3	33	33	
6	52	19	
9	65	13	+60
12	75	10	+90
15	83	8	+100
18	89	6	
21	94	5	

涵背回填高度为 **4m** 时数据统计　　表 4.3-7

夯击锤数＼项目	累计沉降(mm)	相对沉降(mm)	承载力变化(kPa)
3	35	35	
6	56	21	
9	71	15	+60
12	82	11	+90
15	91	9	+100
18	98	7	
21	103	5	

⑤由上述两表可以较明显看出沉降量随夯击锤数的增加而增加,但增加幅度逐渐减小甚至出现土体周边破坏隆起现象。对于三档作业,前 3 锤的相对沉降量最大,前 9 锤的累积沉降量占试验 21 锤总沉降量的 69% ,前 12 锤的累积沉降量占试验 21 锤总沉降量的 80% ,同时注意到第 15 锤作业产生的相对沉降量只占总沉降量的 8.5% 。因此对于实际作业采用 9 ~ 12 锤已经能够达到现场补强要求,并且极大地提高了作业效率,施工中不宜过夯,以免造成周边土体隆起侧压及破坏原有分层结构,通过试验数据观察 9 ~ 12 锤击实后表层地基承载力约提高 60kPa ~ 90kPa,经试验夯实 9 ~ 12 锤对夯实面整平收面后复测标高,得到整体夯实面沉降约 6 至 7cm,见图 4.3-44 和图 4.3-45。

图 4.3-44　液压夯工艺试验

图 4.3-45　夯实前后的沉降测量

3)应用效果

①由上述沉降观测及承载力检测试验结果可看出3档9－12锤的夯实作业能够很好地提高路基表层承载力,并加速完成填方路基的工后沉降。

②施工中标段根据各地实际情况进行试验确定3档9－12锤为最适宜夯实档位及锤击数,每填筑深度2m补强一次,从而补强了"三背"夯填质量。

③补强区域根据"三背",及路基结合部位填筑区域确定。

④如果出现局部沉降量过大,对于夯点间空隙部位,可以根据实际情况予以3－6锤的补充夯实,以利于工作面的整体找平。

⑤高速液压夯实机设备能量大、作业灵活、快速、占地面积小,通过集中的夯击能量对填料进行夯实,能均匀提高填料深层压实度,效果明显非常适合"三背"及路基结合部位等狭小作业面的补强施工。

⑥实际操作过程中,结合实际情况进行优化组合。其中,对于2×2m涵洞,采用在涵背全部回填完成后一次夯实,夯实前,在采用石灰线划出涵洞墙身边缘线。对于6×6m、6×5m等较大涵洞,采用填筑高度为分别为2m、4m各夯实一次,对于窄背涵洞,采用单排布点。

4.3.7 东雷高速公路路基水沟自动成型技术

水沟边坡必须平整、稳定、严禁贴坡。纵坡应按图纸施工,沟底平整,排水畅通,无阻水现象,并应按图纸所示将水引入排水系统。

1)工艺流程

采用自动成型机,全过程机械化施工,机器一键式启动,全程自动化作业。

施工准备→测量放线→沟槽开挖→成型机就位→混凝土浇筑→沟体成型→伸缩缝→养护

(1)施工准备

路基护坡道施工(图4.3-46)完成后,测量班按设计图纸要求设置排水沟、边沟等排水设施具体位置,进行测量放线(图4.3-47)。

图4.3-46 护坡道施工

图4.3-47 边沟、排水沟施工放线

(2)测量放线

测量人员放出沟渠轴线及高程,施工人员应立即根据高程及轴线整平施工现场并撒布石灰,描出轮廓线,再进行挖、填和修整。并严格控制渠道基槽断面的高程、尺寸和平整度。每条斗渠、农渠均须按设计要求进行测量放线并确定开挖断面,要求渠成直线,高程、坡降、断面、平整度等符合设计要求。

(3)沟槽开挖

按设计水沟尺寸,由厂家定制水沟尺寸模型,模型尺寸符合设计及规范要求。施工时采用小型挖掘机施工,首先将挖掘机铲斗更换成沟渠专用铲斗,依照开挖线开挖成型土模,见图4.3-48和图4.3-49。

图4.3-48　排水沟开挖

图4.3-49　排水沟开挖成型

(4)沟体成型

成型机设备放入开挖好的土模内,给设备料仓内加入混凝土,启动后自行挤压成型。混凝土由拌和站集中拌和,运输至施工现场(图4.3-50)。

图4.3-50　沟体浇筑混凝土

(5)伸缩缝

伸缩缝为人工切缝,间距为10m,缝宽5mm、深30mm。

(6)沟体养护

成型后按设计要求结合混凝土初凝情况切伸缩缝。对浇筑好的构件,定期洒水,保持砌体表面湿润,养生的时间不得低于7天,避免出现水流漫灌,导致沟槽积水,影响成品质量,见图4.3-51和图4.3-52。

2)技术标准

现浇水沟深度、底宽、坡度符合设计图纸要求。

图 4.3-51 沟体养护

图 4.3-52 排水沟沟体成型

3)工艺要点

测量人员放出沟渠轴线及高程,施工人员应立即根据高程及轴线整平施工现场并撒布石灰,描出轮廓线,在直线段每个 20m 用白线拉出施工作业线,在曲线段应加密,转弯处宜做成弧形,其半径不宜小于 10m 保证放样曲线与设计要求相符。

所有构造物施工前,应检查基坑开挖的尺寸是否满足设计和施工要求。当开挖处有积水时则将积水排出开挖作业区,开挖采用人工配合机械开挖方法进行基础的开挖工作。

由厂家定制水沟尺寸模型,模型尺寸复核设计及规范要求。施工时采用小型挖掘机施工,首先将挖掘机铲斗更换成沟渠专用铲斗,依照开挖线开挖成型土模。

成型机设备放入开挖好的土模内,给设备料仓内加入混凝土,启动后可自行挤压成型。成型后按设计要求结合混凝土初凝情况切伸缩缝。

4.3.8 新博高速公路小型预制构件自动化生产线

自动化小型预制构件生产线(图 4.3-53 和图 4.3-54),采用自动化小型构件预制布料机,高强度复合塑料制成的定型模具,将拌制好的混凝土按照一定顺序放入模具,在振动台上经过振捣之后、养生,待强度达到 75% 以上进行脱模。自动化流程,效率高,节约人力,设定振捣时间,减少人为因素导致的振捣不到位,气泡多等问题,生产的小型预制构件尺寸精确,质量好。

传统小型预制构件生产工序全部由人工完成,劳动强度大、生产效率低、产品质量不易控制。采用流水生产线制作小型预制构件,混凝土集中拌和,流水作业各工序衔接紧密,混凝土从入模到振捣完毕不需要人工搬运,劳动强度小、生产效率高、作业标准化程度到、预制块质量稳定。

1)机械配备

模具脱模剂喷雾系统(模具平台、脱模剂储存桶、喷油管路、雾化喷油嘴)、混凝土布料系统(卸料平台、储料斗、布料器)、模具传输系统(皮带传输机)、混凝土振捣系统(平板振动器),可见图 4.3-55 ~ 图 4.3-59。

2)工艺流程

清洗模板→喷洒脱模剂→放料→布料→人工配合布料→振捣→修整→养护。

a)

b)

c)

图4.3-53　小型预制构件生产流水线(一)

a)

b)

图4.3-54　小型预制构件生产流水线(二)

图4.3-55　储料斗

图4.3-56　布料斗

图4.3-57 皮带传输预制块

图4.3-58 振捣器振捣预制块

图4.3-59 预制块带模搬运托板

①预制块拆模后在清洗池内进行清洗,在晾晒台上进行晾晒,将清洗晾晒好的模具摆放在生产线的模具平台上。

②启动雾化喷油系统,喷油嘴对模具内表面进行喷洒雾化脱模剂。

③将喷洒好脱模剂的模具推至布料机下,启动储料斗放料开关,给布料机受料斗放料。

④启动布料机开关,布料机布料。

⑤布料完毕的模具通过皮带机皮带输送至振动台,在皮带上人工铲除高出模具的混凝土,填满低于模具的混凝土。

⑥模具装好混凝土输送到振动台上,混凝土振捣密实,混凝土不下沉、不泛浆、表面平整。人工对振捣好的预制块表面进行修整。

⑦修整好的预制块搬运至养护护区进行带模养护。

3)工艺要点

将清洗晾晒好的模具摆放在模具平台上,雾化喷油嘴对模具喷涂脱模剂,将喷涂好脱模剂的模具推至皮带机的传输皮带上;混凝土通过储料斗经布料机给模具布料,经过布料机装满混凝土的模具通过皮带输送至振捣台振捣,在输送皮带上人工调整模具内混凝土的量,铲除超过模具高度的混凝土,将低于模具高度的填满。装好混凝土的模具经皮带输送至振动台,在振动台上将预制块振捣密实,人工铲除模具周围的混凝土并对混凝土顶面进行收面。人工将制作好的预制块模具搬运至托板上,采用机械将托板转至养护区进行带模养护。

4)应用效果

①采用预构件流水生产线施工预制块,实现流程化、标准化生产,改善工人劳动环境,降低人工劳动强度、提高生产效率。传统的预制块生产每道工序包括刷涂脱模剂、混凝土入模、模具上下振动台全部采用人工操作,工人劳动强度大,生产效率低。采用传统的生产工艺一个班组需要9个人,采用生产线工艺只需要7个人,一个班组节省2个工人;传统的工艺一般一天只能预制12方混凝土左右,采用生产线工艺一天能生产20方左右。节省人工22%,且效率提高67%。

②采用生产线提高了预制块质量,混凝土采用拌和站集中拌和,保证了混凝土的拌和质量,采用雾化喷油系统,脱模剂喷洒均匀,在振动台上的振捣时间根据皮带输送速度控制,振捣时间由系统控制,人工调节。混凝土振捣效果得到保证,预制块混凝土振捣密实,拆模后混凝土表面光滑,结构尺寸合格率100%,见图4.3-60。

a)

b)

图4.3-60 预制块表面平整光滑

4.3.9 揭惠高速公路SBS沥青贴防水处理

SBS沥青贴是将石油沥青改性后作为浸渍涂盖材料,以聚酯毡或玻纤毡等增强材料为胎体,经过各工序加工制成的一种柔性防水卷材,广泛应用于工民用建筑及地下工程防水处理。利用SBS沥青贴替代传统三油两毡进行涵洞沉降缝防水处理,工艺简便、效率高、防水效果良好,是一种符合环保要求的新型工艺。

1)机械配备

石油液化瓶、喷火枪、裁纸刀、橡皮棍、卷尺、SBS沥青贴(图4.3-61)。

2)工艺流程

基层清理→涂刷基层处理剂→铺贴卷材→热熔法封边。

①对涵洞通道沉降缝左右各25cm范围内混凝土表面进行清理,清除表面杂物。

②基层清理干净后,在混凝土表面先均匀涂刷石油系列基层处理剂(冷底子油)一层。要求涂刷均匀,一次性涂好,干燥6h(根据气温而定,以不黏脚为好)。

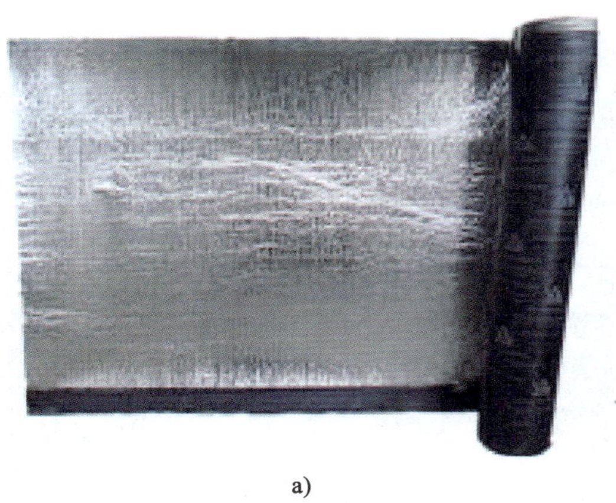

a)

b)

图 4.3-61 SBS 沥青贴防水卷材

③待基层处理剂干燥后，将改性卷材按预定位置放好后，开始铺贴，用液化气或汽油喷灯加热基层和贴条底面，喷灯距卷材 0.3m 左右，表面沥青熔化一薄层后，边烘烤边向前滚动卷材，并用压辊压实，滚压时不要卷入空气和异物。注意调节火焰大小，熔化卷材表面沥青，不能过多地流淌，更不能烤透。

④在 SBS 沥青贴卷材还未冷却前，用抹子把边封好，再用喷灯均匀细致地把缝封好，特别注意边缘部位，以防翘边。贴条纵向搭接为 10cm，用喷灯烘烤封口，见图 4.3-62。

a)

b)

图 4.3-62 SBS 沥青贴沉降缝处理效果

3）工艺要点

①黏贴 SBS 沥青贴的基层表面要清洁平整，用 2m 直尺检查最大空隙不大于 5mm，不得有空鼓、开裂及起沙，脱皮等现象，空隙只允许平缓变化。

②基层应比较干燥，在施工时若没有测含水量的手段，可以在基层表面放一块 $1m^2$ 卷材，静置 3～4h 以后掀开检查，基层与卷材上未见水印即可铺设。

③在基层上涂刷一层冷底子油，脱刷要均匀不露底（用量为 $0.25kg/m^2$），待冷底子油干燥后，再铺设 SBS 沥青贴卷材。

4)应用效果

(1)防水效果

项目部组织对SBS沥青贴处理沉降缝与传统三油两毡处理沉降缝防水效果对比试验,发现三油两毡处理的沉降缝盖板底板处有少量水渗出,而SBS沥青贴处理的沉降缝盖板底板无渗水现象。2017年2月份雨后,项目部对所有涵洞防水效果进行了专项检查,检查中没有发现渗水现象,证明了SBS沥青贴涵洞沉降缝防水处理效果良好,见图4.3-63~图4.3-66。

图4.3-63　SBS沥青贴处理防水效果

图4.3-64　三油两毡处理防水效果

图4.3-65　SBS沥青贴处理防水效果

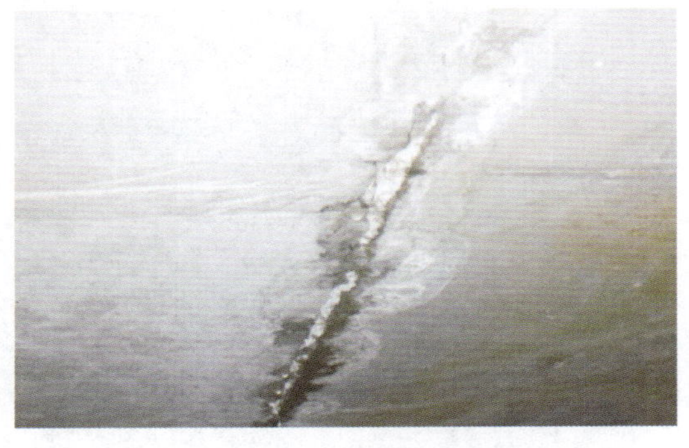

图4.3-66　三油两毡处理防水效果

(2)经济效益

涵洞、通道沉降缝三油两毡防水措施处理时间较长,2名工人1个工日仅能处理2道沉降缝,且各层油毡之间容易存在空气,造成起鼓,影响防水效果。

SBS沥青贴沉降缝处理施工工艺,2名工人40min左右即可处理一道沉降缝,沥青贴与混凝土黏贴密实,防水效果良好。

SBS沥青贴热熔铺贴法可以降低防水层的工程造价,即省黏合剂用量,亦可避免防水层空鼓现象产生。

(3)社会、安全、环保效益

SBS沥青贴防水卷材的材料特性使其在施工中没有有害物质,是符合环保要求的一种新型材料。

4.3.10 仁新高速公路填石路堤边坡废旧轮胎骨架植草防护

废旧轮胎骨架植草防护即是将废旧轮胎依次按照“人字形”结构形式用锚杆固定在石质边坡码砌表面,然后在轮胎上表面覆盖一层镀锌铁丝网,在轮胎结构面空间内填充土壤,土壤表面敷设一层泥土喷薄植草,再用网布覆盖防护表面,定期洒水养生。

1)机械配备

废旧轮胎、铁丝网(图4.3-67)。

图4.3-67 废旧轮胎及铁丝网

2)工艺流程

废旧轮胎定位安装→覆盖安装铁丝网→轮胎骨架内覆土→喷播草籽、灌木籽→覆盖安装养护网布→洒水养护→结束。

参见图4.3-68和图4.3-69。

图4.3-68 废旧轮胎安装及覆土

图4.3-69 防护绿化效果

3)工艺要点

废旧轮胎骨架植草防护即是将废旧轮胎依次按照“人字形”结构形式用锚杆固定在石质边坡码砌表面,然后在轮胎上表面覆盖一层镀锌铁丝网,网格尺寸为10×10cm,再将土壤填充至轮胎结构面空间内,填充厚度约20cm,而后在土壤表面敷设一层约5cm厚的泥土然后喷薄植草籽,最后用网布覆盖防护表面,定期洒水养生。

4)应用效果

①利用废旧轮胎植草防护工艺系统稳定性强,具有良好的固土作用,绿化效果较好,变废为宝的绿色环保理念较为创新。

②采用传统"人字形"骨架护坡:骨架与坡面密贴结合,其受力结构合理,骨架在边坡上能有效地分散坡面雨水径流,减缓水流速度,防止坡面冲刷,保护植被生长。

③采用废旧轮胎来进行边坡绿化防护工程,无须预制骨架所需预制块,来料即可施工,节约施工临时用地,所以施工周期较短;无须专业的作业人员,施工简单几乎可达到人人可为,工人简单培训即可上岗快速熟练作业内容加快了施工进度;废旧轮胎材料本身质量较轻,工人施工过程易于操作,可以加快施工进度。

④废旧轮胎骨架植草防护与人字形骨架植草防护均完全有能力保护路基边坡表面免受雨水冲刷,减缓温差与温度变化的影响,防止和延缓码砌防护岩块风化、破碎、剥蚀演变过程,从而保护路基的整体稳定性。

⑤废旧轮胎骨架植草防护可使工程施工中产生的废旧轮胎得到合理的处理,使废旧轮胎继续发挥余热,重新唤醒了废旧轮胎的价值,使工程施工对环境的危害和污染程度减少到最小,并使得高速公路与自然环境相互协调。

⑥利用废旧轮胎植草防护施工方便,效率高,成本较同级别的人字骨架护坡较低见表4.3-8。

废旧轮胎骨架植草防护成本对比表 表4.3-8

序号	项目	单位	造价	造价差额(元)
1	人字形骨架护坡	m^2	405.61	86.61
2	废旧轮胎骨架植草防护	m^2	320.00	

4.3.11 仁新高速公路人字形骨架护坡施工胎架技术

目前,人字形骨架护坡施工普遍存在如下问题:结构尺寸不足;沙浆饱满度不足,存在空洞;骨架线型不顺畅。结合以往经验,制作人字形骨架护坡施工胎架(图4.3-70),能有效解决上述问题。

a)

b)

图4.3-70 人字形骨架护坡施工胎架现场使用

人字形骨架护坡胎架主要由钢筋桩、槽钢组成。因人字形骨架护坡施工主要以人工为主，胎架采用拼装方式进行安装，便于转运；钢筋桩用于放线控制定位支骨架，确保人字形骨架护坡高度一致，线型美观；槽钢用于控制支骨架角度，保证支骨架平面宽度、高度、角度合格且外观一致，亦能保证主骨架间距合格、外观一致。

该工艺具有以下特点：

①提升施工质量，人字形骨架护坡采用胎架施工后，结构尺寸合格率可达100%，线型美观。

②可加快砌筑速度，同时提高人字形骨架护坡质量，从而提高工效。

③可缩短施工时间，有效提高一次施工安装质量，减少传统工法因多次调整而耗费的时间、人工，从而优化劳动力。

④简捷、便利、安全，利于推广。

⑤每套胎架投入成本低，胎架重复利用率高，可显著降低施工成本。

4.3.12 仁新高速公路边坡材料运输机具

路基边坡防护及排水工程需要在坡度较大，高度较高的山坡上运输大量的石料、预制块、沙浆甚至混凝土，搬运距离长、难度大，靠人工搬运十分艰难且容易发生安全事故；架设吊车等大型设备经济效果不佳。“爬山虎”上料机在传统升降机的基础上增加了车轮和轨道后，大大降低了施工成本，提高了工作效率，见图4.3-71和图4.3-72。

图4.3-71 爬山虎上料机

图4.3-72 爬山虎上料斗

1)机械配备

卷扬机(电动功率:3kW～4kW)及开关、钢丝绳(直径8mm)、轨道、定滑轮、料斗(30×80×100cm)。

2)工艺流程

钢管支架安装→爬坡轨道安装→定滑轮及传动钢丝绳→电机组及运输车安装→设备调试→开始运料。

参见图4.3-73示意。

3)技术标准

①载重爬高运输速度8～12m/min(边坡坡率1:1时的竖直高度)；

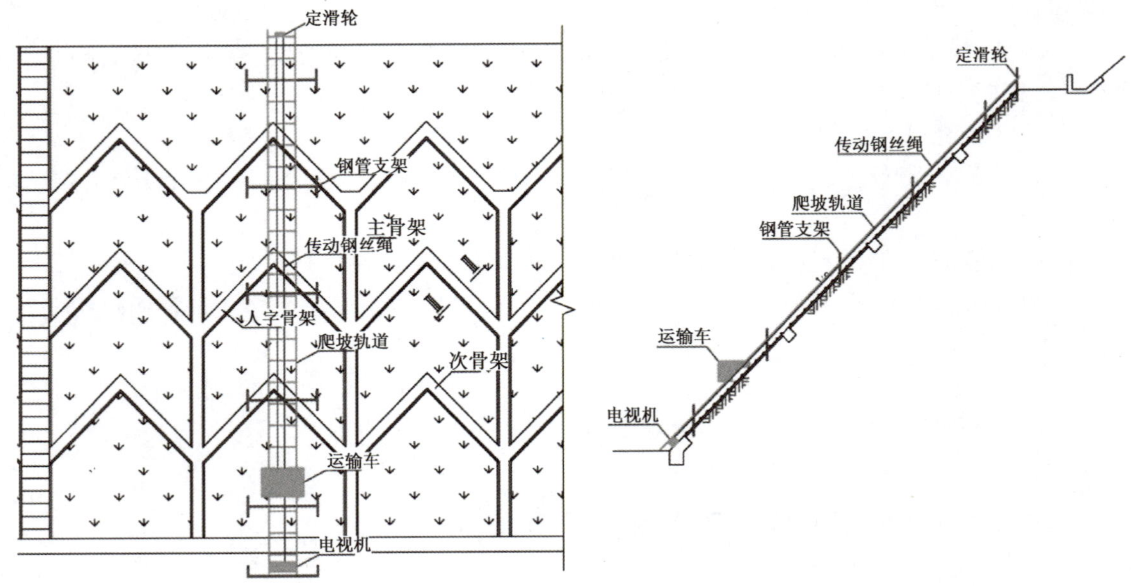

图 4.3-73 爬山虎工作示意图

②载重爬高高度:单套“爬山虎”上料机爬高竖直高度为 8 ~ 16m,多套接力爬高可达爬高高度为 8 × nm(n 代表路堑上边坡的平台数量);

③爬高载重量 0.25 ~ 0.5t;

④配套劳动力数量:每套爬山虎需配套劳动力 2 ~ 4 名,其中地面上料人工 1 ~ 2 名,顶面砌筑人工 1 ~ 2 名。

4)工艺要点

(1)“爬山虎”上料机在工程进度、经济效益方面的优势

①两台“爬山虎”上料机的运输能力与一台 16t 吊车的运输能力及 16 名人工的搬运能力相当;

②吊车运输的成本是“爬山虎”上料机运输成本的 6 倍;

③人工运输片石的成本是“爬山虎”上料机运输的 28 倍。

经以上计算“爬山虎”上料机运输材料在砌筑施工中的施工效率及经济效益显而易见。

(2)“爬山虎”上料机运输对砌筑工程质量的积极影响

经过上述计算,“爬山虎”上料机降低了边坡砌体施工的材料运输难度及材料运输成本。砌筑工程为劳动力密集型工程,砌筑进度的快慢取决于投入劳动力的多少及工序的合理安排,“爬山虎”上料机运输材料使得劳动力在运输环节大大节省,从而可以腾出更多的人工进行挖基、片石砌筑或沙浆拌和等工作,从一定意义说上可集中更多的人力去保障砌筑厚度、砌筑质量及沙浆拌和质量。

(3)“爬山虎”上料机运输对路基边坡施工安全方面的积极影响

在安全方面,只要定期对“ 爬山虎”上料机进行维护,“爬山虎”上料机运输可以避免由山

顶下料造成的意外高空坠落伤害，避免落石对边坡的破坏；“爬山虎”上料机运输可以避免人工运输中由于劳动量过大造成的劳累型突发事件或人工操作失误等意外事故。

由以上分析比对可知，在路基边坡防护及排水砌筑工程中“爬山虎”上料机运输材料相对具有低成本、高效率的特点。随着公路事业的发展，“爬山虎”上料机普遍应用于路基边坡防护及排水砌筑工程中是大势所趋，随着“爬山虎”上料机的大量应用，“爬山虎”上料机将向着大容量、可横移、自动化等方向发展。

4.3.13 英怀高速公路高边坡自动化监测技术

随着物联网和互联网IT的发展，边坡监测埋入式仪器大都可以实现集中遥测或自动化观测，观测周期短且可连续进行观测，自动监测将成为边坡监测的必然选择。龙怀高速公路英怀段位于粤西北山区，路线走廊带经过区域属丘陵、高山与盆地相间地貌，地形、地质、水文条件较为复杂，地面高差大，鸡爪地常见，冲沟发育，横坡陡直；存在断裂带、褶皱、岩溶、滑坡、崩塌、陡崖、煤系地层等不良地质现象。为使高边坡施工更加安全、高效，龙怀高速公路英怀段准备对高边坡采用自动化监测系统。

该系统所有的数据采集设备均采用电池供电，Zigbee方式通信。采用小型数据采集站，笔记本电脑只需要跟采集站通信，将数据读出，同时可以实现数据的双重备份（采集站和采集仪同时存储数据），保障数据的安全性。优点主要体现在以下方面：

（1）数据更加精确

通过无线物联网或者广域网传输，数据更加可靠精确。

（2）消除人工监测虚报现象

通过调查发现，由于边坡结构物变形属于徐变，监测现场条件比较艰苦，部分监测人员存在侥幸心理，减少监测次数并根据历史数据计算公式虚报监测传感器和仪表数据。自动监测可以消除这种现象，每次监测可以自动上报，生成符合规范的报表，也大大减少了人力成本。

（3）实时监测，提高监测频率，为预警赢得时间

传统监测手段监测频率低，这样难以应对一些特殊情况如暴雨或者施工进度里程碑变化情况。而边坡自动监测可以实时对边坡岩土体内部沉降、倾斜、错动、土壤湿度、孔隙水压力变化等进行连续监测，可以做到几分钟甚至特殊情况下数十秒连续监测，及时捕捉边坡性状变化的特征信息，通过有线或无线方式将监测数据及时发送到监测中心，让设计和施工人员做出最佳决策。

（4）适应工程恶劣环境，减少人力作业，保证监测人员安全

边坡工程施工地理条件比较艰苦，监测作业在施工环境下进行难度很高，尤其是接线等工作。自动监测系统减少了人力作业成本，保障了工程施工安全。

（5）适应恶劣天气环境

边坡工程受天气影响较大，尤其是不期而来的强对流暴雨天气，这种条件下人工监测比较被动，不能应对边坡变形等特殊情况。自动监测系统不受天气影响，能提前做出预警，使设计、施工和维护有关方面做出应急措施，见图4.3-74。

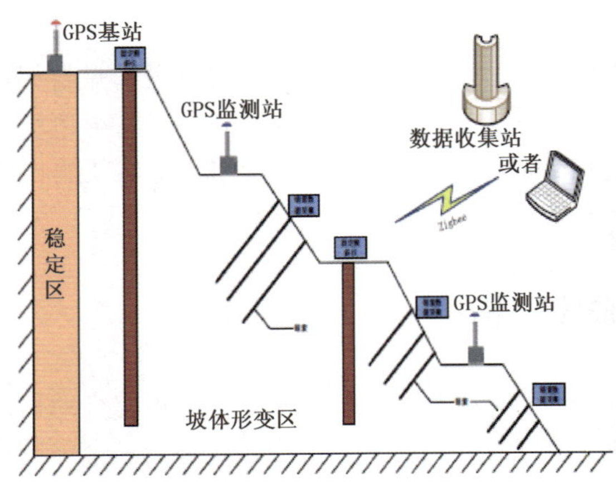

图 4.3-74　分布式自动化监测系统

1)一般要求

高边坡自动化监测要求:

①仪器设备及元件能在复杂环境及地质条件下长时间正常工作以保证数据采集的稳定可靠。

②数据采集的连续性与持续性,保障对高边坡变形无论是在白天黑夜还是在恶劣环境下的不间断监控。

③对采集数据能进行无线传输接收及处理。

④对数据采集频率具体可设置性。

⑤可设置变形预警值,对异常变形具有预警功能。

2)机械配备

仪器设备:高边坡自动化监测仪器设备主要由基站、地表位移、深层水平位移、锚索测力计监测设备及其附属元件组成,参见表 4.3-9。

自动化监测系统机械配备表　　表 4.3-9

		仪表名称	备注
基站仪器设备		SAGC-K505-GPS	GPS 接收机
		阳光诺华 6GFM-65 12V 65ah 胶体蓄电池	电池
		A 级单晶 100W 太阳能电池板 100W	太阳能电池板
		太阳能控制器 12V	太阳能控制器
		SAGC-GPRS-G02	GPRS 模块
		SAGC 监控设备箱	
		天线支架	
		SAGC-ANT-GPS	蘑菇天线
		天线连接线	
		SAGC-ATN-COVER	天线罩

续上表

		仪 表 名 称	备 注
地表位移点仪器设备		SAGC-K505-GPS	GPS 接收机
		阳光诺华 6GFM-65 12V 65ah 胶体蓄电池	电池
		A 级单晶 100W 太阳能电池板 100W	太阳能电池板
		太阳能控制器 12V	太阳能控制器
		SAGC-GPRS-G02	GPRS 模块
		SAGC 监控设备箱	
		天线支架	
		SAGC-ANT-GPS	蘑菇天线
		天线连接线	
		SAGC-ATN-COVER	天线罩
深层水平位移点仪器设备		仪表名称	备注
		SAGCUS16 电压式采集仪	16 通道电压式传感器采集仪
		SAGCLi-20AH	锂电池
		SAGC 监控设备箱	
		SAGC-GPRS-G01	GPRS 模块
		SAGC-CXSenor-V	电压型测斜传感器
锚索测力计仪器设备		仪表名称	备注
		SAGC-MSSensor-W	800KN 锚索应力传感器
		SAGC 监控设备箱	
		SAGCLi-20AH	锂电池
		SAGC-GPRS-G01	GPRS 模块
		SAGCVW16 振弦式式采集仪	16 通道振弦采集仪

3）工艺流程

本项目高边坡自动化监测采用预先埋设自动化监测设备及各类传感器，各类传感器采集数据信号后通过基站采集系统处理经 GPRS/4G 信号进行传输。电脑端通过相应的软件对传输信号进行接收与解析，并绘制图表。对异常变形数据可提前设置预警值，当现场变形超过设置的预警标准时，系统会自动报警，见图 4.3-75。

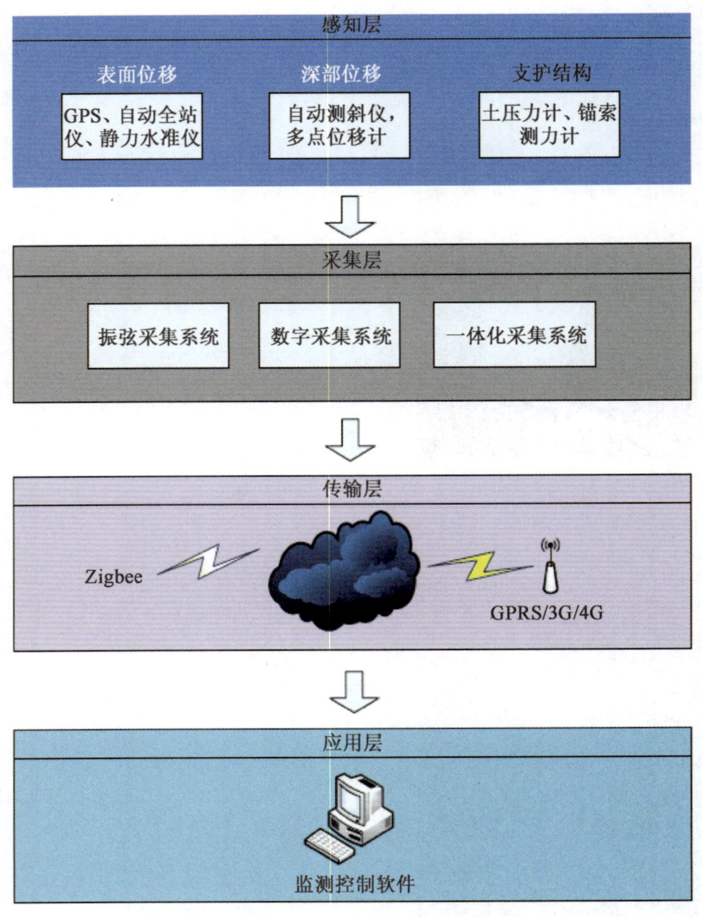

图4.3-75　自动化监测系统工艺流程

4)技术标准

(1)本项目高边坡自动化监测目前主要采用的规范

①《工程测量规范》(GB 50026—2007)。

②《建筑边坡工程技术规范》(GB 50330—2013)。

③《公路工程质量检验评定标准》(JTG F801—2012)。

④《广东省龙川至怀集公路A6合同段两阶段施工图设计文件》中交第一公路勘察设计研究院有限公司。

⑤《广东省龙川至怀集公路A7合同段两阶段施工图设计文件》广东省公路勘察规划设计院股份有限公司。

(2)控制基准

高边坡动态监控标准,边坡稳定性评价主要根据以下几点进行综合判断:

①坡体深部最大位移速率小于2mm/d,地表沉降最大位移速率小于5mm/d。

②边坡开挖停止后位移速率呈收敛趋势。

③坡面、坡顶有无开裂,裂缝的变化趋势情况。

④预应力锚索锁定后力值稳定。

在实际监测的过程中如果出现有上述一点或几点现象时，都应引起注意，并通过其他项目的监测资料相互进行对照、比较分析，以进一步讨论边坡的稳定性，以便及早发现安全隐患情况，采取相应的补救措施。

(3)位移速率和最大允许值管理等级

位移速率管理等级：每次量测后应及时整理数据，绘制时态曲线。

Ⅳ级：当位移速率很快变小，时态曲线很快平缓，如图4.3-76a)，表明稳定性好。

Ⅲ级：.当位移速率逐渐变小，即 d2u/dt2 <0，时态曲线趋于平缓，如图4.3-76b)，表明围岩变形趋于稳定。

Ⅱ级：当位移速率不变，即 d2u/dt2 =0，时态曲线直线上升，如图4.3-76c)，表明围岩变形急剧增长，无稳定趋势。

Ⅰ级：当位移速率逐步增大，即 d2u/dt2 >0，时态曲线出现反弯点，如图4.3-76d)，表明围岩已处于不稳定状态，及时采取加固措施。

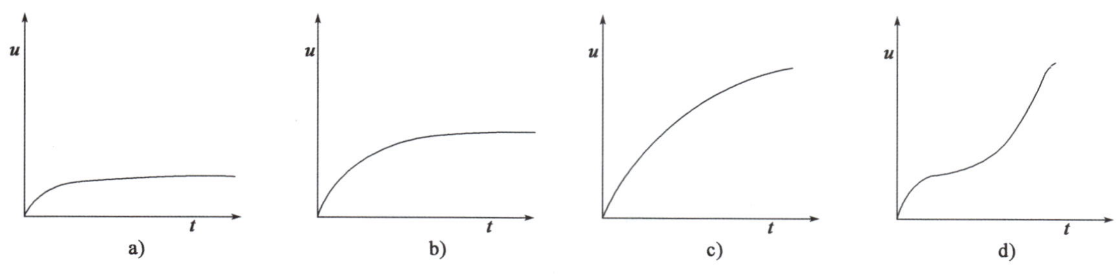

图4.3-76 位移时态曲线

允许最大值管理等级：结合现场量测数据，可按表4.3-10进行量测管理指导施工。

位移量测数据管理等级 表4.3-10

管理等级	管理位移值	施工状态
Ⅲ	$U<0.5\times U_n$	可以正常施工
Ⅱ	$0.5\times U_n\leqslant U\leqslant 0.8\times U_n$	应加强施工措施
Ⅰ	$U>0.8\times U_n$	采取特殊的措施

注：U——实测位移值；U_n——最大允许位移值。

①当量测位移 U 小于 $0.5\times U_n$，表明边坡较稳定，可以正常施工。

②当量测位移 U 大于 $0.5\times U_n$ 并小于 $0.8\times U_n$ 时，表明边坡岩体变形偏大，应密切注意岩体动向，可采取一定的加强措施，如加密、加长锚杆锚索等措施，以减缓变形。

③当量测位移 U 大于 $0.8\times U_n$ 时，表明岩体变形很大，应先停止施工，并采取特殊的加固措施，如反压护坡、注浆加固等。

5)工艺要点

(1)数据更加精确

自动监测系统不需要人工接线，通过无线物联网或者广域网传输，数据更加可靠精确。

(2)实时监测，提高监测频率，为预警赢得时间

现有的监测手段频率最多在每年720次也就是一天2次，特殊情况下可以增加，这样难以应对一些特殊情况如暴雨或者施工进度里程碑变化情况。而边坡自动监测可以实时对边坡岩

土体内部沉降、倾斜、错动、土壤湿度、孔隙水压力变化等进行连续监测,可以做到几分钟甚至特殊情况下数十秒连续监测,及时捕捉边坡性状变化的特征信息,通过有线或无线方式将监测数据及时发送到监测中心,让设计和施工人员做出最佳决策。

(3)边坡结构物全生命期监测

根据规范,对于高陡边坡及有变形趋势的边坡应持续监测,竣工后不少于2年。边坡自动监测系统不仅对建设期间的结构物进行监测,还可以持续5年以上对维护期间的边坡进行监测。从边坡结构物全生命期安全角度可以看出,自动监测从长期来看降低了建设和维护成本,有效保护了边坡结构物的安全。

(4)适应工程恶劣环境,减少人力作业,保证监测人员安全

边坡工程施工地理条件比较艰苦,监测作业在施工环境下进行难度很高,尤其是接线等工作。自动监测系统减少了人力作业成本,保障了工程施工安全。

(5)适应恶劣天气环境

边坡工程受天气影响较大,尤其是不期而来的强对流暴雨天气,这种条件下人工监测比较被动,不能应对水土流失等特殊情况。自动监测系统不受天气影响,能提前做出预警,使设计、施工和维护有关方面做出应急措施,保障人民生命财产安全。

(6)本项目通过人工与自动化监测数据及趋势图对比分析

可以发现,自动化监测结果和人工监测结果的变形趋势是基本一致的,变化规律基本相同。人工监测周期及数据采集时间受外界因素影响较大,在特殊情况下人工监测数据可能出现一定的滞后性。在边坡出现病害的情况时,人工监测采集数据的频率可能无法及时反映出边坡变形情况,无法保证施工及运营的安全。自动化则可发挥全天自动作战的特点,能实时、准确地掌握边坡稳定状况,掌握边坡变形规律,更利于对边坡未来稳定情况和变化趋势做出预判。对于地质条件差、坡高高、存在较大安全风险的边坡推荐采用自动化监测。

6)结论

英怀项目选择了地质、地貌、安全风险较大具有代表性的4处高边坡进行了自动化监测,监测累计1年半时间,采集的数据均能实现固定时间、高频率对边坡进行监控(尤其在暴雨、夜间连续提供监控数据),保证了施工安全,边坡稳定。

4.3.14 仁新高速公路护栏现浇模板拼拆台车机具

护栏模板拆装台车由行走系统、挂篮系统、起重系统组成。行走系统配有驱动装置、方向盘,由电动机带动链条、齿轮、轴承转动,方向盘通过联动杆使车轮转向,实现台车行走;挂篮系统提供施工人员在护栏外侧的作业平台,挂篮系统向外伸出桥梁,由吊杆吊起作业平台,作业平台周围设置护栏,可以保障作业人员安全。

1)机械配备

行走系统(图4.3-77)、挂篮系统(图4.3-78)、起重系统(图4.3-79)。

2)工艺流程

护栏模板拼装→钢筋绑扎→护栏模板吊装→护栏模板安装→台车向前行走→混凝土浇筑→台车后退→模板拆除。

a)

b)

c)

d)

图 4.3-77 行走系统

图 4.3-78 挂篮系统

图 4.3-79 起重系统

①将护栏模板按要求在场地外拼装成长 10m 的大型模板，在护栏模板安装及拆除时整体进行。

②护栏钢筋绑扎完成后，将护栏模板拆装台车行驶之施工位置。

③使用起重倒链吊装拼装成型的护栏大型模板，作业人员在护栏模板拆装台车挂篮系统

的作业平台上作业,可保障作业人员安全。

④护栏模板安装完成后,拆除起重倒链挂钩,移动护栏模板拆装台车。

⑤护栏混凝土浇筑完成后,再将护栏模板拆装台车行驶之施工位置。

⑥使用起重倒链拆除护栏大型模板,作业人员在护栏模板拆装台车挂篮系统的作业平台上作业,可保障作业人员安全。

3)技术要求

①行走系统配有驱动装置、方向盘,由电动机带动链条、齿轮、轴承转动,方向盘通过联动杆使车轮转向,实现台车行走;挂篮系统提供施工人员在护栏外侧的作业平台,挂篮系统向外伸出桥梁,由吊杆吊起作业平台,作业平台周围设置护栏,可以保障作业人员安全;起重系统配有配重和起重倒链,起重倒链可以移动,以此控制护栏模板的横向移动。

②护栏模板按要求在场地外拼装成长 10m 的大型模板。护栏钢筋绑扎完成后,将护栏模板拆装台车行驶之施工位置。护栏模板的安装及拆除采用护栏模板拆装台车进行,参见图 4.3-80。

图 4.3-80　护栏现浇实施效果

4)工艺要点

①护栏模板拆装台能自由行走,护栏外施工平台、起重吊装、模板拼装及拆除。

②护栏模板拆装台车使用效率高,一次完成 10m 模板的拆装,提高模板拆装效率,节约劳动力 30%。

③增加装拆模板的安全性,减少模板拼缝,提高外观质量。

4.3.15　仁新高速公路护栏预制块吊装设备

新泽西防撞护栏采用 C30 预制混凝土护栏,其重量较大,运输、安装较困难。结合实际情况,仁新高速公路 TJ7 合同段项目经理部自制了护栏吊装运输车,确保了护栏安装进度和质量,消除了安全隐患。吊装运输设备由 10m 长平板运拖车、10 吨小型吊车、吊车夹具等组成。

该设备具有以下特点:

①质量提升效果。传统施工采用叉车进行转运,由于叉车叉装护栏过程中必须对底部设

置垫块,底部容易破损掉角。采用叉车改装后的夹具进行转运,大大提高了转运效率并充分保证了预制块安装的质量,减少了对预制护栏的损坏。

②施工安全改善程度。改装吊具能牢牢夹住护栏,安装过程中不容易滑落和倾倒,有效确保了运输及吊装安全。

③劳动力优化程度。防撞护栏转运、安装液压旋转夹具,省去人工挂钩、对齐的工作,节省了时间,省人工,转运、码放无须人工配合。

④利于推广程度。吊装运输设备由10m长平板运拖车、10吨小型吊车、吊车夹具组成,改装制作简单,利于推广。

⑤成本投入情况。吊装运输设备由运拖车、小型吊车、吊车夹具组成,运输车及吊具可以租用或者购买改装,制作成本每套8万元,可循环使用,改装成本较低。

参见图4.3-81。

a)

b)

图4.3-81 防撞护栏转运、安装液压旋转夹具现场使用

4.3.16 仁博高速公路施工区废水处理防污染技术

公路建设过程中产生的施工废水对水环境的污染问题日显突出。施工废水主要是施工过程中产生的含有大量的悬浮性物质和一定量的胶状物质的泥浆或沙浆水,废水中主要污染因子为SS、PH,直接进入周围水资源保护区,使水体中的悬浮物、油类、耗氧物质等增加,对周围水环境和生态平衡造成严重影响,并威胁水生物的生存。根据以上情况,仁博高速施工区主要采用设置多级沉淀池的方式,集中处理作业过程中公路泥浆废水。

1)新博高速施工区废水处理防污染技术

(1)碎石场污水处理

碎石场加工区采用废水处置与循环利用技术,通过设置多级沉淀池的方式对碎石加工、清洗的污水进行处理。

沉淀池是利用水的自然沉淀或混凝沉淀作用去除水中悬浮物、净化水质的一种构筑物,沉淀效果决定于沉淀池中水的流速和水在池中的停留时间。沉淀池池体平面为矩形,进口设在池长的一端,水由进水渠通过均匀分布的进水孔流入池体,进水孔后设有挡板,使水流均匀地分布在整个池宽的横断面。沉淀池的出口设在池长的另一端,采用溢流堰,以保证沉淀后的澄清水可沿池宽均匀地流入出水渠。堰前设浮渣槽和挡板以截留水面浮渣,污泥斗用来积聚沉淀下来的污泥,斗底有排泥管,定期排泥。

碎石加工场将清洗碎石所产生的废水通过排水管引入多级沉淀池中,层层过滤,污水经沉淀处理后回收循环使用,废渣通过收集处理后运至相关处理地点。

(2)隧道施工污水处理

隧道施工过程中产生的污水主要来源包括以下两个方面:对基岩进行破碎时,隧道穿过不良地质段产生大量基岩裂隙水,与洞渣混合形成污水;隧道开挖掘进时钻机施工、爆破后用于降尘产生的废水,以上污水如直接排入周围水域会对环境造成严重污染。项目在施工过程中在隧道出口外设置多级污水沉淀池,对所产生的污水经隧道排水沟排至隧道外沉淀池进行处理。净化后的污水可作为绿化用水,或是排入周围水域;废渣经收集后统一处理。

(3)拌和站污水处理

拌和站采用多级沉淀池的方式对污水进行处理,地面采用硬化处理,预留排水沟,用铁篦子盖顶,并预埋暗管排到沉淀池,将清洗沙石所产生的废水、混凝土拌和所产生的废水引至多级沉淀池处,通过多级过滤形成清水后集中排放。

新博项目全线(TJ16—TJ24 合同段)共有混凝土拌和站 15 座,各拌和站均配备喷淋洗车设备及三级沉淀池,可有效进行水资源循环利用,减少对周边环境污染,见图 4.3-82 和图 4.3-83。

图 4.3-82　项目拌和站及自动喷淋洗车池

图 4.3-83　项目拌和站三级沉淀池

洗车池单次喷淋用水约 0.5m^3,按照每座拌和站 80 次/天,年度运转 255 天(年天数的 70%)计算,全线拌和站年喷淋用水量约 15.3 万 m^3,按照废水循环利用三次计算,年节约用水约 10.2 万 m^3。

2)仁新高速施工区废水处理防污染技术

(1)隧道污水处理实施地点

以青云山隧道为例,在青山隧道、笔架山隧道、坪田隧道、李洞隧道、青云山隧道(图 4.3-84)等设置多级沉淀池,对施工过程中产生的污水及涌水进行治理。

(2)碎石场污水处理实施地点

于 LM1 路面标、TJ7 路面标、TJ14 路面标设置多级沉淀池,处理碎石加工过程中产生的污水,见表 4.3-11。

图 4.3-84　青云山隧道出口三级污水沉淀池

碎石加工场所处位置　　表 4.3-11

序　　号	路面合同段	碎石加工场名称	碎石加工场位置
1	LM1 标	青山隧道洞渣加工厂	K243 +000 左侧
2	TJ7 标	笔架山进口碎石加工场	笔架山隧道进口
3		笔架山出口碎石加工场	笔架山隧道出口
4		坪田出口碎石加工场	坪田隧道出口
5	TJ14 标	1#碎石场	李洞隧道进口
6		2#碎石场	青云山隧道进口
7		3#碎石场	青云山隧道出口

(3)拌和站污水处理实施地点

项目在 LM1 路面标、TJ7 路面标、TJ14 路面标设置污水处理池，集中对沥青加工中产生的污水进行治理，见图 4.3-85 和图 4.3-86。

图 4.3-85　路面标碎石场污水处理池

图 4.3-86　路面标沥青拌和站污水处理池

4.3.17 云湛高速公路建设红线范围内原生态树木移植保护

1)项目概况

广东省云浮至湛江高速公路项目路线全长315.94km。它由主线(231.58km,云浮新兴至湛江坡头)、博贺疏港支线(32.62km,茂名电白黄岭至马踏)、兰海高速联络线(51.74km,化州石湾至廉江安铺)三个部分组成。其中,主线起于云浮新兴县簕竹镇(接汕湛高速公路清远清新至云浮新兴段),向西南经云浮新兴,阳江阳春,茂名电白、高州、茂南、化州,湛江坡头、吴川,终于吴川市黄坡镇,并与省道S373线相接。为充分保护和利用路线范围内丰富的原生态树木资源,根据现场调查情况,移植原生树木品种主要以香樟、树菠萝、橄榄、荔枝、龙眼、芒果、细叶榕为主。移植苗木总量2973株,主要分布在主线征地范围内四个土建标TJ16标、TJ17标、TJ18标、TJ19标。

2)树木移植保护的概念

随着高速公路建设范围的不断扩大与建设档次的不断提高,人们对高速公路建设过程中的生态保护也提出了更高的要求。以人为本、生态环保、美观舒适、节约成本,成为高速公路建设过程中急需思考、解决的问题。

树木移植保护工作是指在高速公路清表过程中,将高速公路红线范围内的有价值的树木移植到培育基地进行培育,待高速公路进行景观绿化施工时再将树木移栽到高速公路路侧、互通、管理中心等地的一系列移植养护工作。

高速公路建设红线范围内有价值树木移植保护工作既避免了红线范围内有价值树木的毁坏,又部分还原了原生态景观,降低了绿化成本,是高速公路绿化的新思路与新办法。

3)树木移植各期准备工作

(1)勘查阶段

2014年底,对项目红线范围内的树木进行实地调查,对有价值的树木进行标识、拍照,并按品种、规格、数量进行登记造册。

(2)招标阶段

依据实地调查的数据编制树木移植保护预算(包含青苗补偿费用),分品种,按胸径10~15cm、16~20cm、21~25cm、26~30cm、31~35cm、36~40cm、41~50cm、51~60cm、61~80cm、81~100cm、101~120cm等清单子目分项纳入土建工程招标清单。

(3)施工前期准备阶段

在移栽开始前完成树木的青苗补偿工作,协调好与当地村民关系,保证绿化单位能顺利挖树、运出。

(4)施工阶段

2015年6月,4个土建合同段共同委托一家绿化专业单位移植施工(广东通驿园林绿化有限公司);绿化单位租赁3年100亩苗圃场,精心组织移栽、培养树木。

(5)项目景观绿化设计阶段

根据所移植保护树木品种的规格、数量,全部优先应用在绿化景观设计方案中,以节约工程造价。

(6)绿化与土建、清表单位的工作协调

清表单位在清表过程中对已标识需进行移植保护的树木不得破坏并应进行相应的保护；由总监办安排相关土建单位配合便道的修建，方便树木的起挖及顺利运出。

4)树木移植的过程

(1)前期工作

实地调查→标记编号→拍照建档→统计品种、规格、数量。

(2)移植过程

修枝→开挖→断根、土球打包→吊装→运输→苗场种植→养护培育→移栽。

5)云湛高速原生树木移植的意义

生态效益：能有效地对沿途红线范围内古老、珍稀、奇特有价值的树木进行保护和利用；能较快地形成乡土品种较多的高速公路景观。

经济效益：高速公路建设红线范围内有价值树木移植保护工作能节约景观工程苗木成本，云湛高速公路移植保护 2973 株大树，移植成本约 508 万元，树木移栽养护 2 至 3 年后估值约 632 万元，增值(或节约苗木成本)124 万元，高速公路建设红线范围内有价值树木移植保护利用的投入，本项目投入产出约 24% 的经济收益。

4.4　南粤公司高速公路路域景观微地形营造与验收管理指南

4.4.1　总则

①为体现“以人为本、绿色自然、和谐美观”的理念，规范广东省南粤交通投资建设有限公司(以下简称“公司”)所属高速公路建设项目路域景观营造管理及施工后期交叉作业协调管理，提前做好交验前地形地貌修整，提升项目路域景观品质，更好建设南粤品质工程和绿色公路，特依据《交通运输部办公厅关于实施绿色公路建设的指导意见》《关于进一步做好实施绿色公路建设和推进公路钢结构桥梁建设相关工作的通知》《广东省推进绿色公路建设实施方案》《广东省绿色公路建设技术指南》及公司印发的《关于绿色公路示范项目创建工作推进会议纪要》等制定《高速公路路域景观微地形营造与验收管理指南》(以下简称“本指南”)。

②本指南适用于公司所属高速公路建设项目路域景观微地形营造与验收管理。

4.4.2　总体管理要求

①在项目实施阶段，要积极发挥“业主统筹”“提前策划”等原则，由项目管理中心(处)统筹开展项目路域景观品质工程提升方案设计，着力做好土建工程交验前的微地形营造工作。

②项目管理中心(处)应统筹做好土建、景观工程实施界面衔接，会同土建、景观绿化工程

设计及监理单位做好各标段、工点现场地形、地貌等调查工作。路域景观绿化品质工程提升方案设计由景观绿化设计单位负责,各工点微地形营造设计原则上由土建工程设计单位负责,土建工程设计单位、景观绿化设计单位、总监办应积极参与并交叉复核。

③项目管理中心(处)应根据项目总体工期目标或阶段性通车目标,牵头组织监理、设计、施工单位,细化设计、验收等节点工期,明确具体分工、检查验收等内容。微地形营造与验收要明确实施原则和技术要求,以定性指标为主,定量指标作为补充,纳入主体验收项目进行专项验收。

④微地形交验后、中间交工验收前,路基工程应具备全断面交验条件,防护、绿化、排水工程均已完成,坡面绿色物被覆盖率不低于98%,植被生长均匀,每级坡植被未覆盖的0.5m^2以上裸露面积不宜超过2处。坡面为砌体工程或其他不具备绿化条件的,应确保砌体颜色一致,砌缝整齐、匀称、美观。

⑤微地形营造与验收要进行定期培训,形成微地形验收意识,设计交底环节要明确承包人的施工内容和指标要求,细化具体实施措施。

4.4.3 微地形设计营造管理要求

①微地形应结合十大工点(路堑上边坡、路堤下边坡、路侧、主线中分带、隧道、桥梁、互通立交区、服务区及停车区、管理中心、房建工程)建设要求和功能特点进行分路(区)段差异化营造,增强司乘人员出行记忆品质。

②景观绿化工程微地形营造应在设计成果的基础上根据实施期间地形地貌变化特点,采用切割、分离、浓缩的手法进行二次设计,形成大空间中变换出小空间,小空间连续延伸的景观格局。

③互通区内微地形应结合实施现状,进行综合竖向设计。

④填挖交界处应在上边坡迎车面进行草灌点缀,根据弧化地表进行乔灌片植,在交界处实现植被自然过渡,形成上边坡迎车面起伏变化的景观体验。填挖交界处种植土面积应≥6m^2,回填土厚度应≥30cm。

4.4.4 路堑上边坡微地形营造及验收管理要点

①急流槽、坡顶截水沟、平台截水沟等排水结构物应连接顺畅,确保不积水;采用砌筑工艺的,应确保砌缝整齐、匀称、美观。

②挖方边坡坡口线原则上需弧化处理。

A. 项目业主应会同总监办、设计单位、施工单位逐坡排查,对具备弧化条件的边坡要求限时弧化并及时绿化。

B. 原则上低矮边坡坡顶、迎坡面需弧化;二级边坡以上的,一级及二级边坡坡口线应弧化,其他坡级及坡顶有条件宜弧化。

C. 因地形限制不具备弧化条件边坡,应根据实际情况在坡面种植适当比例灌木进行遮盖。

D. 主体设计部门应在设计文件中标识和说明弧化处理技术要求。

③坡口线不宜采用圬工材料压顶镶边，宜采用过渡性植物绿化。

④坡顶清表土方、截水沟开挖废弃土方等不得堆放在坡顶、坡体上。

A. 截水沟沟壁顶要略低于原地面，沟壁后回填部分需夯密实，以顺利截除坡体汇水及避免冲刷。回填土上部 20cm 需用黏性土。

B. 坡口线与截水沟或征地红线之间须限时恢复植被绿化。

C. 如因修筑截水沟而形成截水沟外侧陡边坡时，应做好边坡弧化过渡及防护绿化，避免冲刷。

⑤平台截水沟与坡顶截水沟之间的引水沟不应高于地面，引水沟应采取变高度设置，顶、底部与平台截水沟与坡顶截水沟平顺过渡，引水沟终点处的沟底亦略高于相接坡顶截水沟沟底、沟顶应与坡顶截水沟沟顶齐平。如引水沟无法下挖修整的，则在引水沟外侧培黏性土植草防护绿化，培土厚度基本与引水沟沟顶齐平、宽约 0.6m、按 1:0.5 放坡，培土应夯填密实，并及时绿化。

如平台采用培黏性土植草防护时，应排查排水横坡情况及是否存在积水坑，避免积水，保证排水通畅。

⑥碎落台应结合排水边沟设置按设计要求形成相应的倾斜面。如为明沟式碎落台，回填土表面标高应略高于边沟沟壁顶；碎落台回填土应夯填密实，回填土上部采用黏性土，黏性土厚度≥30cm。

相邻土路肩外侧的碎落台回填土应略低于土路肩外侧标高，以使路面水尽快排除。

⑦方边坡坡面平整，整体坡型圆滑平顺，无棱角状凸出或凹陷，与周边地形融为一体。

A. 对于变坡形设置的坡体，原则过渡段应平顺过渡，如过渡过急或影响视觉时，宜种植矮灌木遮蔽。

B. 对于出现局部滑塌处治过的边坡，如采用浆砌片石回填的，原则上宜对回填增设造型，如窗户式回填黏性土、格式回填黏性土等，回填厚度≥30cm，回填部分每平方米种植约 5 株矮灌木，坡脚、坡顶种植攀藤植物。景观设计单位应针对性提出景观措施。

C. 对于设置抗滑桩或抗滑挡墙的边坡，坡脚宜种植攀藤植物。景观设计单位应针对性提出景观措施，在种植处的回填土厚度应保证≥30cm。

D. 对于边坡坡面存在孤石的，应先确定孤石是否稳定，如稳定，可保留孤石景观；否则应清除或采取加固措施。

E. 对于石质边坡，如形成坡面平整，坡面可不进行绿化或坡脚种植攀藤植物、坡顶种植向下垂生长植物；如形成坡面凹凸不平，应考虑坡面主动防护网或植生袋、厚层客土喷播防护，并点播耐旱矮灌木，同时坡脚、坡顶种植攀藤植物。

⑧应逐一排查涵洞洞口为低填及挖方路段的实施现状。

A. 原则要求顺涵洞方向的边坡坡率与相邻挖方边坡坡率一致，并不陡于 1:0.75，防止陡边坡的形成。

B. 顺涵洞方向的边坡与顺路线方向路基挖方边坡应弧化平顺衔接过渡，弧化半径原则≥6m。

C. 微地形整治后应及时做好防护绿化。

4.4.5　路堤下边坡微地形营造及验收管理要点

①填方路基表面平整,边线直顺,曲线圆滑;路基坡面平顺、无裂缝及水流冲刷沟槽;平台宽度应满足设计要求,平直、无凹槽、不积水。

②路堤外侧有条件放缓边坡的,宜考虑放缓边坡。

③当外侧有不良景观时,如为了遮挡不良景观而预留种植乔灌木的,应核查土路肩、平台或护坡道宽度是否满足种植乔灌木的空间。

④不足空间的应增大土路肩、平台、护坡道或排水沟外填筑宽度。由于土路肩为路面标实施,土建单位交验路床前应确保推算的土路肩宽度满足绿化和种植矮灌木的空间。

⑤平台乔木的植物类型、植株间距应满足设计要求,乔木顶部应高出路面标高 1.5 ~2m。

⑥平台、护坡道、边沟沟背表层上部 30cm 应采用黏性土填筑。

⑦排水沟外侧填筑高度应与沟壁顶齐平,沟壁回填土应夯密实。

⑧挡土墙墙底回填土应略高于沟壁顶,并夯密实,形成向边沟方向≥2% 的横坡。墙顶边坡坡脚填土宜略高于墙顶,并夯密实。

⑨涵洞出口顶部填方边坡坡脚不应超过帽石,并略低于帽石顶,帽石填土夯密实。

4.4.6　路侧微地形营造及验收管理要点

①当路侧设置填平区、取弃土场或存在不良景观的,项目单位应会同总监办、设计单位加以排查,并针对性提出相关处理措施。

②填平区。

A. 填平区高度必须保证设计要求,填平区横坡应设置≥2% 的向排水沟或边沟方向的横坡。当填平区面积较大时,宜做竖向设计,确保水流能汇集至排水沟中。

B. 当填平区处于两山之间的洼地且无排水通道时,填平区的高度应高于边沟顶,以确保不积水。

C. 当填平区低于路面时,原则要求填平区靠近路基一侧的填土应略高于排水沟沟壁顶,沟壁回填土应夯密实。

D. 当填平区与路面齐平或高于路面时,应确保填平区标高高于边沟沟壁顶,沟壁回填土应夯密实。

E. 填平区顶部应填筑 30cm 可种植的黏性土。

③取、弃土场。

A. 场区横坡应设置≥2% 的横坡,保证场区内不积水。

B. 场区边坡、防护、排水应符合设计要求,路基交验前应完成防护绿化、排水工程。

C. 场区顶部应填筑 20cm 的黏性土。

D. 当场区位于高速公路视线范围之内时,景观单位应考虑种植乔灌木加以遮挡。

E. 提倡结合复垦要求进行绿化。

④当路侧存在非高速公路范围内的排土场、采石场等时,土建施工单位应为后续植被遮蔽

预留种植平台，土建设计单位根据实际情况给出平台标高、宽度、长度等参数要求。景观单位应考虑种植乔灌木加以遮挡。

⑤当路侧存在各标段设置的临建工程，土建单位交验前或退场前须清理干净，整理平整好地面，当在可视范围内的，景观单位应考虑种植乔灌木加以遮挡。

⑥当地方道路与高速公路主线平行布设时，当在可视范围内时，应在两道路之间设置乔木、矮灌木种植平台，平台宽度不宜小于2m，表层填筑60cm厚黏性土。

4.4.7 中央分隔带微地形营造及验收管理要点

①分离式中央分隔带

A. 当两侧均为填方且两分离式两路基边坡交叉时，形成中间凹、两侧缓坡率边坡的下凹形状，边坡坡率宜为1∶2～1∶5，并在正常填方处与正常边坡平顺过渡。

B. 当一侧填方、一侧挖方，如两分离式路基边坡交叉且挖方量不大则形成中间凹、两侧缓坡率边坡的下凹形状或中间凸、两侧低的凸起形状，边坡坡率宜为1∶2～1∶5；挖方量大或分离式两路基分离较大时则可将挖方边坡放缓至1∶1.0～1∶2，坡顶及坡口开口线均弧化处理，弧化半径宜为6～10m。

C. 当两侧均为挖方，如两分离式两路基边坡交叉且挖方量不大则形成中间凸、两侧低的凸起形状，边坡坡率宜为1∶1～1∶3；挖方量大或分离式路基分离较大时则可挖方边坡放至1∶1.0或分台阶处理，坡顶及坡口开口线均弧化处理，弧化半径宜为6～10m。

D. 中分带上形成的边坡原则上采用喷播绿化、挂三网喷播绿化、客土喷播等。

E. 如为石质挖方边坡，要求坡面修整平顺(造型景观除外)。

②当分离式分隔带内设置有配电房时，土建单位应按配电房地面标高进行地面整平。后续配电房实施完成后，房间四周地面标高应与邻近路基填土齐平，填土表面填筑30cm厚的表土，以利后续景观施作。

③当分隔带内设置有桥墩基础且需绿化时，分隔带地面或填土表面应高于承台或系梁0.3～1m，填土应夯填密实，填土表面填筑30cm厚的表土，并种植矮灌木、攀藤植物进行景观绿化。

④中央分隔带路桥防撞栏衔接时应在路基段设置10～20m左右的过渡段，使路桥防撞栏过渡平顺，视觉上不造成突变。路桥过渡中分带应选择生长茂盛、整形效果好的灌木，苗木修剪后高度在1.4～1.6m，成活率应>95%。

⑤主线中分带应选择2～3种地方灌木植被进行栽植，可采用连续间隔2～5km换植体现视觉差异，波形护栏中分带灌木栽植规格应为1.2～1.4m，新泽西混凝土护栏应为0.6～0.8m。

4.4.8 桥梁微地形营造及验收管理要点

1)桥下部分

①桥下应顺势地形，排水顺畅无冲刷，无工程积水以及内涝，桥下集中排水沟、过滤池等设施顺应地形。油水分离池原则上设置于桥下或桥外侧，排水沟宜设置在桥两幅之间，沟壁宜低

于整平区表面。

②当桥下处于平地时,原则上应清理干净并整平,整平后纵向上应顺直,整平区表面宜高于承台或系梁 0.5m 以上,并设置倾向桥边线≥2% 的双向横坡。整平区两侧相接处宜按 1∶2 ~ 1∶5 放坡,如有地方道路、水渠横穿桥下时,应留出相应通道。

③当桥下处于斜坡或陡坡路段时,基坑开挖后应回填夯填密实,回填表面宜略高于承台,开挖形成的边坡应不陡于 1∶0.75,并按基坑防护和绿化到位。因施工废弃于桥下坡体上的开挖土应清理干净。

④当桥下为挖方路段时,为今后养护需要设置为挖方平台,平台表面原则上应低于梁底且≥1.5m,表面应清理干净并整平,整平后纵向上应顺直,整平区表面设置倾向桥下边沟或排水沟≥1% 的横坡。

⑤桥下空间如需绿化覆盖时,应保证至少 10cm 厚的回填土。

2)桥梁锥坡

①应结合桥下自然地形,适当弧化桥台锥坡,及时进行覆绿,减少桥面、桥头路基汇水对桥下冲刷。桥头中央分隔带开口处和锥坡两侧,应根据实际情况设置必要的排水设施。

②桥头挖方段纵向上应设置合理的开挖坡率,并清理干净坡体堆积的开挖土和及时防护绿化。

③当锥坡设置有一级或多级反压护道时,反压护道表面应整平,表面设置 10cm 厚的黏性土,护道两侧与桥头路基做好弧形衔接过渡。

3)桥头挖方

①桥头挖方边坡坡形及边坡坡率应与相邻边坡一致,并渐变衔接过渡。由于桥头挖方坡脚比相邻边坡低较多,原则上应结合边沟、急流槽等设施设置相应的渐变段。

②桥头处挖方坡口线、坡顶宜弧化。

4)上跨高速公路跨线桥

①当上跨桥桥头为挖方时,挖方边坡坡率不宜陡于 1∶1,与主线挖方边坡应过渡圆顺,弧化半径宜为 10 ~ 30m。

②当在主线路堑边坡设置桥墩时,实施桥墩开挖的边坡凹陷部分应回填密实,桥墩范围内的边坡宜采用六棱混凝土块内植草防护,桥墩处可种植攀藤植物。

4.4.9 隧道微地形营造及验收管理要点

①隧道工程微地形营造应结合道路线型及周边环境,植物配置层次和栽植形式尽量多样化,避免一种模式长距离出现,造成司乘人员的视觉疲劳与审美疲倦。

②隧道洞顶及边仰坡。

A. 应结合洞口山形山势进行融合设计,对于山势较为陡峭的端墙式洞门隧道,洞顶若有较大平台,应利用回填土仿造原有地势进行二次营造。对于洞顶急坡(坡度≥45°),可设置花池进行垂直绿化修饰,体现垂直绿化的层次感。

B. 对于山势较为平缓的削竹式洞门隧道,洞顶可利用原始植被进行保留,对破坏部位进行修补,充分展现原始地貌形态。

C. 洞顶回填应采用设计规定的填料,填土应夯密实平整并设置向洞顶排水沟≥1%的坡度,表面填筑30cm厚的黏性土,填土表面不应高于端墙顶。洞顶排水系统应排水良好,外形整齐,不得出现水土流失、积水。

D. 洞顶可视范围内存在地方道路、低位消防水池等设施时,应在洞顶回填位置种植乔木、矮灌木适当遮挡。

E. 边仰坡应过渡圆顺,当过渡段存在急流槽等排水设施时,应在急流槽两侧适当种植矮灌木遮蔽。

③隧道洞口。

A. 洞口中分带应根据宽度等进行微地形处理,绿化回填土在整形过程中应营造起伏错落的地表形态,并设置适量景观石进行人工点缀,削竹式洞门隧道宜在中分带设置较为高大的洞名石。

B. 两幅洞门之间应尽可能保留原地形,适当修饰圆顺与两幅洞门协调。

C. 当洞口两侧存在上山检修通道时,应在边沟或排水沟靠上山道路间设置拦水坎,防止泥沙、水泥溢进路面内,并在路侧设置乔木、矮灌木遮蔽。

D. 乔灌木主要以生长成型的高大乔木为主,地表植被选用常绿多年生的开花草本植被,成型株高宜控制在30~40cm,片植区域乔灌比例应合理控制,乔木品种应选择3~4种,灌木种类应为2~3种,保证疏密有致。

④隧道洞口段边仰坡绿化方式应采用铺草皮护坡、植生带护坡、三维植被网护坡、挖沟植草护坡、土工格室植草护坡、有机基材喷播植草护坡等生态防护形式,尽可能减少采用圬工防护方式。

4.4.10 互通立交微地形营造及验收管理要点

①互通立交区域微地形应结合实施现状、原始地表形态、地方道路、河渠、土石方调配情况分区域进行竖向设计,尽量做到随形就势、自然处理。

②立交环圈区域内地形修整。

A. 如为填方或少数路基为挖方,宜放缓路基填方边坡至1:2~1:5,环圈内地形可根据排水设置、地方道路设置情况采取中心低、四周高或中心高、四周低或从主线往最低匝道高度逐渐过渡的型式。如水量不大或纵坡平缓时,排水边沟可考虑采用宽尺寸植草水沟。

B. 如为低矮挖方或少数路基为填方,宜放缓挖方边坡至1:2~1:5,曲线边坡过渡圆顺,坡顶及开口线采取弧化处理。环圈内地形可根据实际情况采取局部修整或挖除整平等型式。如为多级挖方边坡时,当本标段需借方,可将环圈内挖方挖除整平处理;当为弃方时,适当放缓边坡,曲线边坡过渡圆顺,坡顶及开口线采取弧化处理。

C. 主线与匝道汇合流时应对主线、匝道之间的路基进行微地形整治,填方时宜采取坡率逐渐过渡到正常坡率的方式,挖方时宜将汇合流口约20m挖方挖除整平圆顺。

D. 环圈内地方水渠、道路穿越时,地方水渠、道路两侧宜放缓坡或基本与环圈内整平地形走势一致。

③水体营造。

A. 当环圈内实际有鱼塘、洼地时,应保持原生态,仅对岸坡进行适当放缓修整。

B. 当环圈内无洼地时,应根据地形在环圈中心范围开挖水坑进行水体营造,岸坡坡率宜为1∶5,水体深约1m,并与环圈内地形平顺过渡。

④对于凹陷性的原始地形应适量选择高大乔木造景,做到错落有致,疏密合理,利于渠化匝道交通分隔及行车诱导。

⑤对于高于路面的原有山林植被进行就地保留,对临近匝道的坡面应结合匝道线性进行人工修整和灌木点缀,根据原始山势突出坡率变化特质,岩质边坡宜选用爬藤植物进行遮挡,形成苍郁浓密的绿化山林景观。

⑥收费设施场区微地形应不宜精细营造,应考虑粗放管理需要,站房区内应适量栽植少量乔灌类映衬周边原始植被,若设置劝返车道,应在车道两侧根据线性特点列植诱导植被,植被规格和间距要求应保证线性美观,实现连续过渡。

⑦在与地方道路相接的平交口处及相应的连接线位置,应保证绿化植物有相应种植位置及种植深度。

4.4.11 服务区、停车区及管理中心微地形营造及验收管理要点

①土建施工单位应按设计、项目业主要求完成土石方工程等并交验合格后交付后续单位。项目业主应会同总监办、主体设计单位、景观设计单位及后续单位根据实际情况进行微地形修整。微地形经验收后方可进行下一道工序。

②应对汇合流段主线、匝道之间的路基进行微地形修整。填方时主线边坡按设计坡率与匝道路基交叉,坡脚宜略高于排水边沟沟顶高程,排水沟沟顶应略低于匝道路面高程。挖方时宜采取逐渐放缓边坡坡率的形式,与相邻边坡平顺过渡。

③场区内路堑边坡变方向时应弧化处理,当无条件放坡时,应在变坡面适当加密矮灌木种植密度。

④场区内路堑边坡坡脚不宜设置高大挡墙,当设置有挡墙时,宜在挡墙外侧种植乔木、矮灌木和攀藤植物加以遮蔽。

⑤服务设施场区应根据片植要求进行树形规格选择,乔灌规格搭配宜形成富有层次性的视觉感受,对于周边自然风景良好的服务区可沿建筑用地红线设置观景平台和休息步道,有条件的服务区可在绿化区域保留小型山丘设置凉亭。

⑥工程附属场区微地形应重点利用户外工程进行建设,通过场区绿化区域整平微地形营造,借助原有山林水体、植被地貌进行景观绿化融合设计,并辅助相关硬质景观进行园林营造。

⑦管理养护设施场区应遵循"精细化设计"理念,采用园林设计手法进行品质景观建设,硬质景观可根据原有地势采用山林凉亭,景观水体、假山、人工河、台地跌水等元素进行融合,体现多样化的公园式景观效果。

4.4.12 房建工程微地形营造及验收管理要点

①房建工程微地形设计应侧重场区户外工程相关设施的融合,兼顾建筑单体整体布局及

建筑立面风格的协调。

②房建工程场区应坚持“随形就势，灵活设计、就地保留”的户外工程建设理念，通过场区道路灵活排布，线性优化，建筑单体高低差设计等处理手法进行融合，最大化体现自然地形和人文景观。

③房建工程微地形验收要进行定期培训，形成微地形验收意识，设计交底环节要明确承包人的施工内容和指标要求，技术交底环节要细化具体实施措施。

④单体建筑。

A. 单体建筑应依据场区原有地势进行布局，高差设计根据建筑高度和楼间距合理控制，多层建筑（楼层≤6）楼间距宜控制在20～40m，单体高差宜控制在5～10m。

B. 单体建筑外立面线条应根据周边线性进行创新设计，可采用圆弧形、菱形构造物进行外墙补充装饰，体现项目高速公路线性特点。

⑤户外工程。

A. 房建工程户外工程微地形应结合场地平整统一考虑，竖向设计应保证与原有地形地势一致，绿化区域应营造出起伏形态，边界边坡宜放缓处理，坡率一般控制在1:3以内。

B. 户外工程园区道路路面纵坡应以平缓为主，适当在地势高差较大路段（垂直高差≥8m）考虑急坡进行调节，坡率应≤18.0%，道路线性尽量圆顺舒缓，主干道最小转弯半径≥9.0m。

C. 户外工程运动设施（足球场、篮球场、羽毛球场等）设置位置应考虑高差处理方式，边界放坡应尽量平缓，不同运动场地可通过台地，台阶进行联系，整体与地势结合，营造空间层次进行过渡。

4.5　典型项目景观与环境

4.5.1　南粤各项目景观与环境提升总体方案

1）路基景观提升

各项目普遍采用了如下方案：一是砌筑边沟、挡墙等结构物时须确保线形顺直，与路基或边坡顺适相接，砌筑表面应平整，勾缝均匀，石料或预制件色泽统一；二是人字形骨架嵌入深度应满足设计要求，边沟、水沟背应采用小型夯实机回填密实，切实起到排水效果，防止冲刷；三是挖方边坡须确保坡面平整、坡率顺适，迎车方向端应采用弧化或部分填平处理，辅以后续乔灌点缀。

2）桥梁景观提升

施工阶段注重路桥衔接段、桥隧衔接段、跨线桥的护栏、灯柱等选型和施工质量，确保线性顺适；交工检测后，结合总体景观要求，对部分桥梁及其附属设施进行装饰、涂装、照明、立体绿化等景观装饰；施工完成后须对桥底建筑垃圾进行再利用或景观化处理，做好桥下空间生态恢复。

3)隧道景观提升

隧道洞口施工须减少山体的开挖和环境破坏,仰坡采用分层次苗木种植,恢复山形山势。端墙采用仿真石漆工艺,安全环保耐久。隧道配电房、水泵房、风机房、消防水池以及边坡水沟等构筑物进行专项的绿化遮挡方案,藏露结合。

4)互通立交景观提升

结合行车视点进行绿化造景,宜林则林、宜花则花、宜草则草、乔灌花草结合;收费站出口根据当地植被景观展示地域性景观元素。

5)服务区景观提升

设计和招标阶段,严格管控房建工程卫具、洁具、瓷砖、五金件等重点材料的设计和选型。提升公共服务设施水平,打造精品示范服务区;在施工阶段,严格管控装修材料的质量和工艺,切实提升房建工程实体品质。

6)绿化景观提升

边坡防护及时跟进,确保项目交工验收前植被全覆盖,无裸露。对于中分带绿化应加强中分带回填土质量把控,确保中分带满足通车防眩指标要求。

7)路面景观提升

砌筑路缘石、超高路段排水沟等结构物时须确保线型舒适美观,与周边环境相协调;路面层铺筑时须确保表面整洁平顺,并不得污染路缘石等小型构件,否则应及时清理。

8)交安设施景观提升

严把材料进场关,选用耐久性良好的路面标线、反光标识、标志牌等。提高波形梁护栏、隔离栅、桥梁防落网、隔音声屏障等设施的整体外观。同时,在重点区域的醒目位置融入南粤公司的“红棉文化”,凸显企业文化特征。

9)临建设施、取弃土场景观提升

工程完工后,各施工单位须对临建设施、取弃土场等场地进行复耕复绿或人工绿化处理。施工便道、搅拌站、钢筋加工棚、预制梁场等用地要适当设置绿化区,确保绿化面积不得低于临建设施总用地面积的10%。取弃土场须设置必要的禁令标示、围栏隔离,并及时撒播狗牙根草籽等固土草本植物,防止水土流失。

4.5.2 仁新高速公路典型景观与环境提升成果

结合本项目粤北山区地域景观特色,对公路沿线路基、桥梁、隧道、互通立交、服务区、停车区、路面、交安设施、临建设施、取弃土场景观进行深入挖掘和综合提升,努力打造与自然和谐相融的广东最美高速公路。

1)绿化景观提升

结合沿线地形地貌特点将沿线景观主题定位为“山”“丹”“河”“田”“林”等,对公路沿线景观进行深入挖掘和综合提升;采用“露、透、封、诱”的设计手法体现沿线大地景观,使高速公路成为沿线景观的承载体。

2)路基景观提升

①路基边坡尽量减少圬工,并选择乡土植物进行绿色生态防护,保证成活率,贯彻绿色公

路建设理念;强化边坡施工质量管控,确保坡面线性顺直、坡面平整,坡率顺适,边坡防护预制块色泽统一、格梁线性平顺、绿化效果明显。

②在部分路侧挡墙底部种植爬山虎等爬藤植物,配以灌木夹竹桃、乔木黄葛树等进行并行遮挡。部分挡墙顶部种植野花,下方种植亚乔木,底部种植爬山虎攀附进行遮挡,改善视觉效果。

③填挖结合部路段采用乔灌木组合形式,在靠近填方边坡处种植乔木,利用乔木树冠对挖方边坡迎车面进行遮挡,在土路肩外侧种植分支点较低的灌木,通过植物群落的林冠线使填、挖方边坡柔和过渡,避免生硬且有死角,形成高低错落有致景观效果,参见图4.5-1。

a)

b)

图4.5-1　边坡绿色生态防护

3)互通立交景观提升

结合沿线各互通立交区的地形、地貌特点,加强互通立交区内的场地造型,特别是微地形营造和景观打造。

(1)江尾互通景观提升

在原生半荒废梯田基础上进行生态改造,在互通A、B匝道围合成的圆形围合区内和A、E匝道围合成的三角区内修整梯田,每级高度1m,每级种植片式灌木,点缀高大乔木,营造红黄相间的梯田景观。

(2)丹霞枢纽互通景观提升

丹霞枢纽互通为距离丹霞景区最近的枢纽互通(图4.5-2)。其占地面积大,地形复杂,且与韶赣高速相接。此互通内地形较适合营造尺度感大的景观元素,故在匝道圈内将色叶树种成片成林,适合营造疏林草地的互通景观。主题树种的选择以枫香、黄山栾树、山杜英、大花金鸡菊、杜鹃等为主。

主线分流区是互通的门户,是进入互通最先看到的景观点,在此处用秋色叶树种配合景观石营造微缩丹霞景观,见图4.5-3。

丹霞枢纽互通匝道与主线中桥梁占比重较大,因此对桥柱进行具有丹霞风格的颜色涂装,从视觉上能很大程度体现丹霞文化特征,同时也提升了枢纽互通的地方辨识度。

施工中尽量减少对原有植被的破坏,最大限度的保留原有植被,对于破坏的地表进行植被恢复。现场发现绿化场地堆有大量煤系土,必须覆盖至少30cm厚种植土才能保证植物存活。互通区地下有大型溶洞,通过钢箱梁+混凝土桥避免桥墩对溶洞上方地质结构的影响。

图4.5-2　丹霞枢纽互通效果示意2图

图4.5-3　主线分流区景观效果图

(3)南浦互通景观提升

现场调查发现南浦互通内部有积水若干处,为缓解互通内排水压力,并提升整体景观氛围,于互通内部利用现有地形,通过挖土造地形的方式营造水景,水岸种植荷花等水生植物。内积水量较少且路基地势较高的区域,不宜营造水景,故填土堆高地形,防止内涝。同时建立项目"生态保护区",对原有生态林进行恢复保护,结合生态水塘形成层次丰富的互通区景观,见图4.5-4和图4.5-5。

图4.5-4　南浦互通效果示意图

图4.5-5　南浦互通绿化实景图

4)隧道景观提升

以洞口作为隧道景观提升重点。结合隧道洞口地形地貌和原生植被的分布情况,开展隧道洞口景观设计专题研究,通过针对性设计提升洞口景观效果。

(1)洞门景观提升。

五里亭隧道、葛布隧道洞门端墙刷真石漆,挡墙前通过种植乔木和灌木组合,形成高低错落景观,避免洞门单调乏味,且底部种植爬山虎以达到长期覆绿效果。

(2)洞顶景观提升

青山隧道洞顶采用模纹彩带增加路域特色,该模纹彩带通过彩叶彩花等常绿植物来塑造,四季变换，色而不衰，达到一年四季都有景可观。同时，模纹形状不拘束于方正，而是用曲线形来表达，活泼且优美。

(3)仰坡景观提升

对于隧道仰坡，在确保安全的前提下，视仰坡坡率、岩性等实际情况选用喷播植草、挂网客土喷播植草、锚杆格梁+挂网客土喷播植草、植生袋植草、爬山虎等进行生态复绿。

(4)洞口景观石设置及微地形打造

青山隧道出口、葛布隧道进口分离式路基中分带处设置景观石并搭配草皮、马樱丹等绿化点缀形成小型景观区域；葛布隧道洞口分离式路基中分带采用回填一般土+种植土进行微地形整理，植物搭配采用美蕊花进行群团式种植，使其整个路基中分带呈龟背形，做到简洁不简单，见图4.5-6和图4.5-7。

图4.5-6　青山隧道出口洞顶模纹彩带样式精美

图4.5-7　洞口景观石

5)服务区景观提升

在服务区参考园林式手法，因地制宜进行绿化美化造景，通过规划设置景观树、景观石等方式展现地域特色，见图4.5-8。

图4.5-8　服务区低点透视图

6)建筑景观提升

房建工程在设计阶段充分落实省南粤交通公司标准化设计有关要求，建筑外立面设计元素充分展现了具有南粤文化特色的新中式建筑风格，并在部分房建主体设计中将当地民族文化元素融入设计，合理运用色彩和图案搭配，突出体现当地民族文化风貌和特点。

7)路面景观提升

通过落实工艺创新,采用滑膜摊铺机施工路缘石、土路肩、超高路段排水沟,确保了路面附属工程顺适美观;采用防撞护栏旋转式转运、安装夹具,减少了转运、安装过程的损坏,提高安装效率及精度,确保了中央分隔带护栏顺适美观;通过严抓路面施工质量过程控制,注重精细化施工管理,以硬措施落实路面“零污染”防控,实现了沥青路面平整舒适、边部顺直,水泥路面“内实外美”,参见图4.5-9。

图4.5-9　路面中央分隔带护栏及排水沟

8)桥梁景观提升

从施工图设计着手合理优化,上跨国、省道上部构造采用较为美观的斜腹板现浇箱梁,下部构造采用花瓶墩,预制箱梁外侧模板采用不锈钢提高平整度、光洁度;整体式路基桥梁错孔布置时将桥后路肩墙顶SA级防撞墙式护栏统一变更调整为与桥梁内侧SAM级护栏一致,提高了路桥衔接路段护栏线形统一、平顺和整体美观;三是加强桥梁墩柱、盖梁、预制梁、护栏等结构物的外观质量管理,确保结构物内实外美。

4.5.3　新博高速公路典型景观与环境提升成果

1)路堑边坡景观提升

在路堑边坡一级平台处(平台排水沟外侧)种植一排勒杜鹃垂条型灌木,与边坡其余部位绿化植被共同形成富有层次的垂直绿化边坡,为驾乘人员提供行车诱导服务,突显路域线性美感,增强路侧环境改善功能。

2)圬工面遮蔽

①官山路段(K441+968－K445+100)两侧防抛洒高挡墙迎车可视面栽植爬藤类植被,遮挡圬工面,与路域绿化植被景观统一融入自然环境。

②隧道洞门处临建设施、弃土场、采石场,水泥厂等局部自然景观不良路段两侧密植高大乔木进行遮挡,植被主要为马占相思及山杜英。

③路堑边坡两端截水沟补充栽植灌木,灌木种类按照景观主题进行选择,以遮挡截水沟圬工面,并提升边坡绿化防护及环境改善功能。

3)互通立交区及收费站出入口

①互通立交围合区考虑到水体、山体及自然植被在施工中被破坏,就地保留不到位,通过对相关区域增种团花树进行人工造林,修复原始遭破坏的绿化植被,形成较为丰富的林带景观。

②为集中反映当地的民族特色和地域风情,在与当地政府充分沟通及了解当地文化管理部门和老百姓相关诉求后,蓝田匝道收费站装饰装修中将结合当地民族文化元素进行了融合设计,采用印刻瑶族特有的舞火狗图腾 Logo 以及舞火狗少女形象,结合大棚吊顶中的蓝色搭配和图案设计,大棚立柱,收费亭,信息屏等设施外观色彩运用,并结合当地文化 VI 设计内容进行集中反映,突出体现当地民族文化风貌和特色,见图 4.5-10 和图 4.5-11。

图 4.5-10 平安匝道收费站效果图

图 4.5-11 蓝田瑶族自治乡收费站效果图

4)服务区景观提升

①为提高服务区的功能服务水平,拓展服务区景观价值体验,龙门、平安两对服务区西半区增设观景平台,通过木质栈道和休憩坐凳设计,利用服务区周边良好的地貌环境,提供良好的休闲与观景区,见图 4.5-12。

②在服务区通过微地形营造地面起伏的小型山丘形态,重点建设精品绿化区域,提升景观绿化设计档次,见图 4.5-13。

5)管理中心

①场区出入口主干道两侧、办公楼前面提升苗木规格档次,采用自然高 $H \geq 7$m,胸径 20cm 的大规格木棉树作为行道树或观景树种,体现南粤“红棉”文化,易于早期出景,提升景观品质。

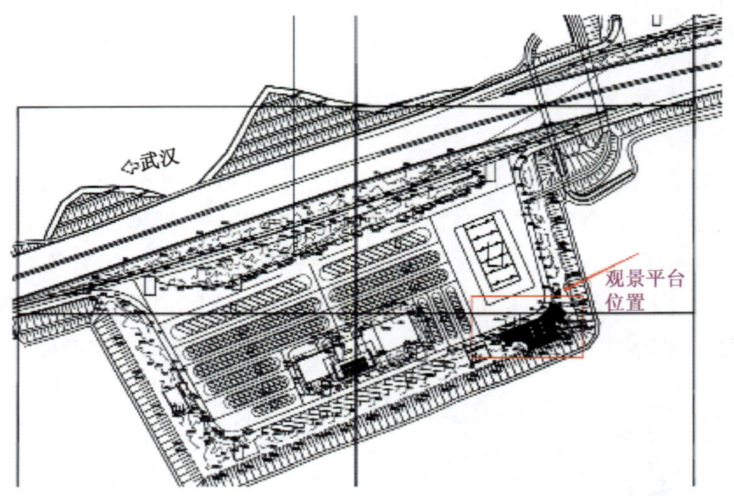

图 4.5-12　龙门服务区西场区观景平台位置示意图

图 4.5-13　龙门服务区整体俯瞰效果图

②场区足球场东侧增设观众看台,看台两端设置花池,采用三角梅搭配鹅掌柴点缀,丰富主要运动场地的景观功能。

③按照南粤公司《广东省南粤交通高速公路房建工程标准化设计图纸》相关要求,建筑外立面主要是三元素(白色外墙饰面、外墙木质格栅、外墙面红线压顶)运用,结合高速公路简洁明了的设计风格,并考虑安全耐久的功能需求。本项目单体建筑主要采用现浇框架混凝土结构,外立面主要为新中式建筑风格。

参见图 4.5-14。

图 4.5-14　龙门管理中心办公楼夜景效果图

6)隧道洞口

明晰提出高速公路构筑物式隧道洞口形态、区域、构成等主要设计要素,施工关键技术等内容。具体内容主要划分为设计与实施两个阶段。

设计阶段:将安全、生态、节能、实用为基本原则,通过对隧道洞口区域要素、环境要素(自然环境、人文环境)充分调查研究,构思、开展设计工作,根据表现形式及区域的不同,将设计内容划分为构筑物式隧道洞口景观部分和构筑物式隧道洞口绿化部分,结合隧道各项综合条件,确定方案的色彩图案、结构材料、植物工艺等细节元素,最终构成完整的公路隧道洞口景观绿化工程形态。

实施阶段:依据设计方案及施工图,通过构筑物式洞口景观装饰技术、洞口景观洞口绿化技术等关键技术的运用,呈现整体良好的隧道洞口景观效果,见图 4.5-15。

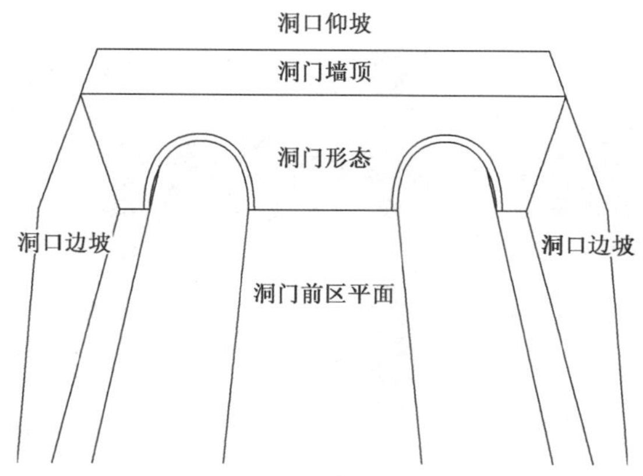

图 4.5-15　隧道洞口景观与绿化

(1)九连山隧道

九连山隧道前中分带采用色花俱佳的开花树种,乔木采用树种为黄花风铃木搭配少量红花风铃木进行点缀,辅助栽植尖山杜英和红花羊蹄甲进行陪衬,灌木以粉花夹竹桃进行色叶装点,形成观花色叶带,满足"五彩"的色彩运用。

隧道洞口端墙采用仿石材真石漆饰面,墙面采用柔和色彩的淡灰色装饰,与背面山体植被融合统一,减少端墙圬工效果,保证行车视角自然过渡,创新将中国印铭牌应用于隧道端墙,突显文化特色和地域性标识。拱圈及墙顶线条表面采用纯白色真石漆进行映衬对比,增强视觉空间感受。

隧道洞门前分离式路基中分带设置洞名景石,选用大规格奇异石头造景,提高隧道记忆品质,参见图 4.5-16 和图 4.5-17。

(2)官山(茅田)隧道

官山隧道前中分带乔木主要选用秋枫、枫香两种主要树种呼应秋枫寨风景区风格,搭配美丽异木棉进行色花点缀,调节整体"山翠"色彩,灌木采用九里香色花观叶灌木,整体翠绿淡雅,映衬山景,满足景观层次需求设计。通过提炼当地人文特色,丰富地域文化,官山隧道端墙拟用装饰风格主要以淡雅庄严的中国韵味为主,洞名字牌装饰突出地域文化特点,参见图 4.5-18 和图 4.5-19。

图 4.5-16　九连山隧道洞口端墙实体装饰效果图

图 4.5-17　九连山隧道洞口实景图

图 4.5-18　官山隧道洞前分离式路基中分带景观绿化效果图

(3)竹山隧道

竹山隧道反削竹明式棚洞设计:竹山隧道结合景观绿化设计、进出洞口的地形、地貌、地质等特点,在隧道进出口端洞口增加通透式明洞的设计,既有利于行车进出隧道洞口明暗过渡,利于行车安全,同时可减少洞口仰坡高度,保持洞口自然生态环境;隧道洞口选择充分贯彻“早进晚出”的原则,通过接长明洞来减小刷坡高度和避免破坏植被,边仰坡均进行绿化,使建筑物与自然景观尽量协调一致,见图 4.5-20。

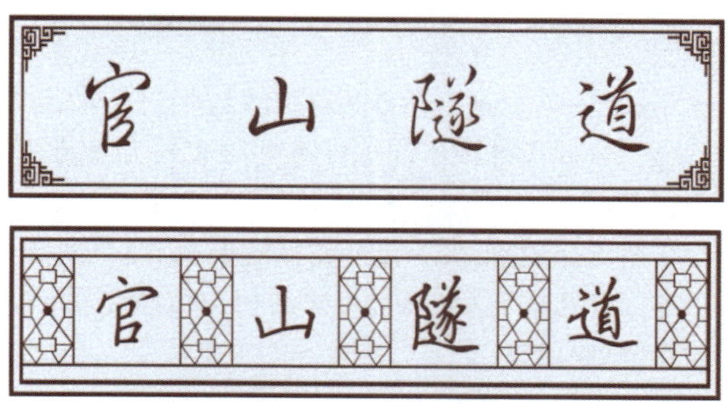

图 4.5-19 官山隧道拟采用中国窗棂风格铭牌

图 4.5-20 竹山隧道反削竹明式棚洞效果图

在竹山隧道效益分析方面，采用棚式明洞后，有效降低了隧道入口段、过渡段等照明标准要求，采用 120WLED 和 60WLED 灯具，灯具投资成本约 133 万元，节约成本约 74 万元，而土建部分需增加投资约 75 万元，与灯具投资减少相当，隧道运营后的用电费用减少约 33%。

竹山隧道前中分带主要选用青皮竹和芭蕉树，体现乡野气息，选用凤凰木高大乔木进行搭配，借用凤凰木热情似火的开花效果。灌木选用黄花夹竹桃，黄花呼应“乡黄”色彩提炼，并形成错落有致的空间层次，营造出生动活泼的乡野景观情趣，见图 4.5-21。

图 4.5-21 竹山隧道洞前分离式路基中分带景观绿化效果图

7)主体土建工程动态设计

(1)生态边沟动态设计

对长度不超过120m,纵坡坡率不大于2.0%的路堑边沟进行动态设计调整,选用部分路段进行浅碟形生态边沟试点,分标段选用不同草种进行对比试验,优选草种进行全线推广。

(2)边坡绿化防护动态设计

通过现场开挖情况,结合土质类别、原有防护形式进行优化,当实际与原设计差异较大时,联合设计单位、边坡防护方面专家进行设计调整,并细化边坡绿化防护方案,合理选择草灌种类、配比及单位用量,并做好试验段试点。

(3)路堑边坡弧化设计

路堑边坡坡顶开口线及两端坡口线弧化,打造流线型行车视角,设计中主要针对低矮边坡或线外征地不受限制路堑边坡放缓弧化。现阶段对已经开挖到位的上边坡坡口线进行人口修整,或利用后续平台截水沟施工时进行补修,对未开挖且确定需弧化的上边坡明确施工单位在施工时做好坡口线弧化处理,通过机械修整配合人工二次修整达到弧化要求。

(4)将路基挖出的孤石留作景观石

沿线路基中开挖出的孤石,进行精心的挑选和存放,将部分外形和材质较好石头,作为景观石存放并循环利用。其中TJ18合同段、TJ22合同段共收集景观石约20块(图4.5-22和图4.5-23)。

图4.5-22　TJ18合同段收集的景观石

图4.5-23　TJ22合同段存放的景观石

4.5.4　吴川支线典型景观与环境提升成果

1)工可线位优化

加强工可线位比选,及时掌握了解生态控制线一级管制区等敏感点划定,优化线位较推荐工可线位穿越生态控制线一级管制区由8.5km减少为0.9km,减少占用基本农田130亩。

2)路基设计

①注重地质勘察成果,加强软基专项设计。针对本项目软基量大的特点,在招投标文件中明确静力触探作为主要的软基勘探方式,以便较为准确地掌握软基分布及特性,作为软基处理措施的重要参考依据。

②加强高液限土专项设计。本项目高液限土较多,为准确掌握高液限土的分布及参数,组织参建各方加密高液限土取样频率并平行试验,确保试验参数的准确性;根据高液限土弃方量大的特点,结合现场实际情况,提前组织绿化景观方案设计,将可用弃方纳入全线土方调配,变废为用,为本项目后续绿化工程微地形营造创造有利条件;施工期开展高液限土填筑试验段工作,并进行专项评审,合理确定高液限土使用指标,优化高液限土施工参数。

③边沟设计采用因地适宜原则采用汇水量较小的浅碟形生态边沟(BG-A)与水量较大的现浇混凝土矩形边沟(BG-B),在保证了排水通畅的同时达到了与自然地貌融为一体的效果,为司乘人提供一个安全舒适的视觉环境。主线浅碟形生态边沟长1044m,占挖方段总长约12%,参见图4.5-24和图4.5-25。

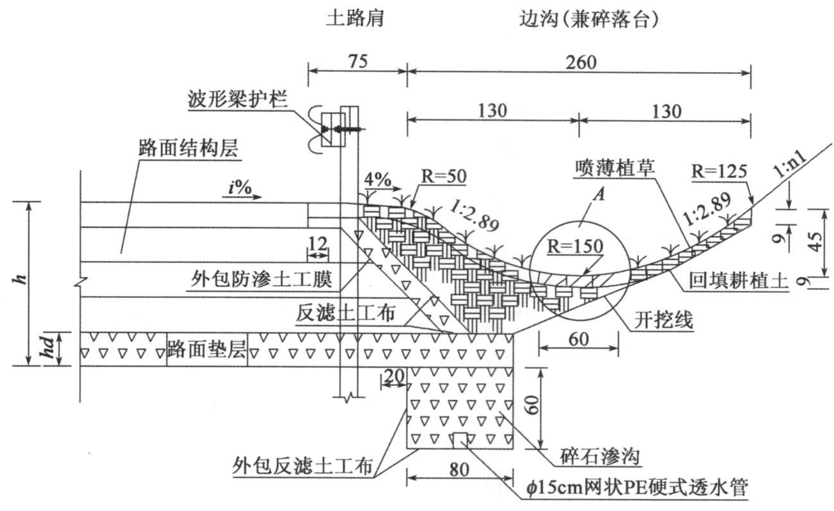

图4.5-24 浅碟形生态边沟(BG-A)

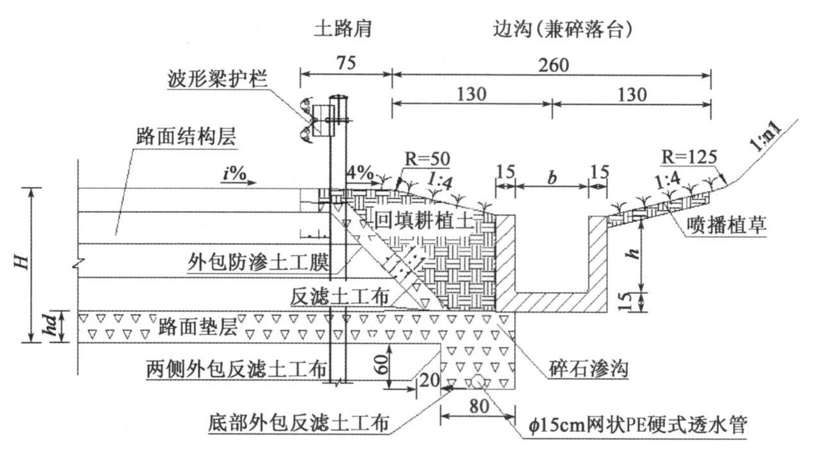

图4.5-25 现浇混凝土边沟(BG-B)

④边坡设计采取贴近自然缓边坡及圆滑坡面,加强与自然环境的统一协调,方便绿化并减少和避免生硬高大圬工结构。对于大于10m的挖方边坡取消平台采用折线坡节省占地;原地面线与边坡线钝角处利用公路地界,采用弧化优化坡顶,既达到公路路容美观、环境优美与沿

线自然景观相协调的目的,又可增加挖方缓解项目缺土的问题(图4.5-26)。全线边坡防护以植草为主,植草+三维网植草面积约41.6万m^2,防护圬工量仅728m^2。

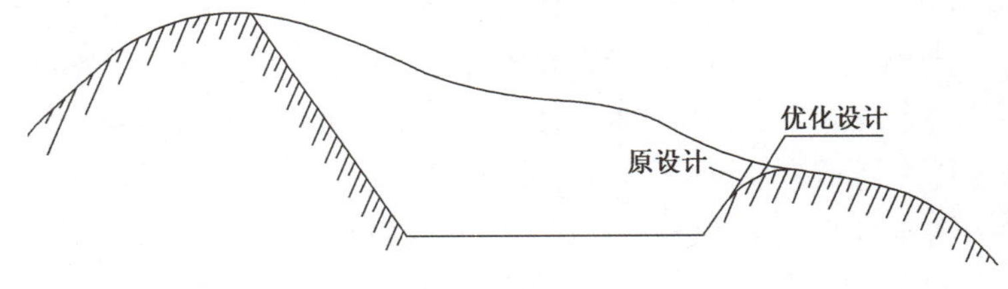

图4.5-26　边坡设计优化

3)桥梁设计

①结合桥梁设置环境,统一各桥跨径、桩柱径组合、桥台类型,为施工便捷性创造条件。

②跨越二级水源保护区桥梁护栏优化设计。针对二级水源保护区防护要求,采用护栏与防护网的组合方式设计,将鉴江大桥桥宽由33m缩减至26m,既满足二级水源保护区防护要求,又避免了复杂结构边梁设计,并节约了总投资,参见图4.5-27和图4.5-28。

③施工图阶段注重细节设计,如针对跨线桥水中墩布设,采用斜桥正做,缩短桩间距,既减少桥下阻水比,又节约了投资。

④敏感水源地带桥梁设置雨水收集系统。跨越板桥河、鉴江二级水源保护区的桥梁,设置桥面雨水径向收集系统,经收集进入沉淀池净化处理后再排放,避免污染饮用水源。

⑤合理处理建筑施工废水。坚持绿色施工和节约用水的双重理念,实现水资源的充分有效利用,及时分类处理施工过程中出现的废水,避免已经被污染的水对正常水源造成进一步的污染,对废水进行最大化利用,如清洗工程机械设备和工具等使用循环水。

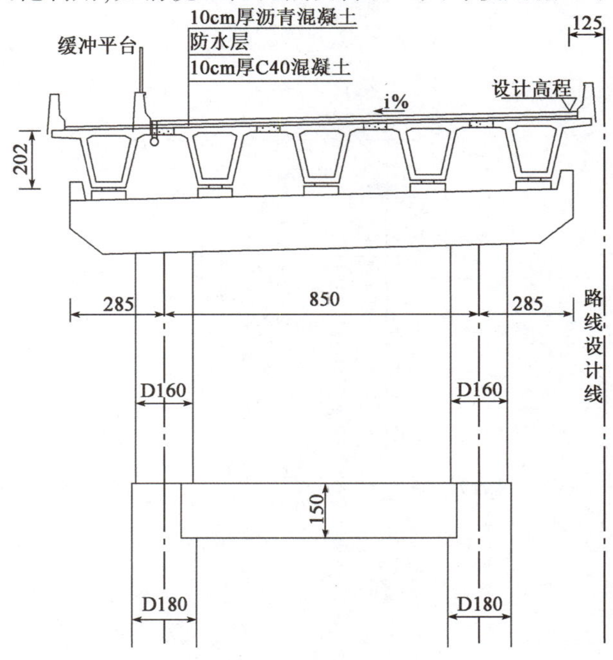

图4.5-27　原设计

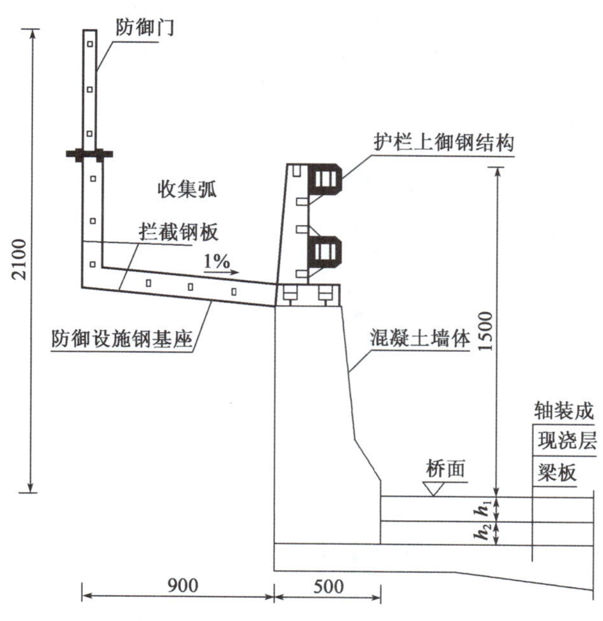

图4.5-28 优化设计

4)取弃土场设计

①合理规划取、弃土场地,便于取、弃土场地二次利用以及场地生态恢复,禁止乱掘乱挖乱弃,路线沿线可视范围内严禁设置取弃土场。

②清表土集中堆放,用于坡面植草防护、取土坑生态恢复等。

5)互通立交及服务区

①互通设计融入微地形改造。利用高液限土弃方对三角区及环形匝道内挖方边坡进行整平和顺坡修整,加强了行车通视的安全性,减少边坡污工及防护工程。互通立交共消耗高液限土弃方4.5万m^3,基本实现了"零弃方"(图4.5-29)。

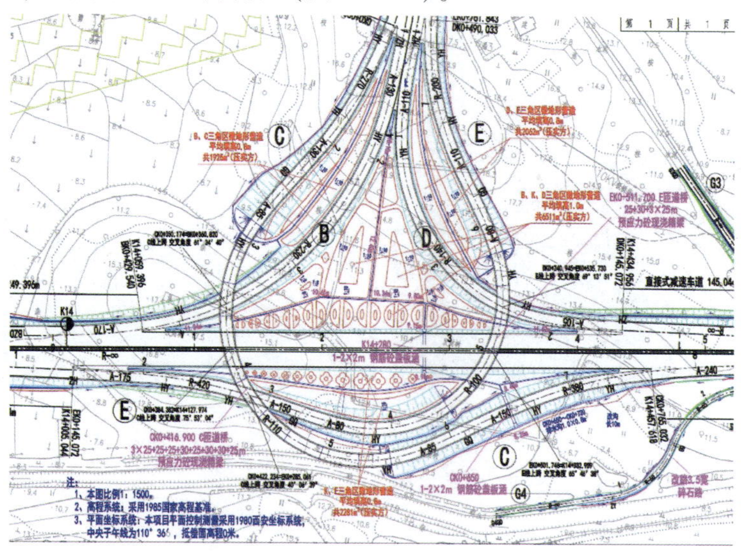

图4.5-29 互通立交微地形改造设计

②服务区集约化设计。考虑到节约集约土地资源,同时受永久基本农田及油路头村宅基地影响,服务区北场区仅43亩,考虑进行集约化设计以满足功能要求,如将停车场设置在综合楼半地下或地下。

6)景观绿化与节能设计

①采用攀藤植物固定至结构物顶部对挡土墙墙身等圬工结构进行遮蔽。

②整体式路基中分带位于凹曲线或凸曲线时,根据防眩专项设计,采用错落有序的植物布设,避免夜间行车光线干扰形成眩光现象影响行车安全。

③穿越农田、平原区的路堤景观设计采用宜透不宜挡的原则,路堤景观设计根据驾乘人员的行车视距,合理选择灌木尺寸和设置位置,使驾乘人员感悟田园风光,缓解驾驶疲劳。

④加强绿色节能设计与施工节能管理。在服务区和管理中心设计中,考虑太阳能、LED灯等节能技术和节能设备的使用;在二级水源保护区内施工作业,严控使用柴(汽)油机械,提倡使用天然气机械,避免污染水资源。

4.5.5 揭惠高速公路典型景观与环境提升成果

1)石质边坡格梁内覆绿

揭惠高速公路边坡框架格梁地形较为复杂,一是本条高速公路地处花岗岩地段,风化程度不一,球状风化较多,造成坡面凸凹不平,喷上草后仍然影响坡面整体形象。二是按照设计要求,框架梁体应该嵌入坡体30公分,由于坡面散布有石头,框架梁施工单位就将梁体做在坡体表面,造成框架梁中间凹进去很多,喷草不可能喷很厚的泥浆,导致坡体乱象。针对此,采取了多种措施克服上述毛病:一是强调尽量喷厚一些泥浆,保证草籽生长旺盛;二是混播一些灌木籽(一般边坡不准混播过多灌木籽),利用灌木根系发达、植株较高的特点,掩盖梁体中间凹部;三是大多数框架梁改用人工垒放植生袋找平(网眼,装土后草籽可以打进网眼),然后再直接喷草。经过上述措施,基本克服了框架梁凸凹不平的弊端,实际效果较好,见图4.5-30。

a)

b)

图4.5-30　石质边坡格梁内覆绿效果

2)美园枢纽互通景观提升

该枢纽互通面积大,垃圾多,立地条件很差,一般的绿化方式很难奏效。如果按照常规绿化方式处理，又会花很多钱，而且后期效果不一定理想。对于此类枢纽互通，采取两部走的绿化方式：第一步是从长远效果考虑，在大面积的围合区内普遍栽植湿地松、马占相思、大叶相思、台湾相思等小苗（湿地松30公分高、其余相思50～80公分高），间距1.5m。之所以栽植小苗，是因为这些树种为直根系乔木，苗木过大栽不活，再者互通内垃圾太多，只有这些造林先锋树种才能成活，又降低了造价。上述树种生长很快，三年即可见效。第二步从近期效果考虑，在普遍栽植小苗的基础上点缀一些大一些的乔木，使互通内有一些立体印象，有层次，有感觉，近三年小苗郁闭之前不致有荒凉的弊端。通过二步走的措施，克服了短期和长期的矛盾，实践效果也不错，见图4.5-31。

a)

b)

图4.5-31　美园枢纽互通景观提升实景图

3）坝峰山隧道洞门景观设计

坝峰山隧道是南段重要的隧道洞口，车流量较大，又是端墙式，经业主审批同意，决定在端墙上做雕塑，重点突出揭惠高速公路的景观特色。在雕塑主题上颇费了一番周折。该隧道地处粤东人口最大的县级市普宁，市治流沙为粤东重镇，为了突出地方特色，必须发掘人文历史内涵，普宁内衣、药材、侨乡、人口等，都值得大做文章，经过几个方案比较，选取了潮汕功夫茶作为雕塑主题，将半圆形洞口巧妙地设计为一个茶壶，壶口还有热气袅袅升起，仿佛功夫茶的余香沁人心扉，给人过目不忘的印象，工程完工后，得到了大家的肯定。像这类融合了地方特色的雕塑，可以收到事半功倍的效果，见图4.5-32和图4.5-33。

图4.5-32　坝峰山隧道右洞口功夫茶外观

图 4.5-33　坝峰山出口渔家女外观设计

4)排金山隧道洞门景观设计

普宁是革命老区,第一二次国内革命战争时期,革命先辈在这里进行了艰苦卓绝的斗争。排金山隧道所处的大南山区排金山在 1930 年 4 月红军四十九团与国民党反动派打了一次较为出名的战斗,以我党我军民的大获全胜而载入史册,该场战斗共击毙国民党官兵 387 人,俘敌 62 人,缴获枪支 280 多支及弹药,军需物品一大批,大大鼓舞了军民斗志,成了潮汕革命历史上的一次著名的红军大捷。为了纪念这次大捷,在当年的旧战场所在地排金山隧道树立了一个大体量的雕塑,以红军的军号为雕塑主体,通高 2m 余,长十多米,金黄色的号筒闪闪发亮,鲜红的彩带随风飘逸,给人以强烈的视觉震撼,大大提升了排金山大捷的知名度,使人们在旅途中接受了一次生动的爱国主义教育,参见图 4.5-34 ~ 图 4.5-36。

图 4.5-34　排金山隧道洞口军号及飘带外观

图 4.5-35　雷岭峰隧道削竹式洞口及景观石

图 4.5-36　仙田明洞

4.5.6 龙连高速公路典型景观与环境提升成果

1)石质边坡与挡墙的边坡彩绘

为铭记各参建单位在龙连高速公路的辛勤付出,结合连平东服务区现场地形情况,采用艺术设计的手法,在服务区的北区的混凝土挡墙和浆砌片石护坡处设计了以“大树”为基调的Logo墙。“大树”象征着龙连高速,每个参建单位的logo作为大树的“树叶”和“果实”,正是因为有了各参建单位的辛勤付出,一起成就了龙连高速这棵参天“大树”。

浆砌片石处两侧选择南粤交通公司的“司花”木棉为主题,体现南粤交通公司的品牌;中间处设置省交通集团和省南粤交通公司的Logo,言简意赅地体现了项目建设单位的主体。通过这项特色设计,既解决了石质边坡景观问题,又充分体现了龙连高速对各参建单位的人文关怀(图4.5-37)。

图4.5-37 参建单位的Logo(“树叶”与“红花”造型)

2017年10月,党的十九大成功召开,会议主题是不忘初心,牢记使命,高举中国特色社会主义伟大旗帜,决胜全面建成小康社会,夺取新时代中国特色社会主义伟大胜利,为实现中华民族伟大复兴的中国梦不懈奋斗。2017年12月28日龙连高速建成通车,龙连高速公路是一条政府还贷高速公路,也是一条粤北山区的致富脱贫路,是一条连接幸福的光明之路,对于促进粤北山区经济的发展具有重要意义。

结合“中国梦”的主题和政府还贷高速公路的背景,龙连高速在一段近1.1km长的路肩墙墙面上用“共圆中国梦”歌曲五线谱进行装饰,打造龙连高速“音乐墙”,跃动的五线谱不仅缓解行车过程中的疲劳,同时也紧扣了“中国梦”这一主题的时代脉搏,具有鲜明的时代性,“音乐墙”的设计不仅提高了项目的社会关注度,而且提升了项目的外在品质,将项目的内涵从工程提升至文化的层次,见图4.5-38。

2)上跨东江大桥采用特高等级防护栏

东江大桥是龙怀高速的控制性工程,位置在河源市龙川县老隆镇简洞村附近,全长991m,共分8联,采用装配式预应力混凝土简支箱梁和预应力混凝土变截面连续梁的组合结构形式,原设计桥梁护栏为防护等级SS级(防护能量520kJ)的钢筋混凝土墙式护栏。由于东江大桥位于东江水源保护区、净空高、桥下通航及跨越干线公路等特点,对通车运营后的桥侧安全防护提出了高标准要求。为此,龙连管理处在东江大桥桥侧采用特高等级钢护栏进一步加强安全防护,于2017年10月底施工完毕。

图 4.5-38 “音乐墙”建成后实景图

将特高等级景观钢护栏应用于东江大桥,一方面将提高护栏的防护等级,满足新标准和新规范的规定及工程现场实际防护需求;另一方面将改善原设计钢筋混凝土墙式护栏外形呆板、不通透,景观效果较差的问题,提升东江大桥的景观效果,使交通环境与山清水秀的粤北风光更加和谐,提升行车过程中的舒适性和协调性,见图 4.5-39。

图 4.5-39 东江大桥特高等级防撞栏

3)下穿京九铁路采用防抛网新产品

西牛权大桥下穿京九铁路津头坝大桥,为防止铁路桥道砟掉落,影响高速公路通行安全,优化取消铁路桥上防落网,将防落网设置于西牛权大桥上,采用顶棚式分左右幅覆盖公路桥面范围,防落网基础设置于桥梁防撞护栏上,防落网立柱与基础采用法兰螺栓连接固定。防落网采用厚 2mm 的 Q235B 钢冲孔后制成,孔形为 16 × 10mm 菱形孔,中心距 24 × 15mm。相比于在铁路桥上设置焊接防落网,具有以下优点:

①采用新型镀锌冲孔板。在保证足够开孔率的情况下,网孔尺寸较小。即保证了透光性又能防止小石子穿透网孔影响交通安全。

②采用模块化安装的施工方式。上部钢结构拱形桁架以及立柱都采用工厂标准化焊接和镀锌工艺,保证了钢结构焊接质量和镀锌防腐质量。钢结构预制完毕后运输至安装现场,采用螺栓连接。相比现场焊接既保证了安装质量也加快了施工进度。

③为满足模块化安装需求,改进了立柱与桁架节点、桁架间连接杆、冲孔网于桁架间的连接方式,尽量少采用现场焊接,多采用螺栓拼装方式。有利于保证施工质量和施工安全。

参见图 4.5-40。

图 4.5-40 下穿京九铁路采用防抛网新产品

4）粗石山隧道洞内蓝天白云景观

为了缓解特长隧道内长时间行车给司乘人员带来的疲劳，提升司乘人员驾驶体验，龙连管理处牵头组织，在满足《公路隧道照明设计细则》标准要求的前提下，在粗石山隧道内中间 100 米处洞顶位置设置了灯光带，对洞顶实施景观照明，形成不同的视觉场景效果，在隧道内创造了一片“蓝天”。通过景观照明的方式，缓解行经隧道驾驶员的视觉疲劳，减少其烦躁、焦虑等不良感觉，从而实现提高行车安全度和舒适度的目的，参见图 4.5-41。

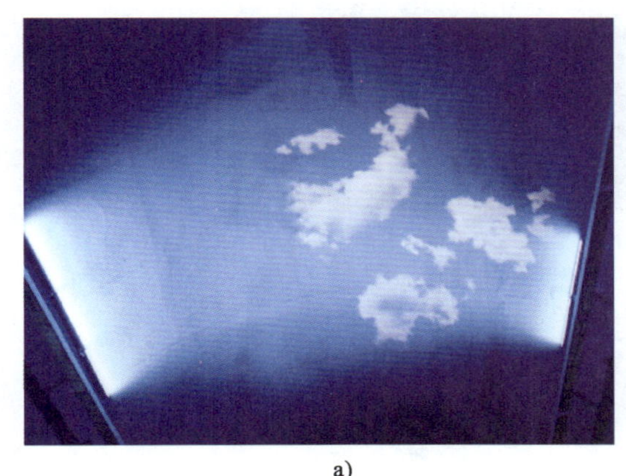

a)

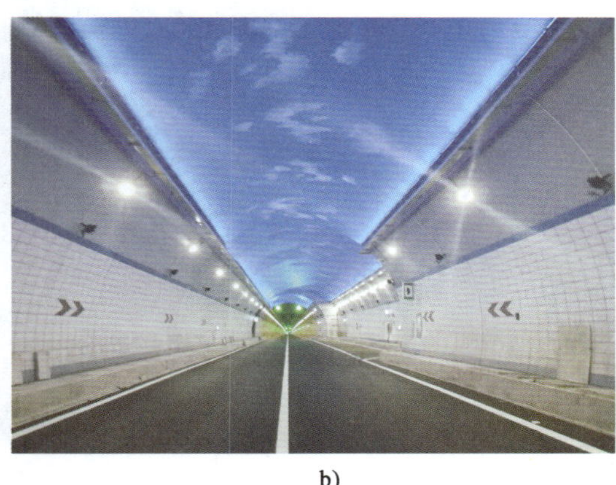

b)

图 4.5-41 粗石山隧道洞顶“蓝天白云”景观照明

5）打造客家古邑多彩龙连

2016 年下半年，龙连管理处着手启动路域景观提升工作，以“客家古邑，多彩龙连”为主题，从源头上抓设计，因地制宜采用多样植物组合，增加绿色植被防护，打造“低碳安全、生态美观、多彩龙连、万绿河源”的景观高速公路，构建路地和谐关系。

（1）路侧

通过借景、对景、框景、障景等园林手法，路侧存在墓地、厂房、烂尾楼等不良景观的填方段采用高大乔木进行遮挡并与路侧草皮等绿化结合，将道路沿线体现地域文化特色的农田、村落、水系、山体进行充分展现。

（2）中分带

全线间隔采用了红叶石楠、鸭脚木、非洲茉莉、海桐等多种植物，充分发挥物种优势打造循序变化的路域景观;其中鸭脚木为省内高速公路首次采用,经历一次冬季冷气候考验后,防眩效果良好。针对不同种类苗木株径不同的特点,采用不同设计间距以保证防眩效果。另外,管理处考虑到中分带填土较少但对植物生长影响大的特点,统一将其划分给绿化标实施,保证了种植土质量,见图4.5-42。

a)

b)

图4.5-42 中分带绿化间距均匀、长势良好

(3)互通区

部分重点互通根据需要增加苗木数量并提升苗木规格,因地制宜,平整场地,对互通地形进行微处理,使互通区地形更加圆润平滑。根据场地形因地制宜,对植物进行合理的布置调整,并增加暖色调植物提升景观性,见图4.5-43。

图4.5-43 油溪互通三角区“微景观”

(4)隧道及分离式路基,专项打造路域景观设计

部分树种提升档次规格,较宽处进行绿化组团设计,采用高低植株、不同颜色植物组合进行设计,形成错落有致、开合有度、层次感强的绿色景观,见图4.5-44。

图4.5-44 李田隧道进口分离式路基绿化组团设计

4.5.7 珠海连接线典型景观与环境提升成果

1)拱北湾大桥客货分流设计

拱北湾大桥按高速公路标准设计,起点匝道需与口岸人工岛匝道桥(按市政标准设计)顺接,设计平顺过渡了市政与高速标准,并实现客货分流,见图4.5-45。

图4.5-45 拱北湾大桥实现客货分流

2)前山河特大桥波形钢腹板

项目前山河特大桥采用波形钢腹板预应力混凝土连续梁桥方案,主桥跨径(90+160+90)m,波形钢腹板由专业生产厂家分块预制完成后运送至现场组合安装。该方案很好地利用了钢与混凝土的优点,提高了结构的稳定性及材料的使用效率,解决了传统的预应力混凝土箱梁腹板易出现裂缝的问题。前山河特大桥波形钢腹板独特设计了符合珠海绿色生态特质的天蓝色涂装方案,造型轻巧美观,与珠海市自然生态景观浑然天成,见图4.5-46。

图 4.5-46　建成后的前山河特大桥

3)拱北隧道遮光棚

项目拱北隧道为双层异形结构隧道,位于拱北湾海域。为控制隧道明挖段出入口的光照强度,改善拱北隧道行车环境,确保隧道行车安全,降低附件区域噪音影响。设计之初,结合整个港珠澳大桥及珠海市区景观要求,遮光棚结构框架采用起伏的海浪造型方案,与珠海市海洋文化相呼应,并充分考虑澳门侧景观需求,见图 4.5-47。

a)

b)

图 4.5-47　拱北隧道遮光棚

4)人工岛绿化

项目人工岛是一个带状区域,植物的选择和搭配考虑人工岛填土条件及隧道上方的种植限制进行设计。整体以规则式为主,在隧道暗埋段起点处进行自然式特殊设计,隧道上方为保证安全,不种植乔木,仅种植灌木,灌木以岸边向远离岸边一端渐变的形式,主要形式以波浪形曲线为主,结合与路线走向的方向,形成整体感。隧道接桥处进行重点设计,以等距离变化的地被形成序列,起强调作用。并在绿化带中设置集团及公司 Logo 进行宣传;在人工岛南面迎向澳门侧设置生态袋,增强景观效果。整体形成与周围环境相呼应简洁大气的绿化景观,见图 4.5-48。

a)

b)

图 4.5-48　人工岛绿化实景图

5)声屏障和隔声窗降噪措施

车辆行驶产生的噪声对周边环境造成的影响是高速公路运营期主要的环保问题之一。本项目主要通过安装声屏障和隔声窗等设施降低高速公路沿线噪声污染。通过在居民区附近的高速公路路侧安装声屏障,以及为小区居民更换隔声窗等措施,有效减轻了行车噪声对周边环境及居民的影响,见图 4.5-49。

图 4.5-49　现场声屏障实景图

4.5.8　化湛高速公路典型景观与环境提升成果

化湛高速的建设在设计中经过多年、多部门和多方案的研究比选,最终实施方案路线走向也与沿线政府基本达成一致意见,尽少跨越雷州青年运河等水源保护区,尽少占用基本农田。在不可避免的情况下跨越水源保护区时,做好防污染措施。本项目植物保护措施的原则为"最大限度地减少对已有植被的影响"和"恢复生态和景观营造相结合"。化湛段在项目前期规划、设计及建设阶段充分践行"工程与自然融合"理念,充分考虑湛江、茂名及项目周边地区发展规划和环境保护的需要,树立和践行绿水青山就是金山银山的理念,根据现场实际情况,因地制宜,通过内部造景、外部借景手法,做到一处一方案,努力打造"湛海清湖"特色景观,实现高速公路与当地自然、人文环境的和谐。

1)打造零污染河水源

化湛路线在跨越青年运河水源路段,采用桥梁跨越,为保护该水源保护区,特殊设计了环保型桥梁防撞栏。当线路经过水源保护区、水生生物保护区和水产养殖保护区时,路基路面和桥面的路面污水必须进行纵向集中排水,排水口设豁在保护区以外,并在排水口设置沉淀池、处理池、事故池等以减缓对环境的影响,减少高速公路排水对当地沟渠的污染,见图4.5-50。

图4.5-50　跨水源段环保防撞栏

2)打造清新明快、简约大方路域环境

对沿线可绿化地带进行绿化,考虑降噪、防尘、减小水土流失、稳定路基边坡等因素,在路基两侧植树绿化,采用密植和扩大绿化宽度等方法,恢复植被。

①一般路堤、路堑坡面采用植草绿化护坡,高、陡边坡采用人字形骨架(骨架内植草绿化)护坡或锚杆框架梁(框架内植草绿化)等绿化防护措施,可以起到恢复植被、美化环境、减少水土流失等作用。

②通过道路沿线绿化设计和规划,改善道路视觉环境,增进行车安全、减小对周边环境的影响。主要措施包括在中央绿化带内种植中、高行道树,道路两侧栽植灌木、矮树等防眩绿化,以及表土的综合利用、缓冲栽植、标示栽植、隔离栽植等改善环境绿化措施。

③绿化树种根据沿线气候、土壤、污染防治要求,合理选择树种,见图4.5-51~图4.5-53。

图4.5-51　整体绿化效果

图4.5-52 边坡绿化

图4.5-53 中分带绿化

化湛项目的结构物设计主打简约、大方的理念，桥梁采用标准图设计，结构尺寸统一标准，建筑物以白色调为底，附以红细线条，与南粤公司标识寻求协同，风格鲜丽明快，极富现代色彩，见图4.5-54～图4.5-56。

图4.5-54 桥梁航拍图

图4.5-55 收费站

图 4.5-56　宿舍楼

3)打造海洋特色的滨海热带景观

化湛项目地处粤西,属于热带海洋环境,地方植被特色明显,化湛高速通过内部造景、外部借景手法,采用棕榈科植物、开花小乔木在中分带、互通、房建区等重要节点造景,此外沿线挖方堑顶、一级平台和碎落台都种植花灌,缓坡按一坡一图进行景观设计,并实施边角弧化,最大程度营造自然缓坡,与当地地形地貌、植物融为一体。机场互通匝道采用彩色路缘石,体现了热带景观特色,见图 4.5-57 ~ 图 4.5-59。

图 4.5-57　散尾葵

图 4.5-58　彩色路缘石

图 4.5-59　大王椰

海洋是湛江与生俱来的文化“胎记”，连接着这里传承千年的文明；海洋也是流淌在湛江身上的血液，生生不息，塑造着这座城市的过去、现在和未来。傍海而生的湛江人一直以来都是“靠海吃海”，学会与海洋和谐共存，这种意识已经融入当地的文化血液中，成为湛江创建全国文明城市的最有力的群众根基。本项目一直坚持将地域环境、文化融入景观提升，通过上跨天桥蓝色波浪形涂装、服务区广场及服务楼中庭蓝色铺装、以玻璃钢塑形外墙上色等方法打造的服务区“风正一帆悬”特色浮雕墙、利用路基开挖孤石制作服务区景观石、景观声屏障、石狗文化、贝壳雕塑等硬质景观展现海洋文化，见图4.5-60～图4.5-63。

图4.5-60 天桥海洋色调涂装

图4.5-61 桥梁石狗雕刻

图4.5-62 挡墙风帆浮雕

图4.5-63 木棉主题声屏障

4）打造湿地特色生态景观

湛江地属热带海洋环境，气候湿热，故自然湿地密布，而湿地则被誉为“地球之肾”。项目当地湿地资源丰富，结合项目属地的地形地貌特色，在樟樣互通、洋官塘互通、横山互通和笪桥互通等原地形地势低洼互通挖水塘造大水体。水体面积近10000m^2，给互通营造一个天蓝、水清、岸绿的清湖画面，且为多种湿地生物提供一个优美的栖息地，见图4.5-64～图4.5-66。

图4.5-64 横山互通湿地

图4.5-65 樟樣互通湿地

图 4.5-66　笪桥互通湿地

5)打造怡人宜居管理中心

云湛高速化湛管理中心按照"浑然天成,怡人宜居"理念,以"匠心精神"精心打造"绿色生态"工程。设计阶段,管理处多方调查、精细选址,最终将管理中心落址在三面环水的化州横江水库之畔,为工程建造创造先天地理优势。施工阶段,尽量保持原地形、地貌,并保持原生态树木,最大限度降低了对原生态的破坏。管理中心以库区广阔水景为大背景,以现代简约建筑风格手法,营造出南国滨海风情特色景观。办公大楼前广场结合滨海风情与建筑简约风格,以高大棕榈科植物为主,开阔绿地为辅与亲水平台完美融合,更显水边景色。广场利用路基开挖孤石作为景观石安放于山坡,搭配开阔绿地,与前广场遥相呼应。中心环岛路与园路、广场有机结合,增设亲水平台、景观凉亭和座椅;宿舍生活区以种植白玉兰为主,园路台阶穿插其中。中心植物种类多达 70 多种,乔灌结合,为了 300 多员工的工作与生活提供了一个四季常绿、色彩丰富、花团锦簇和步移景异的优美环境,见图 4.5-67 ~ 图 4.5-70。

图 4.5-67　管理中心石刻

图 4.5-68　管理中心航拍图

图 4.5-69　管理中心办公楼

图 4.5-70　管理中心生活区

6)提供以人为本的服务功能

化湛项目在设计初期,涵洞、通道等结构物的设置充分与当地村镇协商沟通,考虑当地村民的出行要求,过车过人通道合理设置,改路改沟完善。在村庄路段增设声屏障,有效防止噪声污染。建设期间,为相应国家四好农村路建设项目,大批量增加了地方改路、改沟、沟渠等惠民工程,使得高速的建设对附近村民带来了直接实惠。另外,项目服务区的设置重点做到如下几点:

①利用风雨连廊,连接服务楼和停车位,为用户提供遮阳挡雨服务,并在廊顶种植紫花勒杜鹃,与服务楼正面种植的红花勒杜鹃形成统一进行美化。

②宽阔的中庭种植棕榈树遮阳,地面采用蓝色广场砖铺装,采用珊瑚、鱼群等海洋元素,同时花岗岩坐凳让司乘人员的长途疲劳在这里消散。

③在服务区屋顶,打造开放舒适的公共屋顶花园休憩空间,并将儿童区跟成人区分开。

④增加带 USB 充电口太阳能休闲座椅、智能信息牌、电动车充电桩等绿色能源、智慧化、人性化服务设施,满足用户日益多变的需求,见图 4.5-71 ~ 图 4.5-72。

图 4.5-71　服务区风雨廊

图 4.5-72　服务区石刻

7)服务区厕所革命

2015 年 4 月,习近平总书记就"厕所革命"做出重要指示。对于高速公路服务型行业来说,厕所问题不是小问题,根据习总书记的精神,管理处提前规划并落到实地,在服务区着力打造"公共厕所"的完备设施及景观改善,把使用功能与景观营造完美结合在一起,努力实现服务区革命,全面改善用户体验。

率先推进"厕所革命",利用仿真花搭配设计创意标识,顶部设通风透光天窗,室内利用绿萝、百合竹、吊竹梅等植盆等进行垂直绿化形成生态绿墙,围墙增加中式窗花并配上造型树和假山,营造景观生态厕所,见图 4.5-73。

a)

b)

图 4.5-73　服务区厕所

4.5.9 河惠莞高速公路典型景观与环境提升成果

1)端墙式隧道洞门优化设计

(1)优化背景

①隧道洞口具有三大功能:一是防护功能,即承受背后土压力、稳定围岩、保护洞口等;二是调光功能,即缓和隧道洞口内外明暗差异,提供光线过渡;三是景观功能,即与洞口周边的景观协调。

②洞门景观构筑物是隧道景观要素中对驾乘人员心理影响最大的要素之一。目前公路隧道洞门多侧重于工程结构设计,导致公路隧道景观单调乏味,光线过渡功能也未能充分发挥。

③山区高速难免存在大量端墙式隧道洞门,一定程度改变了洞口周边的局部自然环境。

(2)优化思路及方案

本项目优化设计总体思路为在保证端墙结构受力的前提下,优化端墙造型,同时在洞门外设置10m左右的景观棚洞,使洞门视觉效果由平直、呆板、生硬,变得立体、生动、自然,同时也有利于洞口的明暗过渡。项目共计五个隧道洞门进行景观提升设计,这里列举黄江2号隧道出口及佳龙嶂隧道出口进行说明。

①黄江2号隧道出口:将平直的端墙形式设计成层层叠叠、曲直结合的“山川”的形状。端墙色彩选用灰色系,从上而下层层加深,配合洞外棚洞显得更加立体、自然,见图4.5-74。

图4.5-74　黄江2号隧道出口端洞门景观图

②佳龙嶂隧道出口:处于路线傍山布置地段,单侧山体高,另侧景观好,且左右洞门有一定距离,采用小棚洞构造恰好能融入自然地形;同时棚洞外侧为敞开式构造,自然采光通风,又能有效减少落石、塌方等灾害对道路通行的影响,有利于路侧边坡稳定,见图4.5-75。

2)沿线设施总体布设及优化设计

(1)总体布设原则

①服务设施要打造出特色,形成示范,首先要有足够的用地面积。

②本项目作为出省通道,省际货运交通及节假日的客运交通对服务设施的要求高。

③要保证服务质量,服务设施须有一定的效益。

④服务设施的布局要与相邻路段统筹考虑。

图 4.5-75 佳龙嶂隧道出口端洞门景观图

(2)布设方案

在总体用地指标满足批复规模的前提下,本项目服务设施按“两大两小”布置:即将江西方向进入广东的首个服务区(麻布岗服务区)及驶出本项目的最后一个服务区(黄村服务区)的用地规模按照150亩控制;鹤市服务区及龙母停车区用地规模按照60亩控制,龙母停车区为带加油功能的A类停车区。

沿线服务设施设置见表4.5-1。

沿线服务设施设置一览表 表4.5-1

序号	名称	中心桩号	占地规模(亩)	与上一服务设施的间距(km)
—	三百山服务区	—	—	—
1	麻布岗服务区	K22+150	150	54
2	龙母停车区	K59+450	60	37.5
3	鹤市服务区	K90+930	60	32.5
4	黄村服务区	K117+140	150	26.2
—	瓦溪服务区	—	—	13.7

(3)麻布岗全国示范服务区培育设计

本项目麻布岗服务区为全国示范服务区培育点,对服务区的设计工作有了更高的要求,设计过程中对服务区总体布局及建筑方案不断进行优化调整,进一步提升了本项目服务区的服务水平和社会形象。

该服务区的总体布置有三个特点:台地式、中置式、庭院式。

①台地式:充分利用场址地形特点,因地制宜地对场地进行竖向设计,将场区划分为上下两个台地,下台地靠近高速公路主线,主要为货车停车区及加油站;上台地主要设置服务楼及客车停车区;设置后减少土方开挖十一万方有余,又在结构上实现了“客货分流”,见图4.5-76。

②中置式:服务楼中置,将大客车停车位设在服务楼后方,实现大小客车分离,同时配合“庭院式”布局,可避免以往服务区节假日大客车在服务楼前上下客,造成的服务楼前拥挤混乱,同时实现大客车乘客与小客车的“人车分流”,见图4.5-77。

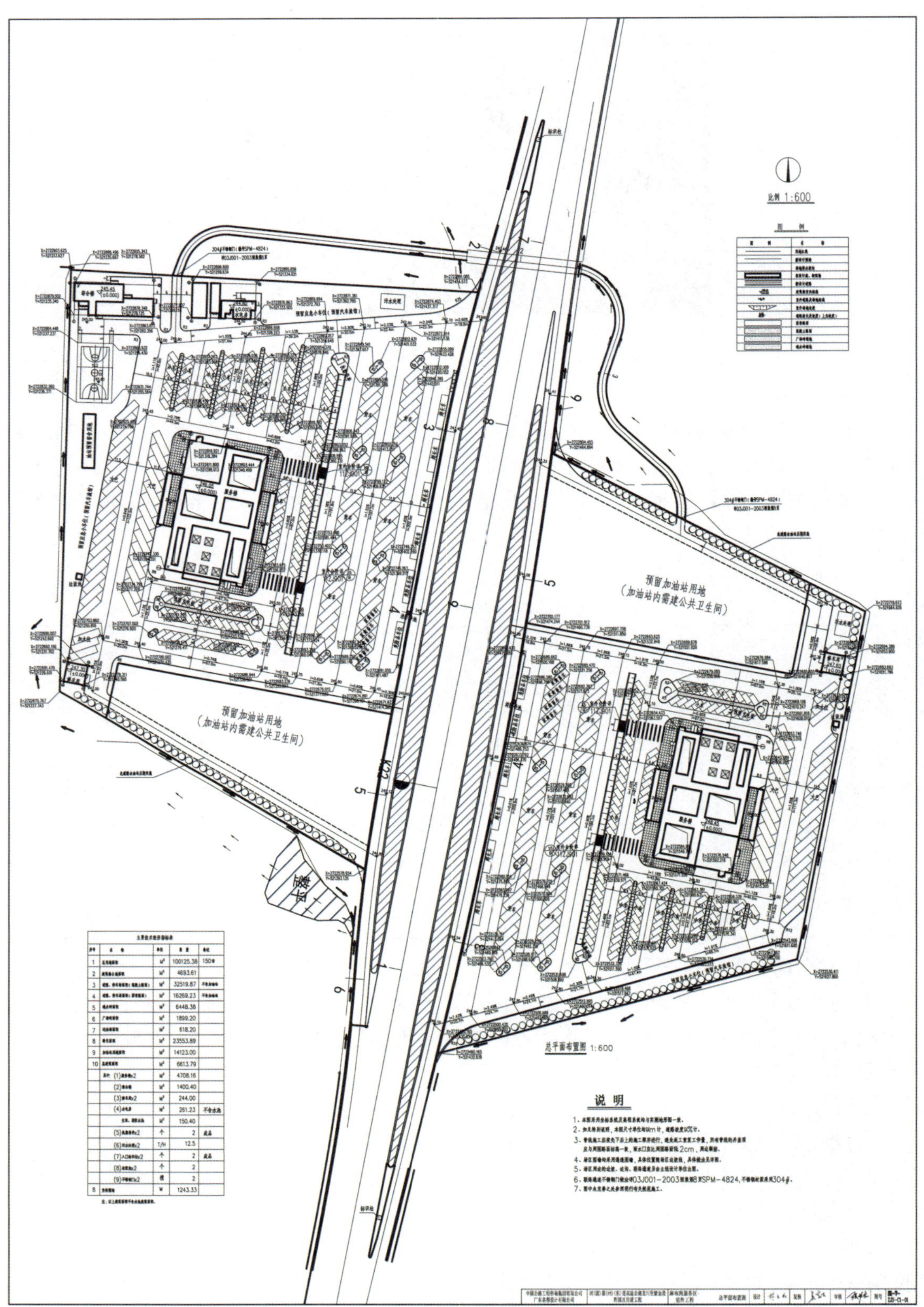

图 4.5-76　服务区场区台地设计

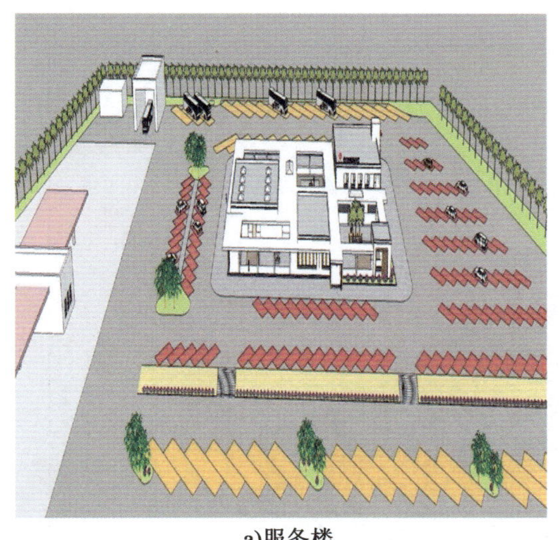

a)服务楼

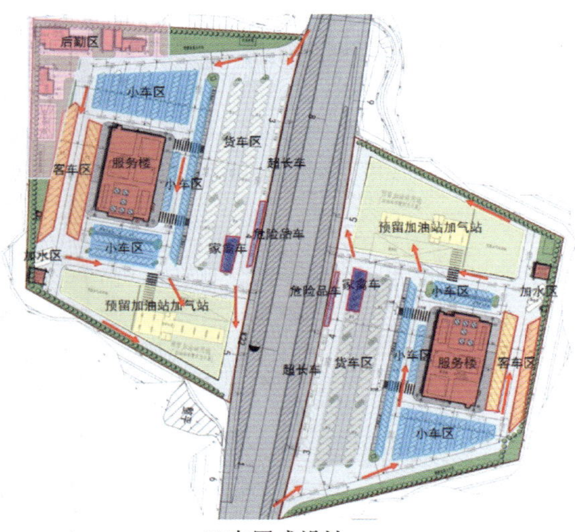

b)中置式设计

图 4.5-77 服务楼中置式设计

③庭院式:目前广东省采用庭院式服务楼布置的项目较多,但多数庭院面积有限,不能满足节假日客流高峰的需求。本项目统筹批复的服务设施建筑面积,将庭院进行了重新优化布局。将卫生间分离设置,隐于庭院景观之中;服务楼开敞布局,通过连廊贯穿,有利于引导人流疏散,见图 4.5-78。

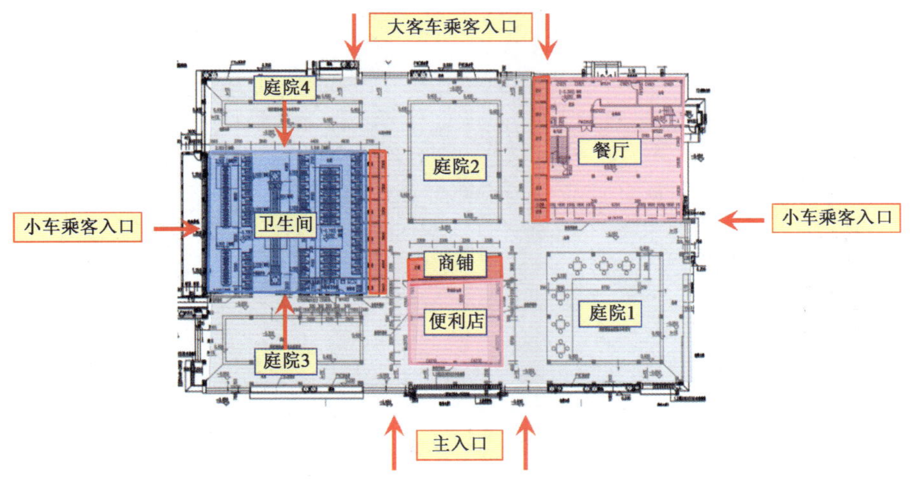

图 4.5-78 服务区楼庭院式布置图

④其他细节设计:加强便民服务设施,做到以人为本:卫生间及吸烟区与服务楼分隔,并为卫生间设置前后通透的独立出入口,屋顶设置玻璃采光天棚,达到通风、采光最大效果;服务楼入口设置便民服务台,提供广播、咨询、充值、充电、无线联网、信息等服务;考虑女性夜间停车安全,在服务楼前设置女性夜间停车位;预留充电桩,并在加油站区域设置应急洗手间;规划预留临时客房设施。

(4)龙川管理中心优化设计

项目根据地处山区,人多地少的特点,为减少占用耕地及可开发用地,管理中心利用丰稔互通匝道连接线上的弃土场,弃土造地,顺势而建,见图 4.5-79。

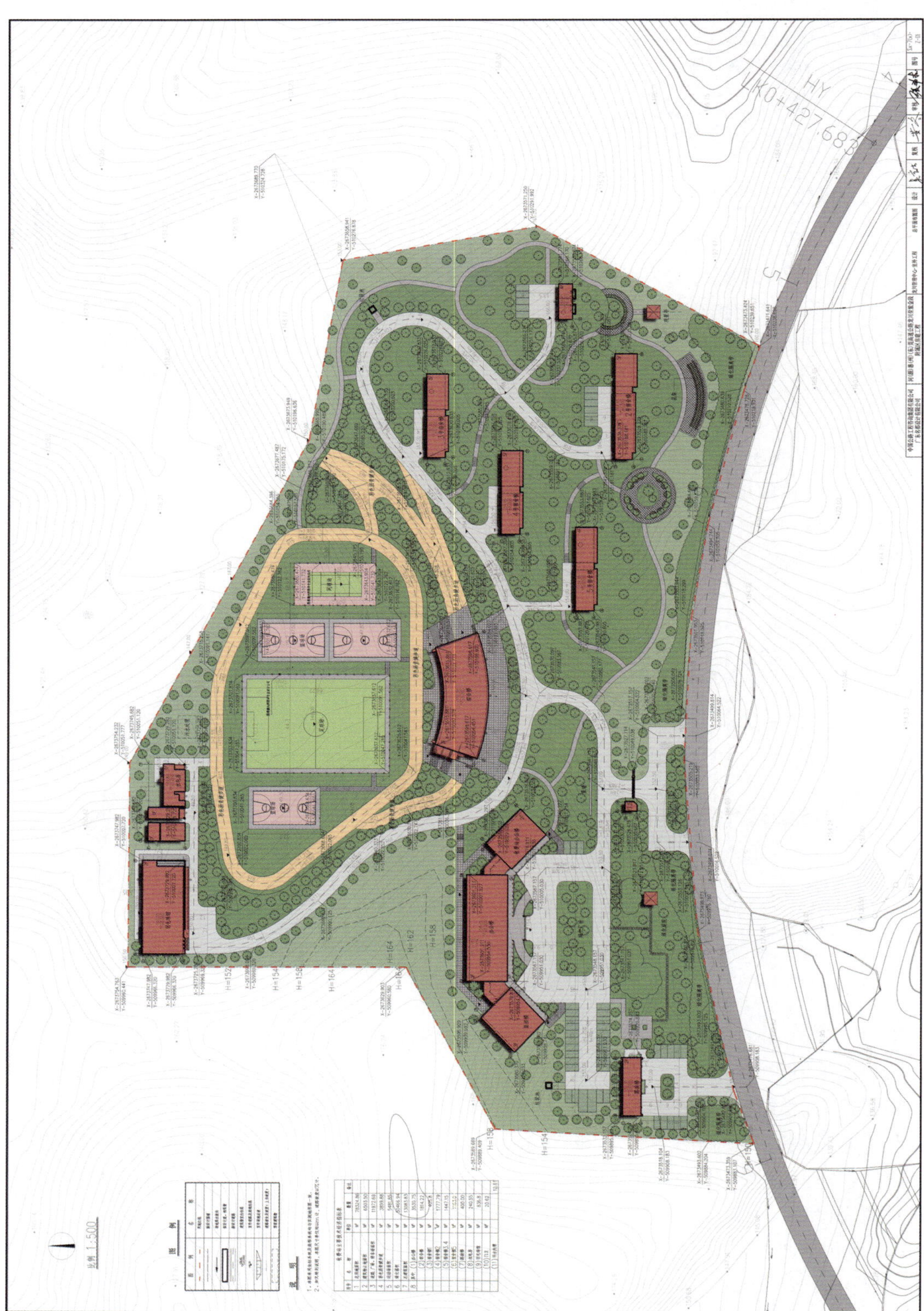

图 4.5-79　龙川管理中心平面总体布置图

总体设计优化思路主要有：

①运动场区不存在建筑物，利用弃土场设置，在保证弃土压实度的前提下，不会对日常使用产生影响。

②场区为山间地形，较为平整区域作为办公区，可较好满足建筑功能需要及工作使用需要。

③宿舍楼傍山而建，高低错落，不仅景色优美，而且保证了通风、采光等居住需求。

④各功能区通过景观道路及绿道相接，同时也为场区生活人员提供闲暇休闲的室外活动场所。

图4.5-80是管理中心平面布置效果图。

a)

b)

图4.5-80 管理中心平面布置效果图

(5)其他细节设计

加强便民服务设施，做到以人为本：卫生间及吸烟区与服务楼分隔，并为卫生间设置前后通透的独立出入口，屋顶设置玻璃采光天棚，达到通风、采光最大效果；服务楼入口设置便民服务台，提供广播、咨询、充值、充电、无线联网、信息等服务；考虑女性夜间停车安全，在服务楼前设置女性夜间停车位；预留充电桩，并在加油站区域设置应急洗手间；规划预留临时客房设施。

4.5.10 新阳高速公路典型景观与环境提升成果

1)微地形整治中采取“因地制宜，因形造势”

在微地形整治中采取“因地制宜，因形造势”的原则，打造与罗阳共线段两端互通区域自然的融合。

春城枢纽互通:位于罗阳高速和汕湛高速分离合并的枢纽位置,因罗阳高速为上跨通行,项目处于下穿和分离(合并)方式进入(驶出)罗阳高速,在互通围合区内地形基本以低处向高处(罗阳主线路基及跨线桥)逐渐过渡的方式形成缓坡。经过地形整治,基本解决了"台"、"坎"的硬性分离的感觉,与罗阳段景观自然融合,微地形整治取得了良好的效果,见图4.5-81和图4.5-82。

a)

b)

图4.5-81　春城枢纽互通

图4.5-82　春城枢纽互通

新庆枢纽互通:与春城枢纽互通一样,是新阳高速项目驶离和并入罗阳高速的枢纽互通,因天然地形情况不同,造成新庆互通内形成的绿地绝大多数为长条状,景观提升采用了根据高差实行坡化方式以及长条状的弧化,形成高低起伏,圆顺弧化的微地形,见图4.5-83~图4.5-85。

2)挖掘提炼文化资源"阳春八景"打造阳春喀斯特地貌旅游文化元素

对项目沿线的文化资源"阳春八景"(马兰风光、凤凰朝阳)自然景观等进行挖掘精心提炼,打造阳春喀斯特地貌旅游文化元素。潭水服务区段主线穿行马兰风光、凤凰朝阳风景区,通过潭水服务区南北区观景平台将自然风光与高速公路景观融为一体,见图4.5-86~图4.5-89。

图4.5-83 新庆枢纽互通

图4.5-84 新庆枢纽互通

图4.5-85 新庆枢纽互通

图4.5-86 潭水服务区景观与周围环境相融合

图4.5-87 潭水服务区马兰风光

图 4.5-88　潭水服务区景观亭

a)

b)

图 4.5-89　潭水服务区景观亭周边马兰风景

3)在石菉连接线与潭水连接线互通区域打造地标性景观特色(图 4.5-90 ~ 图 4.5-94)

图 4.5-90　石菉互通连接线

图 4.5-91　潭水互通连接线

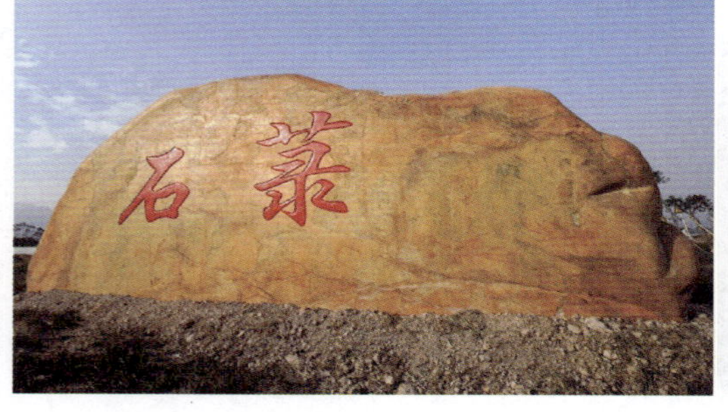

图 4.5-92　石菉连接线景观石

图 4.5-93　潭水互通连接线

图4.5-94　潭水互通连接线景观石

4）路侧填平区与填挖交界处绿化效果提升

在路侧填平区提升绿化效果以及填挖交界处增加三角梅等植物达到景观提升最佳视觉效果，见图4.5-95～图4.5-97。

图4.5-95　路侧填平区复绿效果明显

图4.5-96　填挖交界处种植三角梅

图4.5-97　填挖交界处景观提升效果

5)边坡平台增设有色植物

为消除与减少边坡视觉的压抑感,增强行车引导功能,在边坡一级平台增设有色植物,打造美观和谐边坡效果,见图4.5-98和图4.5-99。

图4.5-98　边坡平台绿化

图4.5-99　边坡一级平台增设有色植物

6)互通立交景观亮点

在微地形整治中采取"因地制宜,因形造势"的原则,打造互通立交与高速公路的自然景观的融合,匝道围合区通过高低起伏的林冠线,天际线及植物品种、色彩的搭配形成具有一定韵律和节奏感的时空景观效果,对每个互通立交通过微地形整治,丰富苗木品种,增加前景层,背景层。加强不同树形,色彩品种的乔木搭配,营造错落,色彩各异的景观层次感

簕竹互通:簕竹互通乔木主选木棉,灌木选择黄金榕球进行高低搭配、多样组团。结合围合区内的地形地貌,因地制宜,营造多样的景观效果,见图4.5-100和图4.5-101。

图4.5-100　簕竹互通景观提升前

图4.5-101　簕竹互通景观提升效果

天堂互通:天堂互通设计当中树种运用了人面子与黄花风铃木等植物。借鉴本土植被的自然组合形态,重在突出绿化的层次感和空间立体效果,体现一个色彩丰富,层次分明,色彩斑斓的植被景观,达到多层次的立体绿化布局结构,见图4.5-102和图4.5-103。

河头互通:河头互通主选的乔木有黄花风铃木,搭配菩提榕等。灌木上双荚槐进行群落式栽植。并结合围合区内的地形地貌,形成多生态的植物景观,充分体现师法自然,融入自然的景观风貌,见图4.5-104和图4.5-105。

图 4.5-102 天堂互通景观提升前

图 4.5-103 天堂互通景观提升效果

图 4.5-104 河头互通景观提升前

图 4.5-105 河头互通景观提升效果

春湾北互通：春湾北互通上层乔木以秋枫、木棉为基调树种，以火焰木作为骨干树种；中层灌木搭配大红花；草种选择百喜草 + 狗牙根混播。注重植物常绿与落叶的搭配，营造出色彩艳丽、季相丰富的景观效果，见图 4.5-106。

图 4.5-106 春湾北互通景观提升效果

松柏互通：在高大乔木下种以小型灌木为点缀。整体走势均匀平缓，覆盖面大，为高速绿化区域增加了绿色亮点，见图 4.5-107 和图 4.5-108。

图 4.5-107　松柏互通地形整治景观提升前

图 4.5-108　松柏互通景观提升效果

7)隧道端墙景观亮点

新兴境内隧道端墙景观结合禅宗六祖文化资源,端墙装饰采用现浇清水混凝土刻槽,雕刻荷花图案,铭牌中文字体为经典繁体行书体,通过凹凸线条,雕刻图案等饰面效果展现当地人文自然景观,见图 4.5-109 ~ 图 4.5-115。

图 4.5-109　隧道端墙未装饰前

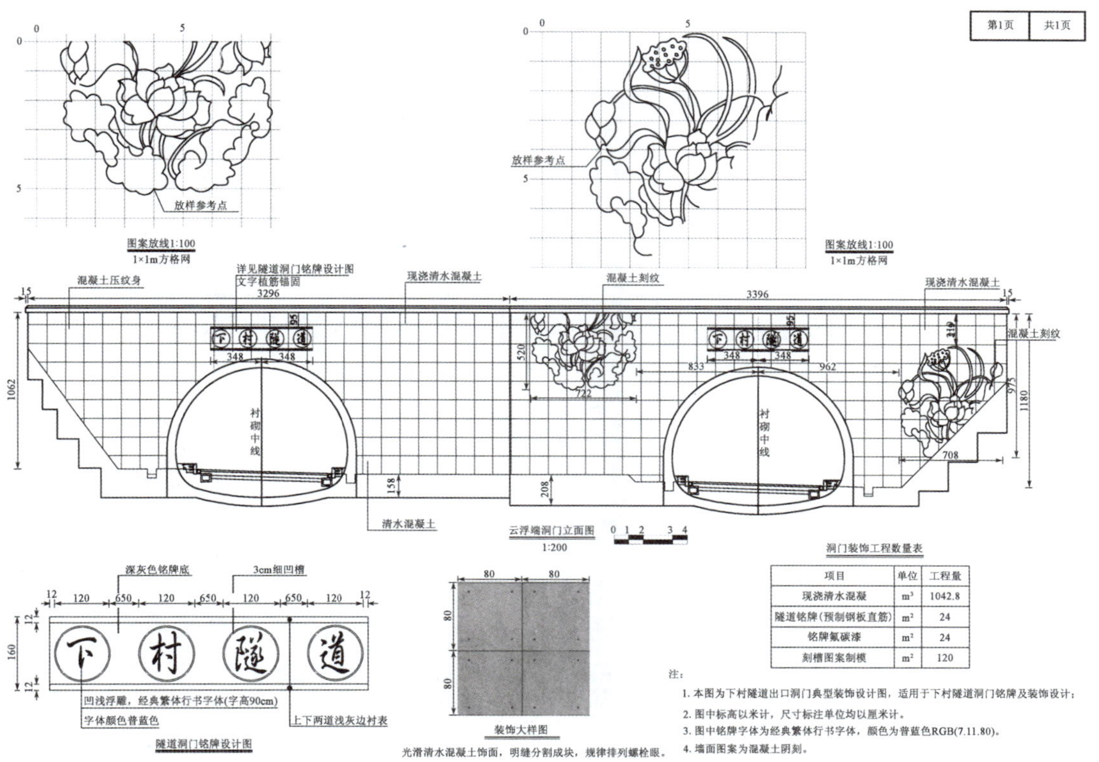

洞门装饰工程数量表

项目	单位	工程量
现浇清水混凝	m^3	1042.8
隧道铭牌(预制钢板直筋)	m^2	24
铭牌氟碳漆	m^2	24
刻槽图案制模	m^2	120

注：

1. 本图为下村隧道出口洞门典型装饰设计图，适用于下村隧道洞门铭牌及装饰设计；
2. 图中标高以米计，尺寸标注单位均以厘米计。
3. 图中铭牌字体为经典繁体行书字体，颜色为普蓝色RGB(7.11.80)。
4. 墙面图案为混凝土阴刻。

图 4.5-110　下村隧道出口端墙装饰设计图

图 4.5-111　下村隧道出口端墙装饰景观提升效果

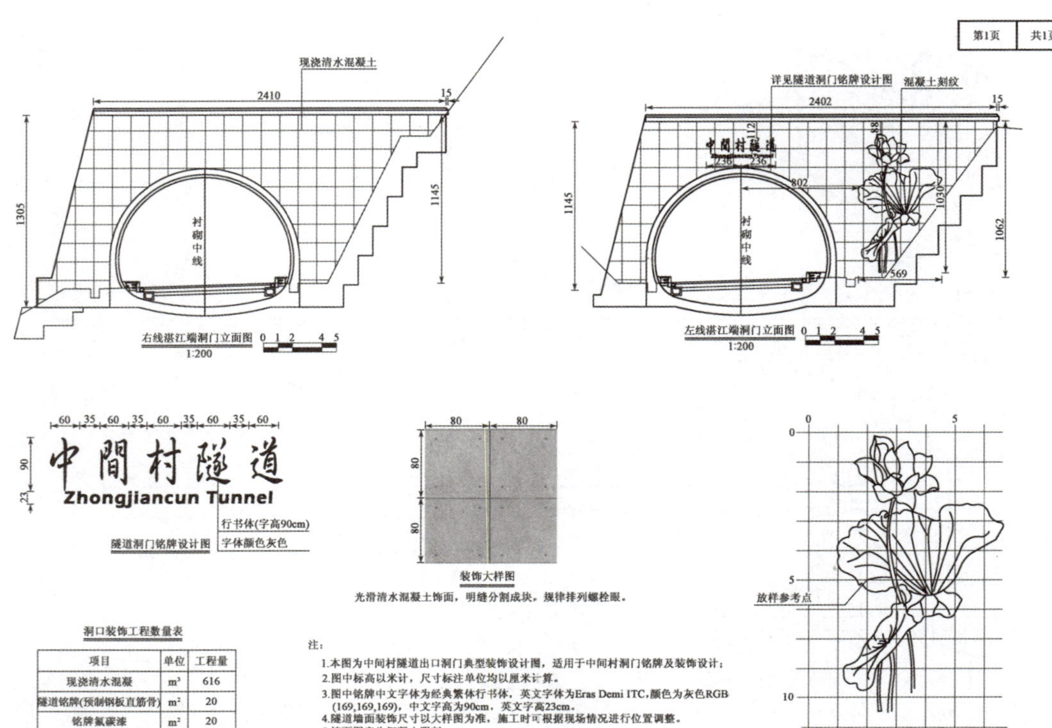

项目	单位	工程量
现浇清水混凝	m^3	616
隧道铭牌(预制钢板直筋骨)	m^2	20
铭牌氟碳漆	m^2	20
刻槽图案制模	m^2	90

图 4.5-112　中间村隧道出口端墙装饰设计图

图 4.5-113　中间村隧道出口端墙装饰景观提升效果

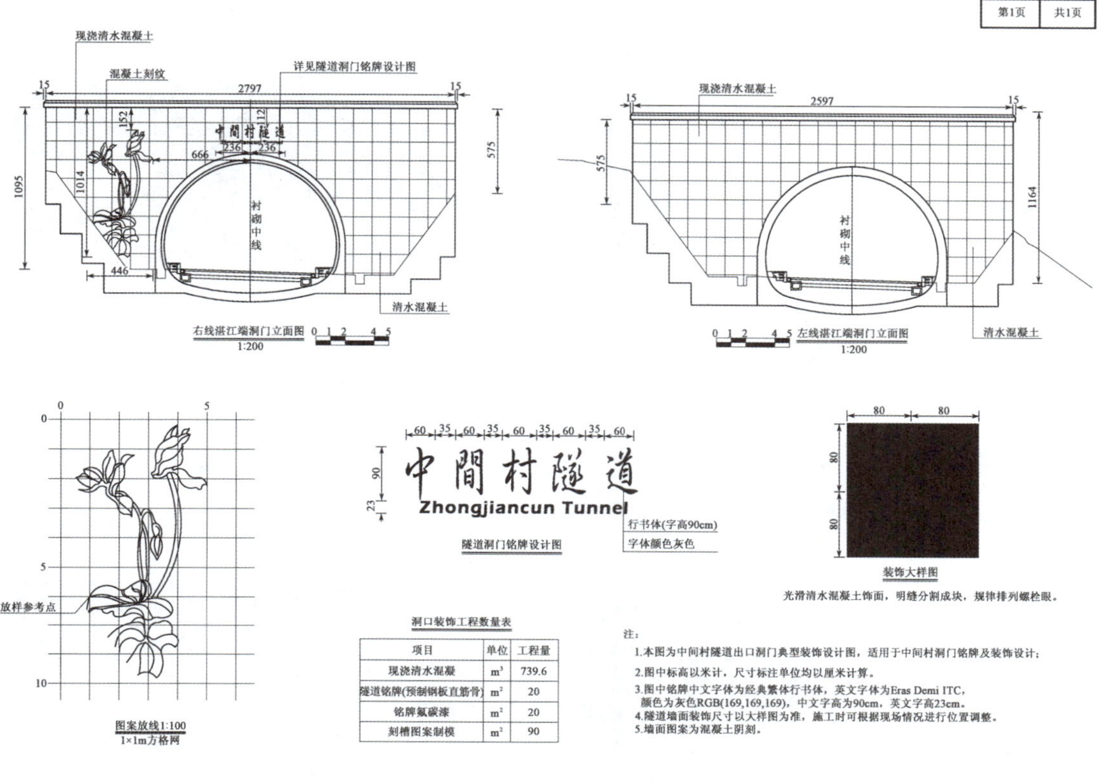

项目	单位	工程量
现浇清水混凝	m^3	739.6
隧道铭牌(预制钢板直筋骨)	m^2	20
铭牌氟碳漆	m^2	20
刻槽图案制模	m^2	90

图 4.5-114 中间村隧道进口端墙装饰设计图

图 4.5-115 中间村隧道进口端墙装饰景观提升效果

8）填石路基边坡景观亮点

新阳项目 TJ2 合同段 K15＋844—K17＋085 段为填方高边坡，为确保高边坡的稳定性与合理利用标段内的挖石方，该路段采用填石路基，由于该边坡紧邻新兴江及省道 113，为了使边坡景观融入依山傍水，绿水青山的景色，该码砌边坡景观提升采用客土喷播取得了良好的景观效果，使该边坡与周围环境融为一体，见图 4.5-116 和图 4.5-117。

图 4.5-116　填石路基边坡景观提升前

图 4.5-117　填石路基边坡景观提升效果

9)特殊地质边坡景观亮点

项目 TJ4 标 K41 +400 右侧边坡,边坡开挖揭示主体为全强风化炭质灰岩,岩体极破碎,岩体在雨水和空气作用下进一步风化,施工中出现边坡坍塌,经加固处理,并采用客土喷播植草进行景观提升,达到遮掩不良地质的作用,又与周围绿化景观相结合,改变了不良地质边坡视觉生硬的效果,达到绿色和谐的景观效果,见图 4.5-118 和图 4.5-119。

图 4.5-118　K41 +400 右侧边坡景观提升前

图 4.5-119　K41 +400 右侧边坡景观提升效果

4.5.11　阳化高速公路典型景观与环境提升成果

1)主线路域景观

主线互通以"花海阳化"为设计理念,每个互通以一种开花乔木为主,规模种植,搭配灌木,形成视觉冲击;同时为深入创建"红棉"营运品牌,在每个互通高处以 3 ~ 5 棵组团种植红棉树;在互通施工过程中践行原生植物保护就是最大的提升理念。中分带在确保防眩效果的前提下,在互通等沿线服务设施路段强化提示设计,通过灌木搭配,既缓解了视觉疲劳又起到提示作用。在上边坡一级平台种植大规格三角梅,与边坡形成强烈的色差冲击,起到了"车在路上行,人在画中游"的效果,见图 4.5-120。

2)绿色环保

(1)充分做好红线范围大树移植

为践行"建优质节约工程、造文化生态长廊"工程建设理念,大力推进绿色公路建设,建设环境友好型和资源节约型公路,管理处在清表伊始便组织施工单位对红线内的树木进行调查筛选,共选取具有移植价值的大树 3125 棵,经过 1 年多时间的精心养护,实际成活 2978 棵,成活率达 95.3%,有效地保障了项目的绿化景观效果,见图 4.5-121。

a) 　　b)

c) 　　d)

e)

图 4.5-120　主线路域景观实景图

a)　　b)

图　4.5-121

c)

d)

图 4.5-121　阳化管理处“大树移植”工程

(2)服务区应用 A/O-MBR 污水处理及中水回用技术

解决了服务区无法市政供水时的用水问题,特别是节假日高峰期的如厕冲水问题。那霍服务区由于地方自来水管道改造,需要在 2018 年 10 月份才能提供市政供水,2018 年由于 MBR 菌种培养时限未到,那霍服务区春节期间水井无法满足用水需求,只能通过养护单位的水车供应,而清明、五一期间,中水回用已启用,服务区的用水问题也迎刃而解,见图 4.5-122。

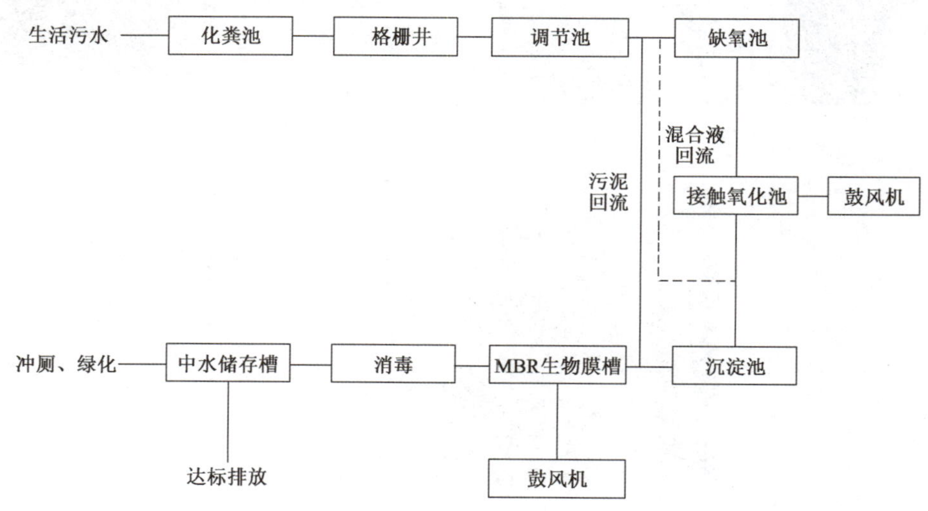

图 4.5-122　服务区污水处理及中水回用技术

此外,该技术充分适应服务区污水水量波动大的特点,当水量长时间远低于设计流量时,A/O-MBR 反应器采用间歇运行的模式。A/O-MBR 反应器中接种的工程菌通过与活性基团的键合作用固定于级配填料表面生长,细菌活性高、不易流失。工程应用结果表明,A/O-MBR 能够适应间歇性进水的运行模式,出水水质稳定达标。

3)路域景观提升工作

为创建“南粤品质工程”,大力推进绿色公路建设,根据南粤公司有关路域景观提升工作的意见,阳化高速管理处已委托中交第二公路勘察设计研究院有限公司完成了提升方案的编制工作,并于 9 月 8 日召开方案评审会。在方案的编制过程中,阳化高速管理处结合实际情况已采取以下提高路域景观的设计方案:

①为提高挖方路段的路域景观,营造变化的景观效果,结合一级平台砌筑花池种植大规格三角梅,见图4.5-123。

a)

b)

图4.5-123 挖方平台景观提升

②为创建南粤公司"红棉"营运品牌,在互通立交最佳视野高地增加种植木棉(3~5株组团),见图4.5-124。

a)

b)

图4.5-124 互通立交景观提升

③为提升桥下绿化效果,在锥坡坡脚种植海芋,见图4.5-125。

④重点提升高州南互通绿化效果。高州南互通作为本项目进出茂名市区和高州市区的主要出入口,阳化高速管理处不仅对地形进行了整治,优化了苗木组合,还将地被变更为铺设草皮,避免后期杂草丛生,有利于景观效果的持久保持见图4.5-126。

图4.5-125 桥下景观提升

图4.5-126 高州南互通立交景观提升

⑤为确保通车时服务区的绿化效果,尽早砌筑花池,完成乔木种植,见图4.5-127。

⑥根据中分带提示段试验段种植总结,对植被进行了优化,取消红花酢浆草和金叶假连翘,统一变更为彩霞变叶木,见图4.5-128。

图4.5-127　服务区景观提升

图4.5-128　中央分隔带彩霞变叶木实景

⑦为进一步提升项目通车时中分带绿化效果,将中分带灌木种植间距由3m调整到2m,并将普通路段的地被变更为铺草皮,见图4.5-129。

a)

b)

图4.5-129　中央分隔带景观提升

⑧充分利用路基开挖出的形状匀顺的较大石块造景,见图4.5-130。

图4.5-130　利用路基开挖大石块造景

4)微地形打造

进一步提升路域景观,阳化高速管理处在施工过程结合现场实际情况,动态调整设计方案,对互通区地形进行整治,营造起伏自然的地形,优化苗木组合和配置,进一步拓展空间,塑造多样的景观空间效果,见图4.5-131～图4.5-134。

图4.5-131　金塘互通地形整治

图4.5-132　石鼓互通地形整治

图4.5-133　高州南互通地形整治

图4.5-134　石鼓服务区花池微地形处理

5)现场管理措施

①坚持“早种早好”原则,2017年2月便组织总监办加快互通区绿化界面移交,并制定了互通区绿化界面移交管理办法,目前除3处枢纽互通因工程量大等因素导致界面移交滞后外,其余互通基本完成种植,呈现出较好的绿化效果。

②进行市场调查和苗圃场考察,管理处先后组织前往中山、江门、湛江和南宁等地进行实地考察,掌握苗木规格和市场价格,有利于控制进场苗木规格和新增苗木价格,特别是大规格三角梅通过市场调查最终确定南宁苗圃场。

③制定苗木养护措施,针对中分带黄金榕易生虫害的特点,管理处制定了相应的养护办法,同时要求施工单位配置养护洒水车,定期进行洒水养护,每次洒水养护须拍照上传至QQ群。

④严把苗木进场关，每批苗木进场均要求总监办对苗木规格进行检查，管理处在日常巡查过程中若发现有不满足规格的苗木将对总监办进行处罚。

⑤制定绿化工程优质优价评比方案，为确保路域景观效果，管理处制定了4项（互通区、房建区、中分带、路基两侧）绿化效果评比办法。

参考文献

[1] 中国公路学会交通运输部科学研究院. 中国绿色公路研究与展望(2018)[M]. 北京:人民交通出版社股份有限公司,2018.

[2] 贺宏斌,等. 绿色公路政策创新研究[J]. 交通安全与环保, 2015(5):10-12.

[3] 欧阳斌,等. 绿色公路发展的战略思考[J]. 交通安全与环保, 2015(5):128-132.

[4] 秦晓春,等. 低碳理念下绿色公路建设关键技术与应用的探讨[J]. 公路交通科技(应用技术版), 2010,70(5):307-310.

[5] 姚嘉林,等. 新时期绿色公路的内涵特征与建设理念[J]. 交通世界, 2018,17:3-6.

[6]《工程地质手册》编委会. 工程地质手册[M]. 北京:中国建筑工业出版社,2007.

[7] 中华人民共和国交通运输部. 公路路基施工技术规范 JTG F10—2006[S]. 北京:人民交通出版社,2006.

[8] 中华人民共和国交通运输部. 公路路基设计规范 JTG D30—2004[S]. 北京:人民交通出版社,2004.

[9] 孙中才,左顺磊,魏凤娟,等. 关于公路路基路面设计实践的研究[J]. 城市道桥与防洪, 2016(04).

[10] 孟广成,郃永刚. 公路隧道口安全防护隐患解决方案研究[J]. 公路交通科技,2011,12(84):289-292.

[11] 中华人民共和国交通运输部. 公路护栏安全性能评价标准 JTG B05-01—2013[S]. 北京:人民交通出版社,2013.

[12] 中华人民共和国交通运输部. 公路交通安全设施设计规范 JTG D81—2017[S]. 北京:人民交通出版社股份有限公司,2018.

[13] 中华人民共和国交通运输部. 公路交通安全设施设计细则 JTG/T D81—2017[S]. 北京:人民交通出版社股份有限公司,2018.

[14] 中华人民共和国交通运输部. 高速公路交通工程及沿线设施设计通用规范 JTG D80—2006[S]. 北京:人民交通出版社,2006.

[15] 中华人民共和国交通运输部. 道路交通标志和标线 GB 5768—1999[S]. 北京:中国标准出版社,2009.

[16] 中华人民共和国交通运输部. 公路交通标志和标线设置规范 JTG D82—2009[S]. 北京:人民交通出版社,2009.

[17] 盘钦卿. 基于价值管理的绿色公路目标体系构建研究 [D]. 重庆:重庆大学,2012.

[18] 张琴. 基于可持续发展理念的绿色公路评价研究[D]. 重庆:重庆大学,2011.

[19] 中交第一公路勘察设计研究院有限公司. 广东省高速公路工程设计标准化——隧道通用图[M]. 北京:人民交通出版社股份有限公司,2015.

[20] 广东省交通运输厅. 广东省高速公路工程设计标准化指南[M]. 北京:人民交通出版社,2014.

[21] 中华人民共和国交通运输部. 公路隧道设计规范 JTG D70—2004[S]. 北京:人民交通

出版社, 2004.

[22] 中华人民共和国交通运输部. 公路隧道设计细则 JTG/T D70—2010[S]. 北京:人民交通出版社, 2010.

[23] 广东省交通运输厅. 广东省绿色公路建设技术指南(试行)[M]. 北京:人民交通出版社股份有限公司,2017.

[24] 刘继国,等. 复杂条件下超浅埋双层叠合大断面隧道下穿敏感建筑设计[J],现代隧道技术, 2014,51(5):174-179.

后　记

绿色公路的提出，是与党的十九大报告一脉相承的，绿色的不是公路，是建设管理理念，是对生我养我的这片土地深深的爱，是对公路建设事业的重新定义，是这个时代对公路建设提出的更高要求。

经过几年的努力，南粤绿色公路管理已基本形成体系，方法措施基本约定俗成，在刚刚建设的一千多公里高速公路上已成熟应用。时光荏苒，过去的都已成为历史，我们总结历史是为了将来更好，百忙之余南粤项目参建者众志成城、集腋成裘，得设计院同仁鼎力相助、点石成金，方得此文稿。

东方欲晓，
莫道君行早。
踏遍青山人未老，
风景这边独好。
会昌城外高峰，
颠连直接东溟。
战士指看南粤，
更加郁郁葱葱。

毛泽东的这首词（清平乐·会昌）创作于1934年，用来形容今天南粤大地上如火如荼的绿色公路建设最恰当不过，我们权以一句来冠名，用以说明绿色公路建设才刚刚起步，未来的路还很长，虽然我们取得了一点成绩，但离目标还很远，期望我们的前途更远更宽更广。

“路漫漫其修远兮，吾将上下而求索”，大道无边，至善方圆。我们共同期望南粤大地上绿色公路的建设更加郁郁葱葱。

广东省南粤交通投资建设有限公司总工程师